JN327153

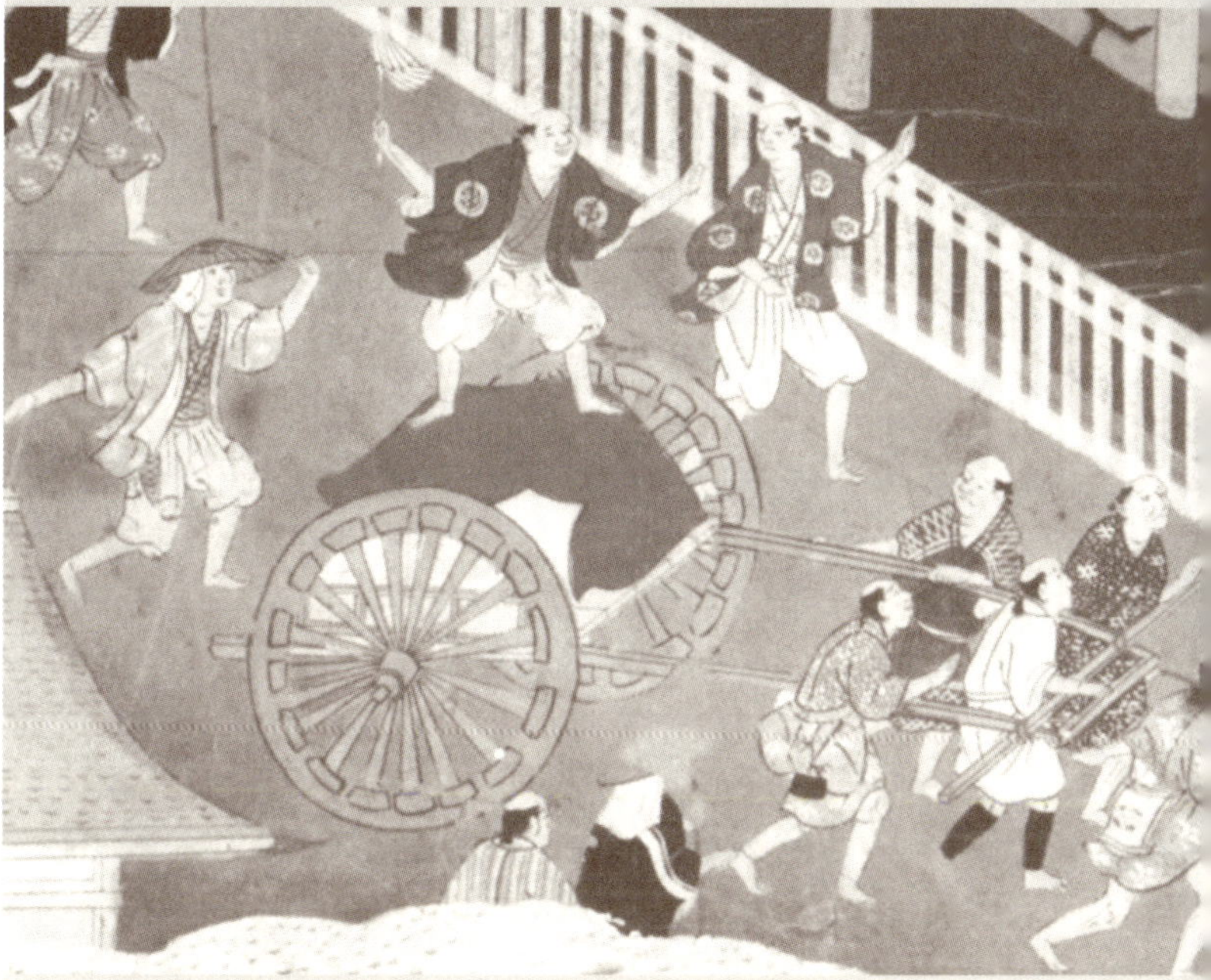

秀吉と大坂

城と城下町

大阪市立大学豊臣期大坂研究会 編
大澤研一・仁木 宏・松尾信裕 監修

和泉書院

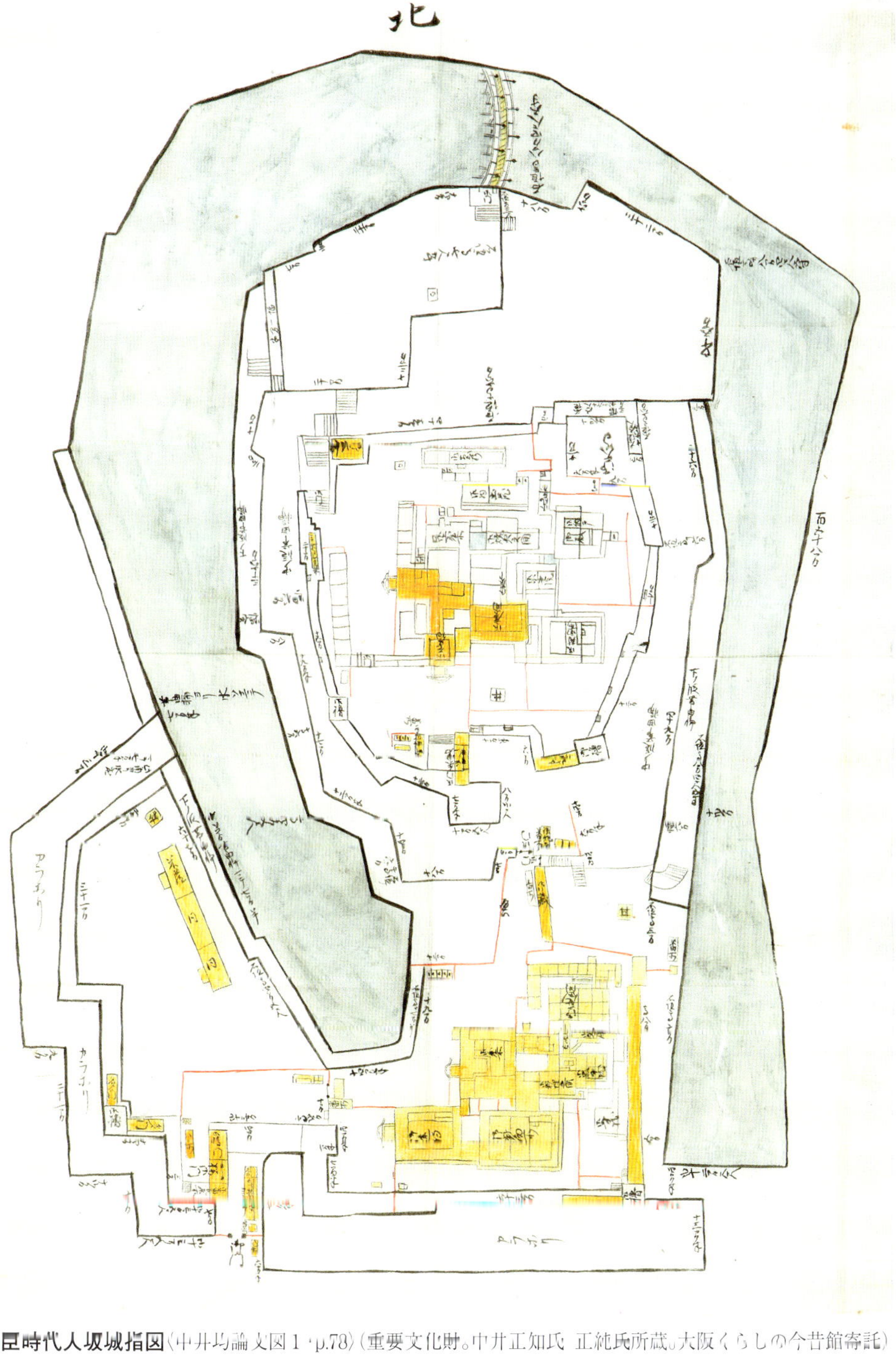

豊臣時代大坂城指図（中井均論文図1・p.78）（重要文化財。中井正知氏 正純氏所蔵。大阪くらしの今昔館寄託）

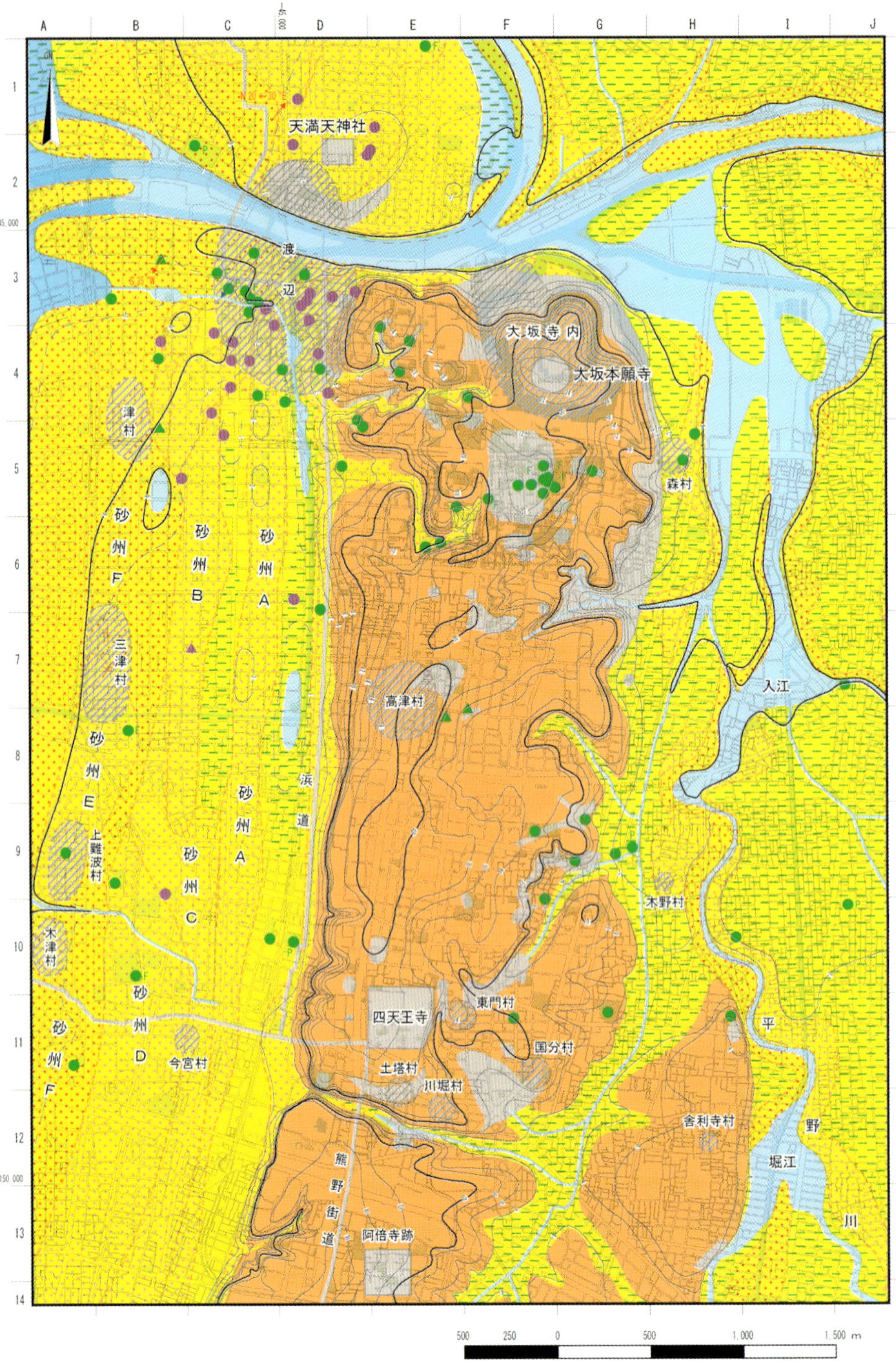

中世後期の上町台地北部の地形復元〈豆谷浩之・南秀雄論文図1・p.238〉

（趙哲済・市川創・高橋工・小倉徹也・平田洋司・松田順一郎・辻本裕也「上町台地とその周辺低地における地形と古地理変遷の概要」『平成21～25年度（独）日本学術振興会科学研究費補助金基盤研究（A）大阪上町台地の総合的研究―東アジア史における都市の誕生・成長・再生の一類型―』2014より転載）

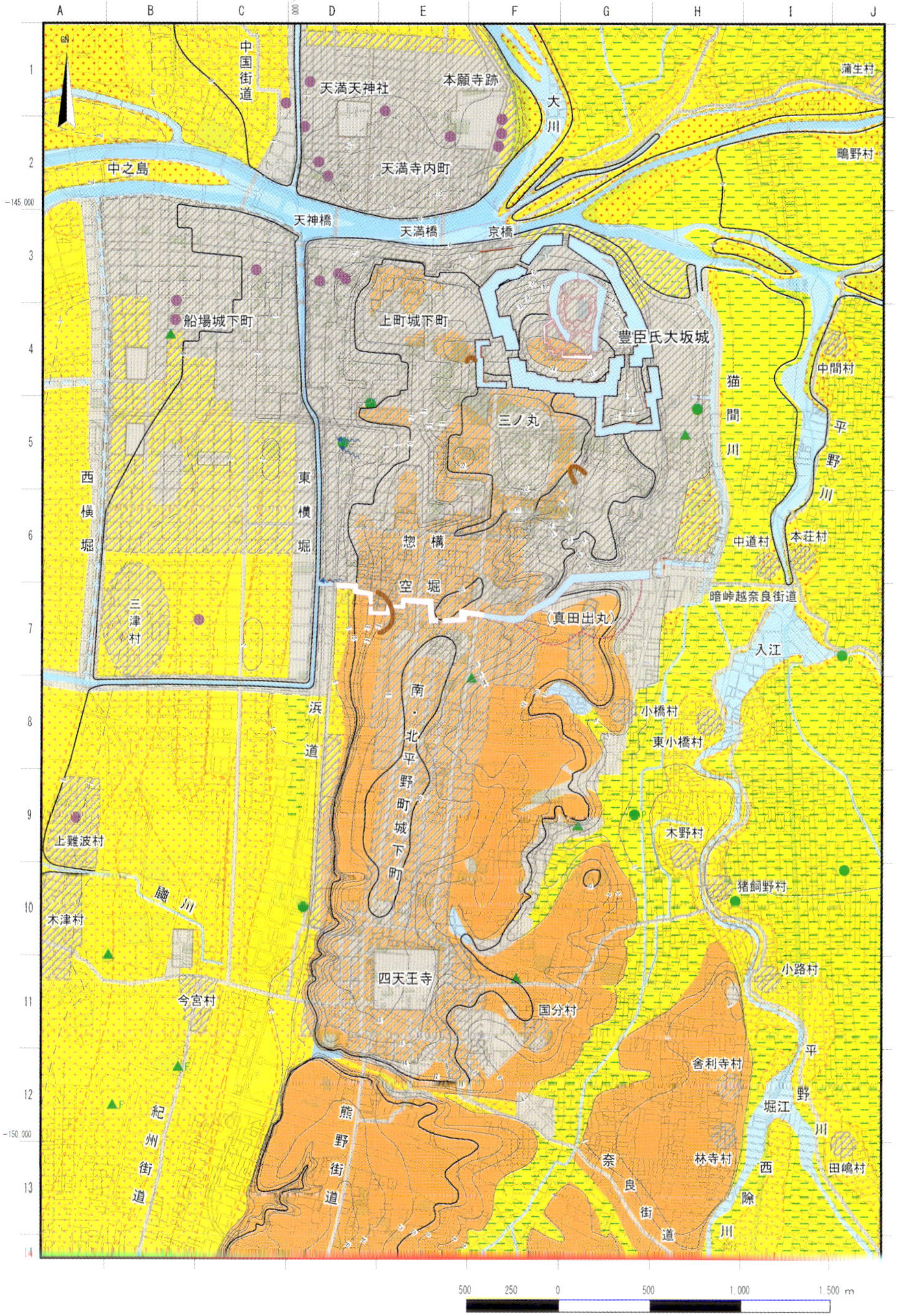

豊臣時代後期の上町台地北部の地形復元〈豆谷浩之・南秀雄論文図２・p.238〉
（出典は図１に同じ）

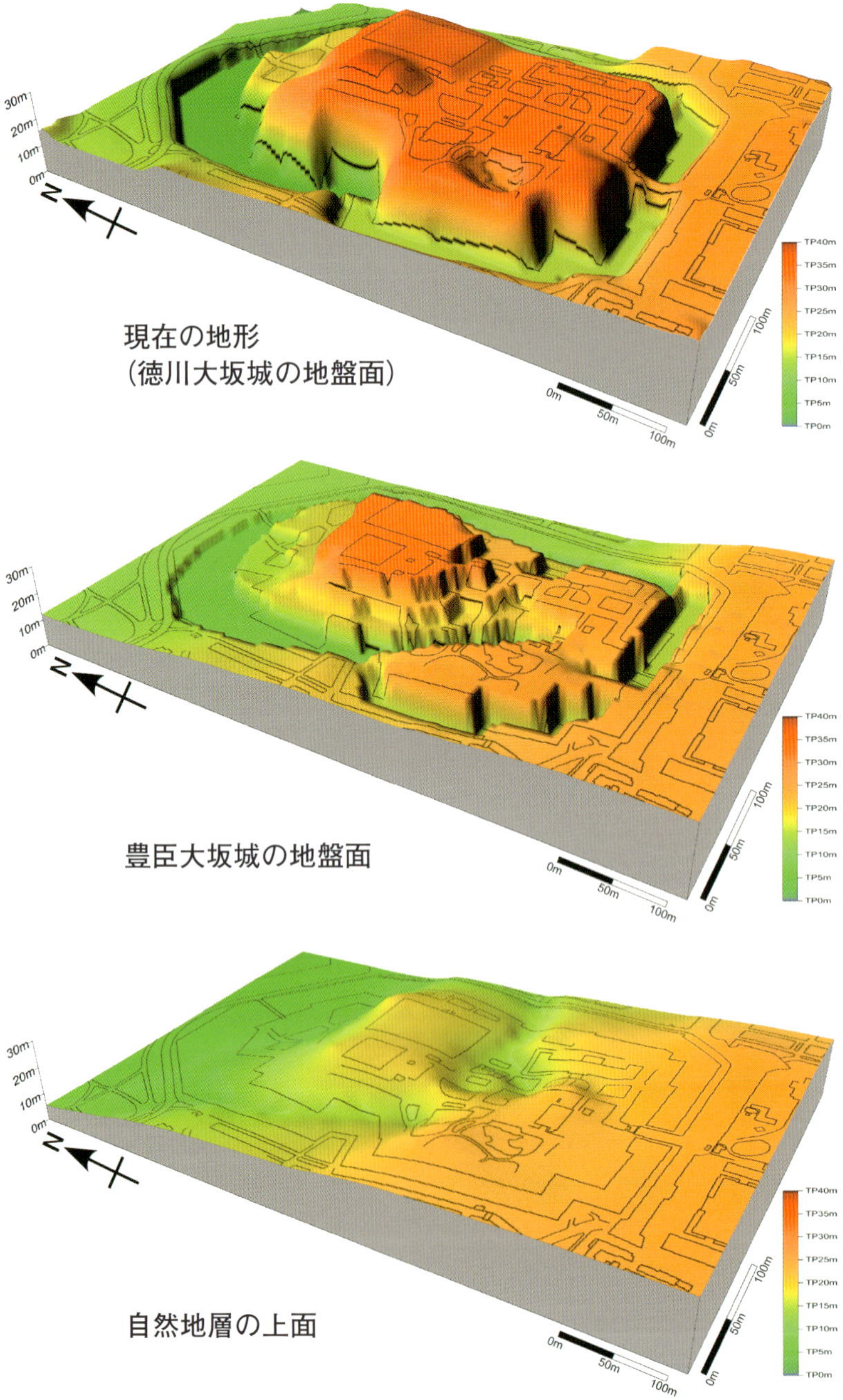

自然地層上面・豊臣期想定地盤面・現地表面の三次元モデル〈三田村宗樹論文図10・p.210〉（著者作成）

はしがき

一六一五（慶長二十）年、権勢を誇った豊臣秀吉によって築かれた大坂城が落城した。大坂夏の陣の業火は秀吉自らが死の直前まで普請を続けた城と城下町を焼き尽くし、秀吉の子秀頼とその母淀殿は自害し果てて豊臣家は事実上断絶した。大坂はここに歴史の大きな転換点を迎えることになったのである。そして今年、二〇一五年はそれからちょうど四〇〇年の節目の年にあたる。

秀吉が建設した大坂城と城下町は日本史上、画期的な意義をもつ存在であった。大坂城は上町台地の北端部にあり、膨大な量の土木工事によって高石垣を廻らした初めての平城であった。また城下町は、上町台地一円に点在していた中世都市の空間を新たな町で結び付ける、空前の規模の都市であった。

近世の城や城下町の多くは現代に継承されており、それゆえわたしたちの歴史観を形づくるうえで大きな影響力をもっているが、その始源は大坂城であり、大坂城下町にあった。実際、大阪では、豊臣時代の上町や船場の街区割りが、一六一五年や一九四五年の戦災を乗り越えて現在も生き続けており、驚きを禁じ得ない。大坂城と大坂城下町の解明はその後の日本の都市の歩みを考えるうえで、大きな意味をもっているのである。

本書のベースとなったのは、公立大学法人大阪市立大学と公益財団法人大阪市博物館協会が主催し、両者の包括連携事業として実施した連続講座「大阪城の地中を探る」（二〇一四年三月八日・九日開催、協力：大阪市）である。現在大阪市では豊臣期大坂城の石垣の常時公開をめざし、募金活動をおこないながらその準備を進めている。大坂の陣四〇〇年もあいまって大坂城に各方面から注目が集まっている。こうした機運をうけて、大阪市立大学では豊臣期大坂研究会を立ち上げ、大学からの資金援助（大阪市立大学戦略的研究重点研究Ｂ「豊臣大坂城・城下町の総合的研究」、研究代表者・仁木宏）を得て研究を進めてきた。

右記の連続講座はこの研究会の研究成果などをもとに、徳川期大坂城も含めて、最新の科学的研究手法を駆使して明らかになってきた大坂城研究の成果を市民に公開する目的で企画・開催された。この講座では、大阪市立大学・大阪市博物館協会から六名の報告者がたち、文献史学・考古学・地質学・建築史学などの多彩な視角から大坂城に対する総合的な検討をおこなった。

本書はこの講座の成果を広く社会に問うべく企画されたものである。大坂城がもつ歴史的意義に、より多角的にアプローチするため、さらに外部の研究者を含めて六名に参加を要請し、総勢十二名の執筆による論集として編み上げることとなった。

大阪市立大学と大阪市博物館協会は二〇一一年、学生や博物館利用者はもちろん、広く市民や地域社会に貢献することをめざし、調査・研究活動や教育・普及活動を共同でおこなっていくことをとりきめた包括連携協定を締結した。その趣旨に沿ってこれまで講座やシンポジウムを多数実施してきたが、今回、初めて出版という形でその成果を世に問うことになった。本書が学術研究書として大阪・都市研究の進展に寄与するとともに、博学連携の礎として今後に資するものとなることを願う次第である。

最後となったが、出版をお引き受けいただいた和泉書院には厚く御礼を申し上げる。

二〇一五年八月

大阪市立大学豊臣期大坂研究会

目次

第二部　よみがえる大坂城――最新の調査成果――

第三部　城下町の姿とくらし

第一部　大坂と大坂城——権力・城・都市——

十六世紀大阪論

仁木　宏

はじめに

豊臣（羽柴）秀吉はなぜ大坂城を築き、大阪に拠点を置こうとしたのであろうか。秀吉は主君であった織田信長の政策を継承したのだといわれる。では、信長はなぜ大阪に注目したのか。これまでかならずしも十分な説明はなされてこなかった。

秀吉は、天正十一年（一五八三）、大坂築城につづいて、天皇や五山（禅宗寺院）を大坂に移す「遷都」を実行しようとしたがはたせなかったといわれている（内田九州男「秀吉の遷都構想と大坂の都市建設」『歴史科学』一七六、二〇〇四年）。そして、大坂に新しい城と城下町を建設したものの、天正十四年には聚楽第の建設を開始し、自身は京都に帰ってしまう。秀吉の大坂＝首都構想は杜撰で、結局、失敗だった。そのような評価がなされがちではないか。だが、秀吉が大坂に築城し、城下町を造り、拠点を移そうとしたのは、首都を移すことだけが目的ではなかったはずである。秀吉は、のちに実行する武力侵略という方法によるかどうかはさておき、朝鮮半島や中国大陸、東アジア海域世界への接近、進出を念頭においていたのだろう。

では、秀吉がそのような考えをおこしたのはなぜであろうか。そもそも信長や秀吉などの権力者だけに歴史の駒を進める役割を認めるのは誤りであろう。秀吉が大阪を拠点にしたことは重要だが、それは社会の全体構造の一部分を構成する「政治的解答」にすぎないのである。

本稿では、中世後期、とりわけ十六世紀における列島規模の社会変動の中で、大阪の地政上の位置がどのように変化したのか、総合的に論じてゆく。そしてそうした文脈において秀吉の大坂築城、大坂城下町建設の意味を解き明かしたい。

なお、本稿でいう「大阪」は都市としての大坂ではなく、大阪平野を指す。摂津・河内・和泉の三国と言い換えてもかまわない

一　京都とその東西

1　経済流通と京都

十五世紀前半まで、京都の求心性にいまだ顕著な翳りはなかった。この時代は、室町期荘園制の時代で、全盛期にくらべれば規模を縮小しつつも荘園体制は維持されていた（伊藤俊一『室町期荘園制の研究』塙書房、二〇一〇年）。諸国の荘園が荘園領主に支払う年貢・公事などは代銭納されることが一般であった。そのため各地でさまざまな種類の産物が生産・収穫され、市場で換金された。そして銭や割符、商品としての生産物などが遠隔地商人によって京都に向かって運ばれた（桜井英治他編『流通経済史』山川出版社、二〇〇二年）。こうした物流が列島の交通量のかなりの部分を占めていたと想定される。この段階の政治体制は幕府―守護体制として説明される（川岡勉『室町幕

府と守護権力』吉川弘文館、二〇〇二年）。中部地方から中国・四国地方までの守護は在京し、幕府政治にかかわるのが原則であった。そのため、諸国から守護のみならず家臣など多くの人が上洛し、それにともなう人の交通も盛んであった。

十五世紀の後半から末期にいたり、戦国時代が到来すると、荘園制は事実上崩壊した。荘園領主の支配が維持されるのは京都の郊外にほぼ限定される。幕府―守護体制も形骸化してゆく。守護在京の原則はなくなり、守護のほとんどは領国に本拠を移した。幕府の威令が届かない国が徐々に増え、幕府の奉行人奉書が発給される範囲もせまくなっていく（今谷明『室町幕府解体過程の研究』岩波書店、一九八五年）。

その一方で、地域市場圏は活性化してゆく。生産力の向上、村や百姓の豊かさの拡大を背景に、都市の族生、淘汰、大規模化が進み、物・人・情報の流通が加速度的に増大してゆく。荘園制にもとづく貢納は減退したが、市場経済にともなう商品が上下方向（京上とその反対）の大動脈を形成するとともに、地方においては港町を核とする脈管系の流れが活発になった。また必ずしも京都を経由しない中長距離の物資流通のルートが開発された。

戦国大名の各領国は、政治的独自性を強めていった。権力構造の面でも法制面でもこのことは確認される。経済政策もそれぞれの大名が展開していった。こうして政治権力の自立化、独自化が進むものの、領国の範囲は必ずしも市場圏とは重ならない。流通経済は、領国の境を越えて広がりを見せる。

十五世紀末から十六世紀後半まで、京都が衰退していた、空洞化していたとする学説があるが、筆者はその考え方には賛同しない。また、京都は伝統産業都市となり、大阪に新たな都市の勃興を認める説もある。十六世紀の京都が、十五世紀までとくらべて相対的にその地位を低下させていることはまちがいない。しかし、求心性を失ってしまったわけではない。政治権力の面での卓越性の低下はおおうべくもないが、流通については総量が前代より増えており、経済はより活性化していたと考えている。

ところで、京都の地位低下は、諸国の成熟、活性化と表裏の関係として語られることが一般的である。もちろん誤りではないが、「諸国」が一様に活性化したわけではない。本稿では、京都の相対的な地位の低下は、大阪の地位向上に結びついたとする立場をとる。京都が変わらなかった訳では決してないが、中世的、伝統的な社会の中での地位を維持したのに対し、大阪は、それとは異なる要素を胚胎してゆくことで台頭していったと考える。

そのことについて詳しくふれる前に、十六世紀の京都とその郊外の状況についてもう少しみておきたい。

2　京都と衛星都市、惣郷

京都の近郊に位置する都市のなかで最大のものは嵯峨（京都市右京区）であった。天龍寺・臨川寺や清凉寺などの大寺院とその複合的な門前町に土倉や店棚がならんだ。京北・美山方面からの物資が到来するとともに、大堰《おおい》川（桂川）上流の丹波国からは筏によって材木が運ばれてきてその集散地にもなっていた。以下に紹介するような諸都市とは異なる権門都市であり、京都の「双子」都市としてみるべきであろう。

嵯峨以外では、近郊都市のほとんどは、京都から四通八達する街道上に位置した。山陰道は革嶋（京都市西京区）、西国街道は大山崎（京都府大山崎町・大阪府島本町）、河内国の東高野街道へつづく街道は淀（京都市伏見区）、八幡（京都府八幡市）、奈良街道は宇治（京都府宇治市）、東海道・東山道は近江国大津、北陸道は坂本（以上、滋賀県大津市）である。これらの都市はいずれも京都から五キロメートル以上離れていた（山田邦和『京都都市史の研究』吉川弘文館、二〇〇九年）。京都は至近の地に他の都市の立地を許さなかったのである。

そうしたタブーを犯したのが山科本願寺・寺内町（京都市山科区）であった。山科寺内町は、東海道からは数百メートル離れており、下京南部と山科盆地を結ぶ渋谷《しぶたに》街道にも直接面していない。山科盆地の村々の中心都市として成長した。しかし、発展するにしたがい、東から京都へ入る物流への関与を強めていたのだろう。天文元年（一五三二）、畿内一円を巻き込んだ一向一揆の争乱の最中、京都の町人を中心とする法華衆と近江六角氏の連合軍に攻められて山科本願寺・寺内町は滅亡した。この合戦には、本願寺＝一向宗と法華宗との間の「宗教戦争」の色合いもあるが、京都と山科寺内町との間の「都市間戦争」という性格も濃厚だった。

　このようにみてくると、京都とその近郊の衛星都市との間では、京都が圧倒的に強いことがわかる。これはネットワークではなく、京都中心のヒエラルキーとして説明するべきであろう。京都盆地では、都市は均衡のとれた発展をしなかったと見なすことができる。

　十六世紀、京都郊外の各地に惣郷（村連合）ができていたことが知られている。賀茂六郷（京都市北区）、東山十郷（京都市左京区）、山科七郷（京都市山科区）、伏見九郷（京都市伏見区）などである。このうち、東山十郷はその構成要素のうち、聖護院、岡崎、南禅寺など九つまでが確認されている（田中克行「村の『半済』と戦乱・徳政一揆」『中世の惣村と文書』山川出版社、一九九八年）。山科七郷は、野村、大宅、西山などからなる。これらの惣郷にかかわって、有力な土豪として名前が伝わっているのは、東山十郷の北に接する一乗寺の渡辺氏、山科七郷のうち野村の海老名氏など、決して多くない。さらに、そのうち、土塁・堀などをともなう居館跡が確認されるのは渡辺氏にほぼ限られる。

　ところで、これら「□□（数字）郷」とは異なり、京都の南西には西岡惣国という惣郷があった（京都市西京区、京都府向日市・長岡京市）。約三〇ヶ村の連合で、自分たちの惣郷を「国」と自称した。乙訓《おとくに》郡という範囲にしばられず、北は葛野《かどの》郡の村々もふくむ。その一方で、徳政をめぐって対立する都市・大山崎は乙訓郡でありながら「国」にはふくまれていない。有力な土豪としては物集女《もずめ》氏、神足《こうたり》氏、鶏冠井《かいで》氏などの名前が知られ、物集女城（向日市）、革嶋城（京都市西京区）、開田城（長岡京市）など規模の大きな城館も確認されている（仁木宏『戦国時代、村と町のかたち』山川出版社、二〇〇四年）。

では、同じ京都郊外なのにどうして西岡だけが有力な土豪を多く輩出し、「国」を名乗ったのであろうか。たしかな解答はすぐには用意できないが、西岡地域を西国街道や久我縄手など、京都と摂津・大阪湾方面を結ぶ街道が貫通していることによると考えられる。街道を往来する物や情報が西岡の地に影響を与えたのであろう。西岡だけが顕著な発展を遂げたのは、地域内部の要因より対外的な契機からであると想定する。京都からみれば西岡の先に大山崎を経て大阪があるのである。

3　近江国の権力と都市

次に、次節以下でとりあげる大阪と比較するため近江国について見ておきたい。

近江国は、京都を間にはさんで大阪と対称的な位置にある。東海道・東山道・北陸道などが貫通しており、東国から京都へいたる貨客が集中する国である。多くの港町があったことも大阪と共通する。

十五世紀末以降、幕府は摂津国守護である細川氏に支えられていたが、細川氏の圧力で将軍が近江国に出奔することも少なくなかった。こうした状況のなか、六角定頼は一五三〇年代以降、幕府をささえるようになった。六角氏が東方勢力として室町幕府に大きなインパクトを与えたことは重要である（西島太郎『戦国期室町幕府と在地領主』八木書店、二〇〇六年）。ただ、それ以前の半世紀以上は細川氏が、ついで三好氏が幕府や将軍を西から圧迫しつづけた。

十六世紀近江国の都市についてみた時、大阪にくらべて規模がかなり小さいことに気づく。比較的大きいと認められるのは坂本くらいであろう。坂本は、山門（延暦寺）・日吉社の門前町にあたり、また琵琶湖水運の終着点に位置する。すなわち、北陸や山陰方面からの物資が湖北から、東山道方面からの物資が湖東からそれぞれ船で運ばれて坂本に着岸し、ここから陸路で京都へ向かうのである。

これに対して、湖北の今津（高島市）、塩津（長浜市）、湖東の八坂《はっさか》（彦根市）、常楽寺（近江八幡市）、志那（草津市）などは、いずれも港町として一定の発展は確認されるが、大阪湾岸の堺、兵庫津などとは規模がちがう。戦国期城下町としては、観音寺城の石寺（六角氏、近江八幡市）、上平寺（京極氏、米原市）、小谷《おだに》（浅井氏、長浜市）、清水山（佐々木越中氏、高島市）などが形成されていたが、比較的規模が大きなものは石寺と小谷だけである。信長が造った安土（近江八幡市）や秀吉の長浜（長浜市）の段階になって、はじめて大都市とよべるといえよう。

寺内町で知られているのは金森《かねがもり》（守山市）くらいである。近江は真宗地帯であり、有力な寺院や門徒集団が多いが寺内町は少ない。その代わり、近江には市庭《いちば》がたくさん立地したことが中世史料から確認されている。また今堀をはじめ在村商人がたくさん活動していたことも知られている。有力商人が都市に集住して都市が発達することは十六世紀末期までなかったのであろう。

近江国は村落の生産力も高く、自治的な惣村も多いが、それらが都市に集中することはなかった。また権力構造も個別的、分散的で、多数の有力国人が、戦国大名六角氏のもとにゆるやかに結集する休制であったと考えられている。これを地域的一揆体制と説明することもあった（宮島敬一『戦国期社会の形成と展開』吉川弘文館、一九九六年）。全体として農村型の社会であり、その意味で日本中世の最終発達形態の一つということができるかもしれない。

二　宗教勢力

本節では、十六世紀の大阪における宗教勢力の伸長について論じる。

1　浄土真宗（一向宗）

明応五年（一四九六）、本願寺八世法主蓮如が、上町台地の北端に位置する大坂の地に御坊を建設した（大阪市中央区）。俊乗房重源が建立した渡辺津の浄土堂（大阪市中央区）や四天王寺（大阪市天王寺区）に象徴されるように上町台地は日想観（西に沈む太陽を見て極楽往生を感得する修行）の舞台であり、浄土思想の聖地であった。蓮如がここに坊舎を建てたことの背景に、こうした宗教的な契機があったことはまちがいない。ただ一方で、のちの大坂寺内町の繁栄をみると、蓮如が単なる宗教的な意図のみからこの地を選んだとは思えない。

摂津や河内では、大坂御坊建立以前から一向宗は浸透していたが、十六世紀になるとその教線はさらに急速に広がっていったものと推定される。しかも大阪の門徒は必ずしも本願寺法主に従順であったわけではない。永正三年（一五〇六）には、実如が細川政元を支援するため、摂津・河内門徒に一揆蜂起を命じたが門徒らはこれを拒否した。天文元年（一五三二）、山科本願寺が法華衆らによって焼滅させられると一向宗の本山は大坂となった。そもそも京都とその周辺からは一向宗は排除されており、戦国時代には洛中はもとより洛外にも一向宗寺院は皆無に近かったのである。

大坂が全国教団の本山になると大坂本願寺への求心力が高まった。全国から多数の信者が参詣し、富が集まったことは、キリシタン宣教師をして「日本の富の大部分は此坊主の所有なり」（『耶蘇会士日本通信』）と言わしめた。山科を逐われた本願寺証如は、はじめは山科に立ち帰るための工作を進めたがやがてあきらめ、大坂での教団の発展を指向するようになった。山科七郷の百姓たちは、山科に再度、坊舎を建設するように懇願したが、証如はそれを却下したのである（『天文日記』）。

大阪における寺内町の隆盛については、節をあらためて論じる。

2　日蓮宗（法華宗）

法華宗は、十五世紀の後半、日親が西国に布教活動をして以降、畿内にも本格的に展開していった。京都の郊外の松ヶ崎村（京都市左京区）、鶏冠井村（向日市）などが「皆法華《かいほっけ》」の村として有名であるが、西国では法華宗はむしろ都市的な宗派として教線を伸ばしていった。瀬戸内海や日本海に面する港町の多くに法華宗寺院が建立されている（湯浅治久『戦国仏教』中央公論新社、二〇〇九年）。

山科本願寺を討滅した後、洛中に勢威をふるっていた法華衆に対し、天文五年（一五三六）、山門と近江六角氏の連合軍が攻撃を加え、法華宗の二一本山はことごとく京都から放逐された。本山の多くは堺の末寺に移され、天文十一年に京都への帰山が許されるまで堺が法華宗の中心地となった。

大阪湾岸ではその後、尼崎で本興寺が台頭し、三好氏と結びついて都市全体に対する影響力をふるうようになったと論じられている。堺でも、顕本寺などが三好氏と関係を深めるなどして勢力を伸長した。堺や尼崎、兵庫から瀬戸内海や阿波国方面への法華宗の弘通も十六世紀なかば以降、急速に進んでいったものと思われる（天野忠幸『戦国期三好政権の研究』清文堂出版、二〇一〇年）。

一五三〇年代に一向宗、法華宗がいずれも京都の拠点を失い、大阪に寺基を移したのは直接には政治的、軍事的な条件によるものであった。しかし、本願寺がその後、山科に戻らなかったこと、法華宗については、大阪湾岸の港町を起点に海路で結ばれた各地の港湾の寺院が栄えたことをみれば、両派の大阪進出は単なる偶然ではなく、列島規模での社会構造の変容のあらわれとして評価する必要があるだろう。

3　キリシタン

十六世紀において、キリスト教が一定の地域的広がりをもって信仰されていたことが確認されるのは、九州を除くと京都と大阪にほぼ限定される。京都では、下京姥柳《うばやなぎ》町の南蛮寺など、洛中中心部に布教施設が設けられたが、上京・下京の都市民がどの程度、キリシタンになったかは定かではない。キリシタン墓が発見されることから、京都の西や南の周縁部である程度の定着をみたことが確認される（上垣幸徳「京のキリシタン―京都市内出土のキリシタン墓碑とキリスト教徒の動向に関する覚書―」『紀要（滋賀県文化財保護協会）』五、一九九二年）。しかし、洛外や山城国の村々にキリスト教が広がった形跡はほとんどない。土豪などについても改宗者の例を聞かない。

一方、大阪では、堺を除くと、摂津東部と河内東部にかたよってキリシタンの分布域が広がる。永禄七年（一五六四）ころ、三好長慶の本拠である飯盛山城で集団洗礼がおこなわれたことが契機になって北河内にキリシタンの土豪が増えたと考えられる。砂村・岡山村（四條畷市）の結城氏、三箇（大東市）の三箇氏、田原（四條畷市）の田原氏などである。こうしたトレンドは中河内、南河内にも伝わり、若江城（東大阪市）の多羅尾氏、烏帽子形《えぼしがた》城（河内長野市）の伊智地氏などがキリシタンとして知られている。これらの土豪はそれぞれ領民を数百人規模で改宗させていたことがキリシタン関係の史料からわかる。しかし、それ以上、キリシタンが広がりを見せたことは確認できない。

摂津東部でキリシタン信徒がふえたのは、高山右近が高槻城（高槻市）主になった影響が大きいと考えられる。高山氏は摂津北部能勢郡出身の土豪であったが、松永久秀に仕えて頭角をあらわし、織田信長・豊臣秀吉によって大名に取りたてられた。秀吉の右筆として知られる安威了佐も摂津東部の安威村（茨木市）出身のキリシタンであった。右近・了佐にせよ、結城氏、三箇氏、多羅尾氏にせよ、戦国の下克上の世の中で、伝統的な身分の枠組みを破り、自らの才覚で台頭する能力をもった人物（家系）であった。そうした人々が新興のキリスト教を先進的、開明的思想として受入れ、信仰を深めていったといえよう。

ただ、彼らはあくまで領主であり、その強制力をもって領民を改宗させた側面を否定することはできない。また彼らの本拠は都市か、都市に準ずる場であり、「純粋な農村」ではない場合が多い。堺や城下町などの「都市」洗礼を強制（強請）する「領主」がキリシタン信仰の広がりを示すキーワードであったといえる（仁木宏「宗教一揆論」『岩波講座日本歴史中世四』岩波書店、二〇一五年）。

このように、地域的・階層的広がりに限界をはらむとはいえ、大阪にキリシタンが広がったことは、京都との対比でその発展性、先進性を認めることができるだろう。

三　都市・流通

1　港町

十六世紀、大阪湾岸には堺、兵庫（兵庫県神戸市）、尼崎（兵庫県尼崎市）などの港町が発達した。

堺は中世前期以来発達した港町であるが、室町幕府の遣明船の母港となった文明元年（一四六九）以来、港町として一層の発展を遂げたといわれている。もともと時宗、禅宗の影響力が強かったが、十六世紀になると先述のように法華宗が優勢になり、また一向宗の有力寺院も堺に建立された。その他、真言宗・浄土宗などの寺院も多く、「泉南仏国」とよばれた。近畿地方で一番、キリシタンが盛んな地域でもあった。

堺を従来信じられてきたように、完璧な自治の拠点であり、武家の支配を排斥した自由都市とみることは誤りである。大永七年（一五二七）から享禄五年（一五三二）にかけて堺の顕本寺にいた足利義維は「堺公方」とよばれ、細川晴元と連携して京都をはじめ畿内を支配していた。これを「堺幕府」とよぶこともある。一五五〇年ころ以降、畿内の覇権を握る三好氏は、阿波国が本拠であったため、堺や尼崎を畿内進出の橋頭堡として利用した。武家の権力が堺内部に浸透するのは、織田信長の時代が最初ではない。一五六〇年代前半にはもっとも強力な大名であった三好氏と結びつくことで都市としての権益を最大限伸長させたといえるだろう。

さらに、堺では堺版と呼ばれる刊本が出版され、近世上方における出版文化のルーツであると考えられている。芸能民を輩出していることも知られているし、鉄砲鍛冶などの新興技術も集積していた。

兵庫津は、これまで堺の台頭と反比例して衰退したといわれていたが、十六世紀後半にかけて都市としての繁栄は継続していたと推定される。多くの寺院が立地し、僧侶もたくさん暮らしていたことは、天正六年（一五七八）、信長軍によって兵庫津が略奪された時の記録から推定される（『信長公記』）。また、棰井《たるい》氏という豪商が活動し、岡方・浜方などの共同体組織が成長していたことも知られている。

尼崎では、十六世紀後半になると法華宗本興寺が三好氏と連携することで都市の中心核として発達し、ついで一五七〇年代に織田氏の庇護のもと、同じく法華宗の長遠寺が創建された。地縁的な都市共同体も成長し、「四町」（別所、市庭など）が発達し、永禄十二年には賦課をめぐって織田信長方と対立し、焼き討ちにあっている（『細川両家記』）（藤本誉博「中世都市尼崎の空間構造」『地域史研究（尼崎市立地域研究史料館紀要）』一一一、二〇一一年）。西宮は西宮神社の門前町であり、かつ港町として発達していた。三好氏が、西宮の北約一キロメートルにある越水城を本拠とすると、事実上、その城下町化したとみられる。

大阪湾をめぐる物流が活性化していたことは和泉国南部の港町の発達から看取することができる（廣田浩治「中世後期の畿内・国・境目・地域社会―和泉国を中心に」川岡勉編『中世の西国と東国―権力から探る地域的特性―』戎光祥

出版、二〇一四年）。貝塚が「寺内」として取りたてられたのは天文二十四年（一五五五）と伝えられる。岸和田城が、内陸部のいわゆる「岸和田古城」から、海岸に近い現在の岸和田城の位置に移動してきたのも十六世紀前半といわれる（大澤研一・仁木宏編『岸和田古城から城下町へ』和泉書院、二〇〇八年）。そして、大津、貝塚、岸和田、佐野などを結ぶ湾岸の街道である紀州街道が、従来の熊野街道とは別に発達するのも十六世紀半ば以降のことであろう。

大阪湾岸の港町の発展は、京都と瀬戸内海や太平洋をむすぶ航路を行き来する貨客の増加が第一の原因であろう。と同時に、史料からはなかなかうかがえないが、湾内の港同士の交通も盛んになっていたにちがいない。キリシタン宣教師は夜間に、堺と尼崎の間を船で行き来しており（フロイス『日本史』）、これは日常的な交通が背景にあるとみなしてよいだろう。さらには、それぞれの都市が、内陸の諸都市と陸路でつながり、また周辺農村の中心地としての機能も高めていったものと推定される。

2　寺内町

大坂本願寺に付属する寺内町は、天文五年（一五三六）、本山が大坂に移転してきて以降、急速に発展を遂げていった。軍事的な危機が継続していたことも理由であろうが、周辺の田畠などを侵食しながら領域を拡大していたことが『天文日記』（本願寺第一〇代宗主証如の日乗）から知られる。

蓮如が大坂に本拠を置いた時（十五世紀末）には、近隣に渡辺津という古代以来の港町があったことを前提にしていたと思われるが、大坂はいつしか寺内町固有の港津である「寺内之浦」を設けた。堺からこの港に「唐船」を呼び寄せたり、宗主がここから河内方面の遊覧にでかけたりしている。瀬戸内海・大阪湾の海上交通と淀川の河川交通を結び、また水上交通と陸上交通を結ぶ結節点となっていた。

十六世紀の第2四半期、大坂寺内町の住人の内には、摂津・河内の地名を名字や屋号とする者が多くいた。また所属する一向宗寺院からその出身地が推定される場合もある。試みにその地名をあげれば、摂津では、木村、国分、榎並、深江、木津、田辺、平野、住吉、中島、三番（以上、大阪市）、溝杭（茨木市）、安満（高槻市）、河内では、出口（枚方市）、池島、御厨、荒川、吉田、若江（以上、東大阪市）、八尾、久宝寺（以上、八尾市）などである（仁木宏「大坂石山寺内町の空間構造」上横手雅敬監修『古代・中世の政治と文化』思文閣出版、一九九四年）。大坂寺内町が大阪の中心地となっていることを示すといえよう。

戦国時代の大阪にはこの他、塚口（尼崎市）、名塩（西宮市）、小浜（宝塚市）、富田（高槻市）、招提・枚方（枚方市）、久宝寺・萱振（八尾市）、富田林、貝塚などに寺内町があった。大坂を要《かなめ》の地に置き、扇を広げたように寺内町が分布していることがわかる。これらの多くは近世には在郷町となり、枚方、富田林、貝塚などは現在の自治体の出発点となっている。

中核都市大坂と「衛星寺内町」の関係は単なる地理的展開にとどまらない。永禄二年（一五五九）、富田林寺内町の中心寺院である「富田林道場」は、河内国守護である畠山氏権力から都市特権（禁制）を与えられた。そこには、これらの特権を「大坂並」という論理で与えると明記されている（「興正寺兼帯所由緒書抜」）。すなわち、大坂寺内町と同じ基準が適用されて富田林寺内町に特権が付与されたのである。このように都市特権においても大坂から富田林の方向への波及が確認される。大坂と寺内町群との関係はネットワークではなく、大坂を唯一の頂点とするヒエラルキーであったといえよう。その意味で、大坂寺内町は大坂城下町を先取りするものであったといえる。

3　城下町

大阪には、それぞれの地域の領主の性格に応じた城下町が形成された。摂津国西部で大きな勢力となった池田氏は、重層的に曲輪《くるわ》を配置する池田城（池田市）を丘陵上に築くとともに、丘陵の西側で交通の要衝として発達していた城下町の全体を惣構《そうがまえ》で囲繞した（中西裕樹「城郭・城下町と都市のネットワーク」『中世都市研究』一八、山川出版社、二〇一三年）。同じく西摂津の国衆である伊丹氏も台地上に伊丹城（兵庫県伊丹市）を築き、その西側に城下町を経営していた。また台地東下の猪名川に面したあたりに市庭を設けていた徴証がある。阿波国から畿内に進出してきた当初、三好氏は、越水城（西宮市）を拠点にし、その南に位置する西宮を城下町として利用していたと想定されている。摂津国東部の茨木氏は、城館の近くに街村がクロスする町場を擁していた（仁木宏「戦国・信長時代の茨木の町と茨木氏」中村博司編『よみがえる茨木城』清文堂出版、二〇〇七年）。西国街道上に発達した芥川宿（高槻市）は、やはり国衆である芥川氏の城館の城下町としての機能も有したかもしれない。但し、三好氏が入場した芥川山城からは芥川宿は遠すぎるので城下町とは認められないだろう。

一方、河内国では、守護畠山氏の政治拠点である飯盛山城（四條畷市・大東市）、若江城（東大阪市）には顕著な城下町は形成されなかった。高屋城（羽曳野市）は先行する交通集落である古市を城下町として利用していたと想定される。烏帽子形城（河内長野市）についても、交通集落として発達していた長野が城下町的な役割をはたしていただろう。交野城（交野市）、若江城などのように先行する集落を城下空間に取りこんで利用することは他にも見られる。三箇氏の三箇（村）の場合も、飯盛山城の外港的な位置からすれば都市的な発展を遂げてもおかしくないが、都市として本格的に発達することはなかった。三好氏段階の飯盛山城そのものも城下町を形成しなかった。

和泉国の守護所は堺であった。国衆の居館はいくつか確認されているが、城下町とよべるような都市を形成したものはほとんどなかった。岸和田古城から十六世紀前半に岸和田城（近世岸和田城の前身。岸和田市）に進出した武家方が、やがて先行する岸和田の湊（古城川の河口部に想定）を組み込んだ城下町をかたちづくったことが想定されるくらいである（大澤・仁木編前掲書）。

以上見てきたように、大阪では、城下町の発展は予想以上に見出しにくい。港町や寺内町の発達と比較すると、その都市としての発達度の低さは明らかである。特に河内・和泉では、畠山氏・三好氏や細川氏など守護レベルの権力の場合も、国衆の居館の場合も、顕著な城下町を形成しなかった。都市は自治的であるから武家の支配にはなじまないとか、商人は主従制支配を忌避したため城下町ができなかったなどという旧来の歴史観は採用できない。大阪では、軍事や日常生活に必要な物資については、近隣の港町や寺内町などで調達できるし、堺・大坂や京都などの商人から容易に入手できたので、膝下の城下町に商人を集住させたり、交易空間を独自に開発・経営したりする必要がなかったのであろう。ただ、物資のすみやかな移動などの必要性はあり、そのため船・水夫や人足・馬などを提供してくれる集落は城下に必要であり、編成していたと想定される。

4　大阪の都市の特徴

十六世紀の大阪は、列島随一の都市の稠密性を示した。これは、京都盆地を凌駕するものである。また京都盆地における都市群は、京都を孤高の中心とするヒエラルキー構造をとっていたが、大阪の諸都市はネットワークとしての広がり、成長を示し、全体として均等な活性化を実現していたといえよう。さらに、大阪では港町、寺内町、城下町をはじめ、宿などの交通集落、門前町や「山の寺」などの宗教都市など、さまざまな種類の都市が展開している点も特徴的である（仁木宏「戦国時代大阪の城と町」仁木・福島克彦編『近畿の名城を歩く――大阪・兵庫・和歌山編』吉川弘文館、二〇一五年）。

大阪にはまた土塁や堀で囲繞される惣構型の都市が多い。惣構には、軍事的な防衛、外部の農村世界とは隔絶した都市領域の明示などの機能があったが、こうした惣構を築くということは、その都市の自律性、自治の高さを物語っているといえよう。城下町でも惣構をもつものがあることから、ここでの自律性は武士・都市民の階級差を内包するものである。武士と都市民の対立を前提にして大阪の都市を説明することはできない。むしろ、宗教者などもふくめた多様な身分・階層の人々の混在こそが都市発展のエネルギーであったといえよう。

都市同士が比較的フラットな構造をもつ大阪の都市であるが、そうした中でも堺が人口や経済力の側面で卓越した存在であったことは間違いない。その一方、大坂（寺内町）が十六世紀半ばにかけてその地位を向上させていったと想定している。これは大阪平野全体の自然環境の変化にも影響されている。

大坂が立地する上町台地はかつて海に突き出た半島であった。淀川・大和川の堆積作用によって海退が進むが、大坂の北側から東側一帯は低地が残り、大きな河川や湖沼が広がる自然環境が古代から中世にかけて継続した。そのため、上町台地先端あたりは、「陸の孤島」のような立地条件にあった。他方、堺が港町として発達した大きな要因は、瀬戸内海を東に向かってきた物資を荷揚げし、そこから長尾街道・東高野街道などによって京都、大和方面に陸送するルートの起点に位置していたからであった。長尾街道は泉北丘陵や羽曳野丘陵の上を通り、湿潤な河内国の平野部を避けて安定的な陸上交通路として重用されていた。

ところが、中世後期になって海退がいっそう進むと、摂津国中島地区（大阪市北区・淀川区など）や北河内・中河内の一層の乾燥化が進展し、こうした地域を通る陸上交通路がより安定化したと考えられる。大坂付近から真東に進み、暗《くらがり》峠を越えて奈良方面へ向かう街道、淀川左岸を枚方方面へ向かう京街道、天満天神社付近から北上して千里丘陵東側を通って西国街道と結ぶ三島路、大坂付近から湾岸を北西へ向かい、尼崎を経て西宮へいたる街道などである。こうした道筋が安定化すると、それまで「孤島」であった上町台地北端付近は俄然、大阪平野の地理的中心地としての卓越性を発揮しはじめる。大坂の地位向上はこうした自然環境の変化、陸上交通路の発達、安定化によるところも大きかったと推定される。

四　政治権力

1　細川氏と畠山氏

大阪のうち、摂津国と和泉国は伝統的に細川氏、河内国は畠山氏の領国であった。

細川氏は、摂津、和泉のほか、備中、淡路、讃岐・阿波・土佐などの四国の国々や丹波を守護領国として有した。細川氏はまた「京兆家―内衆体制」とよばれる権力構造を採用した。内衆は、細川氏の中で官僚として働く一方で、細川氏の各分国に領地を持った。すなわち在地基盤をもつ領主が守護権力の中枢を構成するという特質を有したとされる。また細川氏は、領域支配よりも東瀬戸内海の港湾都市や流通路などの拠点を掌握し、そこからの収益を獲得することで支配を進めた（古野貢『中世後期細川氏の権力構造』吉川弘文館、二〇〇八年）。

河内畠山氏は、古市、若江など、南河内・中河内の流通拠点を守護所として押さえるとともに、基盤とする村々を一向宗と同じくした。さらに寺内町の興隆や「大坂並」体制の確立には、畠山氏権力の領国支配が密接に関連しており、守護と本願寺・一向宗の有機的な相互関係が指摘されている（小谷利明『畿内戦国期守護と地域社会』清文堂出版、二〇〇三年）。

細川氏や畠山氏の支配を他の守護や戦国大名と比較して、その全国的な位置を探る研究は十分にはなされていない。都市や流通に注目して支配を展開するあり方は、十六世紀においては一般的であったといえるかもしれない。しかし、それぞれの内実を掘り下げたならば、後続する三好政権や、のちの統一政権につながるような先進的な支配を大阪で展開しようとしていたことに間違いはないだろう。

2　三好氏

もともと阿波国の武士であった三好氏は、阿波守護細川氏の中央政界進出に帯同して畿内に橋頭堡を築いていった。はじめ摂津国越水城に入った三好氏は、之長、元長、長慶と代を重ねるごとに勢力を伸長し、ついに天文十八年（一五四九）、主君であった細川晴元を京都から逐って「政権」を樹立した。

三好氏が、在地の武士たちをどのように支配していたのか、あるいは農村からどのような収奪をおこなっていたのかは、史料上よくわからない。武士たちが荘園制を侵害して集積していた職・得分などを基本的に保証してやっていたのではないかと推量される。また山城国や摂津国における村同士の用水相論においては、上使を現地に派遣して調査にあたるなど、積極的に関与することで村々から公権として認められるための素地を涵養していった（天野前掲書）。

京都の都市支配については、室町幕府によってはじめられた地縁的共同体の支配をよりいっそう進め、惣町、町（個別町）からなる重層的な都市共同体をたくみに支配制度に組み込むことに成功しつつあった。その支配方法は織田・豊臣政権に継承されてゆくことから、近世的な都市支配の先鞭をつけるものであったと評価できる（仁木宏『京都の都市共同体と権力』思文閣出版、二〇一〇年）。

この他、都市・流通をより重視する支配を展開したり、室町将軍の権威低下策を実行するなど、三好長慶の支配はさまざまな面で織田政権に先行するものであった。

こうした三好氏が、京都に本拠をおかず、芥川山城（高槻城）や飯盛山城を拠点にしたのはなぜであろうか。従来は、京都が伝統的な都市社会であって足利将軍の支持勢力も強固であったため忌避したこと、京都では、敵方である近江六角氏の軍事的な脅威に絶えずさらされることになることなどがあげられてきた。つまり、首都京都を本拠としたかったが、三好氏側が権力として不安定なので本拠にできなかったと見てきたのである。

もちろんそうした見方も誤りではないが、むしろ芥川山城や飯盛山城を拠点としたことに積極的な意義を見出すべきであろう。長慶は、最大時には、丹波国、播磨東部、讃岐、阿波、伊予の一部、大和北部までを勢力圏におさめた。芥川山城、飯盛山城の両城はそれぞれ摂津国・河内国を治める守護が伝統的に拠点としてきた城郭であったが、長慶はそうした意味にとどまらず、一方で京都を掌握し、他方で大阪をはじめとする管国を収攬するための絶好のポイントとして利用したと考えられる。とりわけ飯盛山城からは、摂津・河内はもちろん、比叡山・京都から、和泉の山々、淡路島、六甲の山並みまで一望することができる。京都の西に位置する大阪を支配し、さらに瀬戸内海から西国に視野を広げるには最良であったといえよう。

おわりに

京都を真ん中に置いて、東と西をくらべた場合、西からの「影響」の方がより強いのは古代、あるいは先史時代以来であろう。一つには、列島の自然環境を考えた場合、西国の方がより温暖で生産力が高かったことが理由である。もう一つは、中国大陸や朝鮮半島などの進んだ文明が西方から日本にもたらされたからである。

しかし、十六世紀は、それまでのいかなる時代にも増して、西からのインパクトが強かった時代であるといえよう。東アジア海域世界においては、中国南部、朝鮮半島南岸、対馬や九州西岸、琉球などの人々が私的に移動、貿易をくり返し、その人・物・情報の流れは膨大であった。十六世紀の第2四半期に石見銀山からの銀の産出量が増えると、世界的な銀需要を呼び込むこととなり、銀を求めてより多くの中国船が日本に到来したといわれている。この流れに乗ってポルトガル人が日本近海に現れ、キリスト教も鉄砲も日本に流入してきた。

国際的な契機が日本社会全体にどのような影響を与えたのか、これまで十分に解明されているわけではない。九州地方にキリシタン大名が登場し、南蛮貿易で潤ったこと、中国の明の銭が日本国内で流通しなくなり、中世を通じて維持されてきた銭経済が破綻して米や金銀が基準通貨となったことなどが注目されている程度ではなかろうか。しかし、十六世紀における西国の都市の勃興、とりわけ瀬戸内海や山陰における港町の急成長はこの海域を行き来する物資の急増を前提にしていると考えられるし、法華宗がこうした港町を対象に布教を強化したことに、京都からこれらの地域への進出、浸透の指向が垣間見られる。

西からのインパクトが大きな要因となって、京都の西の玄関口に位置する大阪が都市・経済のみならず、宗教や政治勢力の側面でも新しい潮流を生み出し、活性化していった。中世を通じて首都は京都でありつづけたが、十六世紀には列島の中心地は徐々に大阪に遷移しつつあったのである。

こうした日本の全体的な社会構造、地域構造の変容が前提として進行しており、それに対する権力側の「政治的解答」が豊臣政権による大坂築城だった。

織田信長の上洛までに醸成されていた大阪の諸条件、畿内社会の全体構造が、十六世紀第3・4四半期にどのように変容していったのか。すなわち豊臣秀吉が大坂城と城下町を築き、大阪に拠点（の一つ）を置いたことがどのような社会変動をこの地域や列島社会にもたらしたかの分析はいまだできていない。また、本稿で述べるようにそもそも先進的であったはずの大阪や畿内社会、あるいは西国社会が次の時代を担う権力をその内部から生み出しえなかったのは何故かという疑問も残る。そうした課題への回答は他日を期したい。

秀吉の首都圏形成について

——港湾都市・大坂の成立を中心に——

曽根勇二

はじめに

本稿では、以下の三点を主張する。①秀吉の朝鮮出兵で日本軍の敗戦が相次ぎ、日本と中国明朝の間で、講和交渉が進められて休戦状態となるが、この間の日本列島では、伏見と大坂を拠点とする新たな支配体制が形成された。②この支配体制とは、伏見と大坂を流通経済的な拠点とするだけではなく、都市化された両地では、豊臣秀吉や各地の大名とその妻子が居住し、その周辺地には秀吉の直臣も配置された。③この新たな支配体制は、秀吉の死後も否定されず、むしろ継承され、その結果、港湾都市として大坂は経済的な発展が見られた。

①では、朝鮮出兵が継続する中、日本列島から朝鮮半島へ軍需物資が供給されるという経済的な面に注目し、その実務を担当した「大坂代官衆」の動きを紹介する。②では、人質提出による秀吉の大名支配ということだけではなく、このことで秀吉・大名らの領主階級が伏見と大坂に集住した政治的な意味も考える。さらに直臣も両地周辺に配され、本格的な検地や知行宛行《ちぎょうあてがい》が行われ、秀吉と大名・直臣との主従関係が確認されたことにも言及する。残る③は、伏見や大坂の地をめぐる秀吉政治の後継者争いが行われたことである。秀吉の死後も、港湾都市・大坂の

基盤が形成されたことを指摘し、家康政治の脆弱性やその後における江戸と大坂の関係も考えてみたいと思う。

一　朝鮮出兵の継続と伏見・大坂の拠点化

1　大坂代官衆の存在

天正二十年（一五九二）三月十三日、秀吉は、諸大名の約一六万の兵を九軍に編成し、朝鮮へ渡海することを命じた。四月十二日、小西行長・宗義智《そうよしとし》の第一軍の釜山浦上陸によって、この戦争は始まり、ただちに日本軍は漢城（現・ソウル）を陥落させた。しかし七月頃から明の朝鮮支援や義兵闘争が開始され、海戦の敗戦が相次ぎ、日本軍はソウル以南に留まることを余儀なくされた。そのような中の同年十月十日、秀吉は、留守居の関白秀次に対し、二三条からなる指令（「造船令」）を出した（「妙法院文書」）。

このうち第九条では、伏見や大坂で建造中の建造物に加え、京都の大仏や寺社の造営を中止するよう命じ、帥法《そつのほう》印《いん》（歓仲《よしなか》）という人物に大坂のある事業に集中するよう指示した。第一一条では、船で用いる大綱の原料（苧麻《ちょま》）を信濃・甲斐で買い占めることを指示し、文禄二年（一五九三）二月朔日、北政所の印判で、帥法印を介して信濃川中島の苧麻を、下関役人を経由して肥前名護屋まで輸送することも命じた（「長井文書」）。ここでは材木や船具などの調達が優先されており、秀吉が帥法印に命じたのは、大坂での造船事業であった。

天正二十年十一月朔日、秀吉は、浅野長吉（のち長政）に対し、国内各地の蔵米を大坂方面や名護屋へ廻送することを命じた（「浅野家文書」）。さらに文禄二年二月九日、指令を受けて浅野は、若狭小浜の豪商に米穀を名護屋に搬送させており（「組屋文書」）、船舶だけではなく、戦場での兵粮不足も深刻化していたようである。

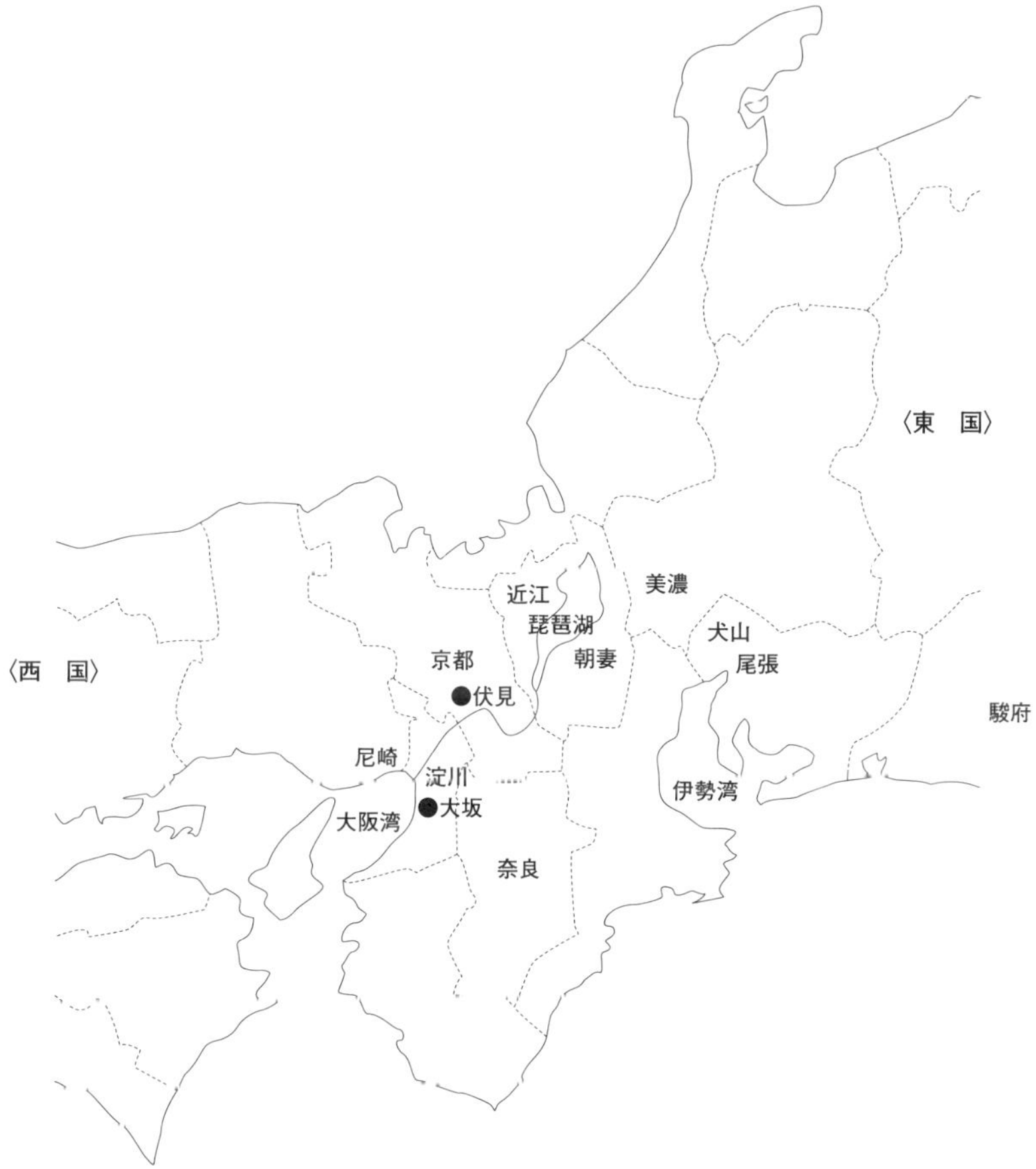

秀吉の首都圏形成図（著者作成）

日明貿易の再開という名分をもって、中国大陸に出兵した戦争（唐入り）ではあったが、まもなく朝鮮での苦戦を強いられ、とくに船舶・兵粮の不足が露呈した。当該期の秀吉は、いかなる展望の下、このような方策を出していたのであろうか。

天正二十年（一五九二）十二月十四日、秀吉は、渡海大名に対し、来春に自らが渡海するまでに、国許に残る軍勢をただちに渡海できるようにし、その人数確保も命じた（「勝茂公譜考補」）。出陣中の大名だけではなく、国許の重臣らにも、その妻子を人質として大坂へ提出させ、その人数などを大坂の帥法印と松浦重政に届け出ることも命じた（「島津家文書」）。

先ずは苦戦する戦況を打開するために、秀吉自らが来春に渡海することを公表し、さらなる派兵と人質を大名側に要求した。さらにこの指令を徹底させるため、十二月二十四日、秀吉は秀次に対し、①政権の徴発した加子は、俸給を与えて国許で休養させること　②翌年正月十五日を期限とし、大名各自が兵粮米を積載した船を名護屋へ廻送させること　③帥法印・小出秀政・松浦重政・石川光元・伊藤秀盛らの代官（「大坂代官衆」）には、三万石の兵粮を用意させ、それを商船で名護屋まで廻送すること、の三点を命じた（「大阪城天守閣所蔵文書」「尊経閣文庫所蔵文書」）。

ここでの秀吉の意図とは、名護屋に船舶と兵粮を集結させることであり、そのため加子には休養を与えた。これらは自らが渡海する際の準備作業であり、これを帥法印以下の「大坂代官衆」に命じたことは注目すべきである。戦況が悪化する天正二十年秋以降、秀吉は秀次に対し、様々な指示を出したが、その実務を担当したのが「大坂代官衆」であった。秀次に宛てた「造船令」の内容も含めると、ここで秀吉の指示した内容も明らかになろう。

秀吉は、自らが乗り出すことを明言し、諸大名を鼓舞しながら、さらに戦争を継続することを決断したのである。そのために伏見や大坂の城郭、京都の大仏や寺社の造営を中止し、大坂での造船事業を優先させた。すでに各地の材木が大坂に搬入されるようになっていたからこその指令でもあり、船舶を運用するために加子を掌握することも必要となり、各地から船舶と加子を調達することになった。同時に兵粮を確保することも行われ、これらの船舶が主にその輸送に活用されたようである。

こうして秀吉による戦略変更があり、それが大坂を拠点として計画・実施された。このことで「大坂代官衆」が登場することになり、多くの船舶と兵粮が名護屋へ廻送されたのである。これらは戦場への対処であったが、ならばこの造船や兵粮補給は、九州や四国の地でも良いことになるが、たしかに大坂で行われたのである。

2　名護屋と大坂

ここに年未詳の二月九日付秀次宛の秀吉朱印状がある（藤田恒春校訂『増補・駒井日記』二六八頁で紹介）。これによると、秀吉は秀次に対し、「一〇〇艘のうち五〇艘の船が用意できたとの書状は読んだ。加子が足りないようであるが、近江の加子がこちら名護屋へ動員されているので、残りの者たちを調査すること」を命じ、それに対し「尾張熱田の漁師かあるいは漁村で雇いの加子を求め、五〇艘分の加子を一度で送りなさい」と指示した。続けて「兵粮の方は、『大坂代官』に任せて送ることにするので、それをお前からも命じなさい」とし、「指示した加子はすべて揃えてから、一度で名護屋に送る」ことを命じ、「六反帆の船では一艘で加子を五人か六人でも、こちらまで容易に送ることができるだろう。なお若狭の加子は必要としない」ことも付け加えた。

この朱印状には、前述の「造船令」の内容があり、しかも加子不足の状況であったことが確認でき、さらに「大坂代官」による兵粮調達の内容も含まれている。前述した内容とほぼ同様であるが、単なる加子の徴発に関する内容と理解されたためか、開戦に先立つ時期（天正二十年）に比定されて、これまで全く注目されていなかった。これには「大坂代官」という語句も記され、その兵粮米調達に関することもあるので、翌文禄二年（一五九三）に比定すべきである。

秀吉は、自らが渡海することを表明し、秀次配下の「大坂代官」を介し、造船事業と兵粮米確保を指示した。その船舶を操る加子の確保も必要となり、文禄二年正月、秀次は各地にその動員を命じた（「吉川家文書」など）。また秀吉も朝鮮在陣の軍勢には、軽卒な行動を慎むこと、船舶と兵粮を名護屋へ廻送することなども命じた。

こうして文禄二年正月二十六日、これらの指令が三ヶ条に纏められ、秀吉から大名らに対し、名護屋での船舶確保と兵粮調達が重要であることに加え、三月に秀吉が渡海するまで軽卒な行動を慎むことが命じられた（「水口加藤家文書」等）。戦争の継続を前提とし、船舶と兵粮の確保と名護屋廻送が徹底されたのである。

その他、文禄二年正月三日、秀吉は、島津豊久（日向高城《ひゅうがたかじょう》城主）・伊東祐兵（日向飫肥《ひゅうがおび》城主）ら在陣大名の留守居には、政権の奉行人を彼らの領国に派遣し、船舶と兵粮の実態を調査させて、たとえ大名の船舶でも「積載するものがない船」を、すべて名護屋へ廻送するよう命じた（「島津家文書」）。同年正月九日、秀吉の側近・前田玄以が秀次の重臣に宛てた書状でも、小出秀政・師法印のような「大坂にいる代官」は、秀吉渡海用の兵粮を名護屋に廻送することや「加子の配分リスト」の存在も周知し、各地の加子がこの業務を怠ることのないようにと命じた（『武家事記』）。

新たな造船の必要性が出され、政権による兵粮の確保も行われ、船舶や兵粮が名護屋へ廻送された。しかも船舶や兵粮の調査という名目で政権から大名領国には奉行人が派遣された。これらは秀吉の渡海に対するものとして徹底され、これを支える「大坂代官」も配置された。加子や材木・綱などの調達を含め、政権による大名領国への介入という「新たな状況」が生み出され、しかも大坂を拠点とすることによって、その介入が日本列島全域に及ぶことになった。

こうして秀吉は、在陣大名に明・朝鮮軍の攻撃に対処する番城（倭城）の建設を命じ、その後も長期の駐屯に耐え得るよう独自に兵粮・加子などを調達することを求めた。明らかに異なる状況となったからこそ、秀吉は留守居の重臣にも人質の提出を求めたのである。

3　流通拠点としての大坂と石川光元

　朝鮮の戦争が継続するようになると、日本列島全域と九州・朝鮮半島は恒常的に連結することが求められた。ここに流通拠点として大坂の地が注目されるようになるが、石川光元（播磨龍野城主）の動きを見ると、大坂及び大阪湾の重要性を知ることとなる。

　光元は、芦浦観音寺（琵琶湖の湖上代官）や早川長政（秀吉直臣）とともに、近江の加子徴発に関与するなど、早くから朝鮮出兵の兵站《へいたん》を担当した。文禄三年（一五九四）四月、秀吉の勘気を蒙り、公家の近衛信尹《のぶただ》が薩摩島津領へ流されることになったが、近衛一行は尼崎から大阪湾の「海舟」に乗り換え、瀬戸内海を経て、日向細島（現・宮崎県日向市）へ赴いた。この時、光元は、秀吉から二艘の船舶と加子の管理を命じられ、近衛一行も名護屋を経由する気分で日向に向かった（『駒井日記』）。すでに大阪湾と朝鮮出兵の本営地・名護屋は海上交通で深く結ばれていたようで、光元はその実務の一端を担っていた。翌年の正月十五日、光元は、秀吉から「塩飽《しあく》・小豆島・播磨諸浦」周辺で、「五百石船」三二艘を管理することや朝鮮への兵粮米を豊後経由で名護屋に搬送することも命じられた（大阪古典会『古典籍善本展観図録』）。

　当時の秀吉は、瀬戸内の海運を掌握し、とくに豊後・筑前を通じて、九州・朝鮮方面に支配力を拡大させていた。これに加えて光元も、塩飽・小豆島や播磨の漁村を含む地域を拠点とし、その任務を担っていた（拙著・B『秀吉・家康政権の政治経済構造』校倉書房、二〇〇八年）。

　その後の光元は、慶長二年（一五九七）七月二十七日、秀吉自身が出馬して明国まで侵攻するので、早船一〇艘を大坂に、早船一艘を明石に着岸させること、それに伴う加子を「備前・中国・名護屋」に用意させることも、秀吉から指示された（「早稲田大学図書館所蔵文書」）。また同日、毛利輝元（安芸広島城主）も、秀吉から領内の鞆（現・福山市）・鎌苅（現・呉市）・大畠（現・柳井市）・天神国府（現・防府市）・下関の五ヶ所に早船を二艘ずつ置き、馬も二疋ずつ用意するよう命じられた（「毛利家文書」）。

秀吉の死後になるが、慶長三年十二月二十六日、代官の小西立佐に宛てた河内・和泉両国の豊臣蔵入地算用状（五奉行連署状）によると、同年の「千石」の年貢米が朝鮮へ派遣される加子の経費として「石川紀伊守（光元）」に渡された（「下条文書」）。

このような事例からすると、播磨の室津湊（現・兵庫県たつの市）には政権の「船泊まり（軍港）」のような施設が設定され、光元は、その管理を任されていたのではなかろうか。「大坂代官衆」の光元は、大阪湾を拠点として、政権の船舶管理や加子の管理などを行った。彼が室津湊を活用できる播磨龍野城主であったことから、大阪湾内のみならず、その支配権は瀬戸内や九州の地にも及んでいた。

文禄四年（一五九五）八月二十六日、石川光元は、秀吉朱印状を受け取ったが、光元は、ここで秀吉から「伏見川端長屋」に用いる木曽材を大坂で今井兵部に渡すことを命じられた（「称念寺文書」）。今井兵部は摂津の住吉や堺周辺の豊臣蔵入地の代官も務めており、大坂に赴くことのできる人物である。この木曽材は、おそらく大坂（大阪湾）まで海上搬送され、それを光元が今井に手渡し、今井の手によって伏見方面に搬送されたのであろう。

京都（伏見）で木曽材を調達する場合、木曽山から美濃や近江（琵琶湖）を経由し、京都方面へ搬送される従来のルート（内陸ルート）があったが、このように大阪湾経由（海上ルート）も併用されるようになったのである。この事例では「なこや（名古屋）木」とも記され、木曽三川（木曽・長良・揖斐川）を利して伊勢湾内を経由し、さらに紀伊半島を陸伝えに進み、大阪湾へ搬送されたと推測される。光元は、大阪湾を拠点としたが、朝鮮での戦争に対する瀬戸内や九州方面だけではなく、こうして紀伊半島を経由する伊勢湾内の流通にも関与していたことになろう。

このような大坂を拠点とする東方の海上ルートも想定すると、この材木搬送に関与した大名が居たはずである。文禄四年八月二十五日、秀吉が中村一氏（駿河府中城主）に宛てた朱印状には、「遠州天龍之川尻より木瓦積上候舟之事」と記され、さらに「駿河国内の諸湊の船のうちで、五反帆か六反帆の船四〇艘を指定する湊へ回送し、信濃飯田城主の京極高知に渡しなさい。加子の飯米も京極高知の方から渡すよう申し付けてあるので、間違いなく船は廻送させなさい」（「友野文書」）とある。同文のものが福島正則（尾張清洲城主）にも出されており（「三原浅野家文書」）、彼らがこの材木搬送に関与したようである。

慶長二年（一五九七）六月二十九日、秀吉が石川光元に宛てた朱印状にも、天龍川の河口（懸塚《かけづか》湊、現・静岡県磐田市）から大坂城の「木瓦」（天井板）を積載した船舶調達に関する記載がある（「早稲田大学図書館所蔵文書」）。また秀吉は、前述した「造船令」の第七条でも、造船用の材木は熊野や富士山でも求めるよう命じており、伊勢湾以東の地域（東国）からも、すでに多くの材木が調達されていた。畿内（伏見・大坂城）と太平洋沿岸地域との結びつきを強めるため、その拠点として大坂が選定されたが、この海上ルートでは、紀伊半島や伊勢湾の存在は極めて重要であった（前掲拙著・B）。

4　直臣団の配置と秀吉鷹場の設定

文禄三年（一五九四）正月二十日、秀次の側近駒井重勝は、前田玄以から正月十九日付の書状を受け取ったが（『駒井日記』）、当該期に伏見城と大坂城の普請が同時に行われたことが確認できる。さらに文禄二年三月二十七日、秀吉奉行人の山中長俊は、熊野の有力者である小山式部丞と安宅に書状を出したが（「小山家文書」）、これによると、

伏見城の石垣（現・明治天皇陵墓。著者撮影）

大坂代官の帥法印が大坂城普請の材木調達に関与し、ここで「天満の材木屋」が登場する。この時の大坂城普請でも、調達された紀伊材が、紀伊半島に沿って海上輸送で大阪湾内まで搬送されたようである。

さらに大坂を拠点とする太平洋海運を想定すると、大坂と伏見とを結ぶ淀川の河川交通の存在が注目される。これは重要なことであり、京都を起点とする従来の交通体系、すなわち琵琶湖の湖上水運を介し、東山道や北陸方面への陸上交通や、若狭小浜や越前敦賀の湊を起点とする古代以来の日本海海運のルートも、伏見と大坂を結ぶ淀川の河川交通を介し、大坂の太平洋海運に組み込むことができるようになるからである。

秀吉政治の段階において、こうして古代以来の日本海海運に加え、新たな太平洋海運も加わったことによって、政権の東国支配が本格化され、東国大名の動員を対象とした伏見・大坂城の普請も開始された。いずれも文禄三年からは惣構（武家地や町人地も含む）を有する巨大な城下が形成され、しかも両都市を結ぶ淀川水運も展開することで、陸上交通だけではなく、太平洋や日本海をめぐる海運も連動するようになった。この水運こそが、伏見・大坂の地を日本列島の拠点（首都）とし、一体的に拠点化することで、その周辺を含めた広範囲の地域支配も可能となった。

伏見・大坂を拠点とする地域支配の重要度が増したのは、流通経済の面からだけではない。文禄三年十二月二日、秀吉奉行衆（五奉行）が直臣の薄田兼相に宛てた連署状（『舒文堂古書目録』）によると、秀吉は、来年三月までに各自、妻子を連れて伏見へ移住することを命じた。文禄二年正月前後から、秀吉は諸大名に妻子らの提出や伏見・大坂に居住することを命じたが、秀吉を警固する中小の武士団（直臣団）にも、同様の指令を出したことになる。

翌文禄四年二月二十二日にも、秀吉の奉行衆は連署状で直臣の真野助宗に五ヶ条の指示を与えた。これによると、秀吉は、自らの直臣団一二組のうち、所領の関係からそのまま京都にとどまることを指示された者には、「妻子を伏見に移住させて、自らの住居だけを構える」ことを命じつつ、「大坂に居る者はまだそのままにし、新たに移住する準備が無事に済んだ者は、そのまま六月までの一〇〇日間は大坂の方に居て、大坂城の普請と警固をぬかりなく行う」ことも指示した（「早稲田大学図書館所蔵文書」）（拙稿・A「秀吉による伏見・大坂体制の構築」山本・堀・曽根編『偽りの秀吉像を打ち壊す』柏書房、二〇一三年）。

文禄三年、伏見城と大坂城の普請が同時に行われたが、秀吉の直臣団も形成され、彼らは両地に配置された（拙稿・A）。伏見や大坂には、大名だけではなく、直臣とその妻子が集住するようになり、彼ら直臣には周辺の地に知行地が与えられたのである。こうして秀吉をはじめ、大名・直臣ら領主階級が集住するようになったが、伏見と大坂を拠点とし、陸上や海上交通をめぐる全国的な展開も促進された。この新たな動きがあったからこそ、伏見・大坂は首都として位置づけられた。とくに帥法印や石川光元ら「大坂代官衆」の広範な動きによると、伏見や大坂の周辺にも、たしかに秀吉の支配力が及んでいた。まさに伏見・大坂の拠点化とともに、その周辺の支配が行われ、首都圏も形成されていた。この動きについては、秀吉鷹場の形成からも見ることができよう。

天正十九年（一五九一）頃から、秀吉は、尾張・三河や遠江・駿河などで鷹狩りを行うようになるが、文禄三年（一五九四）正月、佐々行政（秀吉の鷹匠）が秀次家臣に出した書状では、秀吉は関白秀次に対し、これ以後は畿内及び近江周辺を自らの鷹場とすることを命じた（『駒井日記』）。そして文禄三年九月十一日、秀吉は、数多くの大名に「諸鳥献上令」とも称される朱印状を同日付で出した。いずれも同内容のもので、各地（遠方）で諸鳥を献上するため、大名が領国で鷹狩りをするので、そこの鳥は驚いて畿内方面へ飛来するとある。鳥の行方がこうなるか否かは定かでないが、秀吉は、自身が畿内や近国で鷹狩りをすることを表明し、一方で大名には領国で鷹狩りする特権を与えたのである。

秀吉は、伏見・大坂周辺において知行地の区別なく、自らの鷹場を設定することを宣言し、当該地を一元的に支配することを個別領主に了承させた。翌四年の九月十六日にも、秀吉は、九州から東北に至る多くの大名に朱印状を出し、ここでも秀吉鷹場となった場所（畿内・近国）に鳥が飛来することを期待し、大名に諸鳥の献上を命じた。前年とほぼ同文ではあるが、秀吉政権の列島支配に対する執念を覗かせている（拙著・A『近世国家の形成と戦争体制』校倉書房、二〇〇四年）。

秀吉は伏見・大坂周辺に自らの鷹場を設定させて、首都圏の一元的な領域支配を目指したのであるが、これは直臣を伏見・大坂（首都）周辺に居住させたことと、それほど代わるものでない。同時に秀吉は諸鳥献上を介して大名には、領国での鷹狩りの特権を認める結果となった。このことは大名に対し、国許の城下町ではなく、秀吉とともに首都に居住するという事実と同様、鷹狩りにおいても、日本列島全域を支配する領主階級の一員となった認識を持たせたのである。首都の形成と秀吉鷹場の設定は、主君（秀吉）と臣下の関係を大名・直臣らに確認させただけでなく、このような効果もあったのである。

直臣団が形成され、さらに秀吉鷹場も設定されたことによって、秀吉は、伏見・大坂の周辺地まで広範囲にかつ一元的な支配を行うことが可能となった。秀吉は、首都及び首都圏まで支配することとなり、これによって、古代以来の畿内や近国の優れた技術力（職人支配など）も活用できるようになった。これを支えたのが前述した石川光元や帥法印ら「大坂代官衆」の存在であった。

糟屋武則（賤ヶ岳七本槍のメンバー）は、播磨国内に領知を有した。慶長元年（一五九六）、自身の領国である清水寺の山中で、材木調達のために人足百人を入山させた。これに対し、清水寺側が年貢徴収で応酬したため、両者の間では紛争となった。まさにその矢先、「大坂代官衆」（小出秀政・石川光元・帥法印）は、播磨国内の大鋸《おが》・杣《そま》・番匠を調査するため同地を訪れた。領主としての糟屋は、この代官らに、自らの窮状を訴えたが、逆に「太閤御免許山」に入山したと叱責されてしまう（「清水寺文書」）。注目したいのは、糟屋と清水寺が対立した理由ではなく、件の「大坂代官衆」が材木調達や造船に関わる政権の職人支配のため、播磨国まで赴いたことである。

このような「大坂代官衆」の動きの広がりが、前述した天正二十年（一五九二）十月の「造船令」にも記されており、第一二条では伊勢・美濃・尾張・三河・遠江・駿河でも、船大工・鍛冶・大鋸・杣の国郡単位の調査がなされ、第一九条では「河内国きさいべ（現・大阪府交野市私部）」や「美濃国津屋（現・岐阜県海津市、揖斐川付近）」で大鉄炮が製作されたことも確認できる。

二　秀吉の政権運営

1　伏見・大坂城の普請

文禄三年（一五九四）正月、伏見城・大坂城の普請が公表され、まもなく大名に動員の指令が出された。その内の加藤貞泰（美濃黒野城主）は、文禄四年正月二十六日、秀吉から「あなたは一六〇〇人の人数を動員し、尾張と美濃の川継ぎで朝妻まで、京都方広寺の大仏殿の山門に用いる材木を届けなさい」との指令を受け、「詳細を石川備前守（光吉）・古田兵部少輔（重勝）が伝える」と命じられた（「大洲加藤文書」）。文禄三年だけではなく、翌年にも同様の動員指示が出されており、必ずしも城郭普請と記されていない。秀吉は、北関東から伊勢湾周辺地域に至る東国大名を中心として、続々と材木の搬出を命じた。近江国内の大名なども動員されており、その搬出ルートも

琵琶湖畔の朝妻湊趾（著者撮影）

影響した。

この材木搬送を統括したのは、政権の奉行である石川光吉（尾張犬山城主）らであり、木曽材は河川で搬送され、犬山に到着した後は、美濃関ヶ原から近江国内に峠越し、琵琶湖畔の朝妻湊（現・米原市内）まで搬送された。かなり広範囲にわたる東国大名が動員されたが、朝鮮出兵が継続する中、秀吉には、東国支配を強化する意図もあったのである（前掲拙著・B）。

文禄二年以降、日本軍（九州・四国大名）の駐屯体制（在番）が整備されたことは前述した。ここに日本軍の朝鮮支配が本格化するが、この動きに応じて、国内では同年秋、大規模な国替え（大名配置）が行われた。そして翌年正月、伏見城・大坂城の普請が公表され、伏見・大坂城普請や大仏殿造営を名目とする大規模な材木調達の指令が一斉に出された。

この指令が翌四年まで継続したことは前述したが、同年四月十二日、秀吉は、日根野高吉（信濃高島城主）や佐野信吉（下野唐沢山城主）には、大仏殿造営の「山門」「中門」の材木を陸路ルートで搬送することを指示し、「もし普請場にも居らず、怠慢な者が居るならば、朝鮮へ番手（在番）として送りつける」と脅した。この命令も広範囲かつ多くの東国大名らに出された可能性が高く、とくに京都大仏殿の普請場で勤番することも厳命し、それが履行できなければ、朝鮮への駐屯軍として派遣させるとも恫喝した。苦戦の続く朝鮮での戦争があり、秀吉としては、新たな戦時体制を構築することが必要であった。そこで国内の大名に命じたのが木曽材の搬出であり、国外では、大名に朝鮮での駐屯を強いることであったのである。

2　伏見・大坂における御成の盛行

文禄三年（一五九四）十二月朔日、相良長毎《ながつね》（肥後人吉城主）が、島津義弘（大隅帖佐《ちょうさ》城主）に宛てた書状には、「私の方やあなたの領国（薩摩・大隅）も何も変わったことがなく無事です。あなたが建築中の京都屋敷ですが、とくに建物はきらびやかに出来つつあります」と、朝鮮在陣中の義弘を労いつつ、「国内へ戻った大名たちは、秀吉様から伏見城を建設するよう命じられ、その城もほぼ完成したようである。先月の二十一日には秀頼様も入城した」（「島津家文書」）と報告した。城郭普請に動員される大名が居る一方で、朝鮮に駐屯する大名もあり、しかも彼らは長期の駐屯や普請の動員だけではなく、妻子を人質に提出するのみならず、その屋敷も建設し、自らが居住することも命じられた。開戦当初、大幅に渡海が遅れた島津氏は渡海すると奮戦したが、嫡男久保《ひさやす》を戦場で病死させ、このことに加え、反抗的であった弟・忠辰が改易されたことも含めて、相良長毎は同情の意を示す。さすがの島津氏も、すでに秀吉の命令に逆らうこともできないようになっていた。秀吉の軍令下、島津氏に限らず、大名は各自の軍団をもって出撃したはずである。つまり開戦当初の日本軍とは、個々の大名軍で編成されたものであり、必ずしも秀吉の手足となるような一体的なものにはなっていなかった。すでに第一章で述べたが、苦戦の続く文禄二年正月前後、秀吉はこの戦争を継続しつつ、秀吉の意思に逆らえない軍団に仕上げることを想定していた。相良長毎の書状は、まさにこのことを物語るものである。

慶長元年（一五九六）十二月二日、五奉行は南部信直に宛てて連署状を出したが、そこには「来る十二月十日までには、蜂須賀家政は大坂の自宅で秀吉様の〝御成《おなり》〟を受けます。そのため秀吉様は各大名に対し、正式な装束で秀吉様のお供をするよう命じています」（「盛岡南部家文書」）とある。同年四月十五日にも、奉行衆は吉川広家に宛てた連署状で、長宗我部元親の邸宅への〝御成〟を表明し、「その時には秀吉様は牛車を用いますが、他の大名たちは正式な装束と騎馬を用意して参加すること」（「吉川家文書」）を命じた。

この〝御成〟とは、秀吉が大名の邸宅に個別訪問するものであり、訪問される大名とすれば、秀吉との関係が深いことが明らかになる。これに応じて、政権内の序列も高くなるが、ここでは京都や伏見だけではなく、大名は大坂にも屋敷を持つことにもなる。だからこそ人質を大坂に提出することにもなる。伏見とともに大坂の都市形成が進んだのもそのためである。〝御成〟という行為を通じ、秀吉は、国内の大名に対しても、自らの指揮下に入ることを強要した。秀吉の意思に逆らえないのは、朝鮮に駐屯する大名ばかりではなかった。しかも秀吉の〝御成〟は大切な「国家行事」として位置づけられ、多くの大名が参加することが義務づけられた。このような軍事パレードが、京都のみならず、伏見や大坂でも繰り返され、しだいに秀吉と大名の主従関係が明確なものになっていった。たとえ戦場でなくても、秀吉は大名らを自らの指揮下に入れることができた。さらに秀吉は、主君と臣下の主従関係を明確にし、領主階級の結束や強化を図ることも考えた。

主君と臣下の封建的な主従関係を最も明らかにするのは、知行宛行《ちぎょうあてがい》である。文禄三年から四年にかけて、秀吉は大名らに対し、数多くの知行宛行状を発給したが、これらには、朝鮮半島の長期駐屯、伏見・大坂城の普請動員、大名やその妻子らの城下への居住強制、繰り返された御成など、厳しい軍役賦課（奉公）に報いるための領知給付（御恩）という意味も含まれていた。

当該期、給された知行地のほとんどが、支配拠点となる伏見・大坂を含む畿内及びその周辺であったことも注目すべきである。しかも当該地の検地が実施されたのも、文禄三年や同四年のことであり、それを統括したのが奉行衆（五奉行）の浅野長吉であった。五奉行が政権運営の実務を掌握するようになり、その下で、畿内や周辺の検地が行われ、当該期の知行宛行となったとも考えられよう。文禄三年十二月二日、朝鮮在陣中の加藤清正（肥後熊本城主）は、河内国内に三百石の加増を受けた。同じく朝鮮在陣中の黒田氏や島津氏も、文禄三年十月十七日付で秀吉から畿内やその周辺に加増地が与えられた。文禄四年七月十五日、生駒親正（讃岐高松城主）に与えられた加増分は、伏見や大坂に居住する際の経費を秀吉が援助するものとある。徳川家康（武蔵江戸城主）や堀尾吉晴（遠江浜松城主）も伊勢国内に加増されたが、これも同じ理由であろう。片桐且元ら直臣系の武将が畿内や周辺に配置されたのも当該期である（拙稿・B「秀吉と大名―直臣の主従関係について」山本・堀・曽根編『豊臣政権の正体』柏書房、二〇一四年）。

3　朝鮮への戦略変化と再出撃の計画

文禄三年（一五九四）十一月、小早川秀秋は筑前名島城（現・福岡市）主となるが、これは養父の隆景が備後三原城（現・広島県三原市）に隠居したからとされる。しかし秀吉は、翌十二月二十日、黒田・毛利氏の在陣大名に対し、朝鮮での兵糧を確保し、同時に駐屯中の軍勢を交替させ、自らの領国の支配を安定させることも命じた。さらに文禄五年には関白秀次が名護屋まで出陣し、小早川秀秋・宇喜多秀家が初めて渡海することを知らせ、朝鮮で一層奮戦するよう指示した（「黒田家文書」）。また文禄四年正月頃からは、石田三成の博多支配が開始された（「嶋井文書」）。つまり秀吉が新たな戦略を打ち出すために行ったのが、小早川秀秋の名島入封であり、石田三成の博多支配であったのである。

小早川秀秋が名島城に入るのは、文禄四年（一五九五）八月であるが、それに同行した山口玄蕃《げんば》（正弘）は、すぐさま筑前・筑後の検地を実施した。文禄四年十月十九日、長束正家から山口玄蕃へ宛てた書状（「立花家文書」）では、九州大名の長い朝鮮駐屯を考慮し、表面的な検地増大にとどめ、なるべく個別領主の年貢徴収だけにするよう命じながらも、両国の検地は個々の大名に行わせ、しかし年貢はすべて政権に吸収させる形式を命じた。小早川秀秋の「付家老」山口玄蕃による政権主導の検地がここでは行われ、しかも個別大名領の年貢米でさえも、政権へ吸

小早川秀秋の居城・名島城址（著者撮影）

小早川隆景の居城・三原城址（著者撮影）

収するような方策がなされた（森山恒雄『豊臣氏九州蔵入地の研究』吉川弘文館、一九八三年）。

文禄二年（一五九三）以降、九州・四国の大名らに朝鮮駐屯を強いた秀吉であったが、それも長期化すると、新たな具体的戦略を提示することが必要となった。そこで計画されたのが、こうした筑前を拠点とする支配強化策であり、従来からの豊後の直轄化を含めた九州支配の強化であった。秀吉は、伏見・大坂を拠点とする体制の構築を進めてきたが、さらに国内支配の体制を固めながらの出撃計画を提示したのである。いわゆる「慶長」の再出撃の前提として、畿内（伏見・大坂）～三原～博多～名護屋の流通ラインが強化されたこととなった（前掲拙稿・B）。

こうした政権主導の施策が始まったのは、文禄二年五月、大友氏の改易以降である。まず豊後国の豊臣直轄化が進められ、その後も、中川秀成（大分代官）・早川長政（府内城主）・竹中隆重（高田城主）ら直臣系の武将が配置されて、豊後国を拠点とする九州支配の計画が開始された。筑前・筑後両国でも立花氏や高橋氏による個別的な領国検地ではなく、前述のような検地が行われ、政権による年貢の徴収がなされた。これらが最終的に政権の兵粮米として活用されたことは言うまでもない。ここでも大名領国に対する政権の集権化が強行されたが、具体的には宮部継潤《けいじゅん》（豊後）・山口玄蕃（筑前博多）の重用である（森山恒雄前掲書）。

文禄四年五月二十八日、秀吉が、豊後国で宮部・山口両人を介して各地の「舟大工」を徴発した造船事業を計画した（「香宗我部家証文」）のもそのためである。また文禄五年（一五九六）閏七月十三日、山口玄蕃が筑前嘉麻郡に宛てて一五ヶ条の「覚」を出したが、第九条に「代官や家臣の妻子は名島に居住することが原則であるが、人によっては伏見に居住することもある」（「臼井文書」）とある。すでに代官（秀吉直臣系の武将）が城下町に集住するだけではなく、その重臣らもともに伏見に居住することも行われていた。もはや個々の大名や直臣も、その国許や代官地を離れ、伏見・大坂に居住する時代になっていたのである。

なお慶長二年（一五九七）正月末以降、秀吉は、聚楽第（御城）に替わる京都の新邸を計画し（「鶴田家文書」）、同年九月には完成させた。伏見・大坂の拠点化とともに、新たな京都支配の対策を講じていたことも見逃せない。山口玄蕃（博多）と宮部継潤（豊後）を配し、筑前の博多を拠点とする新たな支配体制の強化を図った秀吉であったが、慶長二年二月、朝鮮への再出撃を指示した。その際、秀吉は毛利氏に上洛するのではなく、名護屋か博多に軍勢を置かせ、その状況も報告させた。さらに朝鮮の戦況次第では、秀吉自らの出撃もあり得ることを示唆し、それを渡海大名に知らせた（「毛利家文書」）。それまでとは異なる九州支配ではあったが、これも伏見・大坂を拠点とする体制によるものであった（前掲拙稿・B）。

三　秀吉政治の後継をめぐる動き

1　五大老・五奉行の国家運営

秀吉の死去直後の慶長三年（一五九八）十月二十日、五奉行の増田長盛は、いまだ伏見に邸宅を構えていない紀伊の武将・玉置氏を叱責するなど（「大阪城天守閣所蔵文書」）、秀吉の死後もたしかに従来の伏見・大坂を拠点とする体制は継続した。その中での慶長四年正月十日、秀頼は伏見城から大坂城へ移り、同月以降、家康ら五大老と石田三成ら五奉行の間では、互いに誓詞を取り交わすなど、何とか政治的バランスは保たれていた。

秀吉の遺言では、伏見には家康が居て、秀頼を補佐する形で前田利家が大坂城に入り、伏見城の留守居は前田玄以と長束正家が行い、大坂城の警固は「皆々」が担当することになっていた（「浅野家文書」）。

細川氏の大坂屋敷址・越中井
（著者撮影）

従来の直轄領に関する年貢米の処理も、伏見と大坂を拠点として五奉行による執政が行われた。あるいは政権中枢と大名・直臣における主従関係の確認に関わる知行宛行やバハン（海賊行為・密貿易）禁令のような「外交」に関わる指令なども、たしかに五大老が承認し、それを五奉行が執務する形態によって、国家運営がなされた（前掲拙著・A）。

しかし慶長四年閏三月三日、前田利家が大坂で病死すると、翌四日に加藤清正ら七将の石田三成襲撃計画があり、それを知って三成が伏見城へ逃れる事件が起きた。この結果、閏三月五日、家康は大坂の加藤清正ら七将に大坂城の警固を指示し、閏三月九日、三成は居城の近江佐和山（現・彦根市）に蟄居した。同月十三日、家康は伏見入城を果たし、ついに家康は「政庁」に入ることとなった。ここに秀吉の遺言が反故にされ、従来の利家と家康が政権運営を総覧する形の「五大老・五奉行体制」が、揺らぎ始めることになった。

こうした家康の台頭があっても、慶長四年閏三月二十三日、五奉行は、直臣の竹中隆重（豊後高田城主）に対し、「あなたは伏見に妻子を置いて、大坂城の警固や建築工事を担当し、その他の業務を行う」ことを指示し、『伏見の方にも時々は来るようにしなさい。これはかつて秀吉様が決めたことである」とも命じた（「市田靖氏所蔵文書」）。宮部長熈《ながひろ》（継潤の子、因幡鳥取城主）や筑紫茂成（筑後山下城主・広門の子）にも、同文の連署状は出されており（「宮部文書」「筑紫家文書」）、従来と同様、大名や直臣らが伏見に妻子を集住し、大坂の警固や普請やその他の業務を行うことは指示されていた。

2　伏見と大坂の選別

しかし家康は、慶長四年（一五九九）閏三月二十六日、片桐且元に対し「大野治長の管理する代官所に関する書類を預かり、そのことを浅野長政・増田長盛・長束正家に報告し、すべてを中村一氏・堀尾吉晴へ伝えなさい」（『譜諜余録《ふちようよろく》』）との指示を出した。直轄領支配に関わる業務は、且元が行い、それを五奉行だけではなく、五大老に準ずる「中老」の中村・堀尾にも伝達させたのである。同年四月六日にも、家康は、且元に大名間の紛争を処理させている（『譜諜余録』）。この紛争は、秀吉在世中に勃発し、当初から且元自身も関与したが、事態が政権内部まで及ぶ気配になったため、且元に処理させたのである（前掲拙著・A）。この業務は本来は五奉行が行うべき公務であるので、家康が且元を利用して、五奉行の公務運営に介入した事例とも見ることができる。

近世大坂の拠点・高麗橋付近（著者撮影）

慶長四年九月十九日にも、且元は伏見と大坂周辺の山論に関した裁許状を出した。ここからは宮木藤左衛門以下の直臣十名が、同地に知行地を有していたことが確認できるが（『豊中市史』）、これも従来の五奉行ではなく、且元が処理したことからすると、家康による政権奪取の動きかもしれない。

しかし秀吉の死後も、大坂城の都市整備は継続し、さらにその範囲は惣構を越え、その後も、大坂の経済的な地位は上昇した。この大坂について、当時の外国人は、「ここは全日本中の主要な海港の一つで、なかには驚くほど大きく堅牢な城があり、堀がこれをめぐり、たくさんの跳橋があり、鉄板で覆った門がある」とし、「我らはこの地（伏見）で、皇帝（家康）が都（京都）及び大坂を抑えるため、三千の守備兵を置いてあるのをみた」とも記した（拙著・C『敗者の日本史・大坂の陣と豊臣秀頼』吉川弘文館、二〇一三年）。

秀吉政治以来、伏見と大坂には、秀吉や大名・直臣ら領主階級が集住・交流しただけではなく、物流の拠点として機能するなど、首都としての都市形成もなされた。「政庁」としての機能を有する伏見城があり、海上交通も展開するようになり、港湾都市としての性格が濃厚となった大坂のことも、外国人はよく理解していたのである。

慶長四年九月二十七日、家康は伏見城から大坂城へ入り、慶長五年六月十六日まで大坂城にとどまった。こうして家康は、いち早く伏見と大坂の双方を掌握し、自らの政権運営を優位なものにした（「島津家文書」）。

慶長五年（一六〇〇）四月八日、島津義弘は当主の忠恒（家久）に宛てて書状を出した（『薩藩旧記雑録後編』）。忠恒も父・義弘とともに伏見に居住したが、前年の三月九日、重臣の伊集院忠棟殺害から国許で反乱（庄内の乱）が勃発し、それを鎮圧するため忠恒は国許に居たのである。

ここで義弘は、国許の忠恒に対し、「西国の大名は伏見を警固するように定められたが、これはどのような意図で定められたのかが分からない」とし、「伏見に居る大名の多くが住まいを大坂に移そうにしているが、この理由もよくわからない」とも語った。秀吉の死後、大坂城は秀頼の城として位置づけられ、それを家康や前田利家が警固するのに対し、伏見城の警固は、毛利・宇喜多・上杉氏らが行うことになった。五大老のメンバーが、それぞれに分かれて後継者・秀頼を補佐する処置である。この時の義弘は、伏見の大名が大坂へ住まいを移すようになることについて、「我らがこのまま伏見の警固を続けても、このような事態が続くと、伏見も〝荒野〟になってしまう気がする」と指摘したが、この発言は貴重である。

秀吉以来、伏見城は「政庁」であり、一方の大坂城も、朝鮮・西国支配に加え、日本列島全域支配をめぐって果たした役割は重要であった。大名らが優先すべきなのは伏見城の方ではあるが、当時の大坂には「後継者」に目された秀頼が居た。家康が伏見から大坂に入城したのは、このような事情によるものである。義弘の理解と逆に、多くの大名が居を大坂へ移したのも無理ないことである。

前述したように、伏見と大坂が一体化することで、秀吉政治の首都が形成されたが、これには秀吉という独裁者の存在も影響した。しかし秀吉の死後、このような体制が継続されたのか否かを考えることを重視するのではなく、後継者をめぐる家康と秀頼の動きから、初めて伏見と大坂の地が比較されたことに注目すべきである。

慶長五年四月十七日、家康は再び大坂から伏見城に入り（『義演准后日記《ぎえんじゅごうにっき》』）、義弘も、「伏見城では、家康の嫡子秀忠様も警固を続けている」とも語り、当時の伏見が「政庁」の機能を有したことは間違いなく、島津氏をはじめ西国大名は伏見を警固すべきあり、さらに義弘は、「現在の京都は平穏であるが、上杉景勝が出仕しないと言い始めており、増田長盛と大谷吉継殿が頻繁に説得するが、あまり上手くいっていない」とも洩らす。京都に隣接するという地域性もあり、やはり「政庁」は伏見であった。

上杉景勝が伏見を離れたのは慶長四年の七、八月頃からであり、しばらく家康と上杉氏の間には連絡があったが、慶長五年に入ると、義弘の書状の状況となり、同年五月三日、家康は上杉討伐を決し、六月六日、上杉討伐に関する評定を大坂城西の丸で行った。そして六月十六日、家康ら上杉討伐隊が大坂城を発ち、会津へ赴いた。すでに政治の舞台は大坂であり、前述の「このままでは伏見が〝荒野〟となる」という表現には、後継者・秀頼の存在が影響し、同時に大坂の重要性も潜んでいた（前掲拙著・C）。

3　大阪湾支配と港湾都市・大坂の発展

大坂の地位を高めたのは、畿内と太平洋沿岸地域との結びつきを強めるための拠点となったからである。このことを東国から考えると、この海上交通を展開させるためには、大坂（大阪湾）だけではなく、紀伊半島や伊勢湾の海上支配も必要となる。秀吉の死後及び大坂の陣後、つまり江戸時代になると、このことが大坂の地位を上昇させる要因となり、京都や伏見には期待できないものである。

慶長十四年（一六〇九）十一月二十一日、九鬼守隆（志摩鳥羽城主）と小浜光隆（徳川氏の舟大将）が小堀政一（家康の重臣、備中の国奉行）に宛てて連署状を出したが、家康が小堀らに対し、備中の鉄や銅を船で伊勢湾まで廻送するよう命じたのである（「佐治重賢氏所蔵文書」）。これによると、小堀は備中の鉄を船で淡路島まで搬送し、それを九鬼・小浜に渡した。さらに淡路島から伊勢湾まで船で搬送したのが九鬼と小浜である。そのため両人の船は大阪湾の何処かで停泊していたが、小堀の船が備中の鉄を積んで淡路島に到着すると、両人の船は、淡路島へ向かい、さらに再び大阪湾を経由し、伊勢湾へ向かった。小堀の船は瀬戸内を廻送するだけの小船であったが、九鬼・小浜の船は大船であったようである。徳川方の手によって、備中の鉄は大阪湾を経由し、伊勢湾まで搬送された。すなわち当時の徳川方は、大阪湾とともに、紀伊半島から伊勢湾まで向かう太平洋海運の一端を掌握しつつあったのである。

慶長十年（一六〇五）、大坂の豊臣方は、京都の南禅寺法堂造営の工事に着手した。これは家老の片桐且元が統括したが、慶長十年七月十四日、彼は文殊院勢誉に宛てて書状を出した（「南禅寺文書」）。これによると、材木は大坂やその周辺で調達したが、とくに遠距離の場所に注文した大型材は不足ぎみで、奥地の山林地帯で伐採・製材までされたことが推測される。これら大量の材木を迅速に遠距離から搬送するためには、海路で大坂に搬入されたとも考えられる。そのためには高度な技術を持つ大鋸・杣を山林地帯に派遣することが想定され、港湾機能のある都市（大坂）も必要とされた（前掲拙著・B）。

元和五年（一六一九）正月二十六日、酒井忠世・土井忠勝・本多正純・安藤重信・伊丹康勝・松平正綱の秀忠政権の幕閣は、近江の北見五郎左衛門や美濃の岡田善同に連署状を出した。これは江戸城天守の材木を取り替えるため、同年二月十五日を期限とし、担当する国内の大鋸を残らず、信濃木曽に送り届けることを命じたものである（「尊経閣文庫所蔵文書」「真田宝物館所蔵文書」）。

さらに同じ幕閣メンバーは、同年三月四日にも、木曽山を管理する千村良重と山村甚兵衛に対し、畿内や近国から現地へ派遣された大鋸・杣（派遣大鋸・杣）が居るので、彼らに支給すべき扶持米（経費）は、近隣の幕領年貢米から捻出することを命じた。この年貢米は信濃伊那の幕領地から木曽山へ送付されたが、その搬送は沿道の農民に命じることも指示した。このような派遣大鋸・杣に関することは、公共性が高いものである。幕閣メンバーの連署状によって個別領主の枠を越える指令が出されるなど、これらの事例も秀吉政治が継承されたことを示すものではなかろうか。港湾都市・大坂を掌握した幕府権力としては、先ず介入すべき内容であったのである（前掲拙著・B）。

おわりに

秀吉の死後、後継者争い（関ヶ原の戦い）があり、これに勝利したのは家康である。しかしその後、伏見城での公務は、秀吉政治を踏襲することを前提とし、新たな政治が行われたものではない。秀吉という軍事カリスマ（独裁者）を失い、再び大名連合の国家に戻る可能性もあった時期、大名らが最も望んだのは秀吉政治の踏襲であったはずである。関ヶ原の戦いで、多くの大名が家康支持に動いたのも同じ理由である。

関ヶ原の戦い後、家康は国家運営の主導権は握ったが、それは伏見の公務を統括する権限だけである。秀吉政治を継承する可能性のある秀頼が存在するかぎり、家康は、大坂の地を掌握することが出来ない。武家官位を任ずる権限のある天皇が、京都に存在していたことも見逃せない。

伏見・大坂を一体的に拠点化した秀吉ではあったが、伏見と大坂の有した機能を明らかにする必要もある。私見では、秀吉や大名・直臣らが双方の地に居住し、両地で彼らが領主階級として「交流」したからこそ、領主同士の結合意識も芽生え、伏見・大坂で国家的な政治が展開された。同時に両地は互いの流通経済的な機能を補いつつ政権の列島全域支配を進めた。こうして首都としての伏見と大坂の地が出現した。公務が伏見で行われ、朝鮮出兵が継続されたことから、海上交通も急速に展開することとなり、経済的な発展から大坂の地も上昇した。双方の地は一体的なものとして形成されたが、こうした政治が継承される限り、港湾都市としての大坂の発展があったのである。

本稿で紹介した島津義弘の「予感」の通りである。近年、豊臣期大坂の大名屋敷跡の発掘事例が増えつつあるが、このことを示す有力な証拠になるかもしれない。秀吉の死後、主に貿易権を有する九州大名が、すぐさま家康方に接近することに躊躇したのも、秀頼の存在よりも、港湾都市・大坂に「未練」「魅力」を感じたからかもしれない。大坂にはさらに発展すべき都市機能があったからこそ、当該期に「政庁」伏見の地位が低下しても、あるいは徳川方の国家運営が確立し、しだいに伏見の機能が駿府・江戸へ移行するようになっても、港湾都市・大坂の発展が減退することはなかった。

慶長二十年（一六一五）五月七日、家康は、大坂夏の陣で豊臣氏を滅ぼし、ついに伏見と大坂を一体的に掌握することができた。そして従来の伏見は江戸へ代わり、大坂も江戸との連携を強めることになり、さらなる港湾都市・大坂の発展は続くのである。

秀忠政権による首都・江戸の形成が開始され、江戸と大坂間の太平洋海運を展開させる必要性も高まり、大阪湾や紀伊半島・伊勢湾の支配も重要な要素となる。大坂の直轄化だけではなく、紀伊・尾張両国や大阪湾の尼崎の重要度も飛躍的に高まり、港湾都市・大坂と首都・江戸の都市改造も同時に本格化するが、これは偶然ではなかろう。

文献史料からみた豊臣大坂城の空間構造

大澤研一

はじめに

天正十一年（一五八三）に豊臣秀吉が築城を開始し、慶長二十年（一六一五）に落城した大坂城（以下、豊臣大坂城または大坂城）については戦前から多くの研究が積み重ねられてきた。その結果、現在では次の四期にわたる工期により、四重の空間構造をもつ豊臣大坂城が完成したとみるのが通説となっている（『新修大阪市史　第三巻』一九八九年）。

- 第一期：天正十一年（一五八三）～同十三年頃 ⇓ 〝本丸〟普請
- 第二期：天正十四年（一五八六）～同十六年頃 ⇓ 〝二ノ丸〟普請
- 第三期：文禄三年（一五九四）～同五年頃 ⇓ 惣構《そうがまえ》 堀普請
- 第四期：慶長三年（一五九八）～ ⇓ 〝三ノ丸〟普請

ここでの四重とは〝本丸〟・〝二ノ丸〟・〝三ノ丸〟・惣構を指す（惣構をのぞく各呼称についてはいずれも建設当初には確認できず、その示す範囲も必ずしも明確でないが、ひとまず通説にしたがって使用する。以下では繁を避け、引用符を省略する）。

しかし、後述のように、現在でも三ノ丸の実態をめぐって活発な議論が続けられており、また四重構造という空間の把握の仕方についても注意が喚起されるなど、空間構造に関する議論は依然進行中である。そこで、本稿では可能な限り同時代の文献史料に基づき、主として同時代の人びとに豊臣大坂城がどう認識されていたかという観点からその空間構造を再検討してみることにしたい。

一　これまでの空間構造研究の成果と課題

最初に豊臣大坂城の空間構造をめぐる研究方法と成果について振り返っておきたい。空間構造の枠組みを提示してきたのは文献史料と絵図・絵画史料にもとづく研究であった。文献史料から知られるのは、四期と推測される普請の時期区分、曲輪《くるわ》・曲輪内各所の呼称、および曲輪内に存在した建物の名称である。ただし、縄張り（平面プラン）の具体像や建物の配置場所などはほとんどわからず、曲輪・曲輪内各所の呼称についてもそれが具体的にどこを指すのかという点については文献史料からだけではよくわからない。また呼称については使用開始時期が明確でないうえに、同一の場所を違う呼称で呼ぶ事例もみられる。

他方、絵図・絵画史料については惣構にいたる大坂城全体の空間構成のイメージを提供してくれるものであり、建造物の位置情報などを得るうえでも有益な史料といえるものである。しかし、豊臣大坂城の全体にわたって詳細に描き込んだ同時代の図は確認されておらず、描写場所が限定されていたり制作（内容）年代が後世に下ったり、あるいは描写内容に疑義が感じられたりするものが多くを占める。そのため利用に際しては十分な史料批判が欠かせない（本書第三部補論参照）。

以上のように、各史料には一長一短があることを前提に、それらを史料批判したうえで得られた情報を組み合わせ、大坂城の空間構造を考えていく必要性がある。そうした作業を経て提示された復元案のうちもっとも有力なのが、最初に紹介した四重構造説である。ただしこれまでに提起されたのは四重構造説だけではない。しかも四重構造説であっても細部では理解が異なる復元案も存在した。それらこれまでの主要な復元案を渡辺武の整理によりながら概略まとめると、以下のようになる（渡辺武「豊臣時代大坂城の三の丸と惣構について」『難波宮址の研究　第七』（財）大阪市文化財協会、一九八一年）。

①　三重構造説（『日本戦史（大阪役）』、『大阪市史　第一』一九一三年）
•曲輪：本丸（内堀内）、二ノ丸（外堀内）、三ノ丸（外堀と惣構堀の間）
※惣構は三ノ丸を囲繞する堀・土塁によるライン（線状）と理解する。

②　四重構造説ａ（櫻井成廣『豊臣秀吉の居城（大坂城編）』日本城郭資料館出版会、一九七〇年）
•曲輪：本丸（内堀内）、二ノ丸（外堀内）、三ノ丸（京橋口・生玉口・玉造口の馬出曲輪）、惣構
※惣構は堀・土塁を外周にもつ空間とし、三ノ丸は馬出曲輪のことを指す。

③　四重構造説ｂ（岡本良一『大坂城』岩波書店、一九七〇年）
•曲輪：本丸（内堀内）、二ノ丸（外堀内）、三ノ丸、惣構
※惣構は堀・土塁を外周にもつ空間とし、三ノ丸は惣構と二ノ丸の間の曲輪とみなす。その範囲は二ノ丸の南方・西方では馬出曲輪を含み、北側ラインには大川、東側ラインには旧猫間川を想定する。

これらの相違点は、惣構と三ノ丸の捉え方の違いである。惣構については①では線状の防御ライン、②・③では面状の空間としてとらえている。また、三ノ丸については二ノ丸と惣構に挟まれた面状の空間とみる点で①～③は共通するが、範囲については広狭がある。

これらのうち、③についてはその後、渡辺武により補強がおこなわれた。『僊台武鑑《せんだいぶかん》』所収の「大坂冬ノ陣配陣図」（以下、「僊台武鑑図」）が発見され、そこに曲輪状の三ノ丸と思しき描写が確認されたのであった（渡辺前掲論文）。そして、③をベースに『僊台武鑑』の表現を反映させた四重構造説が誕生し、通説化を遂げることになったのである（図1＝本書中井均論文八九頁図6参照）。しかしながらその後、その三ノ丸の形状・位置づけをめぐって、下記のような疑問が呈されることになった。それらをみてみよう。

Ⓐ 三ノ丸の範囲（中村博司「豊臣期大坂城の構造について」『シンポジウム「大坂城」―秀吉の大坂城縄張りをさぐる―発表要旨』（財）大阪府文化財センター、二〇〇四年、高田徹「文献史料からみた豊臣期大坂城」『戦乱の空間』三、二〇〇四年）

慶長二十年（一六一五）の大坂夏の陣時、大坂城を攻めた加賀前田家の軍勢と越前松平家の軍勢が軍功を書き上げた文書（以下、軍功状）が多数現存する（岡本良一「加賀藩の大坂夏の陣首取状について」『大阪の歴史』九、一九八三年、渡辺武「「大坂夏の陣越前兵首取状」について」『大阪城天守閣紀要』一、一九六五年）。そして、それらのなかには「あおや口三之丸」（後掲表2のNo.8）のように、三ノ丸が二ノ丸の東側にもひろがっていたと理解される文言が散見されるのである。「僊台武鑑図」によって推定・復元された三ノ丸は二ノ丸の西方と南方のみで、青屋口側の東方は外れていたが、この文言によって三ノ丸は二ノ丸東方を含むより広範な区域を指す可能性が生じることになったのである（ただし、その場合でも三ノ丸の外側の範囲をどことみるかは別の議論となる）。

Ⓑ 馬出曲輪の評価（江浦洋「堀83をめぐる諸問題」『大坂城址Ⅲ　本文編』（財）大阪府文化財センター、二〇〇六年）

二〇〇三年からはじまった大阪府警察本部庁舎建て替えにともなう発掘調査で、大坂城の大手口前から馬出曲輪状の遺構が発見された。その形状と酷似する曲輪は「僊台武鑑図」や『大坂城慶長年間之図』（伝織田上野屋敷）にも描かれていたが、規模については「僊台武鑑図」から想定されたものよりずいぶん小さく、そのため織田上野屋敷に対応する遺構との見方も提示された。加えてこの曲輪は調査の所見から、三ノ丸を築いたとされる慶長三年（一五九八）開始の第四期工事の時期に合致するものと考えられた。そのため、この時期の大坂城普請とは『大坂城慶長年間之図』で北東・南西・東南の三ヶ所に描かれた馬出曲輪の普請を指す可能性も生まれてきたのである。その結果、「僊台武鑑図」の再検討が不可避となったのである。

なお、これに関連しては、推定慶長三年九月二日付蒲生郷成書状「大坂御普請の様子被仰下候、当年ハ南・東出来候ハ先可被置候、其分にて能御座あるへく候、至来春又北之方をも可被仰付候」（『広島大学所蔵猪熊文書（一）』福武書店、一九八二年）のなかの〝南・東・北〟の普請が三ヶ所の馬出曲輪を意味するという指摘もある（中村博司「慶長三〜五年の大坂城普請について」『ヒストリア』一九八、二〇〇六年）。その当否はにわかには決め難いが、いずれにしても、この遺構の発見は空間構造の復元研究に大きな影響を与える出来事だったといえよう。これにより、そもそも第四期工事とはどのような内容の工事だったのか、そして三ノ丸とは何なのか、という課題が改めて浮上してくることになったのである。

Ⓒ　三重構造説と四重構造説

Ⓐおよびⓑの動きを受けて三ノ丸の見直しがはじまったが、それは空間構造全体の再検討のはじまりでもあった。中村博司は「僊台武鑑図」の推定三ノ丸ラインを採用せず、惣構の内側に接する空間全体を三ノ丸とみなす復元案（図2）を提示した（中村博司『天下統一の城・大坂城』新泉社、二〇〇八年）。この案は、空間としては本丸・二ノ丸・三ノ丸の三重構造となり、外周にラインとしての惣構が廻るというさきの①三重構造説（三重空間＋惣構）と同じものである。四重構造説の抜本的見直しということになろう。続いて跡部信は近著において文献史料や絵図にあらわれる縄張り表記を検討し、いわゆる本丸内に二ノ丸があると記した絵図があることなどから、豊臣大坂城は三重構造とも四重構造とも表現されることになったと指摘した（跡部信『豊臣秀吉と大坂城』吉川弘文館、二〇一四年）。

これはすでにあった指摘の再提起であったが、ここに至って議論は空間を何重とみるのかというだけでなく、その捉え方自体への配慮も求められる段階へと移ってきたのである。

以上、長くなったがこれまでの研究史をまとめてみた。このようにみてくると、豊臣大坂城の空間構造をめぐる当面の論点は次のようにまとめられよう。まずは惣構と三ノ丸の理解である。惣構と三ノ丸に対する理解の違いが諸説を生んでいることはすでにみたとおりである。加えて近年、図2（中村前掲書）・図3（跡部前掲書）のように、惣構・三ノ丸の理解に関して新たな見解を盛り込んだ空間構造想定図も発表されつつある。ただ、その史料的根拠は十分に示されていない。そのため、本稿では文献史料にもとづき改めて惣構と三ノ丸の実態を検討したいと思う。

それらを含めた全体構造の解明が次の課題である。ただし、筆者は全体構造に関する議論が〝〇重構造〟かという点に収斂されていくことには疑問を感じている。なぜなら、〝〇重構造〟という把握のしかたは理念的に整理された本丸・二ノ丸・三ノ丸・惣構という曲輪（空間）呼称を前提としているからである。すでに高田徹が指摘しているように「城郭の縄張り上、序列的に考えてそれぞれの部位を二ノ丸・三ノ丸とする定型的評価、あるいは研究上の位置づけと、往時における各部分の呼称状況とは当然区別して行う必要があ」ろう（高田前掲論文）。実際、大坂城の場合、惣構と三ノ丸はそれがラインなのか曲輪（空間）なのかそれ自体が議論の的であり、必然的にその指し示す範囲も明確でない。さらに同一空間を指す呼称にも異同がみられるほどである。このように各曲輪に対する認識が定まらないなかで理念的な空間構造論を展開させるのはあまりに無理が多く、有効とは思えない。まずは実際の曲輪・防御ラインのありかたを再確認し、そのうえでそれらがどう認識されていたか（呼ばれていたか）を明らかにすることが重要ではなかろうか。幸い、豊臣期の最末期となるが、大坂城の空間構造の全体像を考えるうえで重要な手がかりとなる大坂の陣時の文献史料が複数伝存している。そのほとんどは徳川方のものであるが、大坂城を攻める側であるがゆえに大坂城の全体構造に関心が示され、当時存在した曲輪・防御ラインの呼称がひとつづきの文章のなかに登場するというメリットがある。本稿ではこれらの史料を活用したいと思う。

以上を踏まえて、次章以下では三点の検討をおこなう。一点目は惣構についての認識と実態、二点目は同様に三ノ丸について、そして三点目ではそれらを踏まえつつ全体構造を検討していくことにしたい。

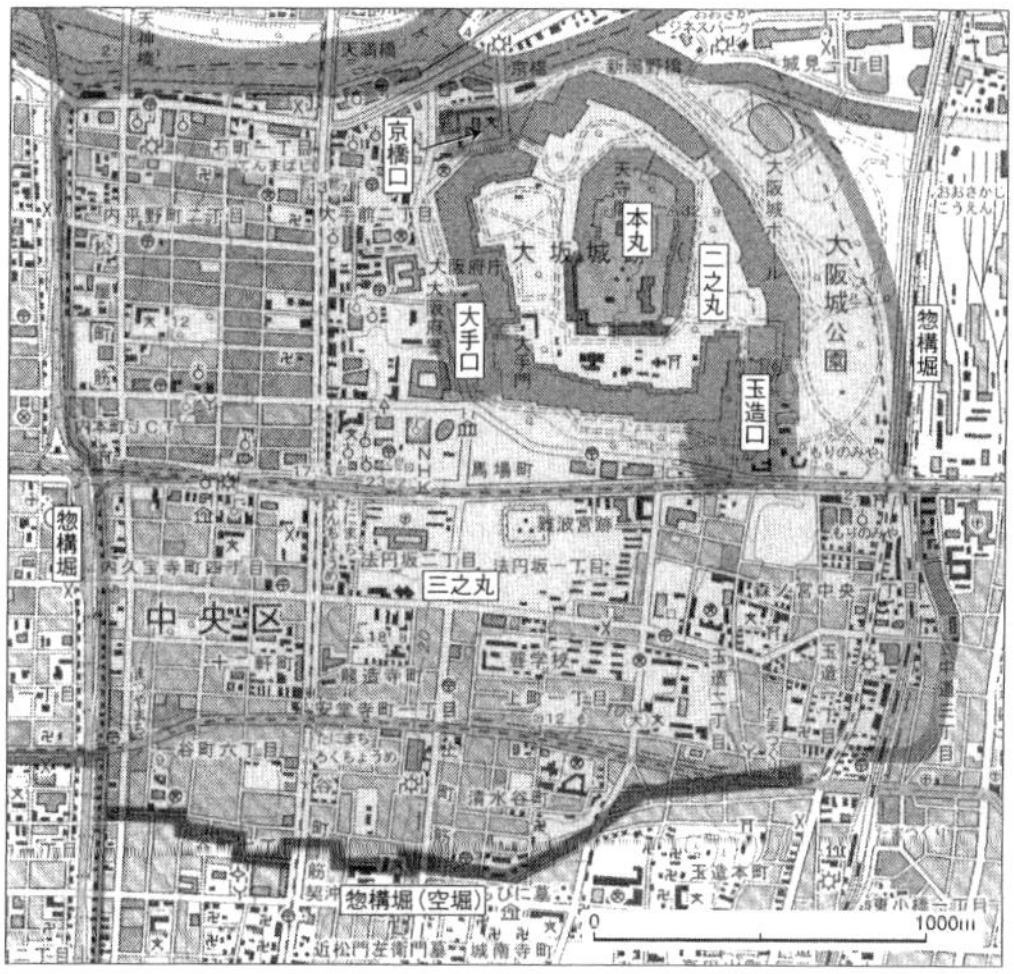

図２　大坂城復元図（中村博司、2008より転載）

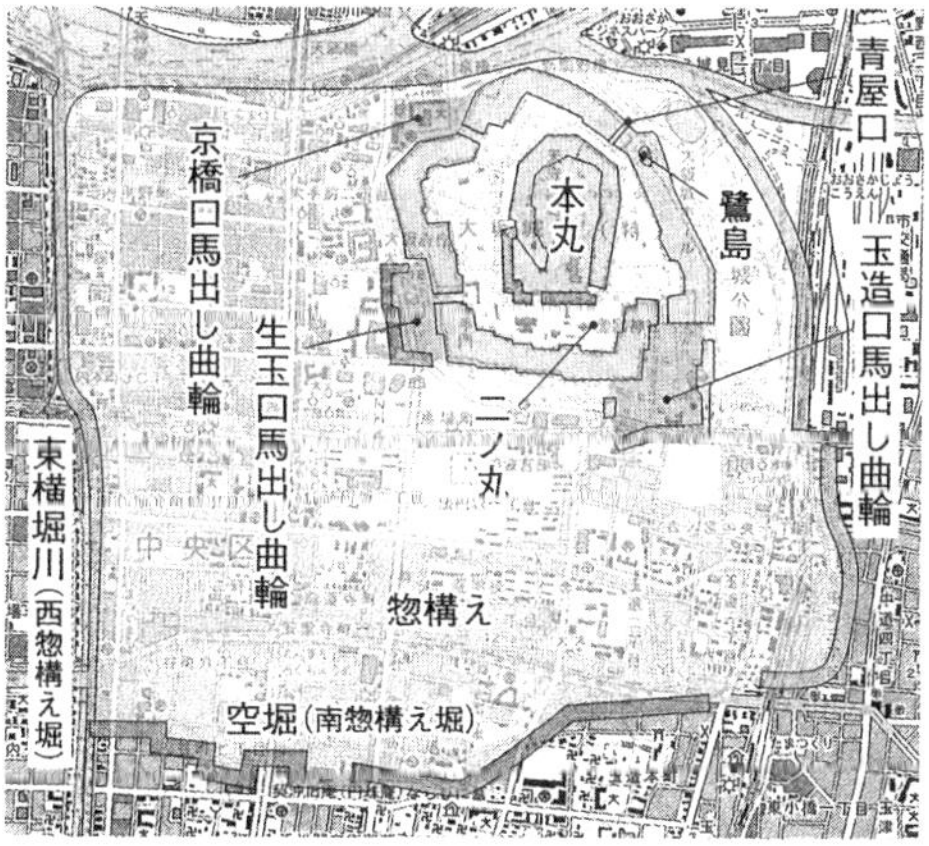

図３　大坂城復元図（跡部信、2014より転載）

二　惣構について

豊臣大坂城の惣構は文禄三年（一五九四）、伏見城のそれと同時に前田玄以を介して普請が命ぜられたことが知られている（『駒井日記』文禄三年正月二十日条）。大坂城の惣構とは、具体的には北は大和川・大川、東は猫間川、南は清水谷から西へ向けて人工掘削した堀、西は東横堀川を結び、堀として利用した全長八キロメートルを超える防御ラインである。

惣構の概念について同時代の認識を示す史料としては『日葡辞書』がある。そこには「市街地や村落などの周囲をすっかり取り囲んでいる柵、または防壁」と説明があって、惣構を区画装置であり区画ライン（線）とみる認識が示されている。福島克彦によれば、惣構についてはそれによって囲まれた郭（空間）という理解も存在している（同「戦国織豊期における「惣構」の展開と倭城」『韓国の倭城と壬申倭乱』岩田書院、二〇〇四年）が、区画装置とみる理解が代表的なものとして示されている点は重視しなければならないだろう。

では、表1から大坂城の惣構の実態を探ってみよう。

表1　文献史料にみえる惣構

1	「於大坂惣構堀普請、従来月十日被仰付候」	（文禄3）1・19	豊臣秀吉朱印状写（宮部文書）
2	「於大坂惣構堀普請、被仰付候」	（文禄3）1・19	豊臣秀吉朱印状写（生駒文書）
3	「大坂御普請割之様子、伏見之丸之石垣・同惣構堀、大坂惣構堀三ヶ所江三ニ分而被仰付由」	文禄3・1・20	駒井日記
4	「大坂惣構口々番手」	慶長5・7・15	当代記

5	「将又大坂のやうすいよ〳〵惣まわりのかわはたへい仕、てんのうじくち二もほりをほり、せいらうなとも仕」	(慶長19)10・11	中井信濃守利次書状(中井家文書)
6	「新堀を御越候而あんとう嶋と申町迄御破入候」	(慶長19)12・8	御手許文書(山内家史料)
7	「高名仕候はところは惣かまへ一丁はかりこなた」	(慶長20)5・8	越前松平家首取状21
8	「壱ツハ惣構之さくの外ニて」	(慶長20)5・8	越前松平家首取状22
9	「さうがまへより五六町ほとこなたニて馬上の者一人つきおとし」	慶長20・5・9	元和大坂役将士自筆軍功文書127−17
10	「さうがまへより四五町こなたニて馬上ノ者一人つきおとし申候」	(慶長20)5・9	元和大坂役将士自筆軍功文書123−13
11	「去年さなた居申候丸之通惣がわのゆき当の屋敷ニてくびをとり申候」	(慶長20)5・9	元和大坂役将士自筆軍功文書129−10
12	「くひとり申候は所、惣かまいおしこミ殿町ニて打申候」	(慶長20)5・13	越前松平家首取状33
13	「さうかわの町口より一丁目参候て東之よこ町へ二三十間程おいこミ」	(慶長20)5・15	越前松平家首取状28
14	「壱ツハ天王寺口之さうかまへ之きわ」	(慶長20)5・21	越前松平家首取状23
15	「惣かまへの外にて馬を乗放、町之内にて手負、それより二ノ丸へ押籠」	(慶長20)6・8	越前松平家首取状43
16	「我等首取申所ハ、惣構さくの内、長屋之きわニてうち申候」	(慶長20)6・25	越前松平家首取状24
17	「我等首取申所、惣かまへ之内町はいり口ニて候、西ノ丸むめ申候堀きわニて志摩様懸目、其より御馬之跡ニ付、二ノ丸へはいり申候」	(慶長20)6・25	越前松平家首取状26
18	「我等取申首、惣構之内、殿町之所つい地さわ拾間程内ニて取申候」	(慶長20)6・25	越前松平家首取状34
19	「大坂惣かまへまてハ参候へ共、惣構をものりこみ申」	8・13	元和大坂役将士自筆軍功文書124−21
20	「頚壱ツハ大坂惣かわ柵のきわニて打申候」	慶長20閏6・15	越前松平家首取状8
21	「其ゟ真田丸・そうかまへ之内江乗入申迄ハ」	11・13	元和大坂役将士自筆軍功文書125−22
22	「惣がまへ、西ハ高麗橋筋横掘の内、南は八町目黒門の内、町ヤハ壱間もこぼち不申候」		大坂御陣山口休庵咄
23	「惣構掘は石垣なし、たゝきといニて、堀の向ニさくを一重、堀の中ニさく一重、へいぎは二さく一重、以上三重ぬり申候、何も栗丸太ニて御座候、三の丸にハさくは附不申候」		大坂御陣山口休庵咄

出典：「元和大坂役将士自筆軍功文書」は『新修大阪市史』第五巻（番号とも）、「越前松平家首取状」は渡辺一九六五（番号とも）

№1～3は惣構の普請開始を命じた史料である。これらにおいて惣構の普請が「惣構堀」と表現されている点にまず注目したい。惣構の要件として堀をともなうことが第一に認識されていた様子が知られるからである。ここから当時の惣構に対する代表的かつ一般的なイメージがうかがえよう。

№5以降は大坂の陣にかかわるものである。このうち№5、6、22、23以外が軍功状であり、これらをみていくと、柵という惣構の設備に言及したもの（№8、16、20）があるほか、惣構を越えて攻め込んだという内容（№11、12、17、18、19、21）や、惣構からの距離表示（№7、9、10、13）にかかわる文脈で、惣構が登場していることがわかるのである。惣構が大坂城を取り囲み城内外を区画するラインとして認識されていた様子がわかる。

もう少し関係史料をみていこう。平時の惣構の様子はなかなか知りがたいが、№23に記されている「石垣なし」は惣構堀が基本的に素掘りだったことを伝えている。なお、南面堀については発掘調査がおこなわれており、空堀だったことが確認されている（積山洋「豊臣氏大坂城惣構の防御施設」『大阪の歴史』四六、一九九五年）。

慶長五年（一六〇〇）の関ヶ原の戦いに際し、東軍により惣構において大坂方武将の妻子の出入りがチェックされたことがあった。具体的には惣構上で大坂城内への出入口となった箇所に番所が置かれたのである（№4）。ただし、この時も一般の往還については平時同様認められていた。史料には番所の設置箇所が書き上げられているが、その表記から惣構と外部との接点の様子がわかる。番所は惣構の西側ラインにあたる東横堀川の地点にもっとも多く、次いで南側ライン上の地点が多い。その場所は、東横堀川では「橋」、南側空堀では「口」と表記されている。「橋」は文字通り架橋であり、一方の「口」は土橋状だったと推測される。ところで、この南側ラインの惣構は慶長十九年（一六一四）の大坂冬の陣時に大坂方によって急遽整備がおこなわれた。それは「惣まわりのかわはた」に塀を設け、出入口にあたる天王寺口にも堀をほり、井楼（櫓）をあげたというものである（№5）。塀を設置した川端とは大川・東横堀川であろうか（大坂冬の陣図屛風では東横堀川の川縁には柵が設置されている）。惣構の北・東・西側ラインはもともと存在した河川・堀川を惣構堀に見立てたものであり、南側ラインについても既存の谷を利用しつつ整備したものであった。堀そのものは存在した（整備された）ものの、それ以上に平時から防御設備が充実した状態ではなかった様子が示唆されよう。

以上、限られた史料からではあるが大坂城の惣構の実態とその認識を検討してみた。その結果、平時の惣構は堀を基本としたもので、戦時に柵等によって強化されたことが知られた。また、大坂城全体の最外周に位置し、内外を区画するラインとして認識されていた様子もうかがえたのである。これらは『日葡辞書』の認識とも合致する。したがって、本稿では惣構を外周のラインと考え、空間としてとらえる図3の復元案は採らないものとする。

なお、大坂城の惣構の性格については防御機能だけでなく境界機能もあわせて考慮する必要があると筆者は考えている。その場合、その境界は何を可視化するためのものであったかという問題が浮かび上がってくるわけだが、この点について筆者は天正十九年（一五九一）に大坂の町を対象に実施された地子免がかかわってくるのではないかという推測をもっている。この点については後考を期したい。

三　第四期工事と三ノ丸について

上述のように、惣構を堀や柵からなるラインとみれば、その内側に接して存在した空間をどう考えるかが次の課題となる。惣構をラインと評価した先の①三重構造説にしたがえば、それは三ノ丸ということになろう。しかし、前述のように三ノ丸については課題が多い。そこで、ここでは通説において三ノ丸の普請と理解されてきた慶長三年（一五九八）開始の第四期工事の実態を明らかにするところから作業をはじめ、その次に三ノ丸がどう認識されていたのかを文献史料から確認し、そのうえで三ノ丸をどう理解すべきか考えてみることにしたい。

第四期工事の実態については内田九州男が研究に着手して（同「秀吉晩年の大坂城大工事について」『大阪城天守閣紀要』五、一九七七年）以降、近年では中村博司が全般的な再検討をおこなった（同前掲論文「慶長三～五年の大坂城普請について」）ほか、横田冬彦も秀吉没後の政治体制の視点から言及をおこなう（同「大名屋敷からみた〈首都〉伏見」大阪歴史学会大会特別部会報告、二〇一四年）など、幅広い視点から研究が進められている。これらを参考にすると、第四期に実施されたとみなされる普請の中核的なものは下記の事項に集約されるだろう。

(1) 馬出曲輪の建設（江浦洋前掲論文）。
(2) 大坂城における新たな城壁の建設と、新城壁の対象地区に住んでいた商人・職人等の家屋の撤去および代替地への強制移転（「一五九八年十月三日付、長崎発信、フランシスコ・パシオ師のイエズス会総長宛、日本年報」『十六・七世紀イエズス会日本報告集』第I期第3巻、『日本西教史』）。
(3) 妻子を含めた伏見在住の東国・北国大名の大坂移住（『西笑和尚文案』他）。

第四期工事の背景としては、秀吉亡き後の政治体制として、大坂城を秀頼の居城としつつも伏見城もあわせて維持していく方向性が定められたことがあった（大坂城：秀頼、前田利家、東国・北国大名。伏見：北政所、徳川家康、九州・西国大名）。そのため大坂城では防御能力の向上と大名たちの屋敷地の再編が急務となったのである。では、こうした背景のなかで実施された(1)・(2)・(3)は大坂城の空間構造とのかかわりでどのように評価できるのであろうか。具体的に史料にあたってみたい。

まず(1)の馬出曲輪の建設であるが、この件については第一章で詳しく述べたので省略する。馬出曲輪は二ノ丸の虎口の防御能力を高めるとともに、出兵時の軍を整える場所を設ける目的で建設されたもので、北西・南東部にも設置された可能性がある。

次に(2)である。まず新たな城壁の規模であるが、その長さについては三里（「パシオ師の日本年報」）または一里（『日本西教史』）と述べられており、その差は小さくない。また、一里を四キロメートルとして計算すると（フロイスは日本の一里計算を使用したとされる。『フロイス日本史』豊臣秀吉編Ⅰ　第一章註（55）、中央公論社）、三里の場合は一二キロメートルとなり惣構よりも長くなってしまう。そうかといって『日本西教史』の一里説（四キロメートル）が妥当かといえば、そうとも簡単にはいえない。移転を余儀なくされた家屋についても七万軒以上（「パシオ師の日本年報」）または一万七千戸（『日本西教史』）と記されていて、その差は無視できるものではない。結局のところ、これら二件については数値だけでどちらが妥当かという判断は下せず、一定の距離または戸数という程度の理解にとどめておかざるをえないだろう。ただし、少ないほうの数字でみてもいずれも小さいものではないので、それなりの規模を念頭に置いたうえで考えていく必要があろう。

(2)よりいくぶんか具体的な情報のあるのが(3)である。在伏見の東国・北国の大名に対し大坂への屋敷移転が命ぜられ、二ノ丸南方で町家が撤去されて大名屋敷への転換が図られたことが『西笑和尚文案』所収の「西笑承兌《せいしょうじょうたい》書状写」から明らかにされた（豆谷浩之「慶長三年における大坂城下の改造をめぐって」『大阪歴史博物館研究紀要』一〇、二〇一二年）。

同史料によれば、慶長三年七月終わり頃には「大坂御普請之趣者、西者安芸中納言殿屋形之辺まで不残家をのけられ候、町屋もすてに御のけなされ、地ならし之儀被仰付候、大坂にて残り候屋形ハ備前中納言殿・増右・石治までに候由候」（大坂の普請については、西は毛利輝元の屋敷付近まで残らず家を撤去した。町屋もすでに取り除かれ、地ならしが命ぜられた。大坂に残る大名の屋敷は宇喜多秀家・増田長盛・石田三成だけということだ）という状況にあった。

ここで示されている町屋から大名屋敷への転換場所に関する具体的な情報は(2)に関連しても貴重なものといえる。とりわけ注目されるのは、西端を毛利輝元屋敷とする区域で家屋が撤去されたという記述である。ここでいう毛利輝元屋敷は毛利家の上屋敷で、その所在地は現在大阪歴史博物館の建つ場所と推測されるので、本書状写で示されている大名屋敷転換地はここを西端とし、大坂城の二ノ丸堀に沿って東へと広がる一帯だったことがうかがわれるのである。つまり、この地区が慶長三年以前に商人・職人たちが集住した場所のなかの一ヶ所であった公算が強いのである。

ただし、この地区には豊臣前期、すなわち慶長三年（一五九八）以前からすでに大名屋敷があることはあったようである。文献史料からはわからないが、近年、玉造において豊臣前期の地層のなかから出土した鉄砲の輸送にかかわる木簡はそのことをうかがわせる（「NW94－20次調査」『難波宮址の研究　第十二』（財）大阪市文化財協会、二〇〇四年）。ただしこの地区が豊臣前期にどのように利用されたのかその全貌は明らかでなく、商人・職人たちの居住の状況も不明である。そうした場所であるが、慶長三年に商人・職人たちが移転させられることによって大名屋敷地として広域に整備されることになったのであろう。当時の大名屋敷は細川忠興邸のように築地塀（『兼見卿記』天正十一年八月三十日条）によって囲まれるものもあった。そうした構えをもつ屋敷が二ノ丸南側地区に立ち並ぶ景観が出現したのであろう。

このように慶長三年において、少なくとも大坂城二ノ丸堀南側で大名屋敷地区への転換がおこなわれたとみた場合、改めて考えてみたいのが、(2)においてこれらを取り巻いたとされる「新城壁」の一件である。ただし、これにかかわる具体的な文献史料は他にないので、この間三ノ丸の史料として利用されてきた「僊台武鑑図」を再検討してみたい。

「僊台武鑑図」は元和八年（一六二二）に完成した長堀とおぼしき堀川が描かれるなど、大坂冬の陣終了後リアルタイムで作成された図ではない。また、大手口前で発見された前述の馬出曲輪がかなり誇張されて描かれているなどの問題を含んでいるのも事実である。しかしながら、その馬出曲輪も形状面での大きな齟齬はなく、なにより形状ということでいえば、本丸の形状は豊臣期のそれを正しく描いているという他の大坂の陣配陣図にはみられない大きな特長をもっている。こうした点を考慮すると、「僊台武鑑図」は描写のスケール感に注意する必要はあるものの、描写内容そのものまで簡単に否定しさることはできないのではなかろうか。

そう考えると、「僊台武鑑図」で南西の馬出曲輪（伝織田上野屋敷）と東南の算用曲輪を結んで二ノ丸南側の地区をめぐる壁または塀状の区画装置は、大名屋敷転換地とのかかわりで検討してみる価値はあるように思われるのである。この区画装置は二ノ丸南堀の南西隅から南へ伸び、馬出曲輪の南東端を経てまもなく東へ折れ、さらに門を経たのちにクランク状に折れて最後は算用曲輪に接続している。この区画装置に囲まれたエリアの西端は、惣構南堀南に記される「ヒラノ町八丁」を手がかりとすると、現在の上町筋かその西側付近にあたると推測される（本書第三部補論参照）。そうなると、この区画装置は上町筋の西側に接していた毛利輝元屋敷の位置とも大きな齟齬はみられないので、大名屋敷地を囲い視覚的に明示する施設として設置されたとみることも可能ではないかと思われるのである。そして、このような解釈ができるとなれば、馬出曲輪（伝織田上野屋敷）の北側に連続する同様の区画装置の内側も同性格の場所だった可能性が生まれてこよう。その広さがどれほどであったかは現大阪城の外堀のため確定することはできないが、この付近では府立大手前高校や大手前女子学園から推定慶長三年廃絶の町屋群が検出されている。そしてこれらの遺構はその位置から慶長三年に移転を余儀なくされた商人・職人たちの居住地だったとみられている（佐久間貴士「天下一の城下町」『よみがえる中世2　本願寺から天下一へ　大坂』平凡社、一九八九年）。このようにみてくると、商人・職人たちの居住地から大名屋敷地へ転換した場所はさきほどの二ノ丸南側を含め、二ノ丸の外側に接する地区に一定程度分布していた可能性があるのではなかろうか。それが慶長三年にいたって移転させられ、大名屋敷が集まる武家地として整備されることになったのであろう。

以上、慶長三年に開始された第四期工事の内容について述べてきた。その結果、二ノ丸の虎口の前に馬出曲輪が置かれ、さらに二ノ丸に沿って居住していた商人・職人たちが排除されて大名屋敷地が設定された可能性のあることが推測できた。では、以上の推測と文献史料に登場する三ノ丸とはどのように関係するのであろうか。文献史料にみえる三ノ丸の記述を表2にまとめてみたので、三ノ丸に関する高田徹の考察（同前掲論文）を参考にしつつ、その具体像をみていきたい。

表2　文献史料にみえる三ノ丸

1	「三丸ニ宿坊」	慶長16・9・15	義演准后日記
2	「大坂火事出来、三之丸長屋米石多以失火（中略）自余之丸へ不移」	慶長18・2・2	当代記
3	「片桐市正同主膳此間大坂三の丸居、今日執人質茨木江退」	慶長19・10・1	当代記
4	「惣町焼ハらひ三之丸へ引入候間、被押詰三之丸限ニ被取巻由候」	（慶長19）12・15	薩藩旧記雑録後編（市史史料編）
5	「三ノ丸町ニ而てきしろゑつるヲさし居申候」	慶長20・5・9	元和大坂役将士自筆軍功文書120－11
6	「八町めのまちより壱町にしかたのさぶらいまちおすくにのりこみ申」「三ノ丸せんてうしきにひかゝり申候ゆへほん丸のうちゑはのり不申」	慶長20・5・9	元和大坂役将士自筆軍功文書127－17
7	「三の丸の下町々ぎわにてくび壱つとり申候」	（慶長20）5・9	元和大坂役将士自筆軍功文書121－9
8	「あおや口三之丸へいきわにてきと出合申候」	（慶長20）5・9	元和大坂役将士自筆軍功文書119－19
9	「三ノ丸南条中書門之前にてくび一ツ取申候」	（慶長20）5・9	元和大坂役将士自筆軍功文書121－22
10	「昨日七日ニ三ノ丸南之方堀をうめ申候、といのきわまて瀧右衛門（中略）なと一所ニ参候処」	（慶長20）5・9	元和大坂役将士自筆軍功文書121－25
11	「玉つくり口二ノ丸・三ノ丸之間へい下へつき申候」	（慶長20）5・9	元和大坂役将士自筆軍功文書122－11
12	「三丸ノ堀うめ申あとニてとり申候」	（慶長20）5・9	元和大坂役将士自筆軍功文書122－36
13	「八町めより東ノかたのさふらい町お七八町ほとしろの方へ参」「三ノ丸千条敷ニ火かゝり申候故、丸ノ内へハのり不申」	（慶長20）5・9	元和大坂役将士自筆軍功文書123－13
14	「七日之日私はたらきハ、三ノ丸ととろ町の間ニてやりを三度まてあわせ候」	（慶長20）5・9	元和大坂役将士自筆軍功文書128－18
15	「三ノ丸算用場之通侍町」	（慶長20）5・9	元和大坂役将士自筆軍功文書128－34

16	「三のまるのうち侍町大手の筋へ罷越候」	（慶長20）5・10	元和大坂役将士自筆軍功文書120－2
17	「今度大坂御かせん二三の丸のむめ申候ほりにてくひ壱ツ打取申候也」	（慶長20）5・15	越前松平家首取状25
18	「三ノ丸より御算用場たもんのまへ二て（中略）それ台くろもんのみきのわきをのり申候て、片桐市正まへへ参候」	8・16	元和大坂役将士自筆軍功文書124－2
19	「玉作口三の丸東門」	8・13	元和大坂役将士自筆軍功文書124－9
20	「惣構堀は石垣なし、たゝきとい二て、堀の向二さくを一重、堀の中二さく一重、へいぎは二さく一重、以上三重ぬり申候、何も栗丸太二て御座候、三の丸にハさくは附不申候」		大坂御陣山口休庵咄
21	「大将の首は三方二のせ、本多出雲守と書附いたし、三ノ丸西の大手二首をもならべ被置候を見物いたし候」		大坂御陣山口休庵咄

出典：「元和大坂役将士自筆軍功文書」は『新修大阪市史第五巻』（番号とも）、「越前松平家首取状」は渡辺一九六五（番号とも）

まず注意しておきたいのは、三ノ丸と呼ばれた（認識された）場所が各所に及んでいる事実である。まず№2、3は、火災の発生場所と片桐且元の屋敷地に関する記述であるが、これらはともに通説では二ノ丸と呼ばれる場所での出来事であることが他の史料から明らかである（№2は『資勝卿記《すけかつきょうき》』同年二月三日条、『義演准后日記《ぎえんじゅごうにっき》』同年二月三日・四日条。№3は『鹿苑日録』慶長十五年正月十五日条）。なお、この両者の出典である『当代記』のなかでも曲輪の呼称は統一されていない（第四章参照）。

次に№6、13だが、これらには〝三ノ丸千畳敷〟が登場する。千畳敷は通説では本丸内の施設という理解だが、これらでは〝三ノ丸千畳敷〟から本丸へ続けて進攻する意志が述べられていることを考えると、『当代記』同様、本丸はひとつの曲輪ではなく複数の曲輪に分かれていたと認識され、それが三ノ丸という表現を生み出したのかもしれない。戦時の記録であるため空間の誤認識の可能性はもちろん排除できないが、複数例みられるだけに千畳敷の所在地を当初より三ノ丸と理解していた可能性も捨てきれないだろう。

上記以外はほぼ通説的な理解に沿ったもので、三ノ丸は通説の二ノ丸の外側という解釈にもとづいているとみて問題ない。ただし、その範囲については注意が必要である。特に「僊台武鑑図」の描写からでは三ノ丸と受けとめられなかった二ノ丸東側においても、№８「あおや口三之丸へいきわ」という記述から青屋口の外側が三ノ丸と認識される場合があったことがわかるのである（岡本良一前掲論文）。№21も興味深い。ここでは豊臣方が敵将の首を取り、それを晒した場所が「三ノ丸西の大手」だと表現されているのである。この場合の三ノ丸は通説の二ノ丸とみなすことも可能だが、同じ出典である『大坂御陣山口休庵咄』の№20の文脈からは三ノ丸が堅固な施設をもつ通説の二ノ丸を指しているとは思われないので、惣構内の曲輪と解釈したほうが理解しやすいだろう。『大坂御陣山口休庵咄』は同時代史料ではないものの、豊臣方関係者がまとめた記録であるので、豊臣時代末の大坂城に対する豊臣方の認識が、通説の本丸・二ノ丸の外側に三ノ丸があり、それを惣構が囲むというものであったことをうかがわせる点で重要な意味をもつと考える。

続けて三ノ丸の内部の状況をみていこう。まずは町屋の存在である。№５では「三ノ丸町」、№７では「三の丸の下町々」という記述がみられる。これらは町屋が一定集まる地区が三ノ丸内にあったという認識を示すものである。すでに紹介したとおり、慶長五年（一六〇〇）の関ヶ原の戦いに際し、東軍により惣構において大坂方武将の妻子の出入りがチェックされたことがあったが（『当代記』慶長五年七月十五日条）、この時も一般の往還は認められていた。これは惣構内に町屋が存在したことを意味しており、三ノ丸との重なりという点で示唆的である。

次に武家の屋敷の存在である。これについては、№16「三のまるのうち侍町大手の筋」という記述がみられるので、武家の屋敷が集まった区画＝「侍町」が三ノ丸内に存在した様子がわかる。武家の屋敷が集中した場所といえば前述の二ノ丸南側の大名屋敷群とイメージが重なるものであるし、ここで侍町が大手筋にあったとする表現は、やはり前述の商人・職人居住地から大名屋敷地への転換があった場所として府立大手前高校付近が推測されている点とかかわってたいへん興味深い。そして、そうした侍町（武家地）の存在したのが三ノ丸だという認識なのである。個別大名の屋敷が判明した事例もある。№9の「南条中書」がそれである。南条中書は大坂方武将で、残念ながら南条が三ノ丸に屋敷を構えた時期やその詳細な場所はわからないが、前田家の家臣の軍功状に登場することから下造方面にあった可能性はある（前掲中村博司「豊臣期大坂城の構造について」）。

以上、三ノ丸の所在地が通説の二ノ丸の外側と解釈できる史料をとりあげ、三ノ丸のなかに町屋や武家の屋敷が集まる侍町が存在していた状況を確認した。前述の慶長三年の第四期工事によって誕生した大名屋敷地も二ノ丸の外側に位置するので、二ノ丸の外側を三ノ丸と解釈する認識ではここは三ノ丸に含まれる場所となろう。このほか、京都から大坂を訪れた義演のように三ノ丸に宿坊を構えた事例もある（№1）。宿坊の詳細は不明だが、宿屋または寺院だった可能性もあろう。実に三ノ丸とはこうしたさまざまな要素を含む空間として認識されていたのであり、事例の多様さから判断するとこれこそが三ノ丸に対する一般的な認識だったと考えられよう。

では、これほど多様な要素を包摂する三ノ丸の範囲はどこまで及ぶのだろうか。これには先に検討した惣構の理解が前提となる。表1の№12、17、18によれば、惣構を越えて侵入した越前の軍勢はその後、町や殿町（侍町）に達している。個別の検証は困難だが、それらが存在する景観は三ノ丸の景観と共通するものである。以上のような点を考えると、二ノ丸と惣構に挟まれた空間を一般的に三ノ丸と認識された空間と理解することができるのではなかろうか。この空間は文禄三年の惣構普請開始と同時に二ノ丸との間に生まれた空間である。その意味で三ノ丸の成立時期は惣構の完成と同時という理解になろう。そうなると、第四期工事はその三ノ丸の一部を囲い込んで馬出曲輪と大名屋敷地を設置した普請と解釈すべきではなかろうか。つまり、第四期工事は三ノ丸内の土地利用の変更をおこなう普請だったと理解するのが妥当であり、その意味で三ノ丸の改造ということは可能だが、三ノ丸の新設と理解することはできないのである。

四　豊臣大坂城の縄張り認識

ここまで惣構と第四期工事にからめて三ノ丸の実態について考えてきた。なお後述のように本丸、二ノ丸についてもその捉え方については若干の認識の違いはみられるが、堀をともなう曲輪空間の建設段階という観点から大坂城の普請経過をまとめなおすと次のようになろう。

- 第一期：天正十一年（一五八三）〜同十三年頃　⇓　〝本丸〟普請
- 第二期：天正十四年（一五八六）〜同十六年頃　⇓　〝二ノ丸〟普請
- 第三期：文禄三年（一五九四）〜同五年頃　⇓　惣構堀普請、〝三ノ丸〟の出現

　※惣構ラインが設定されたことにより、それと二ノ丸堀の間に曲輪空間が事実上誕生する結果となった。これが〝三ノ丸〟と認識される。

- 第四期：慶長三年（一五九八）〜　⇓　〝三ノ丸〟のなかに馬出曲輪と大名屋敷エリアが設定される。

これを前提として、最後に豊臣大坂城の縄張りの全体認識を文献史料から確認することにしたい。この作業は、ひとつの史料のなかの、さらにひとつの文章のなかですべての曲輪の名称を書き上げている事例を基本的に対象とし、曲輪の序列がどのように認識されていたかを把握したうえで、各史料間での認識を比較するという方法をとる。なお史料の制約上、確認できた事例は大坂の陣関連のものに限られたので、慶長末年の認識となる点を断っておく（この分析方法については跡部前掲書を参考とした）。

表3は上記の観点から史料を検索し、史料の内容から同じ曲輪を指すと理解されるものを同じ横の欄にまとめてみたものである。なお、曲輪呼称の違いがあった場合、それがどの位置にあたるかという判断は、冬の陣後、破却

されずに最終的に残ったのが本丸だけだったという事実（『大日本史料　第十二編之十七』慶長十九年十二月十九日条の各史料）と、No.1『義演准后日記』において火事のため二ノ丸の米蔵等が焼失したものの本丸は無事だったとする記述に照らしあわせることでおこなった。

表3を史料本文も参照しながらみると、多くの史料で各曲輪の捉え方が共通（呼称が一致）している様子がうかがえる。曲輪①＝本丸（内堀に囲まれたエリア）、曲輪②＝二ノ丸（外堀に囲まれたエリア）、曲輪③＝（惣構の内側の

表3　曲輪呼称対照表

	史料名	曲輪① 天守（詰ノ丸）	曲輪① 千畳敷（中ノ段）、山里	曲輪② 米蔵、櫓、桜馬場、西ノ丸	曲輪③	外郭ライン（曲輪④）	史料本文	出典関連	出典関連	参考
1	義演准后日記	「本丸」		「二ノ丸」	「三丸」		「大坂御城北方二ノ丸矢蔵御門幷米蔵等焼失、本丸無為」（18・2・4）、「三丸ニ宿坊新造被仰付」（16・9・15）	慶長16・9・15、18・2・4	大日本史料12－10	出火元は「極楽橋」（『資勝卿記』慶長18・2・3）。「東丸ノ下マテ一町余焼亡ナリ」（同前）。「東丸」は二ノ丸東一帯か。宿坊のある三之丸は町場か。
2	本光国師日記	「本丸」		「二ノ丸之堀」		「惣構之堀」	「惣構之堀、二之丸之堀、何れもうめ候而、本丸計ニ而、其上如何様共、大御所様上意次第との通」（19・12・21）、「大坂惣構二之丸堀埋之普請、各御先手衆ニ被仰付候、事外手間入申候」（20・1・10）	慶長19・12・21、20・1・10	大日本史料12－17	一貫して二ノ丸堀と惣構堀。「三ノ丸堀はない。結局、惣構から二ノ丸まで徳川方が埋める。本丸以外も埋め兵移動を容易にする。

3	大坂冬陣記	「本城」	「二丸」	「三丸」		「本城而已、二丸、三丸皆可壊平」（19・12・19）。「城中二丸石垣矢倉堀已下自秀頼以人数可壊埋之由」（19・12・20）	慶長19・12・19、12・20	内閣文庫蔵・大日本史料12－17	縄張り表現として本城・二丸・三丸。豊臣方に伝えた内容。
4	大坂御陣金地院日記	「本丸之堀」	「二三之丸之堀」		「捴堀」	「（常光院の発言）可埋二三之丸之堀而為和平之実、本丸之堀者不能埋之」（19・12・19）、「（大野修理の発言）初修和議之時可埋捴堀約諾已成、今埋堀者到城内之堀埋之無残焉」（23日）	慶長19・12・19、12・23	内閣文庫蔵	大坂方の認識のズレが露見している。
5	高木半七書状（山内家御手許文書）	「本丸」	「二ノ丸」	「三ノ丸」	「惣かまへ」	「大坂本丸計被為置、二ノ丸三ノ丸惣かまへ御割被成候て平地に被仰付」	（慶長20）1・10	山内家史料忠義公紀第一編	平地とするために土塁や堀を崩す。
6	当代記	「本丸」	「二の丸」	「三の丸」	「惣構」	「惣構并三の丸可有破却、（中略）本丸二の丸は如前々無破却沙汰、（中略）大坂三の丸惣構被破却」	慶長19・12・19	史料雑纂本	慶長18・2・2の大坂城火災で「三之丸長屋米石多以失火」⇒『義演准后日記』では二之丸。
7	駿府記	「本丸」「本城」	「二之丸堀」	「三之丸」	「総堀櫓」	「二之丸堀存外深く広し、（中略）二之丸千貫櫓を始め、有楽家屋、其外西之丸并修理家、何も引崩し、右之堀埋」（20・1・12）。「大坂城二之丸迄悉壊平、本城計相残云々」（20・1・18）「三之丸二之丸堀門櫓等迄悉崩埋云々」（20・2・1）	慶長20・1・12、18、2・1	史料雑纂	本本城桜門下を上下往還可能にする意図あり。
8	大坂陣山口休庵咄		「二之丸堀」	「三ノ丸」	「惣構堀」	「夏陣には二ノ丸堀は御座候」、表2のNo.20		続々群書類従本	

9	細川家記（綿考輯録）	「本丸」	「二ノ丸」「三ノ丸」	「惣構」	「大坂御城も二ノ丸・三ノ丸・総構を八御わり被成、本丸迄に被成」	（慶長20）12・26	岡本良一『大坂城』p.70、一九七〇、『新修大阪市史　史料編5』	「惣構ハ此方」「二ノ丸三ノ丸ハ城中」で破却（当初の分担）。

エリア）、外郭ライン＝惣構、という把握のされかたである。

ただし、曲輪の捉え方について理解の異なる史料が一部あることも事実である。No.6『当代記』は冬の陣直後の交渉において破却対象とされた場所として惣構・三ノ丸、残される場所として本丸・二ノ丸と正しく記していたが、一方で慶長十八年に火災で被災した長屋の所在地（通説の二ノ丸（曲輪②））を三ノ丸と称しており（表2の②）、一貫していない。なお、No.8『大坂陣山口休庵咄』においても三ノ丸について同様の解釈の可能性があるが、既述のとおり、ここでは三ノ丸を通説どおりに理解する。埋められたはずの二ノ丸堀が夏の陣時に残っていたという記述も、堀の掘り起こしがおこなわれたという報告があることから説明は可能である（曽根勇二『大坂の陣と豊臣秀頼』吉川弘文館、二〇一三年）。

さらにもう一点、検討しておく必要のあるのはNo.4『大坂御陣金地院日記』の記述である。本稿では惣構をラインとし、その内側の空間を三ノ丸と考えているため、それを厳密に解釈すれば、三ノ丸の堀というものは存在しないことになる。しかし、No.4『大坂御陣金地院日記』には「本丸の堀は残して二ノ丸・三ノ丸の堀を埋める」とした常光院の発言と、「当初は惣構堀だけを埋めるという約束だったのが、城内の堀まで残らず埋められてしまった」という大野修理の発言が収められており、三ノ丸堀と惣構堀が併存するような記述となっている。

ただしこれはついては、同一人物が同時に三ノ丸堀と惣構堀に言及した発言ではないことから、同じ最外郭の堀を指すのに異なった名称を用いたと解釈することも可能である。実際、二ノ丸堀と惣構堀が別々に存在すると解釈される史料は管見に触れず、むしろ「秀頼ハ従来城ヲ繞ル三湟アリシヲ、今其二湟ヲ埋ムベキコトヲ條件トシ」（『日本西教史』）のように、大坂城全体を囲む堀は三重だったという認識がほとんどである。これは本丸堀（内堀）、二ノ丸堀（外堀）に、惣構堀を加えた三重と理解するのがもっとも自然であろう。三ノ丸は惣構に接していたため惣構堀のことを三ノ丸堀と表現する場合があっても大きな違和感はない。したがって、ここでは三ノ丸堀と惣構堀が別個に存在したという理解は採らず、『大坂御陣金地院日記』は同一の堀が別々に呼ばれた例とみておきたい。

以上、惣構・三ノ丸に対する個別の認識を踏まえつつ豊臣大坂城の縄張り認識について述べてきた。その結果、本丸に二ノ丸を認める理解も一部みられたが、大多数が内堀内を本丸、外堀内を二ノ丸、そしてその外側に三ノ丸を置き、それを惣構堀が取り巻くという認識で大坂城の縄張りを理解していたことを指摘した。

おわりに

文献史料の検討を中心に、豊臣大坂城の空間構造がどう認識されていたのかについて述べてきた。曲輪の呼称については、あくまで大方の理解がどうであったのかという観点を重視したのであり、それから外れた事例を〝間違った呼称〟というつもりはまったくない。そもそも曲輪名称が明確に定められていたという形跡もみられないからである。

本稿での検討結果を縄張り復元図として提示すると、それは中村博司の復元図（図1）と同じものとなる。ただし、本稿では惣構と三ノ丸、および第四期工事の再検討をおこなうことで三ノ丸成立の時期とその範囲を提示し、さらに第四期工事の内実についても「僊台武鑑図」を積極的に活用しつつ三ノ丸の改造という視点を打ち出した。乏しい史料のなかで恣意的な解釈に陥ったことを危惧する。大方のご叱正をお願いする次第である。

大坂城の縄張り

中井　均

はじめに

現在見られる大坂城は元和六年（一六二〇）より徳川幕府によって改修された城であり、豊臣秀吉によって築かれた遺構は一切残されていない。豊臣期大坂城については難波宮の発掘調査に伴って検出された石垣や、近年では大坂城そのものの発掘調査によって検出された石垣や、出土した瓦などの遺物からの分析がさかんに行われている。さらにこれまでの大坂城研究の蓄積は膨大で、発掘調査成果からの分析と、文献史料（絵図を含む）からの分析は枚挙にいとまがない。しかし、一方でマクロな城郭構造（縄張り）についての分析はほとんど見当たらない。

ところで、城郭の平面構造は一般的に縄張りと呼ばれている。そのため城郭の構造研究を縄張り研究と呼び、城郭研究の大きな柱のひとつとなっている。縄張りと呼ばれる城郭の平面構造を図化することによって把握する研究法であり、考古学の分布調査と同義的な調査法である。図化した縄張り図とは城郭の本質である軍事的な防御施設を把握する目的で作成されたものであるが、単に軍事的な面だけではなく、その構造から築城年代や築城主体を分析する重要な資料となる。縄張り研究は地表面に残された城跡を把握する問診的研究と位置付けできるのである。

戦国時代の山城で多用される縄張り研究は、近世城郭の研究に取り入れられることはほとんどなく、さらに地上に痕跡を残さない城跡についてはまったく議論されてこなかった。

拙稿では豊臣時代の大坂城について絵図資料を中心に、特にその縄張りについて分析を試み、織田・豊臣系城郭における位置付けをおこなうものである。

一　絵図による検証

さて、現在豊臣時代の大坂城の絵図に関しては、中井正知氏・正純氏所蔵の「豊臣時代大坂城指図Ⅰ」（巻頭カラー図1）、「豊臣時代大坂城指図Ⅱ」、「慶長十九年甲寅冬大坂絵図」が、浅野文庫所蔵『諸国古城之図』の「摂津大坂」、「大坂城本丸図」（図2）、「摂津真田丸」が、そして『僊台武鑑《せんだいぶかん》』所収「大坂冬の陣配陣図」などがある。このうち中井正知氏・正純氏所蔵「豊臣時代大坂城指図Ⅰ」、「豊臣時代大坂城指図Ⅱ」と、『諸国古城之図』「大坂城本丸図」は、大坂城の本丸を描いたものである。中井正知氏・正純氏所蔵の本丸図は、昭和三十五年に日本城郭協会が鳥羽正雄氏と桜井成広氏に依頼して調査された折に発見されたものである。そのときには「大坂御城小指図カ不審ノ所々可相改」と記された小袋に二枚が入れられ、その小袋が「元禄四辛未年六月某正雅書之　大坂御城絵図写」と題簽された徳川大坂城指図と一緒の袋に入れられていた。二枚はほぼ同じ内容で、Ⅱに若干の記入漏れが認められる。また、『諸国古城之図』「大坂城本丸図」は、この中井正知氏・正純氏所蔵絵図とほぼ同じ内容の絵図である。

ところで中井正知氏・正純氏所蔵の絵図については豊臣大坂城天守の大工頭が、中井家初代の大和守正清の父正吉と伝えられており、そうした関係により正清自身も大坂冬ノ陣を前に大坂城内を訪ねたことが『寛政重修諸家譜《かんせいちょうしゅうしょかふ》』に記されている（「この年（慶長十八年）ひそかにおほせをうけて、大坂城中にいたり、その形勢を図してたてまつる」）。

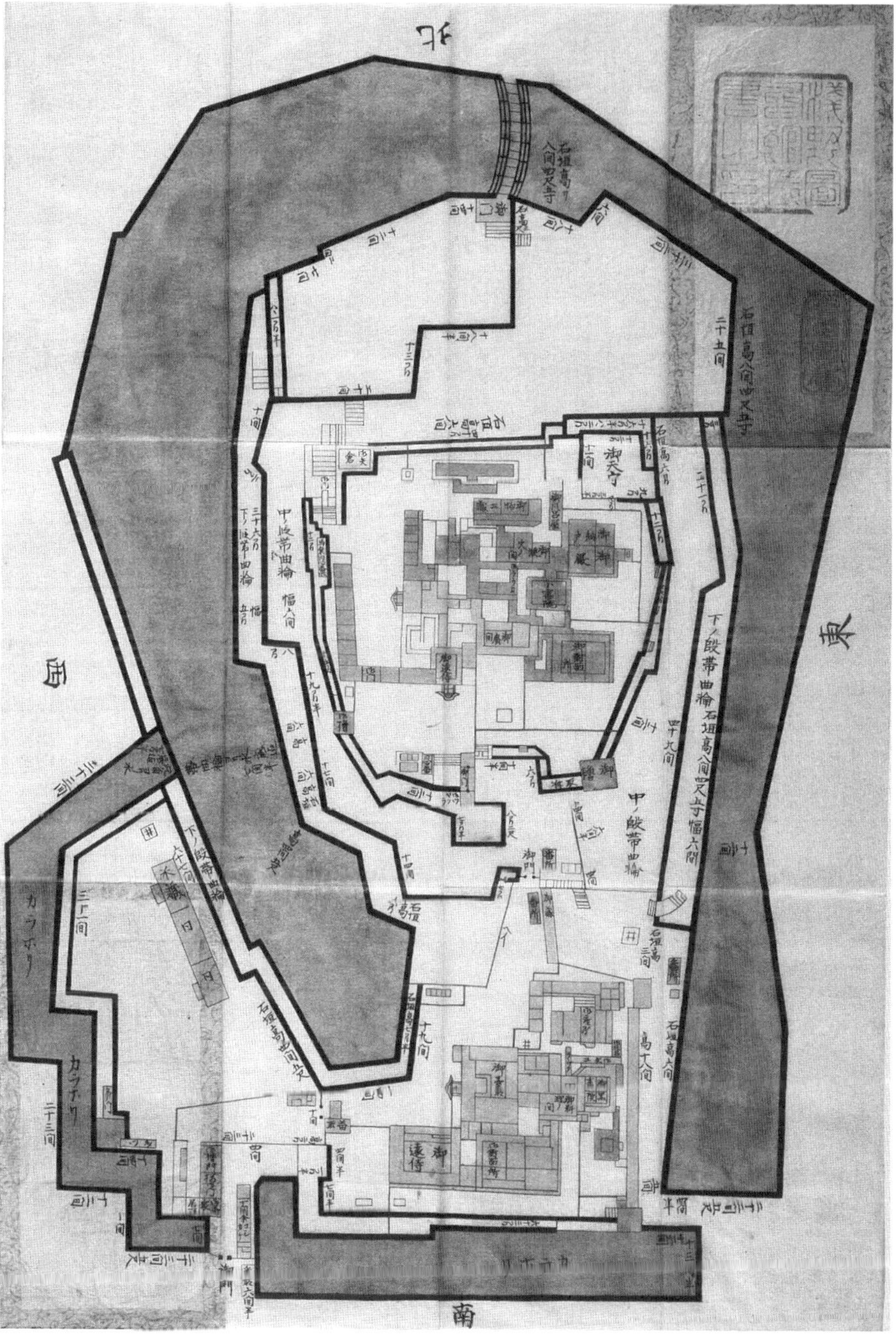

図 2　大坂城本丸図（広島市立中央図書館浅野文庫『諸国古城之図』）

この行動は合戦を直前に控え、大坂城がどのように増強されたかを偵察し、それを図にしたためようとしたものと考えられる。大坂方としても棟梁を務めた正吉が父であったから城内に入れたものと考えられる。また、中井正知氏・正純氏所蔵の水口城関係の絵図には天正十三年（一五八五）に豊臣秀吉の命令によって築かれた水口古城（水口岡山城：滋賀県）が描かれている。これは中井家が寛永十一年（一六三四）の将軍家光上洛用の水口御茶屋御殿造営を担当したため、その建設予定地の参考として描いたものと考えられ、あるいは豊臣大坂城図も元和六年（一六二〇）からの大坂城再建の参考図として収録した可能性もある。

一方、『諸国古城之図』は、芸州浅野藩で作成された城跡図である。浅野文庫には『諸国当城之図』という江戸時代に存続していた城の絵図もあり、絵図作成時に存続していた城と、その段階ではすでに廃城となった城跡の絵図とを対にして作成したものと考えられる。その制作年代は、今のところ天和三年（一六八三）頃と考えられている。『諸国古城之図』の特徴のひとつとしてこれまで三河国内の古城図が全枚数一七七枚中五六枚も収録されていることがあげられていたが、その解釈については下せないとされていた（矢守一彦「浅野文庫蔵「諸国古城之図」について」『浅野文庫諸国古城之図』新人物往来社、一九八一年）。しかし、今ひとつ大きな特徴を指摘することができる。それは豊臣秀吉の築いた城郭を収録していることである。『諸国古城之図』で山城国に収められた古城図はわずか二枚しかない。それは聚楽第（京都府）と伏見城（京都府）という秀吉の城だけである。肥前名護屋城（佐賀県）図については描き方が稚拙であり、方位も逆転していることによって精度の低い絵図と思われていたが、宮武正登氏のご教示により、鯱鉾《しやちほこ》池に中島が二ヶ所描かれており、極めて精度の高い絵図からの写本であることがわかった。さらに大坂城については、惣構《そうがまえ》を描く全体図と、本丸図、そして真田丸と三枚も収録しているのである。また大坂冬ノ陣の際に徳川家康の本陣となった茶臼山と秀忠の本陣となった岡山、さらに夏ノ陣で秀忠の本陣となった砂岡山も収録されている。こうした内容から『諸国古城之図』は単に古城図を収集するだけではなく、豊臣秀吉に関わる城郭と、大坂ノ陣に関わる陣所を収録する意図のあったことはまちがいない。古城図の多くが同一手法で描かれているのに対して、これら秀吉関連の城郭では統一的な描き方をしておらず、それぞれの原本を正確に写した結果だと思われる。

いずれにせよ、中井正知氏・正純氏所蔵絵図も『諸国古城之図』も単に収録されたものではなく、意図的に集められた絵図であり、そこに信頼性の低い絵図を写したとは考え難い。

では、その信頼性であるが、一見して中井正知氏・正純氏所蔵の大坂城本丸図や『諸国古城之図』は指図の写しであり、精度の高さが窺える。加えて、昭和三十四年の大阪城総合学術調査によって検出された石垣と、昭和五十九年度の発掘調査で検出された石垣が、本丸図に描かれた石垣と一致したことにより、この本丸図が極めて精度の高い絵図であることが裏付けられた。

二　本丸の構造

そこで拙稿では、本丸図から推定できる秀吉大坂城の構造と、惣構図から推定できる大坂城の全体的構造を分析してみたい。

まず本丸であるが、最初に注目したいのは、その段築である。本丸は大きく二段から構成されている。詰と下段である。いずれにも広大な御殿が描かれており、これは従来から言われている表（下段）と、奥（詰）という機能による分化である。注目したいのは詰の構造である。南側には一段低く下段があり、北側には一段低く山里丸が配置されるが、東西側面は三段に段築され、それぞれ帯曲輪《おびぐるわ》が廻る。帯曲輪は重層的な攻撃を加えることのできる曲輪とされているが、ここではそうした軍事面として構えられたものではなく、高石垣を築くための工法として用いられた段築と考えられる。高石垣は安土城（滋賀県）で出現するが、平地の地盤が軟弱な地での高石垣は大坂城が初めてであった。そこで高さを稼ぐために導入された工法が段築というセットバック工法であった。大坂城がその後の近世城郭に与えた影響は安土城以上であり、平城が多く築かれる近世城郭の始祖と位置付けすることができよう。石垣構築技術はその後飛躍的に発達し、元和の徳川大坂城では段築を凌駕し、一気に二〇メートルを超える石垣が築けるようになる。こうした高石垣は慶長以後の技術であり、天正から慶長にかけての城郭では大坂城に限らず、伏見城や金沢城（石川県）にも段築によって築かれた高石垣が認められる。

その石垣であるが、本丸詰で検出された石垣で、最も注目されるのが、転用材を含め、実に多くの種類の石材が用いられている点である。大坂城以前の石垣の城は山城に集中しており、それらの石材は基本的には山城を築いた山自体の石材を用いている。例えば安土城では石垣の石材はほぼ全てが湖東流紋岩といわれる安土山の石を用いている。

ところが平地での築城では現地で石材が産出しないため、石垣を築くとなると遠隔地から運び込まざるを得ない。大坂城の石材は文献資料からだけでも摂津本庄・芦屋郷・山路庄など六甲山麓や、生駒の河内千塚古墳の石が持ち運ばれたことがわかる。そこには様々な石材が調達されたことが窺える。徳川大坂城でも様々な場所の石材が用いられているが、石質は花崗岩にまとめられているのとは好対照である。つまり豊臣段階ではまず大量の石材が必要であり、石質にまでこだわっていることはできなかったのである。花崗岩、砂岩、安山岩、チャートなどが持ち運ばれ、積み上げられたのであった。これは今回立ち入り調査が許可された伏見城跡の増田右衛門尉郭に残された石垣も同様で、やはり様々な石材が用いられている。同一石材で統一されるのは慶長年間以後である。

次に天守について考えてみたい（図3）。ここでは作事としての天守ではなく、その位置について分析したい。本丸図に描かれた天守は本丸詰段北東隅部に位置している。これは「大坂冬の陣図屛風」や「大坂夏の陣図屛風」

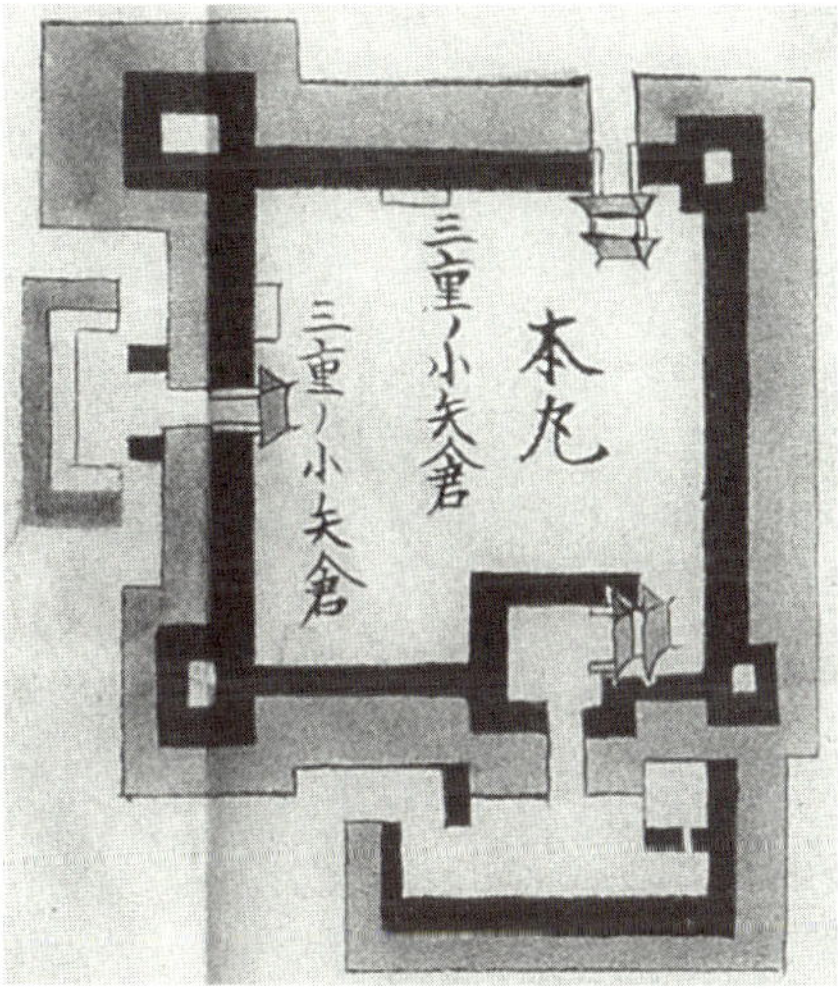

聚楽第（広島市立中央図書館浅野文庫『諸国古城之図』）

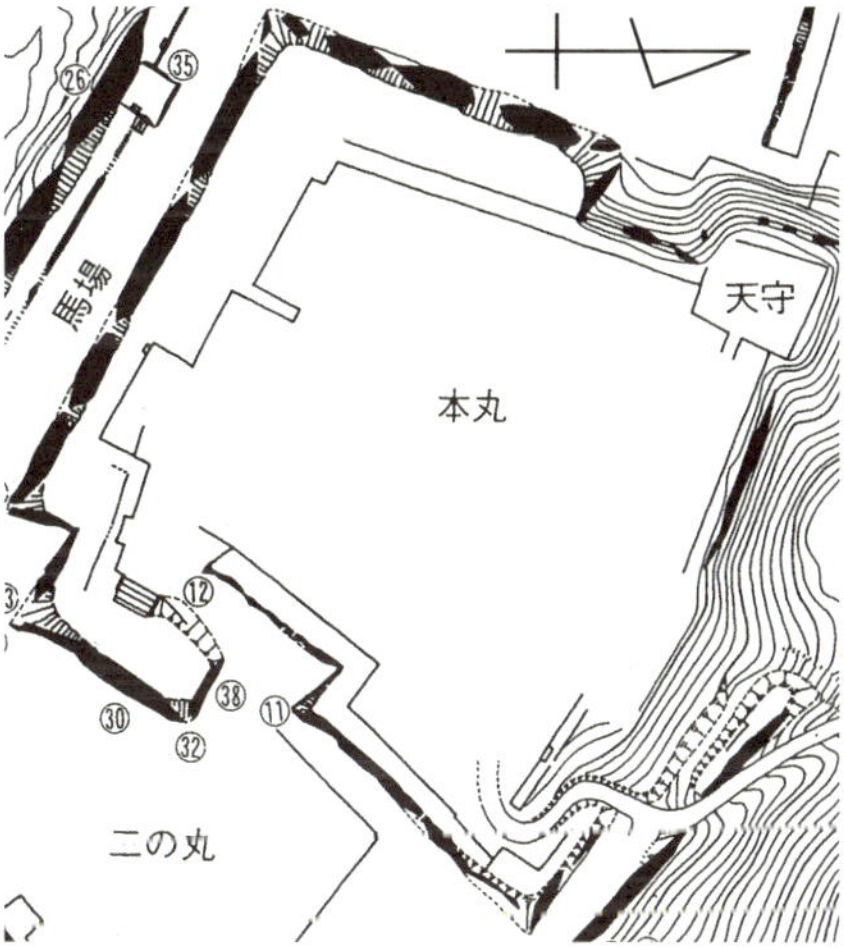

肥前名護屋城（佐賀県教育委員会『名護屋城跡発掘調査概報—山里丸発掘調査—』1989より転載）

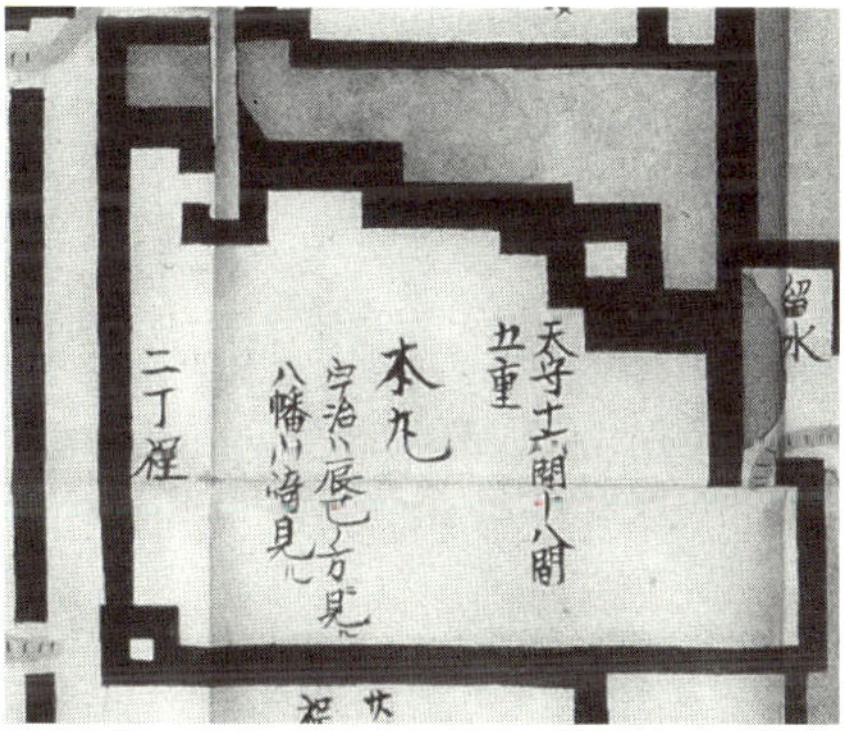

伏見城（同上）

図3　豊臣系城郭の天守の位置

からも窺うことができる。現在確認できる秀吉築城の城郭で、その構造が残されているのは肥前名護屋城だけであるが、名護屋城の場合、本丸の北西隅部に天守台が突出して築かれている。方位に違いはあるものの大坂城と同じく本丸御門より本丸に入った右奥部にあたる。

居城ではないが、秀吉が天正十八年（一五九〇）の小田原攻めの本陣として築いた石垣山一夜城（神奈川県）も秀吉築城の構造を残す貴重な城跡である。この石垣山一夜城では本丸の南西隅に天守台が突出して築かれている。ここでも大坂城と同じく本丸御門より本丸に入った右奥部に位置する。

次に残存しないが絵図で検討できるものとして聚楽第と伏見城がある。聚楽第では本丸の北西隅部に突出した巨大な櫓台《やぐらだい》が描かれており、これを天守台と見てよい。本丸御門より本丸に入った左奥部に位置する。伏見城では本丸の北辺で折が多用されているが、そのひとつが天守台として描かれている。本丸御門の左手に位置することとなり、これまでの奥部に置かれる天守とは相違するが、出隅に位置することは変わらない。

このように秀吉の居城では天守を本丸の隅部に配置することが大きな特徴となる。その初源が大坂城天守であった。

次に本丸図の虎口《こぐち》に注目したい（図4）。本丸には下段の正門である桜門と、詰段の正門である鉄御門、さらに本丸北側の極楽橋を越えた山里丸の虎口がある。このうち正門となる桜門と鉄御門は同じ構造で、正面に石垣を配し、左折した位置に櫓門を構えている。桝形とは基本的に一の門を櫓門とし、二の門を高麗門とする二門で桝形空間を設けるものである。しかし大坂城では鉄御門に関しては二の門を設けない外方を開放した構造で、これを外桝形と称したい。下の段の桜門では二の門にあたるところに御門と記されており、一見内桝形を呈するが、一の門となるべき桜門はこの二の門よりかなり後方に配されており、その間には内堀が入り込み、通常の内桝形の構造とは大きく異なっている。この桜門の前面に配された御門はセットとならず、実はその構造は鉄御門と同じ外桝形と見てよい。

肥前名護屋城の山里口では発掘調査の結果、二の門部分に門は検出されず、一の門のみを構える構造であったことが判明している。

二門形式の内桝形は関ヶ原合戦直後頃に定型化し、以後の城郭の桝形の多くは内桝形となる。しかし、そうした定型化以後にも、大坂城と同じ二の門を配置しない外桝形を採用する城郭がある。その代表が福岡城（福岡県）である。慶長六年（一六〇一）に黒田長政によって築かれた福岡城では大手となる上之橋御門、下之橋御門をはじめ、

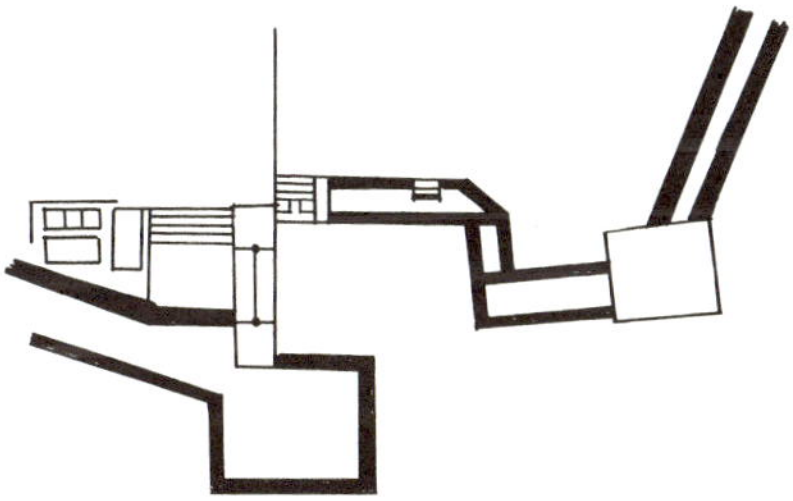

大坂城本丸詰段正門（鉄御門）

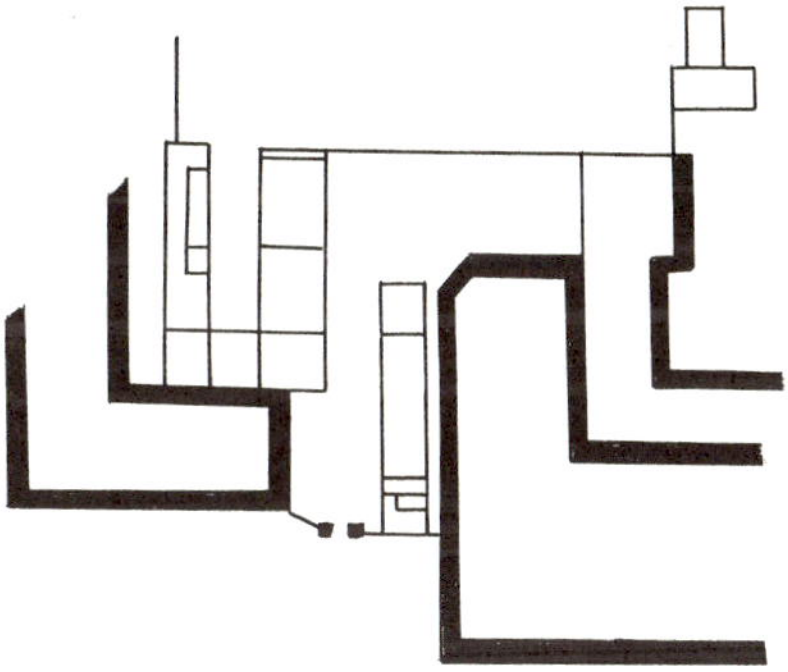

大坂城本丸下段正門（桜門）

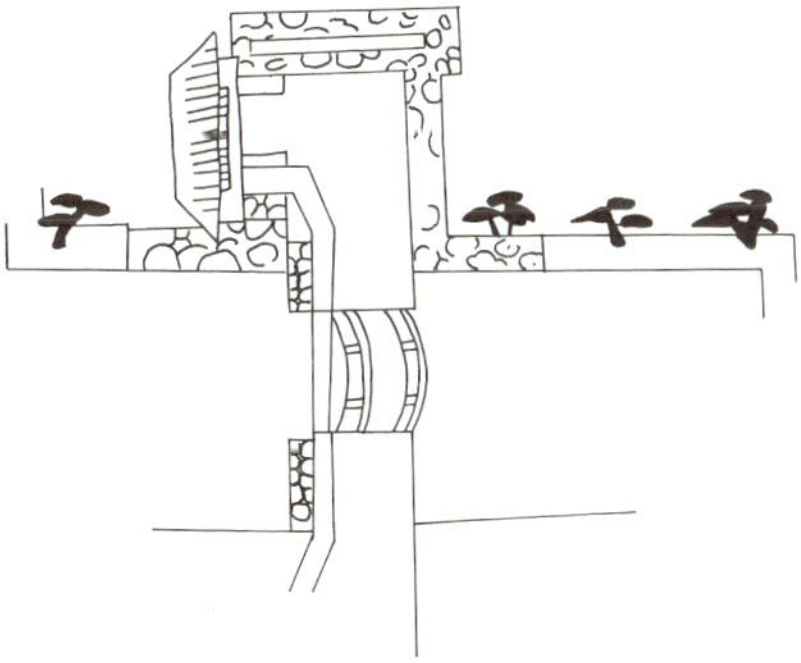

福岡城上之橋御門

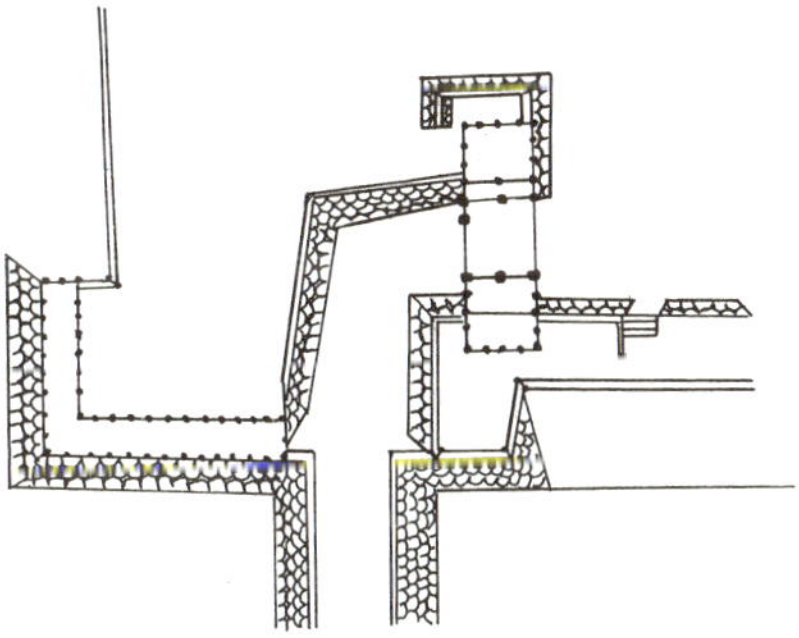

宇和島城追手門

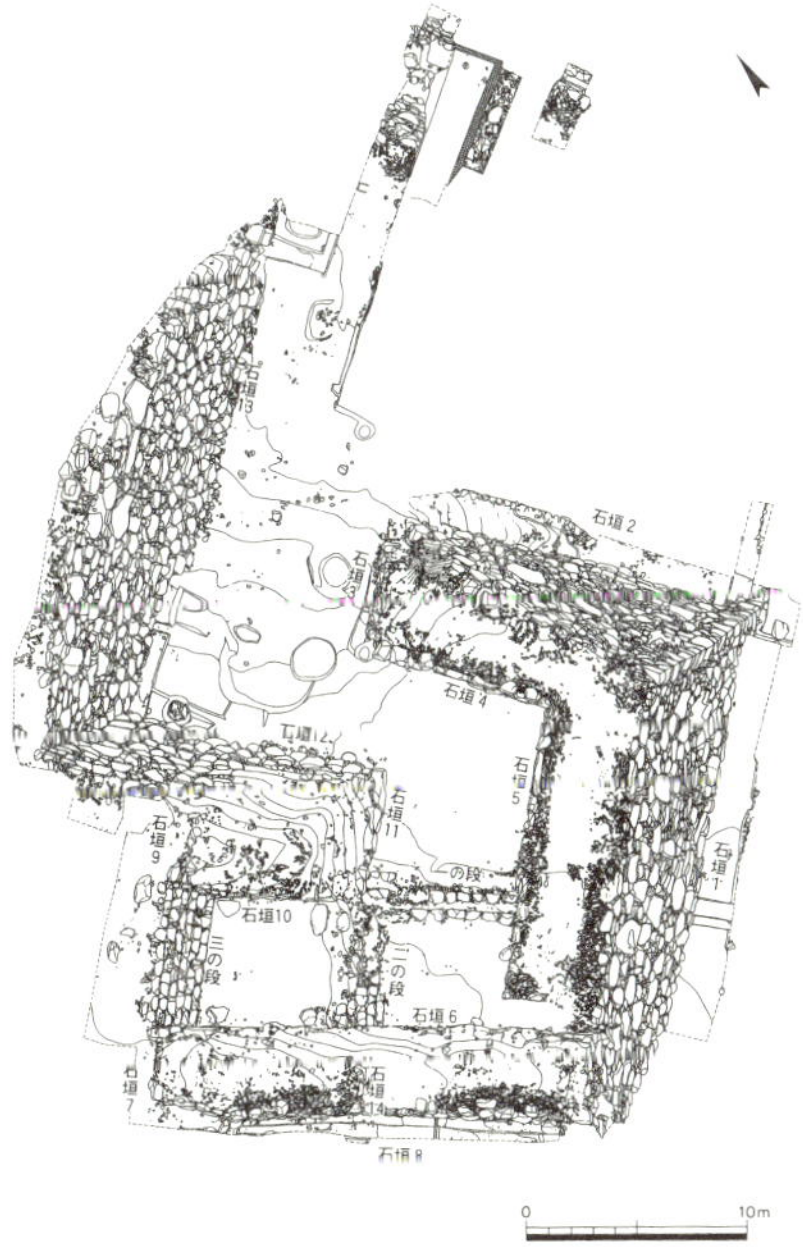

肥前名護屋城山里口
（前掲『名護屋城跡発掘調査概報』より転載）

図4　豊臣系城郭の枡形虎口（肥前名護屋城以外、著者作成）

本丸の正門となる表御門、外郭の赤坂門などすべての城門が外桝形となり、二の門を設けない。また、宇和島城（愛媛県）でも追手門《おおて》、搦手門《からめて》は外桝形となり、二の門は設けられていない。

桝形のすべてが内桝形に淘汰されるのではなく、外桝形も残るのである。さらに内桝形構造が徳川氏の城郭に導入されているのに対して、外桝形は豊臣氏系の城郭に多用されるようである。

三　二ノ丸の構造

豊臣大坂城の惣構の構造については、中井正知氏・正純氏所蔵の「慶長十九年甲寅冬大坂絵図」（図5）と、『諸国古城之図』の「大坂惣構」などがある。また、静嘉堂文庫所蔵「摂州大坂城攻守図」（以下「攻守図」）は、「慶長十九年甲寅冬大坂絵図」とほぼ同様の内容である。これらは冬ノ陣における配置図であり、大坂城をメインに描いたものではない。しかし、両絵図に描かれた大坂城は、金沢市立図書館所蔵の「摂州大坂古城図」（以下、「古城図」）や、『諸国古城之図』「大坂惣構」の大坂城ともほぼ一致する。中井正知氏・正純氏所蔵「慶長十九年甲寅冬大坂絵図」は布陣図ではあるが、惣構図に参戦した大名の名を記したものか、あるいは惣構図が布陣図から大名の名を削除したもののいずれかだと考えられる。おそらく中井正知氏・正純氏所蔵「慶長十九年甲寅冬大坂絵図」と惣構図の両系統は同一の大坂城絵図を写したものと考えられる。

ところでこうした絵図の信頼性であるが、「本丸図」と比較すると、天守の位置は一致し、下の段、米蔵の位置も矩形には描かれているもののほぼ一致している。さらに本丸の中心に巨大な櫓台が描かれているが、これは「本丸図」に描かれている鉄御門の外桝形を形成する方形の石垣塁線と見られる。さらに興味深いのは、山里丸の北辺に方形区画が描かれ、中井正知氏・正純氏所蔵「慶長十九年甲寅冬大坂絵図」に「土蔵」と描かれている。これは

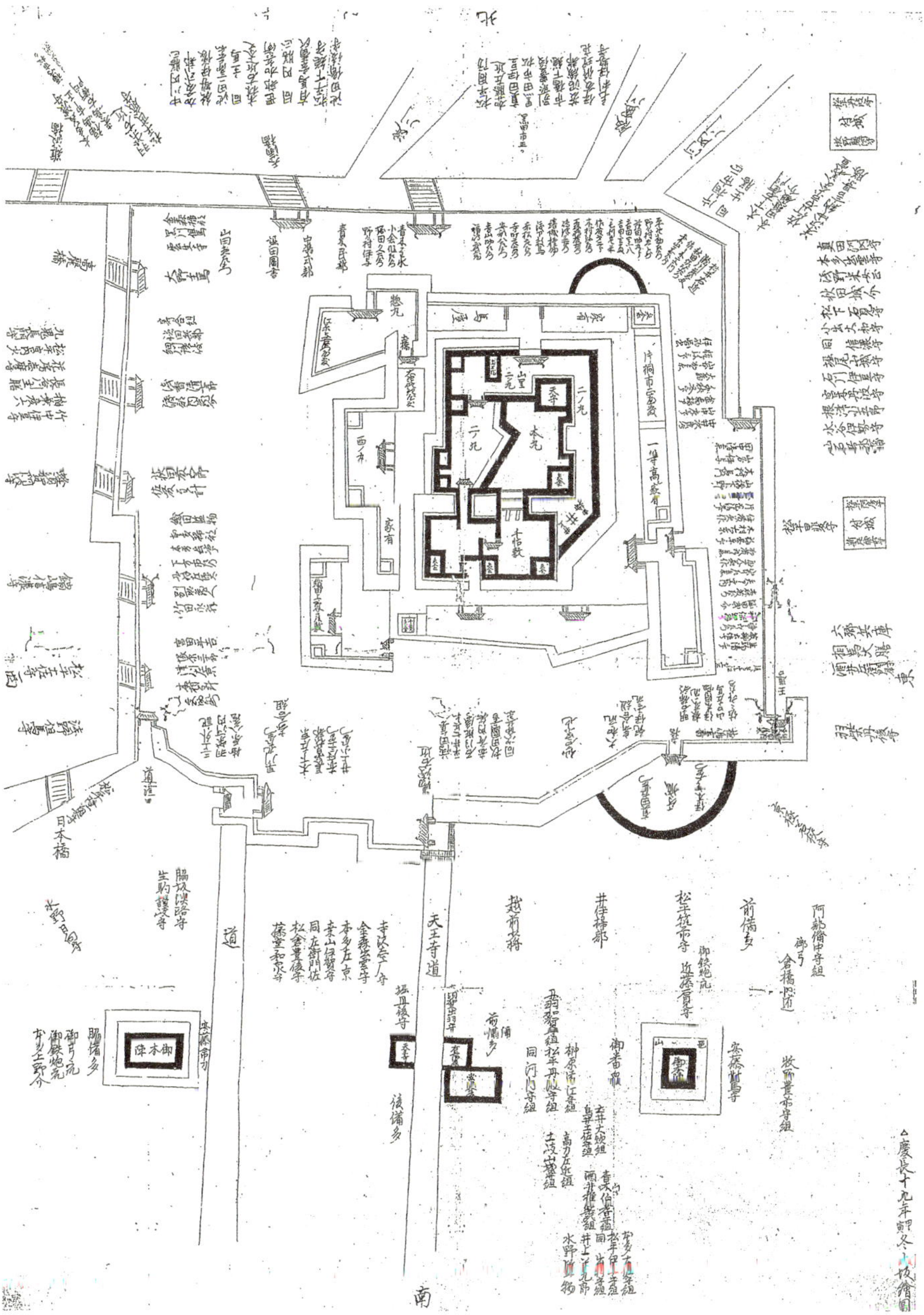

図5　慶長十九年甲寅冬大坂絵図（重要文化財。中井正知氏・正純氏所蔵・大阪くらしの今昔館寄託）

静嘉堂文庫所蔵「攻守図」も金沢市立図書館所蔵「古城図」も同様である。ところが、『諸国古城之図』の「大坂物構図」では方形区画に描いておらず、内堀が本丸に凹状に入り込んだ形状に描かれている。「本丸図」には山里丸北辺に仕切りの石塁があり、石段が描かれ、舟入りの可能性もある。それを描いたものと考えると、かなり信頼性の高い原本からの写しと見てよい。ただ、本丸の西側に二ノ丸と描いている点は「本丸図」にはなく、西中ノ段帯曲輪、西下ノ段帯曲輪をデフォルメしたものであろう。

さて、こうした絵図とはまったく別系統の惣構図として『僊台武鑑』所収「大坂冬の陣配陣図」（図6）がある。この絵図についてはすでに渡辺武氏による詳細な研究がある（渡辺武「豊臣時代大坂城の三の丸と惣構について―『僊台武鑑』所収「大坂冬の陣配陣図」を中心に―」『日本城郭史研究叢書第八巻　大坂城の諸研究』名著出版、一九八二年）。これは本丸の形状がほぼ「本丸図」に一致しており、その精度の高さを知ることができる。

ここではこうした絵図類から大坂城の外郭構造を分析してみたい。本丸の外郭は四周に堀を巡らせた、二ノ丸と称されている曲輪があり、「慶長十九年甲寅冬大坂絵図」では馬屋、片桐市正屋敷、一等高シ家有、大野修理屋敷、西ノ丸などと記されている。そしてここには虎口《こぐち》が三ヶ所設けられている。しかし『僊台武鑑』「大坂冬の陣配陣図」では四ヶ所描かれており、両図に齟齬が生じている。これらの虎口は再建された徳川大坂城とほぼ一致する。すなわち南西側に大手口、北西に京橋口、南東に玉造口である。いずれも虎口前面に巨大な方形の曲輪が描かれており、馬出曲輪《うまだしぐるわ》であったことがわかる。

馬出とは戦国時代に多用される虎口防御施設であるが、決して近世に用いられなくなったわけではない。角馬出については篠山城（兵庫県）をはじめ、高崎城（群馬県）、膳所《ぜぜ》城（滋賀県）、淀城（京都府）などで用いられている。また、丸馬出については宇都宮城（茨城県）、川越城（埼玉県）などに用いられている。織田・豊臣系城郭でも角馬出については秀吉の伏見城や、聚楽第で用いられており、会津若松城（福島県）の角馬出も蒲生氏郷段階に構築さ

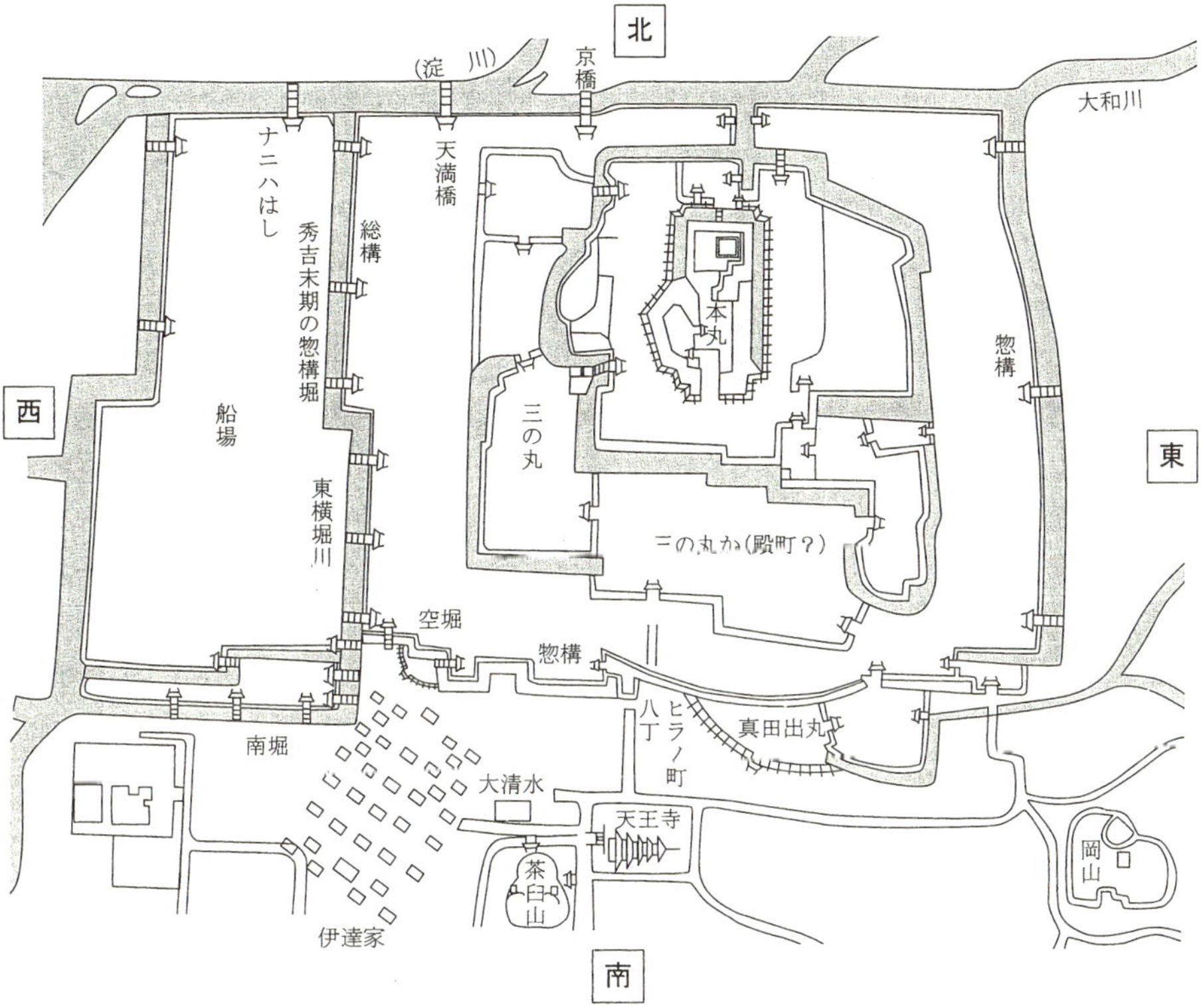

図6　大坂冬の陣配陣図（『僊台武鑑』による。㈶大阪府文化財センター『大坂城址Ⅲ』2006より転載）

れた可能性が高い。こうした大坂城二ノ丸虎口は天正十四年（一五八六）より開始された第一期工事によって構築され、天正十五年に完成したものである。

ところで『僊台武鑑』の「大坂冬の陣配陣図」には四ヶ所目の虎口が二ノ丸の北東に描かれている。ここは徳川大坂城で青屋口の構えられた場所である。絵図では他の虎口がすべて前面に馬出曲輪が描かれているのに対して、この虎口は、木橋が架けられるだけで前面には何ら防御施設が設けられていない、平虎口として描かれている。徳川大坂城でも大手口、京橋口、玉造口が土橋で結ばれているのに対して、青屋口は木橋であった点に類似する。

ではなぜ『僊台武鑑』「大坂冬の陣配陣図」以外、この虎口は描かれなかったのであろうか。実は中井正知氏・正純氏所蔵「慶長十九年甲寅冬大坂絵図」をはじめ、金沢市立図書館所蔵「古城図」、静嘉堂文庫所蔵「攻守図」を詳細に見ると、『僊台武鑑』「大坂冬の陣配陣図」に描かれた虎口部分である二ノ丸北東部には半円形の曲輪が描かれている。つまり丸馬出が描かれているのである。これまで真田丸が丸馬出として築かれたものという評価はなされてきたが、豊臣大坂城の絵図にこれだけ見事に描かれた北東部の丸馬出については、まったく注意が払われてこなかった。国立史料館所蔵「大坂御城攻図」にはこの丸馬出を「サギ嶋」と記している。

実は織田・豊臣系城郭に導入された馬出はすべて角馬出であり、今のところ丸馬出は認められない。真田丸が当初の築城計画にはなく、冬ノ陣を前に備えられた臨時的なものであったとするならば、二ノ丸北東部の虎口も、築城当初は平虎口であったものを冬ノ陣を目前にして防御を固めるために丸馬出を増設した可能性が高い。中井正知氏・正純氏所蔵「慶長十九年甲寅冬大坂絵図」の真田丸と、この北東部丸馬出は追加して描かれているようであり、中井正清が大坂城を探って作図したことを物語っている。

ただ、この丸馬出に関しては『諸国古城之図』の「大坂惣構図」、『僊台武鑑』の「大坂冬の陣配陣図」にはまったく描かれていない。

さて、角馬出とした他の三ヶ所の虎口であるが、絵図に名称は記されていない。南東部の馬出曲輪は両サイドに土橋を架ける典型的な角馬出で、絵図では馬出曲輪内に織田上野介屋敷と記されている。北西部の馬出曲輪は中井家所蔵「慶長十九年甲寅冬大坂絵図」には惣丸と、国立史料館所蔵「大坂御城攻図」にはサクノ丸と記されており、曲輪内に江原与右衛門屋敷と記されている。また、南東部の馬出曲輪には一切注記が記されていない。

こうした二ノ丸のさらに外郭に惣構が構えられていた。その虎口に注目すると、中井正知氏・正純氏所蔵「慶長十九年甲寅冬大坂絵図」をはじめ全ての絵図で、北側には二本の、西側では五本の木橋が架かり、平虎口として描かれている。興味深いのは西側の堀が中央で屈曲して描かれている点である。これは『僊台武鑑』「大坂冬の陣配陣図」にも描かれている。一方、陸続きとなる東と南には長大な堀が掘られ、特に台地続きとなる南側の天王寺道と、その西に描かれた道（阿倍野街道）に面した虎口は、直進を避け左折、右折する構造となっている。これは「本丸図」に描かれた桜門、鉄御門と同じ構造の外枡形として評価できるものである。さらにこの両虎口間の堀は合横《あいよこ》矢《や》の掛かる折が施され、惣構は南面に最大の防御を施していたことがわかる。この合横矢の折は『僊台武鑑』「大坂冬の陣配陣図」にも描かれている。

東側の惣構の堀は二ヶ所の虎口部分でずらせて構えられており、東側からはいずれも左折れの外枡形となる。

このように惣構の東・南面は豊臣系の外枡形によって防御されていたが、唯一平虎口があった。それが南面の東側虎口であり、絵図類にはその虎口前面に丸馬出が描かれている。これが真田丸である。ここに真田丸が構えられたのは、惣構の虎口で唯一平虎口であったため、冬ノ陣を前に急遽構えられたものと考えられる。

このように二ノ丸については三ヶ所の虎口において角馬出となる馬出曲輪が構えられ、惣構南・東面では外枡形となる虎口が配されていた。大坂城は天下人豊臣秀吉の居城として豪華絢爛な城のイメージが強いが、こうした軍事的な面も見落としてはならない。

四　惣構の防御

平成十五年（二〇〇三）、現大坂城跡の大手門より南西に位置する大阪府警察本部で改築に伴う事前発掘調査がおこなわれ、巨大な堀が検出された（図7）。絵図などからは二ノ丸西南部に構えられた馬出曲輪のちょうど南西部の堀と考えられる。この堀底から縦横無尽に構えられた畝が検出されて話題となった。これは堀底に設けられた

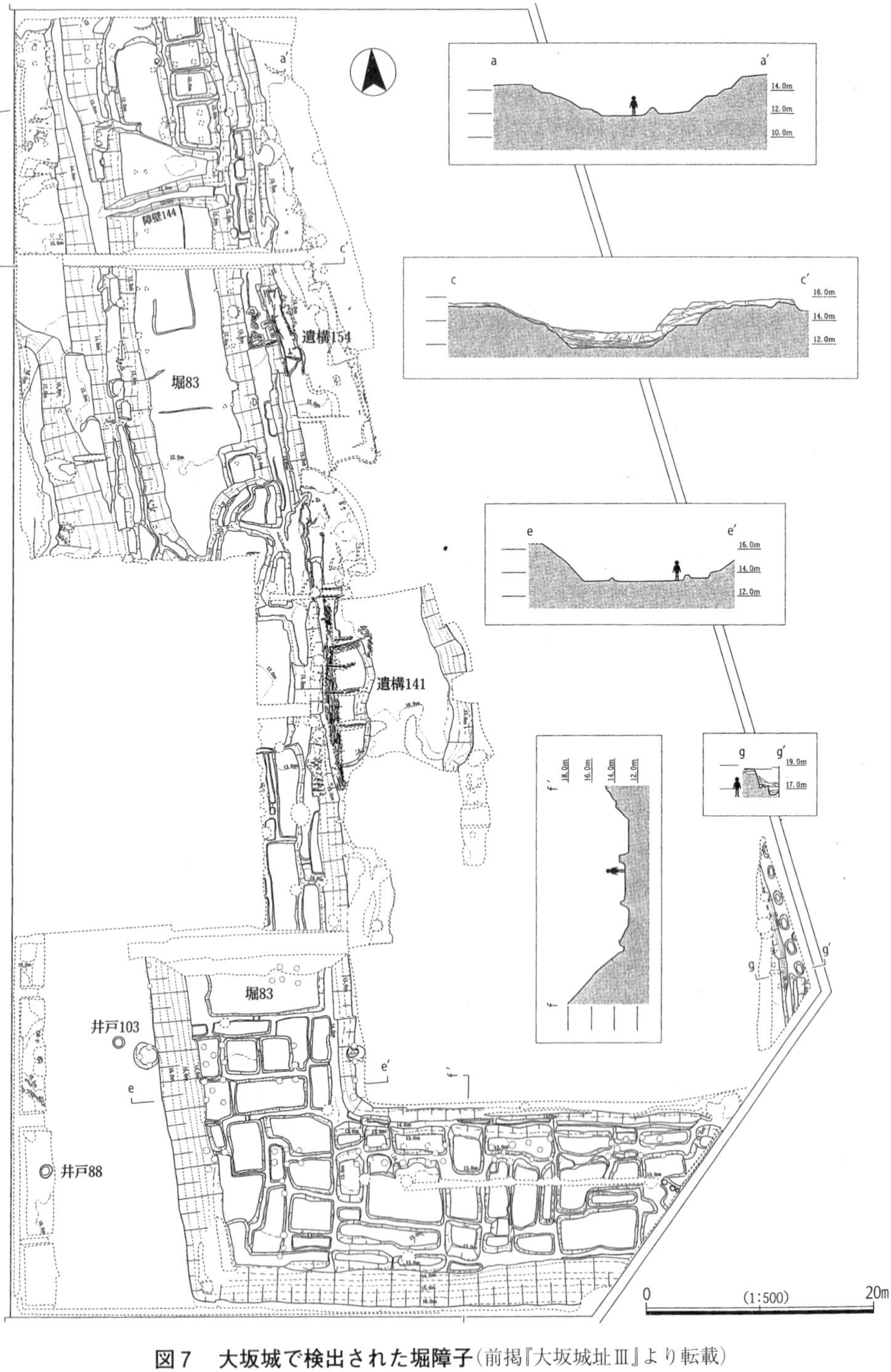

図７　大坂城で検出された堀障子（前掲『大坂城址Ⅲ』より転載）

堀内障壁で、関東の後北条氏に関連する城に用いられる堀障子と呼ばれる防御施設である。こうした戦国期の堀内障壁は近世に入ると用いられなくなるものと考えられていたのであるが、冬ノ陣を前にした大坂方としては使える防御施設はすべて使うということで、急遽堀内に設けた施設と考えられる。織田・豊臣系城郭の大きな特徴は石垣、瓦葺き、礎石建物という三つの要素であり、それは天下人としての権威を具現化したシンボルとしての城であった。しかし、戦いを前にシンボルとしてだけではなく、防御施設である城として増改築する必要があった。この馬出曲輪の堀は浅い水堀であったと考えられ、検出された畝も高さ〇・五～一・五メートルと低く、水堀内を歩く敵兵の足もとを払う施設であったと見られる。

実は近年、関ヶ原合戦直後に築かれた近世城郭からも堀内障壁が数多く検出されている。例えば、米沢城（山形県）、高崎城、加納城（岐阜県）、松江城（島根県）、小倉城（福岡県）などで、畝堀、堀障子が検出されている。これらは関ヶ原合戦直後に移封された大名たちが新たに築いた居城であり、来るべき徳川対豊臣の戦いに備えたものであった。元和元年（一六一五）に大坂城が落城すると、こうした軍事的施設はもう必要がなくなり、江戸時代の早い段階で埋もれてしまっている。

最後に真田丸について若干述べておきたい。真田丸は冬ノ陣を目前に大坂城に入った真田信繁（幸村）によって築かれた出丸である。それは惣構の南辺に構えられた東の虎口の前面に築かれた。この位置に関してはすべての絵図に同じ位置に記されている。その名称については、金沢市立図書館所蔵「古城図」、静嘉堂文庫所蔵「攻守図」、国立史料館所蔵「大坂御城攻図」には真田丸と記され、中井正知氏・正純氏所蔵「慶長十九年甲寅冬大坂絵図」では牙城と記されている。なお、『諸国古城之図』「大坂惣構」、『僊台武鑑』「大坂冬の陣配陣図」では名称が記されていない。

真田丸の構造については、絵図では一様に半円形の曲輪を描いている。虎口前面に小曲輪を設ける構造は二ノ丸の各虎口と同様である。しかし、二ノ丸の馬出曲輪が角馬出であるのに対して、真田丸は丸馬出となっている。これは守備する真田信繁が武田氏の家臣であったことが大きく影響したものと考えられる。武田氏によって築かれた城郭には丸馬出を用いるものが多い。それが武田氏築城の特徴ともいえる。徳川との戦いを目前に信繁は、豊臣の城ではなく、父祖伝来の丸馬出を出城に採用したものと考えられる。おそらく二ノ丸北東の虎口にも同じ考えで丸馬出が構えられたのではないだろうか。この半円形の構造は一連の絵図だけではなく、熊本大学附属図書館永青文庫所蔵「大坂真田丸加賀衆挿ル様子」でも半円形の真田丸が描かれている。本図は北垣聰一郎氏によって発見されたもので、加賀藩の前田利常による真田丸攻撃の配陣図である（北垣聰一郎「豊臣時代大坂城「本丸図」と「真田丸」について」『日本城郭史研究叢書第八巻　大坂城の諸研究』名著出版、一九八二年）。そこには惣構の堀の前方に半円形に構えられた真田丸が見事に描かれている。半円形の出丸は両サイドに虎口を配した典型的な丸馬出である。ところでこの絵図で興味深いのは丸馬出の東西両外側に柵列を廻らす外郭の描かれている点である。『僊台武鑑』「大坂冬の陣配陣図」では真田丸を二つの曲輪で表しており、水堀を巡らせた主郭の西側に柵列もしくは空堀を巡らせた外郭が描かれており、永青文庫所蔵絵図と一致する。

冬ノ陣を前に大坂城は防御をより強固なものとするために改修がおこなわれ、戦国以来の様々な施設が設けられたのであった。

このように、真田丸は武田氏の築城技術を取り入れた構造と考えられるのであるが、攻め手の徳川家康が冬ノ陣で本陣とした茶臼山の構造も興味深い。『諸国古城之図』に収録されている「茶臼山御陣城」では主郭の両側に丸馬出を備えた構造を描いている。丸馬出は決して武田氏の独占的構造ではなかったのである（図8）。

これまで武田氏築城の典型といわれてきた諏訪原城（静岡県）では、近年の発掘調査によって本丸からは二層の遺構面が検出され、上層は徳川家康段階の遺構と考えられ、典型的な丸馬出も徳川家康によって築かれたものと推

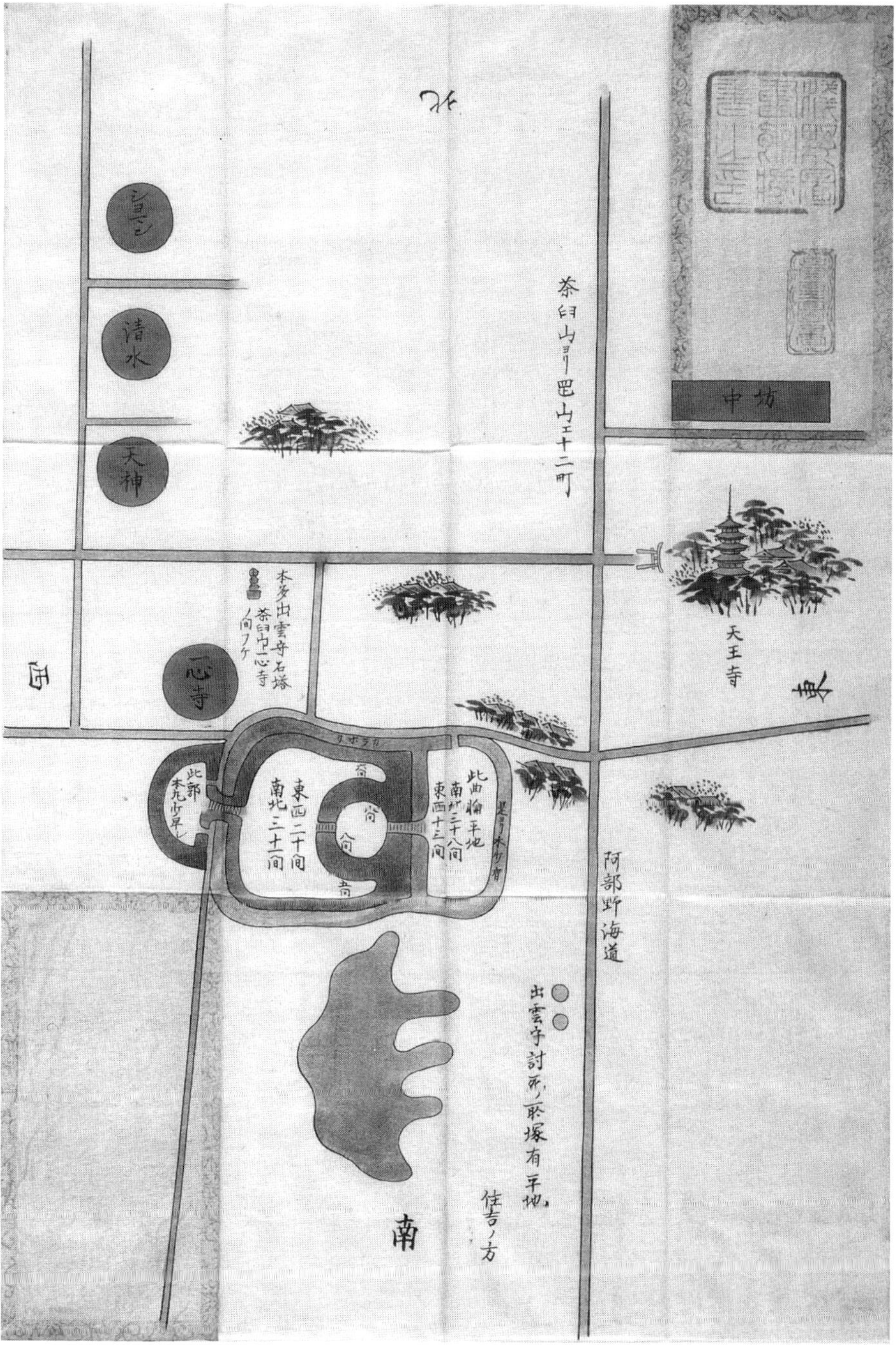

図 8　茶臼山御陣城（広島市立中央図書館浅野文庫『諸国古城之図』）

定されるに至った。こうした推定は諏訪原城だけではなく、興国寺城（静岡県）や丸子城（静岡県）なども同様で、武田氏築城の城に後に入城した徳川家康による丸馬出の改修の可能性は極めて高い。つまり徳川家康も丸馬出を多用する戦国大名だったのである。

冬ノ陣の決戦に備えて真田信繁が築いた真田丸と、徳川家康が本陣として築いた茶臼山で戦国時代にお互いが信頼した丸馬出を設けた点は興味深い。

なお、『諸国古城之図』の収録にあたっては徳川家康にかかわる古城と、豊臣秀吉にかかわる古城を意図的に収録したと述べたが、茶臼山とともに岡山、砂岡山も収録されている。これは明らかに大坂ノ陣にかかわる陣所を古城として収録したものである。真田丸は豊臣秀吉築城の古城としてよりも大坂ノ陣にかかわる古城として収録されたものである。当然『諸国古城之図』は軍学のテキストとして作成されたものであり、そこには戦争行為のあった城が重要視されたことは疑いない。大坂ノ陣は徳川家康が勝利した戦争であり、その陣所を収録するのは必然であった。

ところで、惣構に関して、千田嘉博氏は「つまり惣構えは城の攻防を左右した決定的な防御施設であった訳ではない。防御施設としては当然のことながら本丸などの城郭中枢部が圧倒的に卓越した」とし、城郭の中枢部こそが、攻め手が攻撃した場合、被害を与えるものとして想起させるものであり、だからこそ、惣構えの攻防後に和議を結ぶことが、相方にとって合理的な選択としてあり得たとし、その点に留意しなければ「外構え」をはじめとした惣構えが、戦いで果たした意味を取り違えてしまうと述べている（千田嘉博「3．縄張りからみた唐沢山城」『唐沢山城跡調査報告書』佐野市教育委員会、二〇一三年）。しかし、大坂ノ陣で、惣構が存在した冬ノ陣では落城せず、惣構の堀が埋められた夏ノ陣では落城している。つまり軍事的に惣構がいかに重要であったかを実戦によって証明している。城郭中枢部がいくら複雑な縄張りによって築城されても、防御の要となるのは大軍勢を配置できる惣構なのである。

こうした惣構の機能については大坂城が端的に物語っている。大坂冬ノ陣では約二〇万もの徳川軍が、一〇万強の守る大坂城の惣構をまったく突き崩すことができなかったのである。防御する城側もいかに自軍を城内に配置するかが重要であり、惣構の戦線は防御の要となったのである。冬ノ陣の講和により惣構はおろか二ノ丸の堀まで埋められ、本丸のみとなった大坂城で大軍は籠城できず、野戦を選ばざるを得なくなった。その結果は落城しかなかった。こうした大坂ノ陣の結果こそ、惣構がいかに城郭にとって重要な防御施設であったかを示している。

おわりに

さて、豊臣大坂城はまぎれもなく天下一の城郭であった。小牧山城、岐阜城、安土城に始まる織田信長の築城は、それまでの戦国時代の土の城を一変させるものであり、まさに日本城郭の革命的変化であった。以後、信長の家臣団や、豊臣秀吉とその家臣団が構築した極めて斉一性の強い城郭を織豊系城郭と呼んでいる。その最大の特徴は前述したように、石垣［高石垣］、瓦［金箔瓦］、礎石建物［天守］の三つの要素から成る城である。ただ、豊臣の城は単純に織田の城の延長線上にあるのではなく、豊臣の城としてのオリジナリティーも存在するのである。こうした違いを明らかにすることにより織田権力と豊臣権力の相違も明らかにできるものと考える。そこで拙稿では織田・豊臣系城郭として述べてきた。

織田の城、なかでも信長自身の居城は山城であり、自然地形を駆使した戦国的構造であったことは否めない。しかし、豊臣秀吉による大坂築城は山を下り、平野部に石の城を築いたのである。廻らせた堀も人工的に掘削され、積まれる石材は遠隔地から持ち運ばれたものであった。そうした築城工事は安土城とは比較にならない大土木工事であった。まさに大坂城こそが近世の平地城郭の始祖として位置付けできる城郭なのである。

第二部　よみがえる大坂城——最新の調査成果——

豊臣期大坂城本丸の石垣と縄張り

市川　創

はじめに

戦国時代のその末に、日本史上に名だたる三人の武将が大坂を求めた。一人は織田信長。大坂本願寺との一一年にも及ぶ死闘の果てに大坂を手中に収めた信長はしかし、本能寺の変に斃れた。次いで豊臣（羽柴）秀吉。大友宗麟に「三国無双」と言わしめた大坂城を築き、現代につながる大坂の街を築き上げた。そして最後に徳川家康。大坂ノ陣に豊臣家を滅ぼすと、彼とその息子秀忠は大きなダメージを被った大坂を「天下の台所」として短時間のうちに見事なまでに復興し、西国統治の要として大坂城を再建した。

このうち織田信長は、本格的な築城に着手せず逝った。徳川の大坂城はたび重なる火災・戦災で焼失した建物も多いが、近世城郭の到達点というべき壮麗な石垣をはじめとして、現在でもその姿を見ることができる。では、太閤・秀吉の築いた大坂城、すなわち豊臣期大坂城はどうか。長らく謎に包まれていたその姿が、戦後の半世紀以上にわたる調査の積み重ねによって、徐々に明らかになりつつある。

この豊臣期の大坂城は、天正十一年（一五八三）九月から建設が始まり、秀吉が大坂城へ移る翌年八月頃には少なくとも天守をはじめとする本丸はほぼ完成していたとみられる。しかし慶長二十年（一六一五）に大坂夏ノ陣で豊臣家が滅ぶと、豊臣期大坂城も運命を共にし、江戸幕府の手で元和六年（一六二〇）から三期約一〇年にわたって行われた再築工事により破却された。ただその破却と再築の実態は長らく不明とされ、現在私たちが見ることのできる壮麗な石垣が徳川期の再築によるものなのか、あるいは豊臣期のものが残るのかといった基本的な問いにさえ、共通認識は存在しなかった。しかし戦後、後述する昭和三十四年（一九五九）の大坂城総合学術調査により、現在の石垣はすべて徳川の再築によるものであること、すなわち豊臣期大坂城の遺構は地上にはなにひとつ残されていないことが明らかになった。その一方で、現在の大阪城の地下深くに謎の石垣が眠ることは、戦時中に行われた防空壕の掘削に伴い既に一部の関係者には知られていたが（渡辺武「現代版〝大阪城の抜け穴〟―大阪城内旧陸軍防空壕について」『上方芸能』四一、一九七五年七月）、大坂城総合学術調査の際に行われた発掘調査により、学術的な議論の素地が固まった。さらにその後、昭和五十九年（一九八四）度に実施された発掘調査などによって、これら地下に眠る石垣は豊臣期大坂城のものであることが確実視できるようになり、現在の大阪城公園の地下に石垣をはじめとする豊臣期大坂城の遺構が良好な状態で埋没していることが明らかになってきた。

いま大阪市では、「大坂城豊臣石垣公開プロジェクト」と題し、昭和五十九年度に発掘された豊臣期の石垣を恒常的に見学可能とする施設の建設計画を立ち上げ、特別史跡として保護されてきた大坂城跡の活用について新たな歩みを進めている。こうした動きに合わせ、特別史跡大坂城跡についてより高い水準で学術的評価を行い、適切な史跡の保護と有効な利用・活用を図るべきであろう。

本稿ではこうした問題意識に基づき、発掘調査のほか、ボーリング調査やコーン貫入試験で検出された石垣から、地下に眠る豊臣期大坂城の実像に迫りたい（図1）。なお、今後の調査研究に資するため、図1に示した発掘調査・ボーリング地点は可能な限り正確に位置を算出した。地点の算出に当たっては、大阪市デジタル地形図（縮尺二五

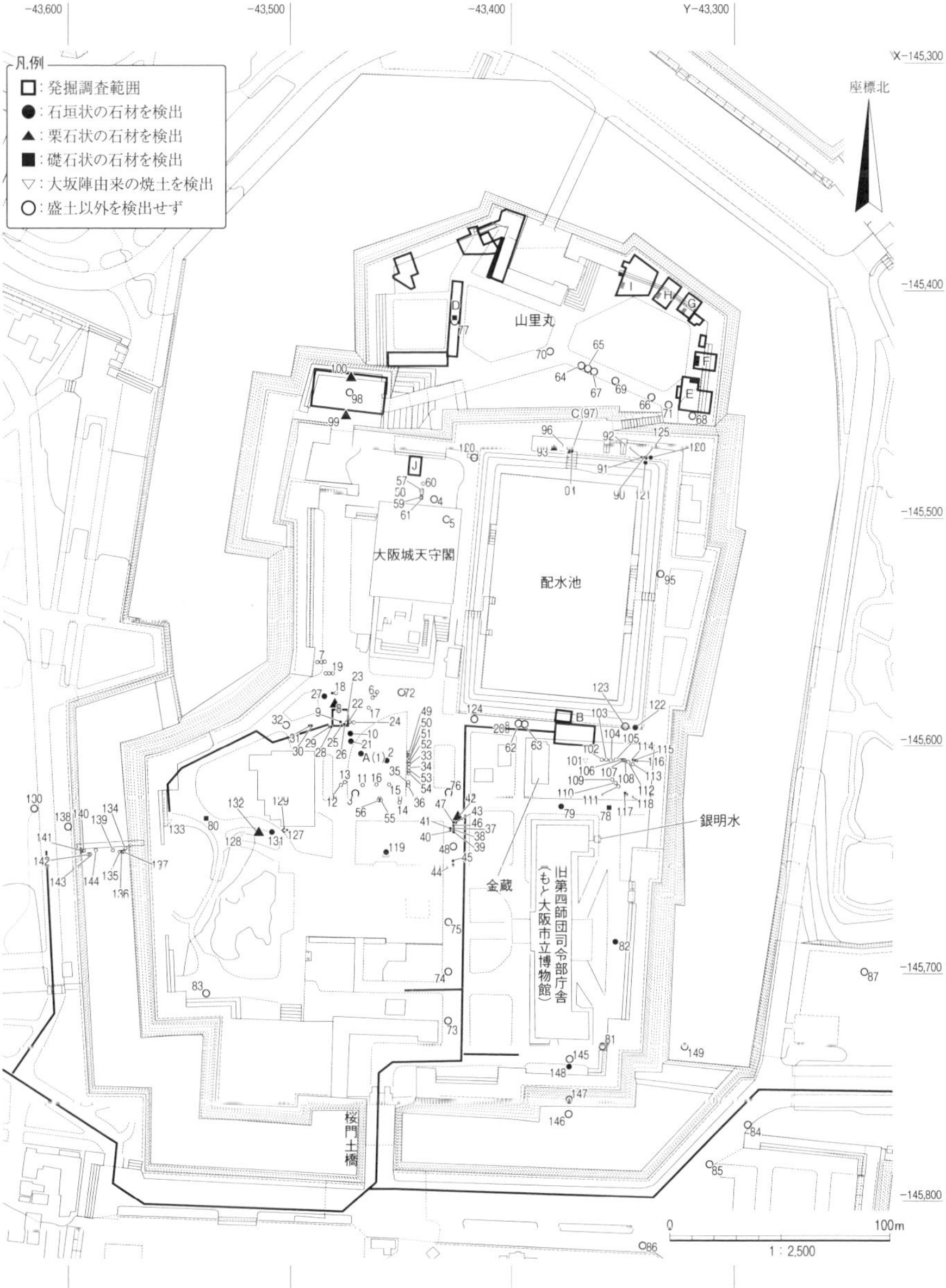

図１　大坂城本丸における発掘調査およびボーリング地点（図中の番号は表1・2と対応。著者作成）

表1　豊臣期の遺構に係わる発掘調査および井戸の座標値ほか（番号は図1と対応）

【発掘遺構】

地点	調査次数等	遺構など	計測位置	X座標	Y座標	標高	出典
A	大坂城総合学術調査(「空井戸」内)	石垣(西中ノ段西南部)	隅角部天端	604.3	469.5	23.9	宮上1967・村山1984
B	OS84－17次南区	石垣SW601(詰ノ丸東南隅)	隅角部下端	596.94	370.53	23.9	大文協2002
			隅角部天端	594.79	372.00	29.2	
	OS84－17次北区	石垣SW602(詰ノ丸東南隅)	隅角部	587.16	375.50	30.0	

表註：X座標値については「－145」、Y座標値については「－43」をそれぞれ省略し、ともに百の位以下の数値を示した。

計測元データ：宮上茂隆「豊臣秀吉築造大坂城の復元的考察」『建築史研究』三七、一九六七年五月

：（財）大阪市文化財協会『大坂城跡』Ⅵ、二〇〇二年

〇〇分の一）を基図とし、道路計画図（縮尺五〇〇〇分の一）によって適宜補正を行った。図1に記した番号は、表1・2と対応している。本稿で示す座標値は世界測地系に基づく平面直角座標系第Ⅵ系に則るもので、「TP」は全国の標高の基準となる東京湾平均海面に基づく標高値である。なお、遺跡として論じる場合には「大坂城跡」、歴史的建造物として言及する時には「大坂城」、公園として活用される現在のあり方にふれる時は「大阪城」と記述することにする。

表2　大阪城本丸におけるボーリング調査一覧（番号は図1と対応）

番号	実施年度	タイプ	点名	X座標	Y座標	標高	出典
1	1959	●	Ⅰ（＝空井戸）	603.3	468.0	24.1	A
2	1959	●	Ⅱ	606.4	456.3	24.5	
3	1959	－	Ⅲ	620.8	470.4	－	
4	1964	－	A	491.6	435.1	－	B
5	1964	－	B	500.4	429.4	－	
6	1965	－	a	577.5	461.6	－	
7	1965	－	b	563.1	486.0	－	
8	1965	▲	c	581.5	480.0	23.8	
9	1965	●	d	589.4	477.2	21.2	
10	1965	●	e	594.4	472.8	22.1	
11	1965	－	f	617.1	467.2	－	
12	1965	－	g	617.2	477.0	－	
13	1965	－	h	615.9	475.2	－	
14	1965	－	i	624.1	450.3	－	
15	1965	－	j	616.9	455.2	－	
16	1965	－	k	616.9	460.8	－	
17	1965	－	l	583.2	464.5	－	
18	1965	●	m	576.8	480.2	23.0	
19	1965	－	n	568.0	482.5	－	
20	1965	－	o	591.7	401.8	－	
21	1973	●	1	597.8	472.5	22.4	C
22	1973	－	2-1	589.4	473.1	－	
23	1973	－	2-2	589.5	474.4	－	
24	1973	－	2-3	589.6	471.1	－	
25	1973	●	2-4	590.9	476.7	22.8	
26	1973	●	2-5	590.5	475.5	21.6	
27	1973	●	3	578.2	484.5	24.9	
28	1973	●	4-2	591.6	481.5	18.0	
29	1973	●	4-3	591.5	482.3	16.6	
30	1973	●	5-2	591.0	490.3	16.8	
31	1973	●	5-3	591.1	491.4	15.3	
32	1973	－	6-2	590.7	501.8	－	
33	1973	－	7-1	607.9	446.4	－	
34	1973	－	7-2	609.4	446.3	－	
35	1973	－	8-1	615.9	446.6	－	
36	1973	－	8-2	617.4	446.6	－	
37	1974	●	9-1	636.2	425.9	21.7	
38	1974	●	9-2	637.0	425.9	20.5	
39	1974	●	9-3	637.7	425.9	18.9	
40	1975	●	9-4	637.1	427.5	18.4	D
41	1975	●	9-5	636.2	427.5	21.3	
42	1975	▲	9-6	631.4	424.2	21.9	
43	1975	●	9-7	633.6	425.0	23.6	
44	1976	●	9-8	652.1	426.2	22.3	
45	1976	●	9-9	650.4	426.2	22.4	
46	1976	●	9-10	634.9	426.0	22.7	
47	1976	●	9-11	633.6	426.1	23.0	
48	1976	－	9-12	644.0	426.1	－	
49	1974	－	10-1	602.8	446.3	－	C
50	1974	－	10-2	603.9	446.3	－	
51	1974	－	10-3	604.9	446.3	－	
52	1974	－	10-4	606.7	446.4	－	
53	1974	－	11-1	611.0	446.4	－	
54	1974	－	11-2	612.0	446.4	－	
55	1974	－	12-1	623.8	458.9	－	
56	1974	－	12-2	623.8	460.0	－	
57	1974	－	13-1	487.7	440.5	－	
58	1974	－	13-2	489.0	440.5	－	
59	1975	－	13-3	490.7	440.8	－	D
60	1975	－	13-4	484.8	440.0	－	
61	1975	－	13-5	491.5	441.0	－	
62	1975	－	14-1	590.0	396.8	－	
63	1975	－	14-2	590.3	394.0	－	
64	1975	－	15-1	432.9	368.6	－	
65	1975	－	15-2	434.2	365.7	－	
66	1975	－	15-3	446.8	337.3	－	
67	1975	－	15-4	435.5	363.0	－	
68	1975	－	15-5	454.9	318.9	－	
69	1975	－	15-6	439.6	353.4	－	
70	1975	－	15-7	426.6	382.6	－	
71	1975	－	15-8	450.0	329.6	－	
72	1976	－	16	576.4	449.7	－	
73	1977	－	17	720.7	428.5	－	E
74	1977	－	18	699.1	428.4	－	
75	1977	－	19	677.4	428.3	－	
76	1977	－	20	620.4	428.3	－	
77	1977	－	21	413.6	425.7	－	
78	1978	■?	22	627.1	355.7	23.5	F
79	1978	●	23	626.6	377.5	22.2	
80	1978	■	24	631.9	537.5	26.2	

番号	実施年度	タイプ	点名	X座標	Y座標	標高	出典
81	1979	−	25	731.8	358.9	−	
82	1979	●	26	685.9	353.1	22.8	G
83	1979	−	27	708.5	537.7	−	
84	1980	−	28	766.3	293.6	−	
85	1980	−	29	783.6	310.8	−	
86	1980	−	30	819.6	341.3	−	
87	1981	−	31	699.3	240.6	−	A
88	1981	−	32	692.1	201.5	−	
89	1981	−	33	687.5	151.4	−	
90	1988	●	62A	473.2	341.6	29.6	
91	1988	●	62A'	473.3	341.0	29.6	
92	1988	●	62A"	473.3	340.5	30.0	
93	1988	▲?	62B	468.9	380.8	27.3	
94	1988	●	62C	470.3	372.9	31.3	H
95	1988	−	62D	524.4	333.2	−	
96	1988	▲	62E	470.2	373.9	30.9	
97	1988	● ▲	62F	469.3	372.8	31.6 30.7	
98	2005	−	17-1	444.6	473.2	−	
99	2005	▲	17-2	455.1	474.8	19.1	I
100	2005	▲	17-4	438.2	472.4	16.7	
101	2012	▽	−	606.2	366.5	22.7	J
102	2013	−	P1	606.1	359.3	−	
103	2013	−	P2	606.1	357.3	−	
104	2013	−	P3	606.4	355.2	−	
105	2013	−	P4	606.1	353.0	−	
106	2013	−	P5	606.3	351.1	−	
107	2013	−	P6	606.3	349.9	−	
108	2013	−	P7	606.4	349.2	−	
109	2013	−	P8	614.9	354.6	−	
110	2013	−	P9	616.3	353.1	−	K
111	2013	−	P10	617.8	351.8	−	
112	2013	−	P11	607.1	347.5	−	
113	2013	−	P12	608.1	345.5	−	
114	2013	●	P13	606.2	345.4	24.0	
115	2013	●	P14	606.4	344.4	23.7	
116	2013	●	P15	606.6	343.6	20.9	
117	2013	●	P16	620.8	348.9	23.8	
118	2013	●	P17	621.3	348.1	22.6	

番号	実施年度	タイプ	点名	X座標	Y座標	標高	出典
119	1969	●	−	646.4	457.0	6.8	C
120	1979	−	水-1	473.3	416.8	−	
121	1979	●	水-2	475.7	340.0	26.2	
122	1979	●	水-3	591.7	344.4	23.4	
123	1979	−	水-3'	591.2	348.9	−	L
124	1979	−	水-4	588.2	416.7	−	
125	1979	●	水-5	473.3	339.7	26.7	
126	1979	●	水-6	473.3	337.6	22.8	
127	1995	●	水1	636.9	501.3	9.6	
128	1995	▽	水2	638.5	521.5	22.9	
129	1995	−	水3	637.0	502.4	−	M
130	1995	−	水4	627.6	615.2	−	
131	1995	●	水5	637.8	508.1	16.9	
132	1995・1996	▲	水6	638.4	514.0	18.2	M・N
133	1996	▽	水7	633.5	554.0	21.9	
134	1996	−	水8	644.9	573.9	−	
135	1996	−	水9	646.6	576.4	−	
136	1996	−	水10	646.5	575.5	−	
137	1996	−	水11	646.4	574.6	−	
138	1996	−	水12	635.6	599.9	−	N
139	1996	−	水13	645.8	579.5	−	
140	1996	−	水14	646.1	592.7	−	
141	1996	−	水15	646.0	593.9	−	
142	1996	−	水16	647.6	590.6	−	
143	1996	−	水17	647.6	589.7	−	
144	1996	−	水18	645.8	587.2	−	
145	1996	−	科1	737.5	373.6	−	
146	1996	−	科2	761.6	374.2	−	
147	1996	−	科3	755.6	373.8	−	O
148	1996	●	科4	740.9	373.9	23.1	
149	1996	−	科5	732.1	322.1	−	

表註　・「点名」は各報告書に記載されている名称。
・「タイプ」凡例　●：石垣状の石材を検出　▲：栗石状の石材を検出　■：礎石状の石材を検出
▽：大坂ノ陣由来の焼土を検出　−：特記事項なし
・番号32・33は枠外のため、図1に記載されていない。
・「標高」は、タイプが●・▲・■のものはその上端、▽は下端の標高値。

A．大阪城天守閣1984「豊臣時代大坂城遺構確認調査の成果と課題」『大阪城天守閣紀要』第12号

B．中村博司1983「昭和39・40年度大坂城本丸内ボーリング調査報告」『大阪城天守閣紀要』第11号　大阪城天守閣

C．内田九州男1975「豊臣時代大坂城遺構確認調査概報」『大阪城天守閣紀要』第3号　大阪城天守閣

D．大阪城天守閣1977『豊臣時代大坂城遺構確認調査概報（昭和50年度および51年度）』

E．渡辺武・内田九州男・中村博司1979「豊臣時代大坂城遺構確認調査概報（昭和52年度）」『大阪城天守閣紀要』第7号別冊　大阪城天守閣

F．渡辺武・内田九州男・中村博司1980「豊臣時代大坂城遺構確認調査概報（昭和53年度）」『大阪城天守閣紀要』第8号　大阪城天守閣

G．渡辺武・内田九州男・中村博司1981「豊臣時代大坂城遺構確認調査概報（昭和54年度）」『大阪城天守閣紀要』第9号　大阪城天守閣

H．渡辺武・内田九州男・北川央1989「大阪城本丸地下石垣（豊臣時代天守台石垣）遺構ボーリング調査並びに試掘調査概報」『大阪城天守閣紀要』第17号

I．特別史跡大坂城跡石垣修復検討委員会事務局・大阪市ゆとりとみどり振興局緑化推進部公園整備課2005年、『特別史跡大坂城跡石垣修復検討委員会（第３回）』

J．三田村宗樹2014「ボーリングデータから見る大阪城本丸における地盤の推移」『連続講座　大阪城の地中を探る』大阪市立大学・（公財）大阪市博物館協会

K．（公財）大阪文化財研究所2014『平成25年度特別史跡大坂城跡豊臣期石垣公開事業にかかる発掘調査業務（その2）（OS13－38）報告書』

L．キンキ地質センター1979『大阪市水道局大手前配水場基礎地盤調査工事報告書』

M．日本基礎技術株式会社1996『大手前配水池流入出管水管橋改良に伴うボーリング調査業務報告書』

N．日本基礎技術株式会社1997『大手前配水池流入出管水管橋改良に伴うボーリング調査業務（その2）報告書』

O．建設文化として大坂城石垣築造に関する総合研究会1997年、『建設文化としての大坂城石垣築造における土木施工技術の土木史的調査研究』（科学研究費報告書）

一　豊臣期大坂城に関わる発掘調査

1　研究史

豊臣期大坂城の埋没状況について論じるため、以下ではまず、豊臣期大坂城の存在を直接的に示し、その縄張りの復元に極めて重要な意味をもつ、発掘調査によって明らかにされた豊臣期大坂城の遺構についてふれる。なお、大坂城跡の地下に眠る遺構については昭和六十年（一九八五）までの成果をまとめた論考が存在するので（中村博司「発掘された大坂城の地下遺構」『日本名城集成　大坂城』小学館、一九八五年）、本書と併せて参照されたい。

まず、特別史跡大坂城跡における発掘調査史を概観しておきたい。大坂城跡のうちおおよそ徳川期の外堀に囲まれた範囲とその周辺部、すなわち現在大阪城公園として活用されている範囲は昭和三十年（一九五五）に特別史跡に指定され、以後、遺跡の保護が図られている。このため、開発に伴う発掘調査が密に行われてきた史跡外と比べれば、豊臣・徳川の両期を通じて、大坂城跡の本丸・二ノ丸に関する考古学的な知見は乏しいのが実状である。

さて、そうした大坂城の中心部にはじめて科学的な発掘調査のメスが入ったのは、昭和三十四年（一九五九）に行われた大坂城総合学術調査によってである（岡本良一『大坂城』岩波書店、一九七〇年）。この時には、総合学術調査の名にふさわしい調査研究が行われたが、中でも目覚しい成果は、天守閣前の広場において地下約七メートルの深さに埋没する石垣を検出したことである。この石垣については、のちに詳述する。

しかしその後、発掘調査による豊臣期大坂城の知見は増えなかった。その原因として、史跡としての保護が図られたこととも関わって、発掘調査ではなく大阪城天守閣を主体とするボーリング調査によって豊臣期の遺構を追及する方法が採られたことが挙げられる。発掘調査は得られる情報が多い半面、豊臣期の遺構を確認するためにはその上層に存在する徳川期の遺構や盛土を除去する必要があり、特別史跡たる大坂城跡では制限が大きい。いっぽうボーリング調査では、得られる情報が相対的に少ない半面、遺構の破壊を最小限に抑えながら豊臣期の遺構確認を行うことができる。ボーリング調査によって豊臣期の遺構を追求する方法が採られたことは、史跡の適切な保護を図るという意味では妥当であったといえるだろう。

その後、再び発掘調査による知見が得られるようになるのは、一九八〇年代以降のことである。昭和五十四年（一九七九）に大阪市内の発掘調査を担う機関として（財）大阪市文化財協会が設置されると、やむを得ず実施される特別史跡大坂城跡内での配管埋設に際して、同協会による事前の発掘調査が実施されるようになる。後述する昭和五十九年（一九八四）度における豊臣期詰ノ丸石垣の発見も、こうした事前調査に端を発するものである。

その後、二十一世紀に入ると、配管埋設に伴う事前調査のほか、傷みが目立ち始めた徳川期石垣の積み直しに際し、事前に発掘調査による確認が行われるようになる。これに付随して、徳川期大坂城の築城方法を把握する過程で豊臣期の遺構・遺構面を検出できる場合があり、豊臣期大坂城を考えるうえで貴重な情報が得られている。以下では、発掘調査によって確認された豊臣期大坂城跡の遺構を個別にみていきたい。

2　総合学術調査で検出した豊臣期石垣（図1―A地点）

先にもふれたように、天守閣前の広場で昭和三十四年（一九五九）に検出され、豊臣期大坂城跡の調査研究に先鞭をつけた遺構である（岡本前掲書・渡辺武『図説再見大阪城』（財）大阪都市協会、一九八三年）。現在は空井戸状のコンクリート製縦枠の底に保存され、時折一般に公開されている（図2）。

この石垣はその発見当初、豊臣期のものである可能性を示唆しつつ「謎の石垣」とされたが（読売新聞、一九五九年五月十九日）、その後、豊臣期大坂城本丸を描いたものとみられる詳細な絵図が江戸時代に大工頭を勤めた中井家で見つかるなどして（以下、「中井家本丸図」と略称する）、現在では豊臣期大坂城の中ノ段と下ノ段をつなぐ石垣であるとする見解に研究者の間で異論はないだろう。

以下では、昭和三十四年の調査に参加した村山朔郎の記述に拠りつつ、この石垣の特徴をみていきたい（村山朔郎「大坂城の地盤調査と地下石垣の発見」『大阪城天守閣紀要』一二、一九八四年三月）。なお、以下で用いる石垣に関する専門用語は、次の書籍に倣う（三浦正幸監修『図説「城造り」のすべて』学習研究社、二〇〇六年）。

石垣はおおよそ東西方向に延び、西端で屈曲している。鉛直高にして二・〇メートルを発掘調査で検出したが、ボーリング調査の知見と併せれば、少なくとも四・七メートルの高さがあることがわかる。石垣の角度は約七〇度と急勾配で、反りを持たず直線的である。石材は花こう岩を主体とし、斑れい岩を含む。

築石部は自然石による野面積みで、矢穴痕を観察できる石材はない。いっぽう隅角部は矢穴痕こそ観察されないものの、直方体状に整形された粗割石を用いており、初現的な算木積みが行われている。この時に見つかった隅部は、いまはコンクリート壁の中にあり見ることができないが、今回の執筆に合わせて実施した測量により、その天端の座標がX＝－一四五六〇四・三メートル、Y＝－四三四六九・五メートルであることが知られた。また、天端の標高はTP二三・九メートルである。後述する中井家本丸図と現状の大阪城（＝徳川期の大坂城）の対応を考える際、定点としてこの石垣を用いることができるという意味で、隅角部を検出しえたことは極めて重要な意味がある。

この時に作成された図面からは、当時の実測者が石垣天端面の地面が被熱していると認識していたことを読み取ることができる。これは、大坂夏ノ陣の際の火事で焼けた地面が残されているということであり、すなわち石垣が最上部まで残存していることを示す。後述する昭和五十九年度検出の石垣ではその天端は破壊されており、ここで検出した石垣はその残存状態の良さでも極めて重要であるということができる。

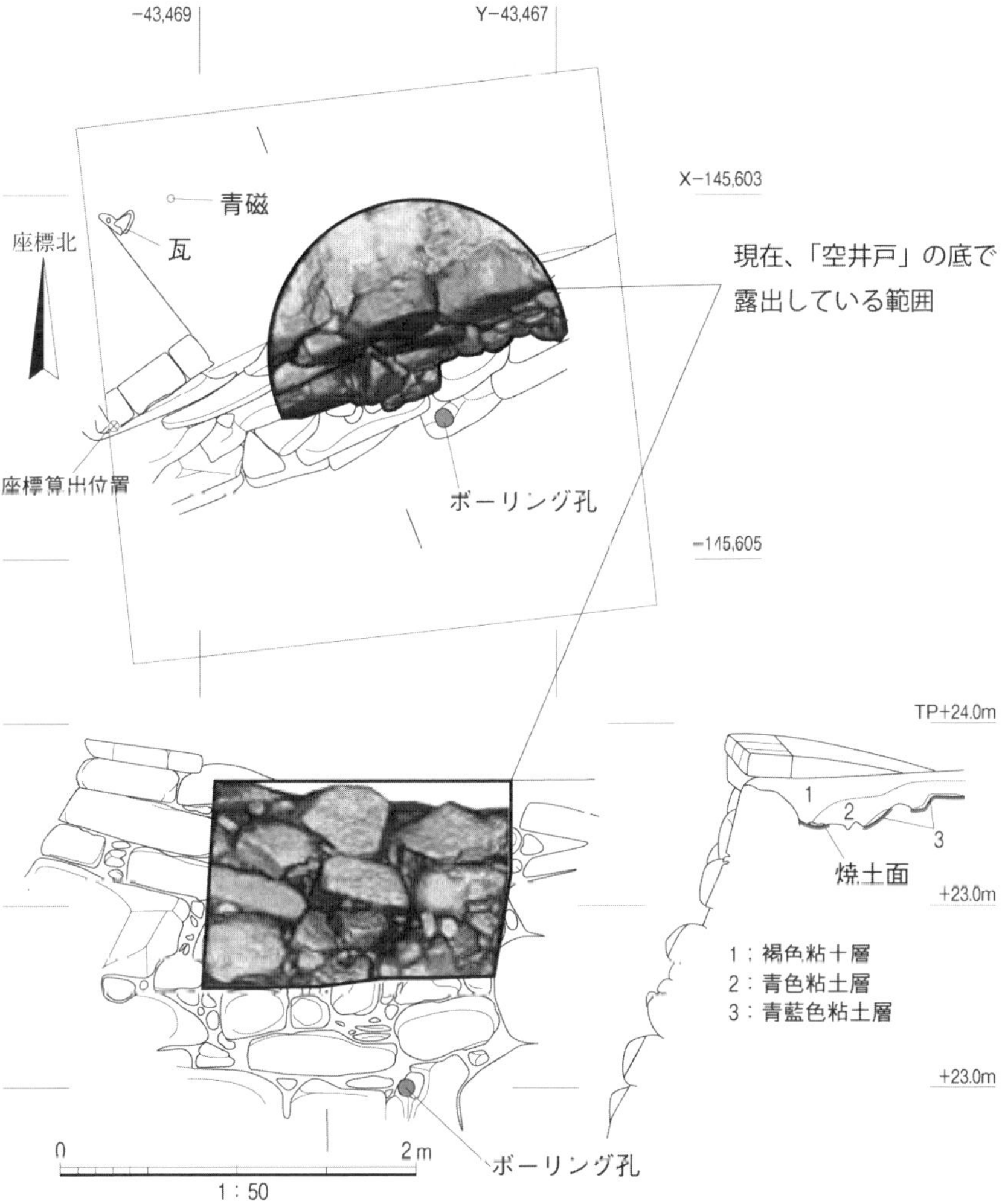

図２　1959年発見の石垣（地点Ａ）
（実測図は村山1984よりトレースし一部改変して使用。
三次元測量図は大阪市立大学提供）

3　OS八四―一七次の石垣（図1―B地点）

その後、昭和五十九年（一九八四）から翌六十年にかけて現本丸の東部、金蔵の東側で実施されたOS八四―一七次調査で、二例目となる豊臣期石垣を検出することとなる（『特別史跡大坂城跡』（財）大阪市文化財協会、一九八五年、『大坂城跡Ⅵ』同、二〇〇二年）。この時に見つかった石垣は発掘調査終了後に埋め戻されたが、平成二十六年（二〇一四）に約三〇年の時を経て再発掘され、往時と変わらぬ姿で地下に保存されていることを確認している（絹川一徳「再び姿を現した秀吉の大坂城石垣」『葦火』一七〇、（公財）大阪文化財研究所、二〇一四年六月）。なお、「OS」は「大坂城跡」の略称であり、「OS八四―一七次」は大坂城跡で一九八四年度に行われた一七番目の調査であることを示す。本稿で扱う発掘調査はすべて大坂城跡で行われたものであるので、以下では、「OS」の記述を略す。

この調査で見つかった石垣は、結論からいえば豊臣期詰ノ丸の南東隅に位置し詰ノ丸と中ノ段をつなぐものと考えてよく、これにより昭和三十四年（一九五九）に発見された石垣も豊臣期のものであることが確実視されることになった。

大坂城に関わる書物では必ず紹介されてきた遺構ではあるが、基礎となる資料であるため、ここでもその特徴を記述しておく（図3）。この調査では、南北二ヶ所の調査区が設けられた。このうち南区では、出隅部に当たる石垣SW六〇一を検出した。東西に延びる石垣と南北に延びる石垣とが鈍角に接続している（写真1）。石垣の下端で計測すると、その検出長は南北五・二メートル、東西一・八メートルである。中ノ段地表面からの鉛直高は五・七メートルであり、石垣の基部は地表面を掘り下げて根入れされていた。石垣の角度は約七〇度で明確な反りをもたず、断面形状は昭和三十四年発見のものとよく似ている。

ただ石材の大きさについては顕著な差異が認められ、当調査で検出した石材の方が、昭和三十四年発見の石垣よ

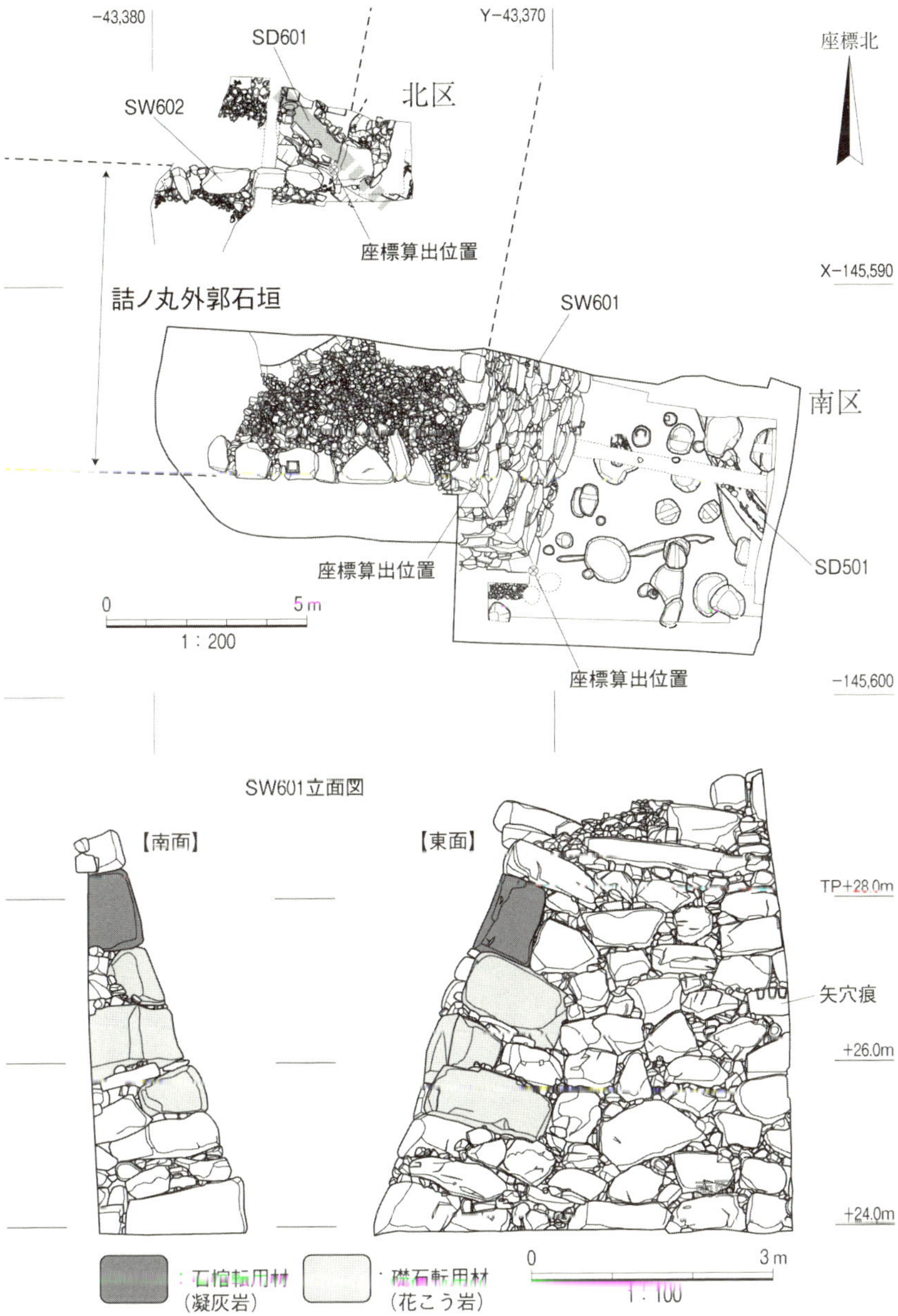

図3　84−17次発見の石垣（地点B）（(財)大阪市文化財協会2002に加筆し転載）

りも明らかに大きな石材を使用している。詰ノ丸は豊臣期大坂城の中枢部であり、とりわけ立派な石垣が組まれた可能性が高いだろう。また石材の種類については、花こう岩を主体とする点では共通するが、和歌山県産とみられる砂岩・緑泥片岩や安山岩のほか、古墳時代の石棺未製品が転用された凝灰岩、古代の花こう岩製礎石を転用した石材が用いられていることなどは、昭和三十四年発見の石垣には認められなかった特徴である。このうち凝灰岩製の石棺未製品と花こう岩製礎石の転用材は長辺が一メートル以上と大型で、ともに隅角部に使用されており、詰ノ丸を荘厳するに相応しい石材として選択的に搬入され石垣に組み込まれたのだろう。なお花こう岩のおもな産地は、大坂城より東では生駒山、西では六甲山系である（藤井重夫「石からみた大坂城と城下町」佐久間貴士編『よみがえる中世2　本願寺から天下一へ　大坂』平凡社、一九八九年）。

さて、石材の大小はあるものの、石垣の構築技術については、築石部は野面積み、隅角部は算木積みであり共通している。ただひとくちに算木積みとはいっても、転用された凝灰岩が縦に積まれることが端的に示すように、徳川期のそれとは大きな差があり、初現的な様相を示している。また、SW六〇一では矢穴痕をもつ築石が検出されている（写真2—右）。矢穴痕については、石切丁場跡などでの精力的な調査をもとに型式論的な変化が把握されている（森岡秀人・藤岡祐作「矢穴の型式学」『古代学研究』一八〇、二〇〇八年十一月）。写真による判断ではあるが、SW六〇一で認められた矢穴痕は大形でかつU字形を呈し「古Aタイプ」に分類しうる資料であり、天正期の築造である豊臣期大坂城の時期と矛盾しない。

中井家本丸図との重ね合わせのためSW六〇一についても座標値および標高値を得ておくと、隅角部の下端ではX＝—一四五五九六・九四メートル、Y＝—四三三七〇・五三メートル、TP二三・九メートル、天端ではX＝—一四五五九四・七九メートル、Y＝—四三三七二・〇〇メートル、TP二九・二メートルとなる。

また、石垣の前面で検出した中ノ段の地表面についても、豊臣期大坂城を考えるうえで重要な情報を含むので略

写真１　84－17次南区石垣ＳＷ601（東から）（写真提供：（公財）大阪文化財研究所）

写真２　84－17次の矢穴痕　左：ＳＤ601（北から）、右：ＳＷ601（東から）
（写真提供：（公財）大阪文化財研究所）

述しておく。東中ノ段地表面の標高は、東へ向かって徐々に低くなっていた。豊臣期大坂城に関わる遺構面として上下二面が認識されており、このうち下位の遺構面では、瓦組みの溝（図3―SD五〇一）や土坑群を検出している。これらの遺構は、夏ノ陣までに埋め立てられていた。夏ノ陣時の地面である上位の遺構面でも、素掘りの溝や土坑群を検出している。

いっぽう北区では、詰ノ丸外郭の入隅部を構成する石垣SW六〇二、およびこの石垣に潜り込む石組溝SD六〇一を検出している。SW六〇二は南区で検出したSW六〇一と同様に、東西に延びる石垣と南北に延びる石垣とが鈍角に接続する。検出範囲は、南北一・六メートル、東西四・二メートルである。最下段の石材しか残存しなかったため石垣の高さは〇・四メートルに留まるが、本来はさらに一〜二段が上部に積まれていただろう。石材は花こう岩を主体とし、裏込めには緑色片岩や石臼なども含まれている。また、隅角部の石はSD六〇一の蓋石を兼ねている。

石組み溝SD六〇一は、蓋石をもつ石組溝である。蓋を伴うことから、詰ノ丸の排水を目的として埋設された暗渠であった可能性が高い。内法は幅が〇・四〜〇・五メートル、深さは〇・四〜〇・七メートルである。調査区の北部から延び、調査区内で東に折れ、SW六〇二の隅角部からその内部へと潜り込んでいく。未検出ではあるが、石垣に潜り込んだ石組溝は、SW六〇一の未検出部分に樋口として開口しているであろう。石組溝の側壁に使用された石材は、人頭大の自然石や転用された石仏である。蓋石には矢穴痕が認められ（写真2―左）、SW六〇一で見られたものと同様、古Aタイプに分類しうる。溝の内部には板状の炭化材が認められ、木製の樋があった可能性が高い。なお、樋とみられる炭化材の上には夏ノ陣時の焼土が堆積していた。SW六〇二隅角部の座標値・標高値は、X＝―一四五五八七・一六メートル、Y＝―四三三七五・五〇メートル、TP三〇・〇メートルである。

さて、この石垣が豊臣期大坂城詰ノ丸の南東隅を構成することはすでに述べたが、その時期について考古学的な根拠を記しておく。まずSW六〇一は、大坂夏ノ陣に由来する焼土層によってその裾部がパックされていることから、豊臣期以前に構築されたことは確実である。また裏込めに含まれる遺物は本願寺期以前のものであり、当該期以後に造られたことがわかる。さらに、先に見た矢穴痕や石垣の積み方などを加味し、これらの特徴を研究の現状に照らせば、この石垣が豊臣期のものであることが確実視できる。ここから派生して、昭和三十四年（一九五九）発見の石垣についても、石垣の特徴が一致することや、天端の高さがＳＷ六〇一で把握された中ノ段地表面の高さと一致することにより、豊臣期のものである蓋然性が高いといえるのである。

4　配水池北側での試掘調査（図1―C点）

八四―一七次調査における豊臣期石垣の発見や、大阪市水道局によるボーリング調査により城内各所、とりわけ配水池東北隅の複数箇所で地下石垣を検出したことを受け、昭和六十三年（一九八八）、豊臣期大坂城の天守台が存在したと目される配水池北側で大阪城天守閣によるボーリング調査および試掘調査が実施された（渡辺武・内田九州男・北川央「大阪城本丸地下石垣（豊臣時代天守台石垣）遺構ボーリング調査並びに試掘調査概報」『大阪城天守閣紀要』一七、一九八九年三月）。

この時には、先行して実施されたボーリング調査により栗石とみられる石材を検出した地点において、直径一・五メートルの範囲で試掘調査が行われた（図4）。その結果、ＴＰ三一・六メートルおよび二一・〇メートルを天端とする二石の花こう岩を検出し、報告書ではこの「石垣」が豊臣期の天守台を構成する石垣の一部であると推測している。

この試掘調査については、報告書で指摘された知見の重要性に比べ議論されることが少ないように思うので、やや詳しくみておきたい。まず二石の花こう岩は、写真と図面で判断する限り、割石ではない。また花こう岩一は、北が高く、南が低い状態で検出している。裏込め石が北東側、花こう岩が南西側で検出されていることから、花こ

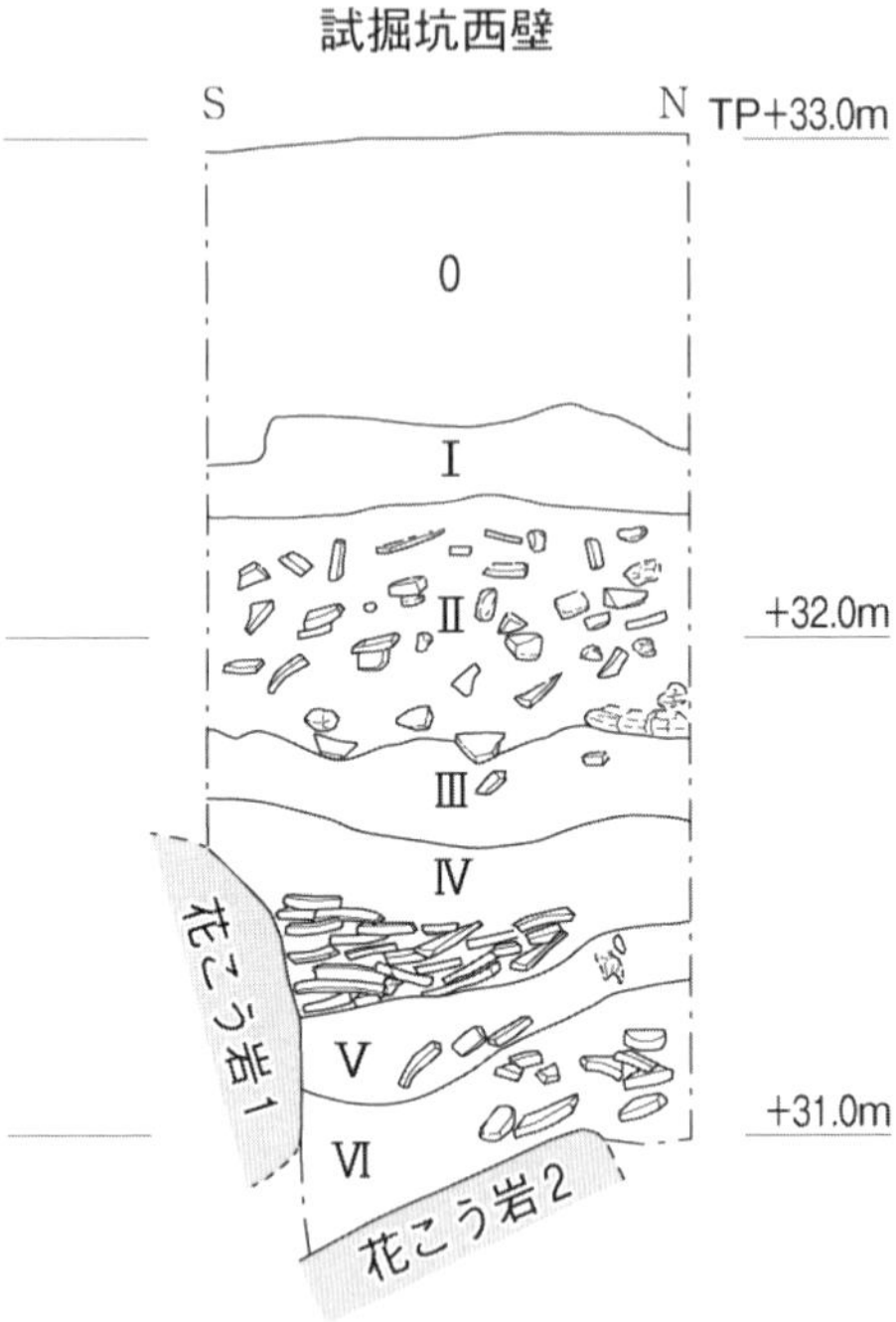

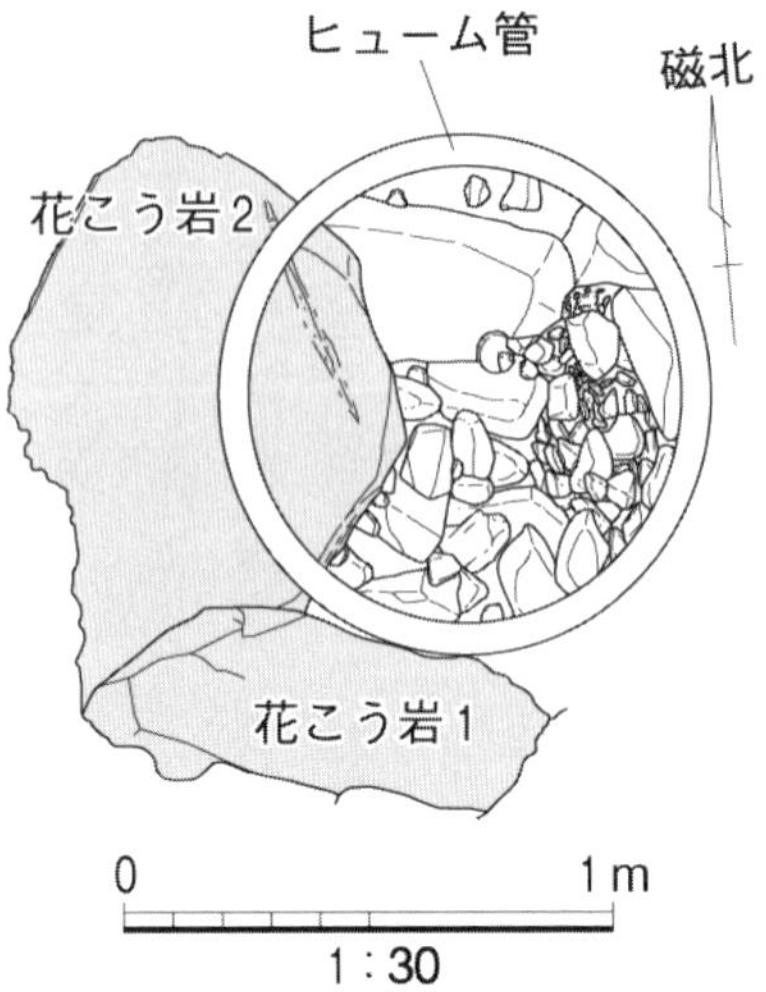

0：現代盛土（レンガ・バラス等を含む。）
I：盛土層（オリーブ黄色粘土ブロックに、にぶい黄褐色のシルト・砂を含む。）
II：焼土層（にぶい赤褐色シルト、砂に多量の焼けた瓦・石・壁土を含む。）
幕末・明治頃か。
III：暗褐色砂礫混り粘質シルト、少量の炭を含む。
IV：褐色砂礫混り粘質シルト（III層より粘土っぽい。下半は瓦が多量に入っている。）
V：炭・灰層（真黒色、瓦を含む）。18世紀以後。
VI：盛土層（暗灰黄色粘質シルトや褐色砂礫、第1層等のブロックから成る。）徳川の古い時期。
※VI層と石垣裏込めとの間には、
①灰オリーブ色粘土ブロックに砂・シルト混る（層厚約10 cm）。
②粘質シルト・砂等混る（層厚約30+ α cm）。
以上の2層が介在するようである。いずれにも焼土の小ブロックがVI層と同じような入り方をしている。（試掘内東壁の観察による。）

図4　1988年の試掘調査で検出した石材（地点C）
（渡辺・内田・北川1989よりトレースし、一部加工して使用）

う岩が石垣を構成するものであれば、その石垣は南西ないし南に面をもつものであったはずである。報告書では西面ないし北面するものと考察されているが、少なくとも北面する可能性は低いと考えられる。

これらの石垣の埋没状況は、壁面図から推測することが可能である。花こう岩一の天端よりも低い位置に堆積したⅤ層の時期は十八世紀以後、花こう岩二の直上に堆積するⅥ層も「徳川の古い時期」とされている。大阪城天守閣でこの時に出土した遺物を実見させて頂いたところ、Ⅴ層からは瓦類と共伴して十八世紀後葉以降の特徴をもつ肥前磁器が出土しており、Ⅵ層からも徳川期の瓦が出土していた。Ⅴ層は炭・灰層であるとされ、十八世紀後葉以降のある段階で、火災などに伴って生じた瓦などの廃材がこの場所に廃棄されたことを推測させる。その際には、検出標高の関係からみて花こう岩一が露出したことになる。また、それよりも遡るⅥ層の時期には花こう岩一・二がともに露出したことが壁面図から理解できるが、Ⅵ層に含まれる瓦は徳川氏による再築を遡らないことから、これも再築工事が完成したのちのことである。なお、寛政五年（一七九三）に描かれた徳川期の絵図をみると試掘箇所付近に「御大番所」と記された建物が描かれていて、この建物はその後、幕末頃まで存在するようである。試掘調査で確認された石材がこの御大番所に関係する遺構であることも、試掘調査の知見からは完全に否定することができない。

これらの知見を総合すると、この試掘調査で検出した石材は、報告書が指摘するように豊臣期天守台を構成する石垣の一部である可能性ももちろん考慮しうる。後述する豊臣期大坂城の重ね合わせ図において、天守台の石垣が近辺に埋没していると推定されること、検出した花こう岩が割石でないことはその有力な論拠である。ただ、石材を覆う地層の堆積状況および出土遺物からみると、徳川期以降に何らかの改変を受けた可能性、さらには徳川期の遺構である可能性も残しておく必要があると筆者は考えている。検出した石材が豊臣期の遺構であるかは、周辺における知見の増加を待って決せられるべきであろう。

なお、この配水池北側の一帯は、絵図などからみる限り徳川期の建物が疎らで当該期の遺構を損壊する危険性が低く、かつ現状で比較的通行者の少ない通路となっている。特別史跡大坂城跡のなかでは、発掘調査により豊臣期の遺構にアプローチするための条件が比較的整っており、今後発掘調査を実施する機会に恵まれれば、大きな成果が上がることが予想される。

5　〇九—一〇次の石組溝（図1—D地点）

本丸から北に一段下がった山里丸の西半で実施された調査である。この調査では南北二ヶ所が発掘され、このうち南側の調査区において、現地表下四・五メートル（TP一五・〇メートル）で豊臣期の石組溝SD〇八と瓦敷を検出するという重要な成果が得られた（大阪市教育委員会・（公財）大阪文化財研究所「大坂城跡発掘調査（OS〇九—一〇）報告書」『平成二一年度大阪市内埋蔵文化財包蔵地発掘調査報告書』二〇〇九、二〇一一年）。

SD〇八はほぼ南北に延びる（図5）。長さ五・七メートル分を検出し、幅・深さとも三五センチメートルであった。溝の側石として長辺が五〇センチメートルほどの石を並べ、溝底には厚さ一〇センチメートルほどの石材や塼を敷いていた。溝の東辺には側石を欠く部分があり、そこには底石が敷かれていることから、東側に延びる溝が接続し「ト」状になっていた可能性が高い。SD〇八の東側には、割れた瓦を敷き詰めた瓦敷が検出された。瓦には、二次的に被熱し赤く変色したものも含まれていた。なお、調査地の南側では豊臣期の遺構面はやや高く、TP一五・二メートルであった。当然のことではあるが、同一の曲輪の中でも高低差が存在することがわかる。

この調査ではまた、井戸の可能性がある徳川期の土坑SK〇七を検出したことも重要である。井戸枠などは残念ながら検出できなかったが、報告書では山里加番小屋に伴う井戸であった可能性が指摘されている。現在の大阪城に残る江戸時代の井戸の水位から考えれば、江戸時代の山里丸の地表面からこの場所に井戸を掘って水を得るため

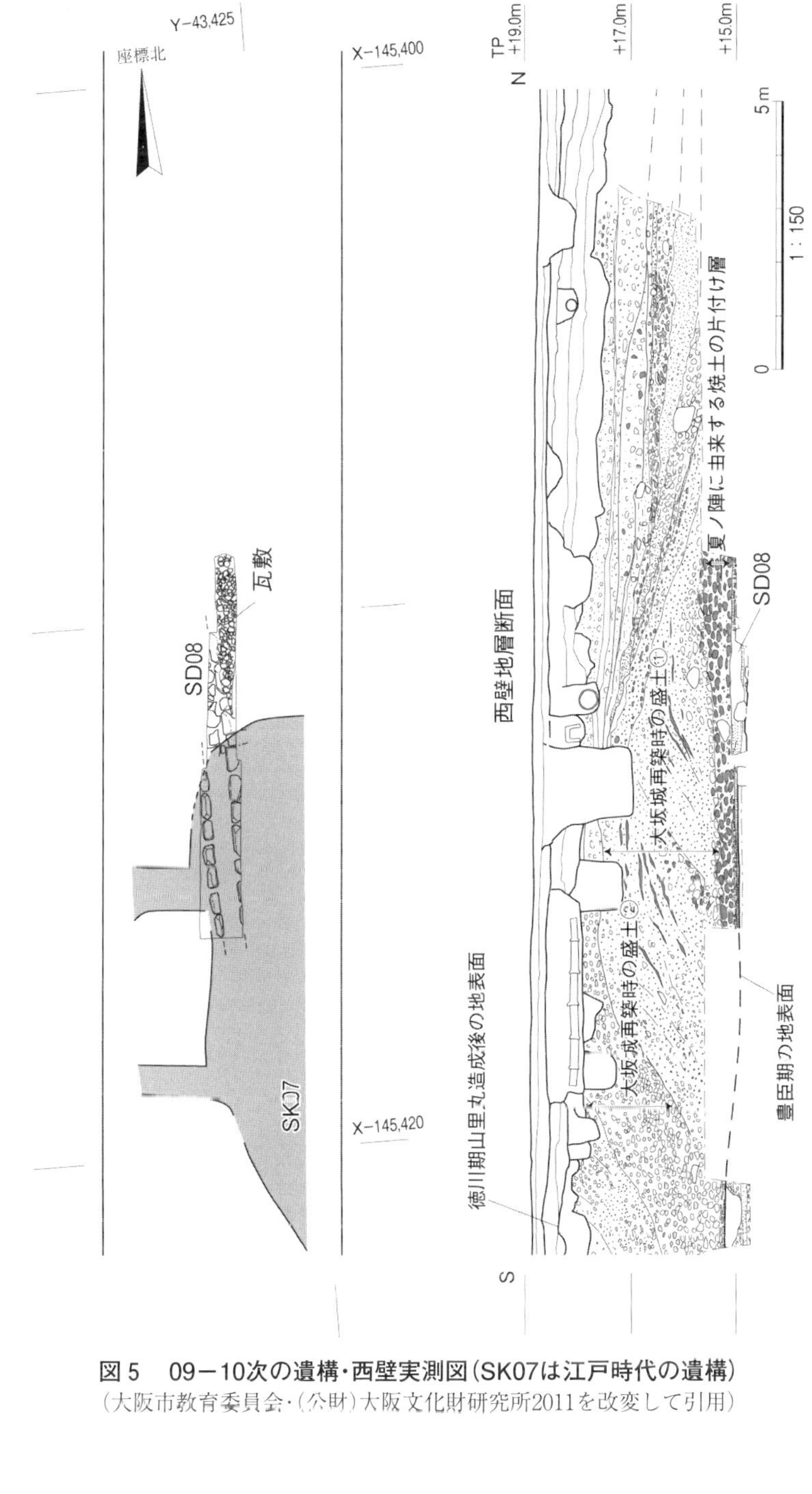

図5　09－10次の遺構・西壁実測図（SK07は江戸時代の遺構）
（大阪市教育委員会・（公財）大阪文化財研究所2011を改変して引用）

には地面を約一五メートル掘り下げる必要があったと考えられる。中井家本丸図を参照するとほぼ同じ位置に井戸が描かれている。建設機械のない当時、井戸の掘削には多大な労力を伴うから、江戸幕府が合理性を重視したなら、豊臣期の井戸は埋め立てられず、井戸枠を上方に付け足して江戸時代に引き継がれた可能性がある。同様のことは、再築時の普請丁場割図をもとに山里丸のほか三ヶ所で指摘されている（佐々木良作・中村博司「大坂城本丸内井戸（金明水等）と堀の水位について」『歴史遺産としての石造構造物の土木史的研究』歴史遺産としての石造構造物の土木史的研究に関する研究会、二〇〇三年（科学研究費報告書））。このうち大阪市立博物館として再利用された旧陸軍第四師団司令部庁舎の東側に現存する「銀明水」では、井戸内部の撮影が行われている（歴史遺産としての石造構造物の土木史的研究に関する研究会「大阪城本丸・銀明水井戸調査報告書」（前掲）『歴史遺産としての石造構造物の土木史的研究』）。この時の撮影では井戸内の水をすべて排水し現地表下二三メートルの井戸底まで調査が行われたが、側壁に用いられている石材は報告書に掲載された写真で見る限り切石であり、残念ながら豊臣期のものとはいえないようである。ただ、井戸底に溜まった土砂の下に豊臣期の石材が眠っている可能性は残されているといえよう。

6　一一―一〇次調査（図1―E・F地点）

次に、山里丸の東半で実施した一一―一〇次調査での知見を紹介したい。この調査では、山里丸北・東辺の雁木（石段）に沿って計七ヶ所の調査区を配したが、このうち南東隅のE地点調査では、集水枡およびこれに接続する排水路を検出し、さらにこの排水路が石垣に開口する樋口に接続することを確認するなど、徳川期に関して大きな成果が得られた（大阪市教育委員会・（公財）大阪文化財研究所「大坂城跡発掘調査（OS一一―一〇）報告書」『大阪市内埋蔵文化財包蔵地発掘調査報告書』二〇一一、二〇一三年）。

このE地点およびその北側のF地点で地層確認のために行った部分的な深掘りで、現地表下一・五メートルほど

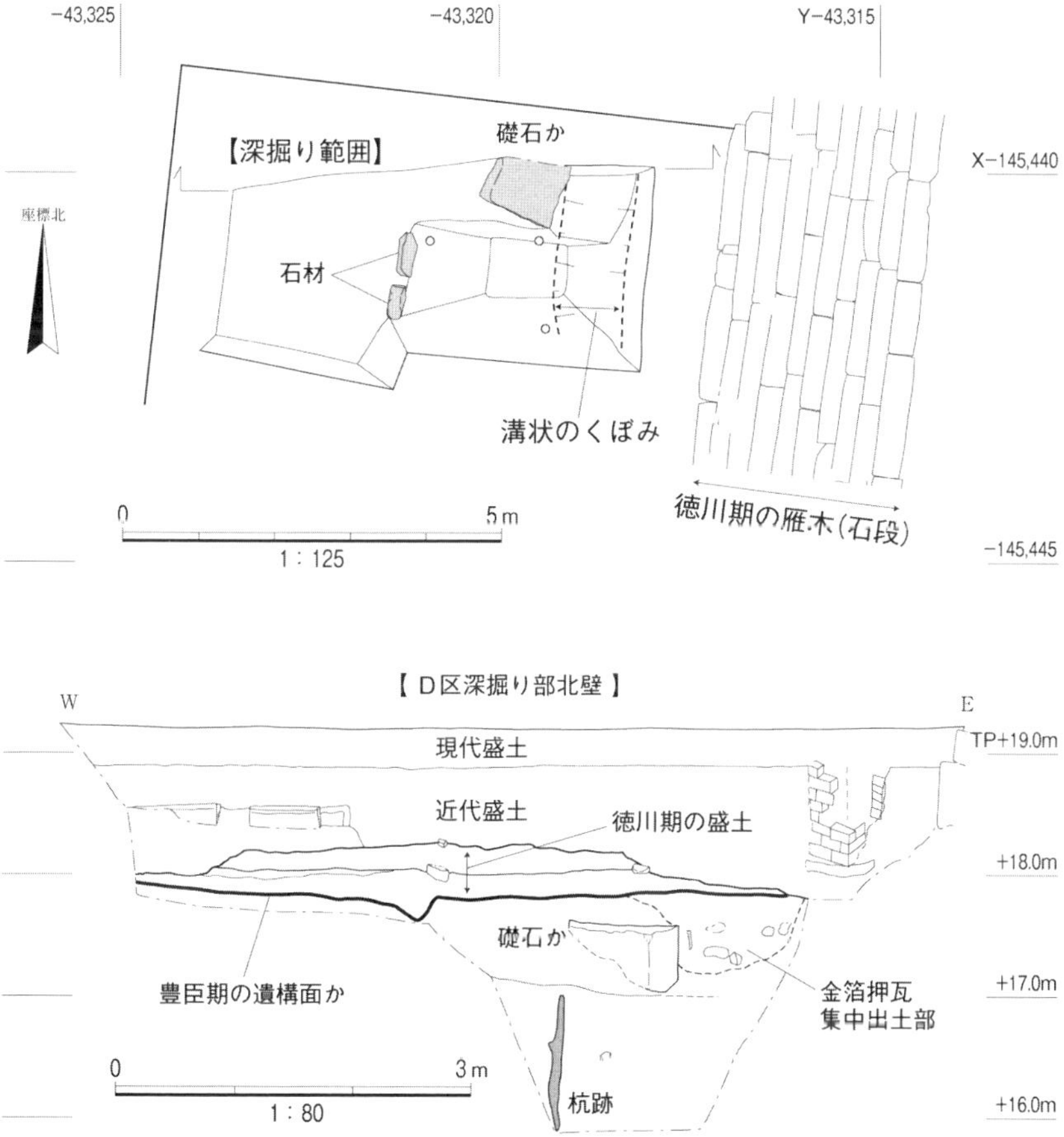

図6　OS11－10次遺構・壁面実測図

（大阪市教育委員会・（公財）大阪文化財研究所2013を改変して引用）

の深さ（TP一七・八メートルほど）に、上面が焼けた地層があることを確認し、このうちE地点ではさらに礎石状の石材も検出している（図6）。地層から出土した遺物が乏しく、また地表面から比較的浅い位置での検出であったため、報告書ではこの地層を徳川期のある時期のものである可能性が高いと考えた。しかしながら、中井家本丸図を参照すると、山里丸の東半と、豊臣期は芦田曲輪《あしだぐるわ》と呼ばれた西半とは「高さ七尺五寸」の石垣によって画されており、東半が二・三メートルほど高かったことがわかる。先に見た〇九―一〇次調査での知見から、山里丸西半の豊臣期地表面はTP一五・〇メートルほどであったことが知られるから、中井家本丸図に基づく東半の遺構面は一七・二メートルほどと想定される。E・F地点で検出した焼土面はTP一七・八メートルでありこの想定値に比べやや高いが、〇九―一〇次および八四―一七次調査でみたように豊臣期の地表面は必ずしも平坦でない。すなわち、一一―一〇次調査で検出した焼土面は豊臣期の遺構面である可能性が高く、その標高はTP一七・八メートルであることを確認しておく。

7　その他の調査から

豊臣期の遺構や地表面そのものを検出したわけではないが、その縄張りを考えるうえで参考になる発掘調査成果についても確認しておく。図1でG・H・Iとした三地点では、発掘調査時にTP一七・八メートルより深くまで地層を確認しているが、豊臣期の遺構面を検出していない。したがってこれらの部分は、豊臣期には堀であった、ないしは徳川期の再築時に遺構が破壊された可能性が考えられる。

また図1―J地点では、TP二九・〇メートル以下で豊臣期大坂城築造時のものと思われる盛土層を確認している（大阪市教育委員会・（財）大阪市文化財協会「大坂城跡発掘調査（OS〇六―八）報告書」『大阪市内埋蔵文化財包蔵地発掘調査報告書』二〇〇六、二〇〇八年）。この盛土には、豊臣期大坂城に先行する本願寺期の遺物が焼土や焼壁とともに含まれていて、その末期に炎上したとされる大坂本願寺の遺構が近隣に存在したことを窺わせる（佐藤隆「大坂本願寺推定に関する考古学資料―特別史跡大坂城跡における発掘調査成果から―」『大阪歴史博物館研究紀要』七、大阪歴史博物館、二〇〇八年十月）。豊臣期大坂城のみならず、それよりさらに地下深くに眠るであろう大坂本願寺の姿を推測させる、貴重な成果である。

二　ボーリング調査

ここでは、ボーリング調査およびサウンディング試験によって得られた豊臣期大坂城に関する知見について紹介する。ボーリング調査とは金属製の筒を地面に貫入し土砂や石材を採取する方法、サウンディング試験とは金属製の棒を地面に打ち込むもので、土砂などの採取は行うことができない。両者は厳密には異なる調査方法だが、本稿では両者を一括して「ボーリング調査」として記述する。ボーリング調査には、発掘調査に比べ遺構の破壊が少なく済む反面、得られる情報が限定的であるという特徴がある。これまでに大坂城跡で実施されたボーリング調査には、豊臣期大坂城の解明や築城の前提となる地盤の起伏を明らかにするため学術目的で実施されたもののほか、配管の埋設に先立ち地下の状況を調べるため実施されたものなどが含まれる。

本稿を執筆している平成二十六年（二〇一四）十月現在、大阪城本丸およびその周辺では約一五〇本ものボーリング調査が実施されている（表2）。これらのうち五〇ヶ所以上で、石垣・栗石・礎石・焼土層といった、何らかの形で豊臣期大坂城の姿を推測させる成果が得られている。各地点でのボーリング調査成果については中村博司の論考に詳しいが（中村博司一九八五（前掲一〇八頁））、その後、数件の調査が行われており、図1および表2には現時点で公表可能なデータをすべて記載している。なお、ボーリング調査成果の収集および公開の許可を得るに際しては、大阪市経済戦略局観光部観光課大阪城魅力担当の森毅氏の多大なるご教示・ご協力があったことを明記しておく。

現状のボーリング成果から指摘できる内容をまとめておきたい。まず、調査地点AではTP二四・〇メートルほどで石垣（昭和三十四年発見石垣）を検出したが、これとほぼ同じ標高で石材を検出したボーリング地点が、北西―南東方向に延びている（図1の二七―A―四三）。これより西には、TP一七メートル以下で石垣を検出している地点がある（三〇・三一）。現在タイムカプセルが設置されている場所（二九）ではさらに深く、TP六・八メートルでの検出である。この一帯では、TP二四メートルほどを天端とし北西―南東方向に延びる石垣があること、その西側にはこれよりも一段低い石垣が存在することを把握できるだろう。ただ、現在の本丸西端近くになると、TP二三メートル付近で焼土などを検出しており、豊臣期の遺構面が再び高くなることがわかる。A地点の石垣を豊臣期の本丸西中ノ段と下ノ段をつなぐものとする説は現在定説化しているが、ボーリング調査成果からみても矛盾はない。

次に詰ノ丸の外郭石垣とされるB地点の東側では、配水池南東隅で行われたボーリング調査（一一二）によって中ノ段石垣の位置が推測されていた。二〇一四年に実施されたボーリング調査でこの延長とみられる石垣を線的に確認しており（一一四〜一一八）、東中ノ段と下ノ段をつなぐ石垣の位置は定まったと考えてよい。

現在の本丸東南隅で実施されたボーリング調査でも貴重な知見が得られている。空堀の底から水平および斜め上方に向けて実施されたボーリング調査（一四六〜一四八）のうち、斜め上方に向けたボーリング（一四八）で徳川期の石垣内部に豊臣期とみられる石垣を検出したいっぽう、水平に打ち込まれたボーリングでは石垣が検出されなかった（建設文化としての大坂城石垣築造に関する総合研究会『建設文化としての大坂城石垣築造における土木施工技術の土木史的調査研究』一九九七年（科学研究費報告書））。この成果は、豊臣期の石垣の下端よりも徳川期のそれのほうが低いこと、すなわち大坂城再築時に、少なくとも内堀については豊臣期の堀をさらに深く掘り下げたことがわかる。こうした豊臣期石垣と徳川期石垣の二重構造については、文献史料の検討によっても指摘されている（中村博司「徳川幕府による大坂城再築の一様相―黒田家丁場における石垣普請を事例に―」『城郭史研究』二〇、二〇〇五年一月）。また近年の発掘調査で徳川再築時の一括盛土中にウラカガミなどの化石貝類を検出していることも、近隣に存在する段丘層が再築時に掘り下げられたことを示している。なお、現在の桜門土橋の南端では地表面近くで段丘層を検出しており（（財）大阪市文化財協会二〇〇二（前掲一一二頁））、豊臣期の内堀南端は徳川期よりも内側（＝北側）にあったことがわかる。

三　豊臣期大坂城の重ね合わせ図の更新

本節では、これまでにみた発掘調査およびボーリング調査の成果に基づき、豊臣期大坂城がどのように埋没しているか、すなわち現状における大阪城本丸の地図（＝徳川期大坂城本丸の縄張り）と豊臣期大坂城本丸の縄張りとがどのように重ね合わせられるかを考えてみたい。

こうした重ね合わせ図の作成については、櫻井成廣と宮上茂隆による先駆的な研究がある。両者の業績を概観しておこう。まず櫻井は、昭和三十四年（一九五九）にA地点石垣が発見され、その翌年に中井家本丸図（中井正知氏・正純氏所蔵、以下同じ）が見出されると、これが豊臣期の大坂城を描いたものであることをいちはやく指摘し、発掘された石垣が豊臣期大坂城の中ノ段と下ノ段をつなぐものであることをも指摘した（櫻井成廣「大坂城」井上宗和編集『日本城郭全集第六巻　近畿編』日本城郭協会、一九六〇年）。氏の見解は、その後に発表された著書で詳しくまとめられている（櫻井成廣『豊臣秀吉の居城　大阪城編』日本城郭資料館出版会、一九七〇年）。ただ櫻井の研究は、中井家本丸図により補正され、また文献史料なども活用しながら構想されたものではあったが、中井家本丸図の発見以前に周知のものであった『城塞繹史』所載図を基本資料としていた。現在の評価として中井家本丸図よりも史料的価値が劣るとされる『城塞繹史』所載図を基本資料とする点、また当時得られていた限定的な情報の中で、徳川期本丸と豊臣期詰ノ丸の標高を同等と考えたことが災いして、とくに標高の比定について現在の水準からみれば大きな齟齬が生じている。

対して宮上は建築学の立場から、中井家本丸図を基本資料として、まず昭和四十二年（一九六七）に論文を発表する（宮上茂隆「豊臣秀吉築造大坂城の復元的考察」『建築史研究』三七、一九六七年五月）。そこで示された重ね合わせ図は、中井家本丸図の精緻な観察と綿密な計算に基づくものであり、平面図・断面図ともに極めて学術的価値の高いものであった。さらに氏はその後も図の精度を高めるべく尽力された。氏の最終的な研究成果は、以下の文献で知ることができる（渡辺武・宮上茂隆「豊臣・徳川大坂城」碧水社編『歴史群像名城シリーズ①大坂城』学習研究社、一九九四年）。

宮上の研究は、当初の復元案が示されたのち約半世紀の時が経た現在でもなお、豊臣期大坂城の埋没状況を考えるうえでまず参照すべき学術的水準を有している。そこで以下では、現状で得られているデータに照らし、まずは宮上の作成した重ね合わせ図を検証したい。重ね合わせ図のもとになる中井家本丸図は、おそらくは豊臣期に行われた測量をもとに描き起こされたもので、二枚が伝わっている。おそらくこの二枚には共通の原図が存在し、そこから定規などを用いずに透写された筆描きの図であるから、文字の写し忘れや、透写時に生じた角度の微妙な違いなどが認められる（北垣聰一郎「いわゆる「豊臣時代大坂城本丸図」について」『大阪城天守閣紀要』三、一九七五年三月）。また、現在の地図との重ね合わせに当たっては当時の測量水準についても考慮する必要がある。こうした事情を踏まえ宮上は、①中井家本丸図に記載された間数は実測値であること、②一間を一・九五メートルとすること、③南面・

東面については相対的に誤差が少なく、西面では誤差が大きいと想定されること、といった考えに基づき、重ね合わせ図を作成した。

図7は、図1と宮上の重ね合わせ図をトレースしたものを重ねたものである。結論からいえば、宮上の図は根本的な変更を必要としない。ただ、現状での知見と比較的大きな誤差を生じている部分として、B地点および配水池東北隅が挙げられる。両地点とも宮上が相対的に精度が高いとした東部に位置しており、図の修正・更新が必要とされよう。いっぽうで、誤差が大きいと解釈された本丸西部のうち、A地点付近の石垣を宮上は中井家本丸図と大きく異なる形状に復元したが、この地点では重ね合わせ図と現状のデータがよく一致している。卓見というほかないだろう。また、H・I・J地点では想定される高さで豊臣期の遺構面が確認できなかったことを先に述べた。もちろん再築時に遺構面が削平された可能性もあるが、宮上の復元案ではこの部分に山里丸の縄張りが及んでおり、注意が必要である。

さて、こうした点を勘案し、現状で得られているデータに対しもっとも収まりがよい重ね合わせ案として、図8を示したい。修正の要点は、以下の二点である。

①データに対して収まりがよい縮尺として、一間を一・九一メートル（＝六尺三寸）として作図した。

②B地点での発掘調査成果に合うよう、詰ノ丸東半の石垣角度を修正した。

このうち①に関して、豊臣期の尺度について少し触れておかねばならないだろう。一間を六尺三寸とする例としては、いわゆる太閤検地に用いられた検地尺が尚古集成館に所蔵されている。いっぽうで、慶長二年（一五九七）の「長曽我部元親百箇條」には、城普請をはじめ一般的な測量では六尺五寸を基準とするいっぽう、田の測量では別の基準を用いることが定められており（神宮司庁「度」『古事類苑　泉貨部・称量部』吉川弘文館、一九八〇年）、通常の測量に用いる尺度と収奪対象となる田地のそれとが異なっていたことがわかる。なお大阪市内の発掘調査成果

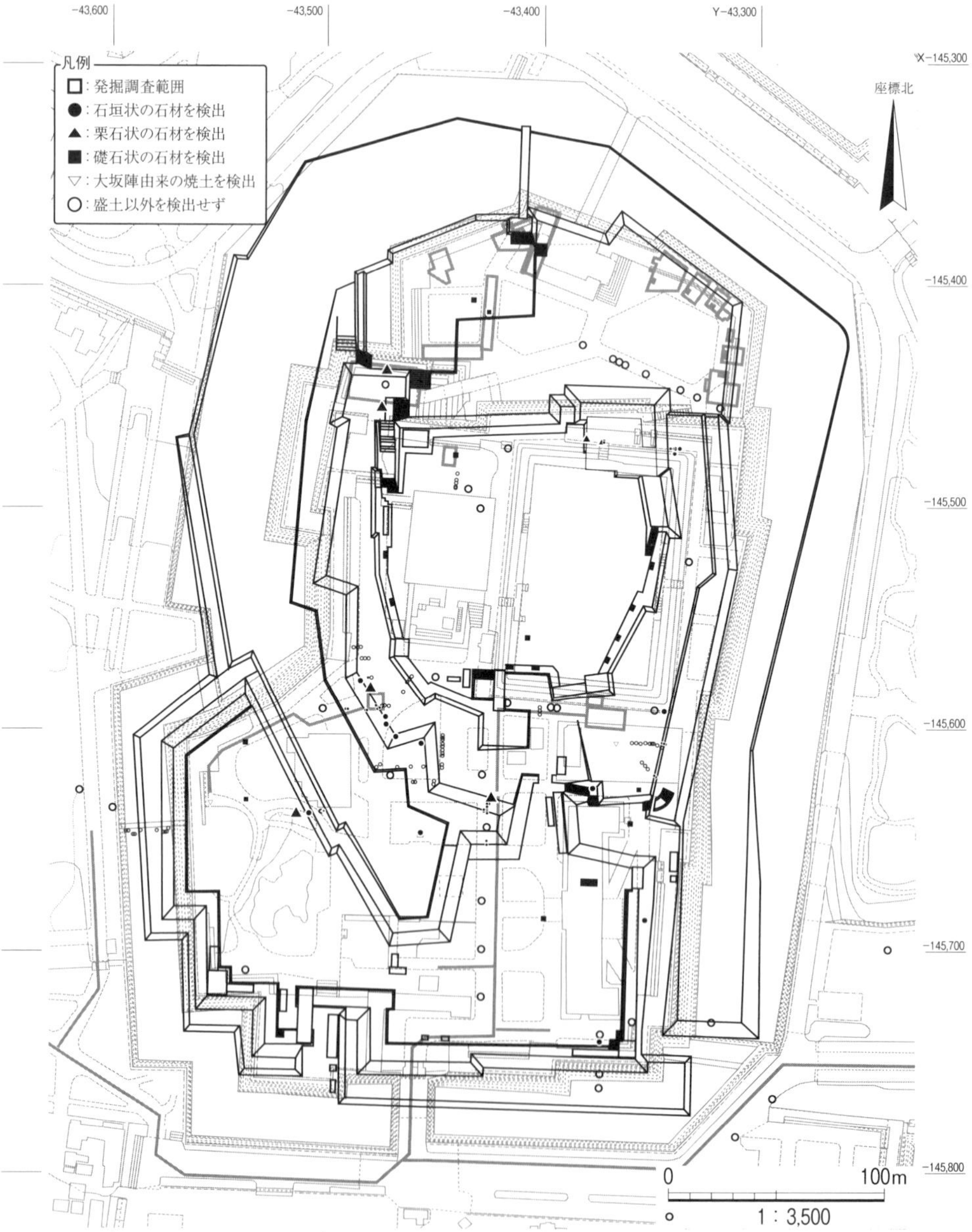

図7　宮上の重ね合わせ図と現状データ（渡辺・宮上1994より作図）

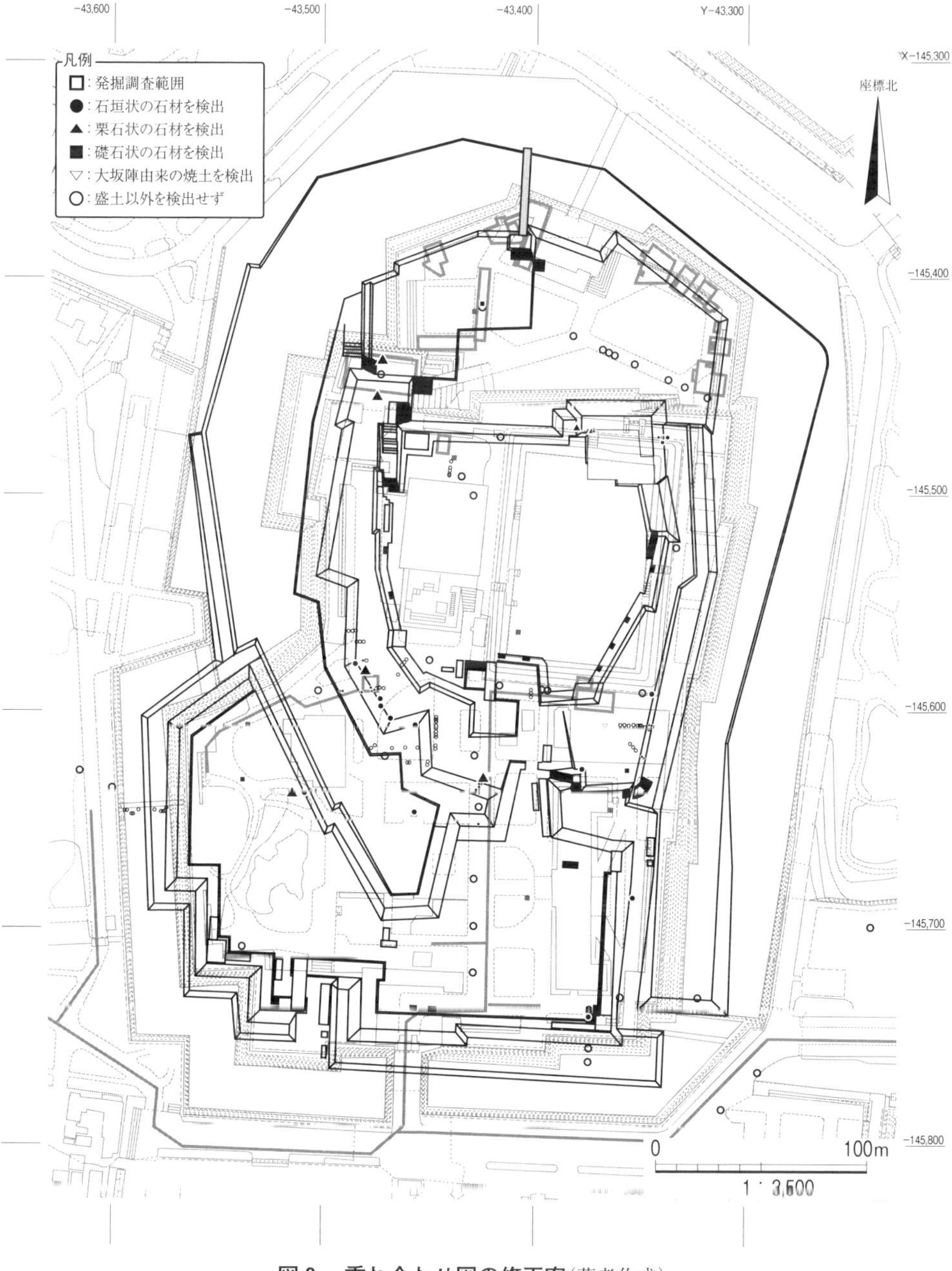

図 8　重ね合わせ図の修正案（著者作成）

を参照すると、一間を六尺三寸として建設されたとみられる豊臣期の建物があるいっぽうで、六尺五寸あるいはそれ以上の柱間隔となるものもあり、必ずしも一定しない。広島藩蔵屋敷跡の発掘調査成果が示すように、徳川期には一間を六尺五寸とすることが一般化したようであるが（李陽浩「広島藩蔵屋敷発掘調査における絵図を用いた遺構の検討について」『広島藩大坂蔵屋敷跡Ⅱ』（財）大阪市文化財協会、二〇〇四年）、豊臣期の尺度については重要な問題でありながらいまだ定説がない。ゆえに、豊臣期大坂城を復元するにあたり一間を六尺三寸とすることについては、現状での作業仮説としておきたい。

ただ、図8に示した案が妥当であるならば、豊臣期大坂城本丸について新たな指摘も可能となる。山口県文書館所蔵の「大坂御城御普請ニ付而諸大名衆江地口坪割図」とされる丁場割図から、再築に際しては豊臣期詰ノ丸の石垣の一部が取り崩されたことが推定されている（中村博司『天下統一の城　大坂城』新泉社、二〇〇八年）。詰ノ丸東南部に当たるボーリング調査（図1の六）では、石垣が想定される場所であるにも関わらず石材を検出していない。ここは丁場割図からまさに石垣が撤去されたと考えられる部分である。古い時期に行われたボーリング調査であるため地点の正確さに不安があるが、文献史料から推測される破城のようすを実証している可能性がある。また詰ノ丸北辺でも、想定される位置に石材が検出されないボーリング地点（一二〇）がある。先の丁場割図は第一期普請時のものとされるが、本丸の再築がなされた第二期普請に際し、さらに取り崩された石垣があったとは考えられないだろうか。

また、本丸東部、東中ノ段と井戸曲輪を結ぶ石垣に当たるとみられる地点七九では、TP二一・二メートルを天端として高さ九・六五メートル分の石材の重なりを検出している。このボーリング結果については報告書で注意が払われており（渡辺武・内田九州男・中村博司「豊臣時代大坂城遺構確認調査概報（昭和五三年度）」『大阪城天守閣紀要』八、一九八〇年三月）、角度を考慮すれば石垣とするには高さがあり過ぎることから、井戸曲輪に存在した井戸の側壁である可能性が示されている。ただ報告書に記載されたボーリング柱状図からは、上部の石材が大型であるいっぽう、下半の石材は小型であることが読み取れる。ＴＰ二三・四〜一七・四メートルで石材を検出した地点一二二のボーリング結果からみて、東下ノ段の地表面はＴＰ一七・四メートル以下にあると考えられる。中井家本丸図には東下ノ段と井戸曲輪とをつなぐ石垣の高さが三間（六メートル弱）と記されていることから、井戸曲輪の標高はＴＰ一一・四メートル以下と想定される。東中ノ段の地表面は地点Ｂの発掘調査で確認されたように標高二四・〇メートル付近であるから、計算上、東中ノ段と井戸曲輪の比高は一二メートルほどあることになる。地点七九で検出した石材の下半が裏込め石であるなら、整合的な理解が可能となるだろう。

まとめと展望

以上、本稿ではこれまでに得られている発掘調査・ボーリング調査成果をもとに、豊臣期大坂城が現在の大阪城の地下にどのように埋没しているかを考えた。それは中井家本丸図をもとに進められた、重ね合わせ図という手法での宮上茂隆の研究を検証する作業であり、氏の学説が原則として追認できることを確認するいっぽう、一定の修正が必要であることを示した。さらに現状の知見に即した修正案を示したが、その過程で求められた一間＝一・九一メートルという数値の妥当性については、文献史料や発掘調査資料に基づき、今後の厳密な検証が必要であろう。なお、発掘調査はもとよりボーリング調査においても、複数の機関・研究者間で成果を共有し、ひいては今後の調査研究に資するため、正確な座標値および標高値の取得と公表が必須だと考える。

豊臣期大坂城を考えるための情報は、徐々に増えている。国民共有の財産である特別史跡大坂城跡の適切な保存と活用を図るためにも、大坂城跡の実像を知るための学術的調査・研究が推進されなければならないだろう。

秀吉の石垣

松尾信裕

はじめに

十五世紀から十六世紀代の戦国時代、傾斜地に立地する寺院において、坊院造成に平坦地を確保する手段として、造成した平坦部の端に石を積み上げた石垣が出現していた。その後、石垣を築く技術が武家にも広がり城館に用いられるようになり、織田信長によって尾張（愛知県）の小牧山山上に石垣を用いた城郭が築かれ（小野友記子「小牧山城と小牧城下町」新・清須会議実行委員会編『新・清須会議資料集』二〇一四年）、岐阜では山城の麓に造営された居館部に巨石を貼り付けた土塁が築かれる（岐阜市教育委員会『千畳敷』一九九〇年）。その後、安土山において、山頂から山麓にかけて多くの曲輪《くるわ》を配置し、それぞれの曲輪の端に石垣を築いた安土城が出現することになった。

信長の安土城以降、石垣は城郭の大きな要素となった。信長は安土城に先行する家臣の城館にも石垣を築かせている。細川藤孝が入った勝龍寺城（京都府）にも石垣があったことが発掘調査で明らかになり、明智光秀の坂本城（滋賀県）や織田信澄の大溝城（滋賀県）、秀吉が築いた長浜城（滋賀県）でも石垣を築いている。

信長の後継者となった羽柴（豊臣）秀吉も、信長と同様に石垣を用いて城郭を築いていった。以下では秀吉が築いた城郭の石垣を概観し、どのように石垣が変遷していったのかを見ていく。秀吉が築いた城郭は他の大名が築いた城郭よりも規模が大きく、最高の権力者となって過去の城郭を凌駕する城を築いていった。そこには当時最高水準の土木技術や建築技術が駆使されていたと推定できる。秀吉が築いた城郭の石垣を見ていくことで、豊臣期の城郭石垣の構築技術が判明する。

一　秀吉の築城遍歴

1　信長の家臣時代

秀吉は織田信長の家臣だった頃より多くの城を築いている。その中には敵を攻略するための付城もあったが、以下では主として自らの本拠地として城下町も築いた城郭を取り上げていく。本拠地として築いた城郭は戦の期間だけ駐留する城とは違い、城と城下町を防御していくためのそれ相応の技術を取り入れており、長期間にわたって維持できる高い技術が投入されているとみてよい。そして本拠地を移すたびにそうした技術が改良されて次の城郭に用いられたのであった。無論、付城に使われた新しい技術や工法も本拠地となる城に導入されていたであろう。そうした新技術を見出すことで豊臣段階の石垣構築技術の変遷を知ることができる。

秀吉は織田信長の家臣時代の天正元年（一五七三）に、近江（滋賀県）北部の浅井氏が立て籠もっていた小谷城攻めの論功行賞によって、浅井長政が居城としていた小谷城を織田信長より与えられた。小谷城は麓からの比高が四〇〇メートルもある山頂部にあるため、秀吉は城下町支配や領内を治めるには不適と考え、当時、今浜と呼ばれていた長浜に城郭と城下町を築いた。

長浜城は現在の長浜市街地の西、琵琶湖岸に接するように建設された。この長浜城は元和元年（一六一五）に廃城となって、城郭の建築資材や石垣石は彦根城へと移され、城地も放置されたために城郭の痕跡がほとんど残ってはいない。発掘調査で石垣が存在していたことは判明しているが、石垣が現存していない現状ではどのような姿の石垣であったのかまったくわからない。

秀吉はその後しばらくは長浜を本拠地としていたが、天正六年（一五七八）からの播磨（兵庫県）の三木城攻めの際には三木城の北にある平井山に付城を築いた。播磨制圧の際には小寺官兵衛の本拠であった姫路に城郭を建設する。その後も天正九年（一五八一）、吉川経家が籠る鳥取城（鳥取県）攻めの際には鳥取城の背後にある帝釈山頂の、後世「太閤ヶ平《たいこうがなる》」と呼ばれる本陣を中心とした付城を築いている。この間の平井山や太閤ヶ平などの付城は石垣を用いた城ではなく、土塁をめぐらせた城郭であったが、最初に本拠地となった長浜城は石垣を築いた本格的な城郭であった。

天正十年（一五八二）、織田信長が本能寺で明智光秀に倒された後、秀吉は備中高松城（岡山県）から引き返し、山崎（京都府）で光秀を討った。そして信長亡き後の織田家の遺領配分を決めた清須会議で、秀吉はそれまで本拠地としていた長浜を柴田勝家に渡し、自らは山城を領有し、摂津との国境にある天王山の山頂に山崎城を築いた。山崎城は天守が建っていた主郭を中心にいくつもの曲輪が取り巻いており、城郭としての構造は現在も残っており、一部には石垣が残存している。城郭としてその構造は完成していたと言えよう。

秀吉の山崎城築城に対し、信長の三男である信孝と織田家長老である柴田勝家は山崎城を壊すように求めた。秀吉の山崎城は二人を刺激するものであった。興味深いこととして、山崎城の天守は城下町に当たる麓の山崎からは見えないが、京都からは望めた。山崎城は城下町と一体になっておらず、京都を意識していたのである。秀吉は京都へ圧力を与えるため、京都と繋がる街道を抑えるために、さらには柴田勝家との戦いのために戦略的にこの城を築いたと考えられる。

城郭と麓の山崎とでは比高が二五〇メートルもあり、秀吉は山崎城を築いてからは麓の山崎で生活していた。しかし、自らの居館を新造せずに山腹の宝積寺を居館として利用していた。家臣団の屋敷地も周辺に造成していないようで、武家屋敷地と思える地割はなく、今に残る山崎の地形は中世の姿をとどめている。秀吉による城下町への改変工事はなかったのである。山崎は秀吉にとって柴田勝家を挑発するためのものでしかなかったのではないだろうか。

山崎城築城によって、柴田勝家との対立が抜き差しならぬ状態に達し、賤ヶ岳の戦いへと突入していく。そしてその戦いに勝利した秀吉は、清須会議によって摂津を領していた池田恒興《つねおき》を美濃へ移し、大坂を手中に収め、大坂城の築城に取り掛かった。織田信長が亡くなった翌年の天正十一年五月のことである。

2　天下人への道

大坂を訪ねて来ていた京都の神官の吉田兼見は天正十一年（一五八三）八月三〇日に城下町が大坂から四天王寺まで続いていることに驚き、細川忠興をはじめとする大名が大坂に屋敷を建設していることを日記に書きとめている（『兼見卿記』）。そして翌九月一日に、「今日より大坂普請」と記しており、九月一日から本格的な築城工事が始まっていることがわかる。秀吉の大坂城築城工事は天正十一年から始まり、翌十二年に秀吉は大坂城に移り、天正十三年には天守が竣工している。そして天正十四年正月から二ノ丸の工事に取り掛かる。二ノ丸の工事では「大坂ニハ中国之大名ノボリテ普請アリ、人足七八万、又ハ十万人」（『宇野主水日記』）とあるように、それまでの家臣だけではなく、従えた西日本の大名をも駆り出している。こうした動員は石垣構築技術を国内に広める要因になったと思われる。大坂城二ノ丸工事の終了は、「（三月）晦日、（略）世上花盛也、大坂普請モヨウヨウ周備云々」（『多聞院日記』）とあることから、天正十六年三月と推定される。

この大坂城二ノ丸工事と同時並行で、京都では聚楽第の建設が進められている。聚楽第の建設工事期間は天正十四年二月から天正十五年六月までで、翌十六年四月には後陽成天皇の聚楽第行幸を挙行し、自らの権勢の絶頂期を迎える。その直後の五月には方広寺の建設を再開している。豊臣大坂城二ノ丸の石垣と聚楽第の石垣は同時に建設されていることから、石垣の姿や構造はよく似ていると考えられる。

こうして秀吉の土木事業を綴っていくと、毎年どこかで大土木工事が行われており、秀吉に仕えていた大名や家臣団、さらには町人たちの疲弊度は相当高くなっていたことであろう。ちなみに天正十七年には淀城の修築が行われ、天正十九年には京都の御土居が建設されている。

この後、秀吉は天正十八年（一五九〇）三月には関東の後北条氏を降すために小田原（神奈川県）に派兵した。そして同年六月に小田原攻めの拠点として石垣山城を築いた。この城は小田原攻めの後は放置されたため、石垣の崩壊が進んでいる。

後北条氏を降して東国の支配を固め、天下統一を果たしたことで、それまで夢であった大陸への侵攻に取り掛かる。その前線基地として肥前名護屋城（佐賀県）の築城に着手する。天正十九年十月のことである。名護屋城は天正十九年十月から着手され翌天正二十年の三月には完成したとされるが、これは城の主要部だけで、それ以降も周囲の曲輪で建物の建設が継続されていた。

国内での戦いへの動員だけでなく、海外派兵の命令にも逆らえない大名にとって、同時に行われ続ける秀吉の城郭普請事業への参加は大きな負担となっていたであろうが、さらに追い打ちをかけるように伏見城の普請が始まるのであった。

文禄元年（一五九二）、秀吉は伏見指月（京都府）の地に隠居屋敷を建設する。この屋敷は現在の伏見城よりも西にあって、そこは現在住宅地となっており、その面影は舟入が窪地となって残っているにすぎない。その後、文禄三年にこの屋敷地を城郭として整備する工事が始まる。これと同時に大坂城でも惣構《そうがまえ》の建設が始まった。しかし、この時に改造した伏見指月の城郭は文禄五年（慶長元年（一五九六））七月十二日深夜に発生した大地震によって倒壊した。

そのため、秀吉は指月の地を捨てて、地震直後の同年七月十五日から東方の木幡山に新しく城郭を築き始めた。この城が現在も城跡として残っている。そして十月には本丸が完成し、翌慶長二年の五月には天守が完成している。増田右衛門尉郭跡の南斜面にわずかに残る石垣はこの頃に築かれたものと考えられる。

そして大坂城において再び拡張工事が始まった。慶長三年（一五九八）、秀吉は嫡子秀頼の将来に不安を感じたため、大坂城の二ノ丸と惣構との間に武家屋敷を配置する空間として三ノ丸の建設を始めた。この工事最中の慶長三年に秀吉は伏見城内で没する。秀吉が没したことで、家臣団や大名は彼が主導した城郭建設工事から解放されることになった。

秀吉が長浜城を建設した天正元年（一五七三）から慶長三年（一五九八）の二五年間で行われた秀吉の築城工事は一二城（長浜城・姫路城・山崎城・大坂城本丸二ノ丸・妙顕寺城・聚楽第・淀城・石垣山城・名護屋城・伏見指月城・伏見木幡山城・京都新城）で追加工事（指月城改造・大坂城惣構・大坂城三ノ丸）もカウントすると一五件にもなる。この二五年間で工事に従事した大名の技術は高まり、石垣の姿も大きく変容してきた。特に大坂城以降は信長の後継者として誰にはばかることもなく、巨大な城郭を築くことができるようになった。城郭の規模だけでなく、石垣の高さや使われる石垣石も大きくなってきた。また、築城工事には家臣だけでなく、秀吉が従えた各地の大名たちも動員することができるようになった。秀吉の度重なる城郭普請事業に従事したことで、秀吉恩顧の大名たちの石垣構築技術は大いに進歩したのだった。

以下では秀吉が築いた主要な城郭の石垣の特徴を見ていく。

二　秀吉の城郭の石垣

秀吉が築いた主要な城郭を築城順に見て行こう。

天正元年（一五七三）に小谷城の城主となった秀吉だが、その立地が比高四〇〇メートルもある山頂であるために、その城を廃し琵琶湖岸に長浜城を築いた。その石垣は見つかっていないので、どのような石垣であったか不明である。その後築いた山崎城には一部に石垣が残っているが、部分的にしか残っておらず、構造や積み方について検討できるものではない。検討できる石垣といえば、その後、柴田勝家を倒した後に築いた大坂城からとなろう。

1　大坂城本丸

天正十一年（一五八三）、秀吉は賤ヶ岳の戦いで柴田勝家を倒し、実質的に織田信長の後継者となった。柴田勝家を倒した二十日後の五月十一日、秀吉は近江坂本から側室のまあ宛に「（前略）大さかをうけとり候て、人数いれおき（略）」と記す（『前田育徳会文書』）。山崎城下町の建設に力を入れていないことや、大坂を領していた池田恒興《つねおき》のあまりにも早い美濃大垣移転など、秀吉は清須会議の頃から大坂を自らのものにしたいと願っていたのではなかろうか。

こうして手中に収めた大坂で、秀吉は早々と築城工事に着手する。天正十一年の八月七日、近江の諸職人に大坂普請の動員命令を出し、大坂でも河内の千塚から若江までの道を補修しており、八月初めには既に大坂城築城の青写真が完成している。そして九月一日の吉田兼見の日記にあるように本格的な築城工事が始まったのである。その場所は宣教師の手紙からもわかるように、本願寺の本山であった大坂本願寺および寺内町の跡地であった。本願寺がこの地から退去する際に火災にあったが、「摂州第一の名城」（『足利季世記』）と言われた本願寺と寺内町の堀や土塁などの防御遺構はそのまま残っていたと考えられ、その縄張りを参考にしながら設計したのではないだろうか。

この時に築かれた石垣が昭和三十四年（一九五九）の大坂城総合学術調査で発見された本丸地下の石垣であり、昭和五十九年（一九八四）の発掘調査で発見された豊臣大坂城本丸詰ノ丸石垣である。

昭和三十四年発見の石垣は大阪城天守閣天守台石垣の南西角から四五メートル南に行った地点の地下七・三メートルの深さで、漆喰で固めた石垣の天端が見つかった。石垣はそこからさらに四メートル以上も下に続いていた（大阪城天守閣「豊臣時代大坂城遺構確認調査の成果と課題」『大阪城天守閣紀要』一二号、一九八四年）。見つかった石垣面の西端は北へ曲がって伸びていたことから、石垣の隅角部を掘りあてたことがわかる。中井正知氏・正純氏所蔵の「豊臣時代大坂城本丸図」で見ると、水堀に囲まれた本丸南西部の下ノ段から中ノ段に続く石垣の隅角部にあたると推定される。

写真１　昭和34年発見の石垣
（大阪城天守閣所蔵）

石垣は三〇センチメートルから六〇センチメートルの自然石を積み上げた野面積みで、石垣石が不整形な自然石であるために石垣石の隙間には拳大から人頭大の石をたくさん詰めている。そして、石垣面や漆喰には火災痕跡が確認されている（写真１）。

地下で見つかった石垣は石垣石も小さく、積み方も地上にある徳川氏再築の石垣とは違い、自然石を積み上げたものであったため、調査当時は豊臣大坂城の石垣とは即断できなかったようだ（渡辺武『図説再見大阪城』（財）大阪都市協会、一九八三年）。

この石垣発見の二五年後になる昭和五十九年、大阪城天守閣の東にある大阪市水道局の配水地のすぐ南で、現在の地表から一・一メートルの深さから七・二メートルの深さまで続く野面積みの石垣が発見された。石垣を築いた当時の地表面が地下七・二メートルの深さであることから、昭和三十四年に発見した石垣の天端に続く地表面に築かれた石垣と推定できる（写真2＝本書市川創論文一一五頁写真1参照）（鈴木秀典「大坂城を掘る」佐久間貴士編『よみがえる中世2―本願寺から天下一へ 大坂』平凡社、一九八九年・『大坂城跡Ⅵ』（財）大阪市文化財協会、二〇〇二年）。

石垣は東と南に石垣面をもつ南東角の隅角部にあたる。石垣は南側の基部で一・八メートル、東面で五・二メートルの長さを検出したことで、隅角部の構造が判明した。隅角部は比較的人型の直方体に近い形の石を、長辺の向きを違えながら積み上げて算木積みと呼ばれる積み方を目指しているが、現在見ることができる徳川大坂城石垣のような算木積みには至っていない。角石の大きさが揃っておらず、隙間に詰め石を置き、角脇石も完全になっていない。また、角石には古代建築のものと推定できる礎石が三石と凝灰岩の切石が一石用いられており、石垣石として切り出した石ではなく、石垣石として適当な形と大きさの石を様々な場所から採取して石垣を構築している。積まれている礎石は二段に造り出された柞座があり、柱座の直径は五五センチメートルほどである。凝灰岩の切石は直方体に整形されて表面には鑿の加工痕跡が残っていたことから古墳時代の石棺の可能性も考えたが、内側に刳り込みは確認できていない。

直線で反りのない石垣面には三〇センチメートルから一〇〇センチメートルを超える様々な形の自然石が使われている。それらの石の隙間には拳大から人頭大の石を詰めている。石垣石の隙間には石臼や石塔の台座が介石とし

写真３　昭和59年発見の石垣の裏込め石
（(公財)大阪文化財研究所所蔵）

写真４　昭和59年発見の内廻り石垣
（(公財)大阪文化財研究所所蔵）

て使われている。また、写真では見えないが、東面の北端に矢穴を持つ石が使われているようだ。一見、粗雑に見えるのは石材の大きさも揃っておらず、花崗岩だけでなく様々な種類の石材を積み上げているせいであろう。この石垣の背後には二メートルから三メートルもの範囲に拳大から人頭大の裏込め石が粘土の混じる余地もないほどに充填されていた（写真3）。裏込め石には自然の河原石以外に石臼や五輪塔や瓦も含まれていた。

この石垣面に対応する内廻りの石垣も一段分見つかっている。南面の石垣より北におよそ七・五メートル離れた位置に内廻り北面の石垣の基部が見つかった。また、東面の石垣より西におよそ五メートル離れて西面の石垣基部が見つかった（写真4）。そして石垣の内側には詰ノ丸内の排水のための石組み溝が見つかり、溝内には大坂夏ノ陣の焼土層が詰まっていた。

東南の隅角部であるこの位置は、先の「豊臣時代大坂城本丸図」には「御櫓」と記載された東西方向に長い建物のあったことが記されており、東京国立博物館所蔵の「大坂冬の陣図屏風」には手すりを巡らす櫓が描かれ　大阪城天守閣所蔵の「大坂夏の陣図屏風」にも二層櫓が描かれている。この石垣は南東方向を望む櫓の基礎でもあった。

この石垣は豊臣大坂城の詰ノ丸の東南角の隅角部と推定でき、秀吉の大守や秀吉の家族が居住する奥御殿がある本丸の中枢部にあたる。天正十一年（一五八三）九月から築き始められた部分で、当時最高の石垣構築技術で積み上げられた石垣と言ってよい。

天正十一年から築かれ二年後の天正十三年に完成した秀吉の大坂城本丸には、転用石がふんだんに用いられ、矢穴のある割石も使用されていることが判明する。

2　聚楽第

天正十三年（一五八五）、関白となり豊臣姓を賜わった秀吉は、京都の宿所として、前年に造営していた妙顕寺城を使っていたが、関白に相応しい京都の政庁として聚楽第の工事に取り掛かった。天正十四年に大坂城二ノ丸工事に取り掛かった直後の二月から着工し、翌天正十五年九月には北政所や大政所を伴って聚楽第に移っており、この頃には完成している。

写真5　上長者町発見の聚楽第石垣（百瀬正恒氏撮影）

聚楽第の石垣は平成二十四年（二〇一二）の十二月に行われた発掘調査で発見された（（公財）京都府埋蔵文化財調査研究センター『聚楽第跡現地説明会資料二』二〇一二年）。発見場所は京都市上京区上長者町で、聚楽第本丸の南内堀の石垣に相当する。発掘では二段から四段ほどに積み上がった石垣が公開されていた（写真5）。

東西方向に三〇メートル続く南面する石垣には、様々な形と大きさの自然石が用いられていた。大坂城でふんだんに用いられていた転用石はなく、割石も見当たらなかった。石の種類も多様で、先に見た大坂城本丸石垣とも共通する。石垣石の積み方も多くが奥に長くなるように石を据えている中、一部には横に長く石を置いている箇所もある。これは後に述べる裏込めの控えが短いことが原因ではないかと考える。石垣の傾斜角度は約五五度と緩やかである。石垣石の隙間には拳大から人頭大の石を詰めているが、それらの隙間に粘土が覗いており、粘土が見えなかった大坂城本丸の石垣の印象とは異なる。大坂城本丸の石垣との大きな違いは、石垣背後の裏込めである。ここで見られた裏込めは非常に薄い。城郭石垣の裏込めは石垣石の奥行きと同じか、それを超える厚さが普通であるが、ここの石垣の裏込めは石垣石の半分くらいしかないように見える。さらに、裏込め石が非常に小さく、拳大かそれ以下の礫がほとんどで、所々に人頭大の石が散見される。

　この石垣の高さはまだ確認されていないが、このような裏込め石の状態ではさほど高い石垣を築くことはできないのではないだろうか。ただし、数メートルの高さの石垣が緩やかな傾斜角度で雛壇状に築かれているのであれば、この程度の裏込めでも維持できるのではないだろうか。わずか三〇メートルほどの石垣で聚楽第の石垣総体を評価するのは難しいが、ここで用いられている石材は自然石だけであり、転用石の使用が少なくなってきているのかもしれない。

写真６　近江八幡山城の石垣（著者撮影）

　聚楽第の石垣と比較するために、前年の天正十三年（一五八五）に、秀吉の甥にあたる秀次によって築かれた近江八幡山城（滋賀県）の石垣を見てみよう。

　日牟礼八幡宮境内の脇からロープウェイに乗って八幡山の山頂に到着すると、すぐ目の前に二ノ丸の石垣がそびえている。右手に行くと展望台であるが、左手の「お願い地蔵堂」に向かう道を取ると、二ノ丸の隅角部が右手に見えてくる。その中段（上から八石目の位置）に宝篋印塔《ほうきょういんとう》の格狭間《こうざま》と見える石材が積まれている（写真６）。この石材以外にも辺の長さが等しい転用石と思える石材があり、積み方は完成した算木積みとは言えない。

近江八幡の城下町は天正十四年には完成しており、八幡山城も同じ頃に完成したとみてよいだろう。その後、天正十八年（一五九〇）に秀次が尾張に移った後、京極高次が入ったが、文禄四年（一五九五）に秀次が謀反の罪で自殺させられると城は破却された。

こうした経過から、本丸の石垣には天正十八年の京極高次による改修の跡と考えられる箇所が認められるという（滋賀県立大学の中井均教授より御教示をいただいた）。しかし、二ノ丸付近にはそうした痕跡はないので、天正十三年段階の築城時の石垣と考えてよいようだ。宝篋印塔の格狭間と見える石材が積まれている石垣は、改修を受けていないと推定される二ノ丸の石垣なので、天正十三年段階にはまだ算木積みも完成せず、数は少ないが転用石を使用していたとみてよい。秀吉の政庁であった聚楽第との違いなのかもしれない。

また、城郭ではないが、天正十六年（一五八八）五月から造営に着手した方広寺の石垣が京都国立博物館から北の豊国神社一帯に現存している。そこに見られる巨石を用いた石垣には矢穴を用いた割石が多数見つかる（写真7）。天正十六年段階には矢穴を用いた割り方が使われるようになっている。

3　石垣山城

天正十八年（一五九〇）六月に小田原の後北条氏を攻める付城として築かれ、その後は使用されることのなかった石垣山城は、全ての曲輪に石垣を用いて築かれている。大正十二年（一九二三）九月の関東大震災で多くの石垣が崩落したが、南曲輪跡と井戸曲輪跡に広い範囲で石垣が残っている。

南曲輪跡の東面と南面には緩い傾斜の石垣があり、その隅角部は崩落してはいるが、石の長軸を交互に重ねたように見え、算木積みを目指そうとしていた可能性がある。しかし、隅角部の石材の大きさは同じ大きさではない。

写真7　方広寺跡の石垣（著者撮影）

写真8　石垣山城の石垣（著者撮影）

石垣石には矢穴のある石は見られず、転用石材も見当たらない。石の平坦面を前に出すようにして、平滑な石垣面を整然と積み上げているが、石材の形と大きさがまちまちで横方向に並ぶようには積まれていない（写真8）。石垣が崩落した斜面には拳大から人頭大の礫が散乱しており、大型の裏込め石が使用されていたことがわかる。

4　名護屋城

石垣山城築城の翌年にあたる天正十九年（一五九一）、秀吉は大陸出兵の拠点として名護屋城を築いたが、慶長

写真9　名護屋城山里丸の石垣（著者撮影）

三年（一五九八）の秀吉の死によって大陸出兵の拠点としての役割がなくなり、その後は唐津藩の管理下にあったが、唐津城の築城に供するために建築物が移設され、元和元年（一六一五）の一国一城令によって石垣が壊されていったようだ（佐賀県立名護屋城博物館『肥前名護屋城と「天下人」秀吉の城』図録、二〇〇九年）。隅角部が良好に残っているのは山里口の東隅角部で、直方体に近い形の石材の長軸を交互に積み上げようとしているが、角脇石がなく大きさが揃っていないこともあり、完全な算木積みにはなっていない（写真9）。また、この隅角部周囲の石垣面は自然石を多用した野面積みであるが、東面には矢穴のある割石も使っている（佐賀県教育委員会『名護屋城跡発掘調査概報　山里丸発掘調査』一九八九年）。名護屋城内には自然石の野面積みだけでなく、割石を多用した石垣面もあり、石を縦に使う隅角部もある。石垣構築技術が変化しようとしていた時期の城郭ととらえてよいであろう。大名の持つ石垣構築技術に差が生じてきているのかもしれない。

5　伏見指月屋敷

名護屋城の築城工事に着手して二ヶ月後の天正十九年（一五九一）十二月、秀吉は関白職を甥の秀次に譲り太閤となる。そして、翌二十年八月、伏見の指月に隠居屋敷の建設に着手し、翌年の文禄二年（一五九三）九月に秀吉は伏見に移っており、この段階で屋敷が完成している。この直前の八月に実子秀頼が誕生した。実子秀頼の誕生は秀吉と関白秀次との関係を疎遠にして行くことになった。秀次に関白職を譲ったことを後悔し、秀次を牽制するために、秀吉は文禄三年から伏見指月の隠居屋敷を城郭として改造したとする意見もある（中村博司「秀吉の大坂城拡張工事について」『大坂城と城下町』思文閣出版、二〇〇〇年）。この翌年の七月十五日、秀次は謀反の罪で自害することになる。

この屋敷の位置はある程度推定できるものの、構造などについては全く分からない。隠居屋敷時代にも石垣は築かれていると考えられるが、文禄三年の城郭への改造工事によって、方広寺の石垣のように巨石を用いていた可能性もあろう。

こうして城郭としての改造が完成した直後の文禄五年（一五九六）七月十二日、上方を巨大地震が襲った。これにより伏見指月城の建物は倒壊し、放棄せざるを得なくなった。秀吉はこの地震後も大坂に戻らず伏見の木幡山に新たな城郭を建設する。政務を行うには大坂よりも伏見にいた方が良いと判断したのだろう。

6　伏見木幡山城

木幡山に築城を開始したのは、指月城が地震で倒壊した七月十二日の三日後の七月十五日である。木幡山の頂部に本丸を置き、西ノ丸、名護屋丸、松ノ丸など、多くの曲輪を周囲に配置する。現在は城跡のほとんどが桃山陵墓として囲い込まれており、城跡の主要部には入ることができないが、平成二十一年（二〇〇九）に行われた日本考古学協会など一六学協会による最初の陵墓立ち入り調査以降、同二十三年から二十六年と継続して立ち入り調査を行っている。立ち入り調査の報告によると、伏見城跡の曲輪の斜面にはほとんど石垣が残っておらず、大方が元和六年（一六二〇）から始まった大坂城再築工事の石材として運び出されてしまっているようだ。

そんな中、平成二十一年度の立ち入り調査の際に発見された増田右衛門尉郭の南側斜面の一部に残存していた石

写真10　伏見木幡山城増田右衛門尉郭の石垣
（著者撮影）

垣は、形や大きさが様々な石材を積み上げた石垣で、石材の種類も一定していなかった。そのような中に矢穴のある石材もあったが、文禄五年（慶長元）から着手された豊臣段階の石垣と考えてよい姿であった（写真10）。

秀吉が完成した伏見木幡山城に入ったのは、慶長二年（一五九七）五月のことで、少し遅れて秀頼も伏見に来ている。この時にはこの城の大方が完成したと考えてよい。秀吉はその後も伏見城にいたが、翌慶長三年八月、ここで没する。秀吉はこの年、嫡子秀頼の将来を案じて病床の中から大坂城での三ノ丸建設を命じていた。

7　大坂城三ノ丸

慶長三年、大坂城では二ノ丸と惣構の間に新しい曲輪の建設が始まった。秀頼への謀叛を防ぐために、大名の家族を大坂城の近くに住まわせるための、大名屋敷を建設する空間の工事である。当時日本に滞在していた宣教師ルイス・フロイスの報告には、「（前略）太閤様は（日本中で）もっとも堅固な大坂城に新たな城壁を巡らして難攻不落なものとし、城内には主要な大名たちが妻子とともに住めるように屋敷を造営させました。太閤さまは、諸大名をこうしてまるで檻に閉じこめるように自領の外に置いておくならば、彼らは容易に謀叛を起し得まいと考えたのでした。（中略）かくて自分の息子の将来はいっそう安泰に考えたのでした。（中略）（大坂城に新しく）めぐらされた城壁の長さは三里にも及びました。その労力に対して支払われた賃金は数千金にも達しましたが、太閤様はこれについてすこしも支払うことはなかったのです。その区域内には（それまでに）商人や工人の家屋（七万軒以上）があったのですが、すべて木造でしたから、住民自らの手ですべて二、三日中に取り壊されてしまいました。」（『日本史二』）とあるように、広大な空間を造成したのである。

これと同時に造られたと考えられているのが、大坂城南東部の大阪城公園野外音楽堂敷地で見つかった石垣と、ピースおおさか敷地で見つかった石垣であり、もう一つが大坂城北西部の追手門学院構内から西のドーンセンター敷地まで続く石垣である。大阪城公園野外音楽堂敷地で見つかった石垣とピースおおさかで見つかった石垣は同じ曲輪を囲う堀の石垣と想定され、大坂城の玉造口の前面にある曲輪の周囲に築かれた石垣と推定される。追手門学院構内で見つかった石垣は京橋口前面の曲輪の周囲の石垣と推定されている。

これらの曲輪は先の大名屋敷と同じ慶長三年に築かれたと考えられているが、二ノ丸虎口《こぐち》を防備するように建設されており、二ノ丸の馬出曲輪《うまだしくるわ》と考えることもできる。そうなると、二ノ丸完成の天正十六年（一五八八）から慶長三年（一五九八）までの一〇年間は二ノ丸虎口の前面には馬出曲輪がなかったことになる。この曲輪は二ノ丸と同時に建設されたのではないだろうかとの疑問もあるが、現状では三ヶ所の石垣はこれまでのように三ノ丸の石垣と想定しておく。

野外音楽堂敷地で見つかった石垣は、五〇センチメートルから一〇〇センチメートルほどの大きさで、花崗岩を多用している。高さは一・七メートルほど残っていたが、石材の長いほうを横に積んだ箇所が多く見られ、裏込めが非常に薄いため、さほど高い石垣ではなかったと推定している。矢穴のある割石も使用している。石垣石の幾つかには輪違いと呼ばれる符号が墨書されていた。

ピースおおさかで見つかった石垣も高さ一・八メートルの高さがあり、上部は削平されていた。石垣石は先の野外音楽堂敷地で見つかった石垣と同様、石材は五〇センチメートルから一〇〇センチメートルほどで、花崗岩を多用している。石材の長辺を横に積んだ箇所があり、裏込めが非常に薄い。墨書符号もいくつかあるが、刻印はない。これら二つの石垣は斜面の裾部だけに石垣を積んだ腰巻石垣と推定できる。

追手門学院構内からドーンセンターまで続く石垣は総延長一五〇メートルにも及び、建築当初は石垣の途中に門があったが、その後、門を撤去して石垣を直線で築くなどの改造が行われている。また、それ以外にも入り口と推定できる箇所があり、石垣が屈曲している箇所もあった。この石垣は花崗岩だけでなく、様々な石が採用されている。また、矢穴のある割石も使われていた。この石垣の西端の、ドーンセンター敷地で見つかった石垣は、敷地の北に移築保存されており、豊臣期の大坂城石垣では唯一自由に見学できる。

大坂城ではこれら以外にも石垣が見つかっているが、いずれも五〇センチメートルから一〇〇センチメートルほどの大きさの自然石で築かれた石垣で、高さも二メートル未満であり、敷地境や護岸石垣として機能していたものと考えている。

まとめ

天正十一年（一五八三）から築かれた大坂城本丸の石垣は様々な種類の自然石を多用し、転用石も多く使っている。少ないが割石も使っている。傾斜は緩く、直線で反りがない。裏込めは厚く、人頭大の河原石や転用石材を詰めている。その三年後の天正十四年から築かれた聚楽第の石垣は様々な種類の自然石を積み上げているが、発掘調査地では転用石は見つかっていない。この二つの石垣で大きな違いは裏込め層の厚さで、聚楽第は非常に薄い。これは石垣が大坂城本丸より低かったためであろう。

天正十八年（一五九〇）に築かれた石垣山城の石垣は、隅角部が崩壊しているので算木積みについては検討できないが、石垣面の石垣石には矢穴のある石はなく、転用石材も見当たらない。積み方は石の平坦面を前に出すように積み上げているが、石材の形と大きさが揃っておらず横方向に並んでいない。天正十九年築城の名護屋城も完成した算木積みとは言えず、石垣面も反りのない直線の石垣である。大坂城本丸とさほど違いは認められない。

慶長元年（一五九六）から築いた伏見木幡山城の石垣は、わずかしか残っていないため比較しにくいが、大坂城本丸の石垣面と比較しても多種多様の石材を使用して、反りのない石垣を築いている点は共通する。

こうしてみると秀吉存命の時に築かれた石垣は、当初から大きな変化は見出しにくい。ただ、転用石の使用が少しずつ減少してきているようであり、逆に割石は数を増やしてきているようだ。この段階は石垣構築技術が大名やその家臣や石垣職人の中に蓄積されていた時代で、次の段階へと飛躍する直前の段階ととらえることもできよう。

そして、徳川氏による大坂包囲網の中で築かれた城郭に、この時代の技術から発展した石材切り出し技術や算木積みや布積み、さらには打ち込み矧《は》ぎなどの新しい技術が用いられ始め、元和六年（一六二〇）から始まる徳川大坂城再築工事によって、大成した技術として開花したのであろう。

大工棟梁・中井大和守と大坂ノ陣
——方広寺再建から大坂落城へ——

谷　直樹

大坂冬ノ陣や夏ノ陣にかかわる論考は枚挙にいとまがない。戦争だけに、武将の手柄話や落城にまつわる悲話などを取り上げたものが圧倒的に多い。しかし、それは大坂ノ陣の全貌からすると一部にすぎない。本稿は、これまであまり注目されたことのない大工棟梁の活躍を叙述してみたい。いわば「もう一つの大坂ノ陣」である。

その大工棟梁とは、徳川家康の側近として数々の城作事に活躍した、中井《なかい》大和守正清《やまとのかみまさきよ》という人物である。中井正清は、法隆寺大工として出生し、徳川家の城である伏見城、二条城、江戸城、駿府城、名古屋城の造営を一手に引き受け、禁裏や徳川家関係の寺社、さらに豊臣秀頼が再建した方広寺の作事も担当した当代随一の技術者であった。ここでは、正清の仕事に即して、方広寺の再建、鐘銘《しょうめい》事件、そして大坂ノ陣について考えてみたい。なお、本稿で引用した中井家資料は、平成二十三年（二〇一一）に「大工頭中井家関係資料」（中井正知氏　中井正純氏蔵）の名称で、五一九五点が国の重要文化財に指定された（文書の一部は、高橋正彦編『大工頭中井家文書』（慶應通信、一九八三年）で翻刻されている。以下、『大工頭』と略す。絵図は、谷直樹編著『大工頭中井家建築指図集―中井家所蔵分』（思文閣出版、二〇〇三年）で紹介した。以下、『指図集』と略す。また、大阪市立住まいのミュージアム（大阪くらしの今昔館）では二〇一二年の企画展「大坂の陣と大坂城・四天王寺・住吉大社の建築」と、二〇一五年の特別展「天下人の城大工」でこれらの資料を展示した。二つの展覧会図録で翻刻した資料番号も併せて注記した。以下、『大坂の陣』、『城大工』と略す。なお、図録の翻刻と解説は山本紀美氏が担当した）。

一　方広寺の創建と再建

1　豊臣秀吉の造営と豊臣秀頼の再建

豊臣秀吉は京都に大仏建立を思い立ち、天正十四年（一五八六）四月一日、「東福寺近傍」をその地に定めた。四月二十二日には諸大名に用材の確保を命じ、八月には肥前松浦から明の工匠を召し出すなど準備を行っている。しかし、この計画はいったん中止され、天正十六年になって、改めて京都東山に寺地を変更し、高野山の木食応其《もくじきおうご》に造営を任せた。その後、天正十九年五月に大仏殿の柱立があり、文禄二年（一五九三）九月二十四日、大仏殿が上棟、そして文禄四年にほぼ完成した。大仏は、当初は銅造で計画されたが、工期短縮のため木造に変更された。

ところが翌文禄五年閏七月十三日に発生した大地震（慶長伏見地震）で大きな被害を受けた。醍醐寺三宝院の義《ぎ》演准后《えんじゅごう》は日記に、「大仏事、堂無為、奇妙奇妙、本尊大破、左御手崩落了、御胸崩、其外処々響在之、後光聊モ不損、中門無為、但四方各柱少々サクル、其外無意儀、三方之築地悉崩、或顚倒」と記している。すなわち、大仏殿や中門は無事であったが、堂内の大仏は大破し、築地も倒壊した。大仏を銅造から木造に変更したことが災いしたのかもしれない。この大地震の被害は各方面に及び、伏見城の天守も倒壊した。

慶長三年（一五九八）八月十八日、豊臣秀吉が没した。その遺志を継いだ豊臣秀頼は、慶長四年、金銅の大仏復興を木食応其に命じた。ところが、慶長七年十二月四日、鋳造中の大仏から出火し、大仏殿も焼失した。

図1　中井正清像（重要文化財。中井正知氏・正純氏蔵。大阪くらしの今昔館寄託）

大仏再々建の計画はその直後からあったようだが、豊臣家は、秀吉の七回忌にあたる豊国社の臨時祭を優先させた。慶長九年八月十四日、豊国社臨時祭が盛大に催された。臨時祭の奉行は片桐且元がつとめ、京都所司代の板倉勝重や神龍院梵舜《ぼんしゅん》と何度か相談して準備を進めている。祭礼は目を驚かすほど美麗で、見物人が貴賤を問わず群集したという。

慶長十三年の暮、いよいよ大仏殿の再建が始まった。『徳川実紀』（以下、『実紀』と略す）は、「大坂豊臣右府（秀頼）のさたとして京東山大仏再造あり、（中略）造営は片桐市正且元、雨森出雲守某奉行す」と伝えている。豊臣家は秀吉の時代から、戦国時代に荒廃した多くの寺社復興を手掛けており、当初は木食応其が造営の奉行を担当した。しかし、応其は関ヶ原合戦後に失脚したので、秀頼の時代には豊臣家の家老格である片桐且元が主に奉行をつとめた。

大仏殿の再建大工は中井正清（図1）が担当した。『実紀』によると、慶長十五年六月十二日の条に「この日京にては東山大仏殿再造により、三宝院門跡地祭執行あり、醍醐、東寺の衆徒これをつとむ、次に中井大和守正次（正次は正清の誤記。以下『実紀』引用は「正清」と訂正する）束帯して釿始《ちょうなはじめ》の式行ふ、見物諸人雲霞の如し」とあり、醍醐三宝院門跡の義演が地鎮祭を執り行い、つづいて中井正清が釿始を行っている。「孝亮宿祢記」の同年六月十八日条には、「今度、大仏造営、自今日大工三千人、小引二千人、合五千人付之由、大和所談也云々」と記されていて、大勢の職人が大仏殿の作事に動員されたことがわかる。ここで、「大和」と書かれているのが、中井大和守正清である。

中井家資料の「大仏奉行衆之覚」は大仏再建の奉行衆をまとめたものである（『大工頭』二五。『大坂の陣』三三。文書名は重要文化財「大工頭中井家関係資料」（文化庁美術学芸課、二〇一一年）による。以下、同資料については同じ）。

大仏奉行衆之覚

一材木　奉行　秀頼様御奉行 遠藤十大夫　片桐市正奉行 小畑十左衛門
　　　　　　　伊木七郎右衛門　玉井助兵衛

右材木のねたんハ秀頼様直の御奉行衆片桐市正内奉行御さため候て材木をも右之衆御たちあい候て御うけとりなされ、すなハち金銀をも材木屋衆へ御渡候事

　　　　　　　秀頼様御奉行 伏屋飛驒　片桐市正奉行 伊藤太郎右衛門

一大工日帳奉行　水原石見
　　　　　　　松井藤介　玉川清兵衛
　　　　　　　友松次右衛門　中井大和手代

右之日帳直の御奉行衆片桐市正内奉行衆日々に御あらためて御つけなされ、その以日帳かん定候而米御渡し被成候事

　　　　　　　秀頼様御奉行 小野木五郎左衛門　片桐市正奉行 田村平兵衛

一大か小引日帳奉行　毛利勘右衛門　中山弥右衛門
　　　　　　　中井大和手代

右の日帳直之御奉行衆片桐市正内奉行衆日々に御改候而御つけ被成、其以日帳かん定被成米御渡し候事

一くきかすかい　秀頼様御奉行 雨森出雲　片桐市正奉行 宮部二郎兵衛

金物打申奉行　　矢嶋加兵衛　　中尾清左衛門
中井大和手代
右之かちの日帳直之御奉行衆片桐市正内奉行衆日々に御改候而御つけなされ、その以日帳かん定なされ米御
渡候事
（中略）
秀頼様御奉行
伏屋飛驒　　片桐市正奉行
荒木庄太
水原石見　　梅戸平右衛門
一惣奉行　　松井藤助　　安養寺喜兵衛
友松次右衛門　　牧次右衛門
以上
右金銀米材木屋いつれも諸職人へ相渡候事ハ片桐市正殿より被仰付直談に以手形御渡被成候事、右之材木ねたんあいきわまり候折ふしハ大坂へ我等も罷下やうすうけたまハり候事、そのほかハいつれも御奉行衆大仏にて御きわめ候事

中井大和守（花押）

この史料は年紀を欠いているが、奉行の一人である矢嶋加兵衛が慶長十七年（一六一二）二月十一日に没しているので、これが文書の下限である（天台真盛宗西勝寺（大津市）所蔵の矢嶋加兵衛肖像画）。大仏算用奉行として色々担当を分け、材木奉行・大工日帳奉行・大鋸《おが》小引《こびき》日帳奉行・釘鎹《くぎかすがい》金物打申奉行・大綱奉行・瓦奉行・鍛冶炭奉行・鉄《くろがね》奉行・漆奉行・塗師《ぬし》屋奉行・箔奉行・敷石同段の石奉行・釣鐘奉行・惣奉行などを設けている。

ここで注目されるのは、「秀頼様御奉行」と「片桐市正奉行」の二重構造になっていたことである。このような

造営組織は他にあまり例がなく、それだけに豊臣家の入念な仕事の進め方がうかがえる。片桐且元の奉行衆のうち、荒木庄太（勝太）は、住吉大社（慶長十一年）や北野天満宮（慶長十二年）に、梅戸平右衛門は法隆寺の修復や休岡八幡神社の再建に、いずれも且元の下で奉行をつとめており、寺社の造営に実績のある人物である（木村展子「豊臣秀頼の作事体制について」『日本建築学会計画系論文集』五一一、一九九八年）。それと並んで名を連ねる「中井大和手代」は、大工、大鋸・木挽の職人と釘・鎹・金物と塗師屋、すなわち建物関係を担当し、両奉行衆とともに毎日日帳を付け、日帳を勘定して米を渡している。当時、中井正清は複数の作事を進めていたので、作事現場には配下の棟梁衆を手代として派遣し、正清の従弟で中井家の家老役であった中井利次（信濃掾）と緊密に連絡を取って工事を進めていた（名古屋城の作事でも、配下の棟梁の中から今村五郎右衛門、中西久右衛門の二名を手代として名古屋に常駐させていた。拙著『中井家大工支配の研究』思文閣出版、一九九二年）。

2　再建の経過

ここで、中井家資料を引用して方広寺大仏殿の再建過程を見ておきたい。まず、慶長八年（一六〇三）九月二十一日付の「材木屋又右衛門尉・材木屋源兵衛連署書状」（『大工頭』二三。『大坂の陣』三一）には「大仏御才木付、八間木六間木すへくちさしわたし三尺木、大坂へ付次第ニ可申上候　上様被成御意可被下候代物之儀者、所々入目を付立重而可申上候」とあり、大仏殿の材木である長さ八間と六間、末口の直径が三尺の大材を大坂で集めている。この書状は、大仏殿が焼失した翌年の年号をもち、大仏殿再建の公式決定はないが、早くから準備に入っていたことがわかる。差出人のうち、又右衛門尉はのちに大坂三町人の一人になる尼崎屋又右衛門のことで、中井正清とはこのころから関係があった。なお、この書状は何故か宛所が切り取られているが、中井家に伝来したことから、正清（当時は藤右衛門）に宛てたものと考えられる。

大仏殿地鎮祭の直前にあたる、慶長十五年五月二十五日付の「片桐且元書状」（『大工頭』二〇。『大坂の陣』一三一）には、「昨日京都御上之由候而早々預御状畏存候、我等気相近日者得験気申候条頓而罷上駿府　御前之儀又大仏御作事等万可申承候」とある。すなわち正清が大仏殿の釿始のために上洛したので、且元も上洛して駿府の御前（家康）の儀と大仏御作事等を願い出ると述べている。この年の暮、極月六日の「大久保長安書状」（『大工頭』二〇八。『大坂の陣』一三三）に、次のように記されている（原文を書下しにした）。

猶々、その方御取り成し候儀、上野殿残らず仰せ上され候、様子においては御心安かるべく候、うしろこと残る所もこれ無く候、自然御用等候はば我等所より申し入るべく候、御気遣いあるまじく候、以上

きっと申し入れ候、よって先日は駿州にてその方御辛労ゆえ、御普請早出来候て満足申し候、御前にてもその通り申し上げ候へば、殊のほか　御機嫌よく候、その上関東の番匠衆に　御意をなされ候はば、大なることをつかまつり候間、罷り上り大仏取り立ての様子見候て、若者共は大和弟子に成り田舎にて御普請をも仕り候様にと大形ならざる　御諚共に候間、先ずもって外聞御大慶足るべく候、我等式迄も満足申し候、禁中御作事の儀も木取り以下その方次第と仰せ出され候、将軍様へも何事も御普請方の儀大和次第御尤もの由仰せ出され候、外聞と申す節も御感の事候、この表相替わる儀もこれ無く候、御心安かるべく候、大御所様霜月十九日江戸へなさせられ、廿八日に江戸御立ちなされ駿州へ還御なされ候、路次中も　御機嫌よく候由小田原より申し来たり候、我等も御供致し駿州へ参るべきところ将軍様より関東近年御勘定帳見て埒を立て指し引き申し付くべき旨仰せ出され候間逗留申す事候、その表に左馬助居り申す事候間萬事頼み入り候、かねて申す如くに候禁中御作事も候はば然るべき様御指引き候て給うべく候、名古屋御普請の儀も申すに任せ候、恐々謹言

（慶長十五年）　　　　　　　　　大石見守
極月六日　　　　　　　　　　　　　長安（花押）

中大和様 まいる

徳川家康の側近であった長安は、家康が駿府城造営が早く完成したことに満足し、関東の番匠衆に対し「大規模な作事をするためには上京し、大仏殿の普請を見て、若者は大和（中井正清）の弟子になり、田舎で普請の経験をさせてはどうか」と仰ったと述べている。そして将軍秀忠にも「何事も御普請方の儀は大和（正清）に任せるのがよい」との仰せで、禁裏の作事も名古屋城の作事も正清に任せるつもりであることを伝えている。

大仏殿の作事は順調に進み、慶長十六年七月十六日付の「片桐且元書状」（『大工頭』一九。『大坂の陣』三四）では、大材の運搬が報告されている。

猶々、川の浅所も瀬踏させ申候、鍬共二三百挺持せほらせ二本一度上せ申付候、ろくろなとたて申候事ハ在之間敷と存候、以上

如御状昨十五日ニ跡ゟの大虹梁参着之由、此方へも申来候間、か様之大慶不過之候条二本一度ニ上せ可申と存、今明十六七日大舟共ニ為捽候て、十八日早天ゟ　殿様御小人四百人、我等者も大坂ニ在之者共くハへ候て、千人斗申付引上せ可申と拵申半候間、廿二三日ニハ遅候共伏見迄着可申候、其段可御心安候、又大仏にて手伝も十八日九日ニ千二三百も増夫を申付上せ申候間、今まてゟハはか行可申と存候、大引物不参以前者少疑敷存候へ共、二本参候上ハ我等もか様之大慶無之候間、随分精ニ入可申候、川之様子見計頓而上候ハん間以面万談合可申候、恐々謹言

（慶長十六年）

七月十六日　　　片市正

且元（花押）

中大和守殿　御返報

十五日に大仏殿の大虹梁が届き、二本を一度に運搬するので、大船に繋留し、十八日の早朝より、秀頼の使いの者

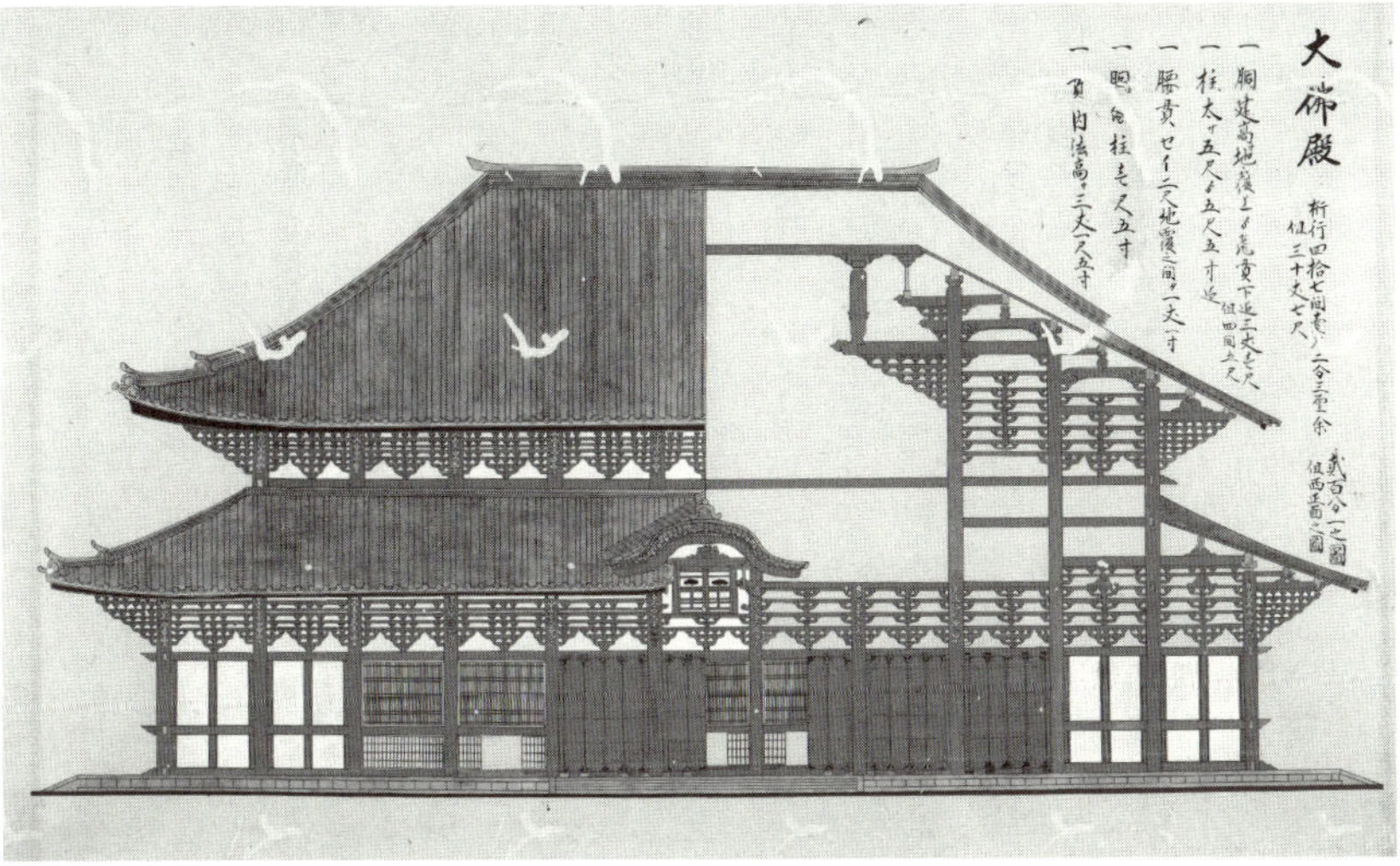

図 2　方広寺大仏殿（重要文化財。中井正知氏・正純氏蔵。大阪くらしの今昔館寄託）

四〇〇人と、且元配下の者を加えて、千人ばかりで引き上げさせるので、遅くとも二十二・三日には伏見に到着する予定であること、大仏の手伝い人足も千二・三百人増員したので、工事が捗ると伝えている。川の浅い所は測量させて、鍬二・三百挺で掘らせ、虹梁二本を一度に運ぶ様にしたので、運搬用の轆轤《ろくろ》などは不要であるとも述べている。

「中井家系譜」（城戸久解題『中井家系譜』私家版、一九六一年）には、「大仏殿造畢之刻、秀頼公御満足之由、津田監物為御使、時服幷米千俵給之、片桐東市正よりも書面を以申来候」と記されている。片桐且元よりの「書面」（慶長十六年十一月二十五日付）は中井家に伝来していて、正清は、豊臣秀頼の近習である津田監物《けんもつ》忠辰から小袖五枚と御扶持方米一〇〇〇俵を拝領している（『大工頭』一二四。『大坂の陣』三六）。

慶長十六年十二月二十四日付「板倉勝重書状」（『大工頭』一六。『大坂の陣』三七）では、「大仏之瓦迄上り申」とあって、大仏殿の作事が瓦まで葺きあがっている。慶長十九年正月十九日付「後藤光次書状」（『大工頭』一四三。『大坂の陣』三九）には、「大仏之儀被　仰出、仏殿作なりハ能かと被成　御諚候間、一段諸人共ニほめ申由申上候（中略）、殊ニかねも初ハ六万枚入候ハん由申候へとも、四万枚入候ハん由被仰、是又御機嫌ニ候間可御心安候」とある。すなわち、家康から大仏殿作事について尋ねられたので、多くの人々は誉めていると申し上げた。特に金も初めは六万枚の予定が、四万枚と少なくすみそうなので御機嫌であったと書いている。さらに同年六月晦日付、「南光坊天海書状」(『大工頭』一五五。『大坂の陣』四三)では、「禁中幷大仏見事ニ出来申候由、上様へ申上候へハ被成御感候、御手柄名誉候」と、正清の手柄を褒めている。このように、方広寺の大仏殿の作事は順調に進んでいった。

3　片桐且元と中井正清

ここで、大仏殿の大工棟梁をつとめた中井大和守正清について紹介したい。冒頭にも述べたように、正清は、徳川家康側近の大工であった。大仏造営について記した慶長十五年(一六一〇)六月十八日の「孝亮宿祢記」の記事の直前に、「板倉伊賀守(勝重)幷将軍家之大工大和守(正清)等　内裏敷地令縄張二条殿御屋敷　女院御屋敷被成件替地者新在家之内二条殿江参也、伊賀・大和渡之云々」と書かれているように、正清は徳川家の御大工と認識されていた。その正清が豊臣家の方広寺作事を担当するのはどのような理由があったのであろうか。方広寺の再建は豊臣家の威信を内外に示す大事業であったが、一方では、豊臣家の財力を減らすために、家康が秀頼に寺社の造営を働きかけたとされている。その一環として家康が自らの大工である正清を派遣したと考えることもできるが、当時の状況を踏まえながら、改めて考察してみたい。

豊臣家の作事では、多くは片桐且元が奉行をつとめ、その下で大工が働いている(藤井直正「豊臣秀頼の寺社造営とその遺構」(『大手前女子大学論集』一七、一九八三年、木村展子「豊臣秀頼の寺社造営について」『日本建築学会計画系論文集』四九九、一九九七年、木村展子「豊臣秀頼の作事体制について」『日本建築学会計画系論文集』五一一、一九九八年)。慶長十二年に上棟した北野天満宮には、北野天満宮の出入大工である岩倉五郎左衛門の上に、森田和泉守重次の名前が挙がっている。この森田重次は秀頼の御大工である。また、大坂周辺の作事では豊臣方の大工として亀屋与左衛門などの名前もある。しかし方広寺では中井正清が選ばれている。

中井正清が方広寺大仏殿の大工棟梁に登用された理由の一つは片桐且元との関係である。且元は、慶長六年に大和国平《へ》群郡《ぐりぐん》に一万八千石を加増された。平群郡には正清が生まれた法隆寺西里村があり、しかも、豊臣家は法隆寺の修復を手掛け、その奉行が且元であった。慶長十一年に諸堂の修復が完成した時、棟札には施主の秀頼、奉行の且元とともに、「番匠大工一朝惣棟梁橘朝臣中井大和守正清」と記されている。この前後から、正清は家康の御大工として伏見城、二条城、江戸城、駿府城の作事に東奔西走する毎日を送るようになるが、且元との関係は長く続くことになった。

例えば、慶長九年の伏見城造営時に、国役大工の出入があった。同年閏八月二日付で中井正清が片桐且元の家来衆に宛てた「右折紙にて申上候覚之事」（『大工頭』九九。『大坂の陣』三）には、「色々此地にて国中之大工御知行之内大工衆呼寄重而之出入ハ如此可申候間、先国役を仕候へと申付候へ共中々請合不申候間大分之役儀之御事ニ候間我等の分ニても難成候条、市正様江可然様ニ被仰上候而可被下候」と、人工役をつとめるよう片桐の家臣に依頼している。同月五日付で且元の家来である田村直政からの書状（『大工頭』一〇〇。『大坂の陣』四）には、「何も法隆寺庄屋召寄拙子相尋重而自是可申入候」と、対応したことが報告されている。また、江戸城の作事に関連して、慶長十一年三月四日に正清に宛てた「片桐且元書状」（『大工頭』一三四。『大坂の陣』九）には、「法隆寺大工も被相越候哉、是又承度候」とあり、法隆寺大工が江戸の作事に招集されるのかどうかを正清に照会している。このように片桐且元と中井正清とは旧知の間柄で、両者には強いつながりが認められる

もう一つは、正清の家系である。正清の父である正吉は、「中井家系譜」には生没年や法隆寺西里村に住むようになった経緯があるのみで、具体的な業績は記されていない。しかし、慶長十二年二月十五日付で大久保長安が正

清に宛てた書状（『大工頭』一二三。『大坂の陣』一二）に、「江戸御殿守之儀も貴所へ被仰付候ハん由、大御所様被成御意候、貴所父子上手之由申上候、和州長谷なともわるき所を立なをし尤之由　御意候間、左様之儀も御談合可申候、又内裏之御材木もそろ〳〵ととらせんと御意候間、左様之入元木共も書立候儀頼入候」とあって、「貴所父子」は「上手」と評価されている。つまり正清の父・正吉も有力な大工棟梁であったことがわかる。

十七世紀後期に中井家配下の頭棟梁である今奥吉兵衛平政隆が著した『愚子見記《ぐしけんき》』（法隆寺蔵。復刻版『愚子見記』井上書院、一九八八年）と題した建築技術書に、秀吉が創建した大仏殿の作事に関する記事がある。

京東ノ大仏殿、慶長三戊戌年ノ造リハ古奈良ノ造也。此棟梁廿人也。是内拾人ハ紀州ヨリ召上セラル。拾人ハ和州ヨリ寄召サル。右廿人、墨斗《スミツボ》・曲尺《カネ》持ヲ棟梁ノ験シト定メラル。中ニモ中井孫太夫ハ秀吉大綱御前宜キ故、棟梁司ト仰セラレ、斗曲尺許サルル也

大和と紀伊の大工二〇人の中から「棟梁司」に選ばれた中井孫太夫は、正清の父の正吉のことである。『愚子見記』は一次史料ではないが、これが事実であれば、中井家には方広寺大仏殿関係の指図や積算書が伝来していたのかもしれない。

さらに正清の実力を見逃すことができない。実は、この時期の正清の作事は、城郭にとどまらず、禁裏の御殿や数寄屋、寺社の作事などを含めて、建物の種類も多彩であった。城大工としては、巨大な天守や御殿を短期間に造り上げるために、設計図を作成し、多数の大工を動員して工事現場を監理する仕組みを作り上げていた。大仏殿という巨大な建物を完成させるには、正清を措いて他の選択肢はなかったものと思われる。

実際、当時の中井家は複数の大工事を並行して進めていた。慶長十七年（一六一二）六月、名古屋城の天守作事が遅れ、冬までに工事を完成する必要が生じたとき、正清は名古屋に出向き、在京の利次と連絡を取り、大工を再配置している。同年七月十九日付「中井利次書状」（『城大工』六一二）によると、「爰元大工衆あけ候間、三人之内壱

人ハ此方ニ置、残弐人ツヽハ其方へ参候」とあって、京都の作事現場から三分の二の大工を名古屋に投入している。この時の肝煎大工の中には、大仏大工の肩書をもった久兵衛、久八、甚右衛門が含まれており、彼らは大仏殿の作事現場から名古屋に派遣されたことがわかる。名古屋城天守の造営が一段落した十二月、これらの大工衆は京都に帰り、十二月十一日には内裏の釿始に勢揃いしている。この釿始に先立って中井正清は従四位下に昇叙された。この位階は大々名に与えられるもので、醍醐寺三宝院の義演は日記に、「御大工大和守、今度昇四位云々（中略）人御所気色能者也、無比類故也、先代未聞哉」とその驚きを記しているほどである。

二　方広寺鐘銘事件と中井正清

1　事件の発端

世に名高い方広寺の梵鐘は、中井家資料においては、鋳造の記事から始まる。慶長十九年（一六一四）正月二十九日、片桐且元は「大仏鐘鋳之事、夘月十六日ニゐさせ可申由、来四日ニ可申遣と存候間、其通御尋候者御中上頼申候」との書状（『大工頭』一七。『大坂の陣』四〇）を中井正清に送っている。鋳造が近づいた四月十二日、京都所司代の板倉勝重から中井正清に書状（『大工頭』一〇八。『大坂の陣』四一）が届いている（原文を書下しにした）。

猶々、御作事の義御年寄衆御相談次第に信州（中井利次）迄つぶさに伺うべく候、以上、

きっと次飛脚にて申し候、大御所様八月には御上洛なさるる由駿府御年寄衆より申し来たり候、しかるところ二条　御所御殿その方これを存知の如く何も破損候所多くこれ在る事に候間、そこもと御年寄衆へ御伺い候て御作事仰せ付けられ候様に御意を得らるべく候、前庵より仰せ付けられず候はばにわかには成し難く存じ候間

御意得のためかくの如くに候、はたまた大仏鐘鋳当十六日にこれある由大坂より申し来たり候、定めてそこ元へも片市正殿より仰せ越さるべく候、なおここ元相替わる義これ無く候間御心易かるべく候、恐々謹言、

（慶長十九年）
卯月十二日　　　板伊賀守
　　　　　　　　　勝重（花押）

中大和守殿

書状の後半では、「大仏鐘鋳」は四月十六日に行うと大坂から知らせてきたこと、正清には片桐且元から通知があると思うと述べている。前半では、家康が八月の開眼供養に合わせて上洛するという駿府年寄衆からの連絡を踏まえて、正清に二条城の修復について駿府年寄衆の諒解を取るように指示している。なお、二条城の実際の作事は正清の代わりに信州（中井信濃掾利次）が担当していたことも判明する。いずれにせよ、この時点で家康は大仏の開眼供養に出席する予定であった。

ところが、七月二十一日になって、家康から方広寺大仏の鐘銘と棟札の草案を提出するように命令があった。『実紀』は次のように記している。

この日　大御所、板倉内膳正重昌ならびに金地院崇伝をめして、今度京大仏新鋳鐘銘関東へ対し大不敬の文辞あり、そのうへ上棟の日吉日にあらざるよし聞ゆ、早く鐘銘幷に棟札の草案を呈すべき旨、京へ申つかはすべしと御諚あり。

これによると、当初は鐘銘と上棟の日取りであったことがわかる。同月二十六日の条では、開眼供養の日を問題にしている。

板倉伊賀守勝重、片桐市正且元書状をもて、今度大仏供養は三日、開眼は十八日たるべき旨、駿府よりの御旨なりといへども、十八日は豊国大明神臨時祭なれば、三日早天に開眼、次に供養行はまほしき旨豊臣右府こは

る〻旨聞え上しに、大御所聞しめし、大仏棟札幷に鐘銘御不審少からず、開眼供養共に延滞せられ、早く棟札鐘銘の草案進覧すべき旨、本多上野介正純、金地院崇伝もて、勝重且元のもとへ仰下さる。

一方、京では七月の始めから開眼供養の準備が進められていたようで、八月一日の条には、そこに所司代の板倉勝重から供養の延期が伝えられ、京中が大混乱に陥ったことが記述されている。

京都には此三日大仏開眼供養有べしとて、惣奉行片桐市正且元、主膳正貞隆監臨し、導師咒願《しゅがん》師を始め、諸門跡及び僧綱凡僧悉く集り、法会の用意専らに荘厳をなす。よて都鄙の貴賤結縁のためにとて、雲霞のごとく群集し、七月のはじめより近辺市街にも、新に肆店を設て飲食調度を備へ、其用意若干にて喧閙《けんとう》かぎりなかりしに、京職板倉伊賀守勝重より市正且元のもとへ、鐘銘棟札の事によて駿府の御不審あり。供養延滞すべしと命じければ、此法会にあづかる門跡はじめ僧俗大に驚き、四方に散乱し、市街に新に設たる仮屋を毀棄などして、その騒擾大かたならざりしとぞ。

よく知られているように、鐘銘にある、「国家安康」「君臣豊楽」の文言が、家康を呪い、豊臣家の安泰を願ったものであると断じられた。こうして、「方広寺鐘銘事件」が始まった。

2　中井正清の関与

方広寺鐘銘事件には鐘銘だけなく、棟札の内容にも疑義があるとのことで、中井正清が関与している。しばらく『実紀』から、慶長十九年（一六一四）八月の関連記事を追っておきたい。

二　日　大工中井大和守正清より大仏新鐘の銘を摹し、密に駿府へ奉る。大御所林道春信勝に命ぜられ、一通を写して江戸へ遣はさる。

四　日　中井大和守正清より大仏殿棟札を摹して駿府に献ず、此札は照高院興意准后（『実紀』では照高院道澄とするが、道澄は慶長十三年に没しているので、その跡を継いだ照高院興意である）の書する所なり。

五　日　片桐市正且元鐘銘棟札の摸本を奉る。五山の僧徒に其文字を会議せしむべしとて、板倉内膳正重昌を京に遣はさる。

六　日　大仏鐘銘棟札幷に天台真言着座の事御不審の旨、片桐市正且元のもとへ本多上野介正純、金地院崇伝もて仰下さる。

八　日　板倉内膳正重昌鐘銘棟札の事奉はりて上洛す。

十七日　大仏棟札査検のため、大工中井大和守正清、南都興福寺、法隆寺聖霊院の棟札摹写《もしゃ》して献ず。この棟札みな大工棟梁の姓名を記したるに、今度の棟札に二人の名を除くをもて、いよ〳〵御不審あり。

駿府に滞在中の中井正清は、鐘銘と棟札の写しを提出し、さらに棟札に大工の名前がないことを問題にして、参考に興福寺と法隆寺　聖霊院《しょうりょういん》の棟札の写しを添えている。法隆寺聖霊院は中井正清が修復した建物で、その時の棟札には「番匠大工一朝惣棟梁橘朝臣中井大和守正清　小工藤原宗右衛門尉宗次　寺職工平金剛大夫政盛・藤原左大夫家次・平宗次郎」と大工名が記されている。

ただ、当時の棟札には大工名のないものもあり、必須の条件とするには無理があったものと思われる。さらに、「大仏奉行衆」が、豊臣秀頼直属と片桐且元配下という二重構造の中で、正清は片桐配下に過ぎなかったことも、棟札から名前を除外された理由と考えられる。こうしたことから、正清が指摘した大工名の件は不問とされたのであろう。『実紀』にはこれ以降、棟札の記事はなくなり、鐘銘のみがクローズアップされていくのである。

八月十三日、片桐且元はこのたびの事を陳謝するため、大坂を出て駿府に赴いた。しかし、徳川家康に面会することができず、逆に宿所に金地院崇伝と本多正純が訪れて家康の意向を伝えた。二十日の条に、「崇伝幷に本多上野介正純に、大坂専ら兵具を購求し、無頼の処士数百人を新に召置、その上大仏鐘銘棟札、先日仰下されし御旨をそむく事、御不審更にとけ給はざる旨仰あり。両人片桐が旅宿に赴き、其由をつたふ」と記されている。

中井家資料には、この間の中井正清の動向を示す具体的な資料はない。ただ、騒動の最中にあたる九月九日付で中井正清に宛てた「大野治長書状」（『大工頭』一八。『大坂の陣』四六）に、「今度大仏御供養ニ貴殿様被成御上之由承及候間、内々相待申候処相延不被成御上候、御残多奉存候、爰元別ニ替儀も無御座候、其地　大御所様御機嫌能被成御座候哉承度奉存候、自然　御前珍敷儀も御座候者御取成頼奉存候」とあって、治長は、大仏供養のために正清が上洛すると聞いていたのに、延期になって残念であると述べ、何かあれば家康への取り次ぎを依頼している。

九月二十六日には、駿府へ赴いていた片桐且元が大坂へ帰還した。且元は、徳川家康よりの返答を秀頼に伝えるが、秀頼はこれを受け入れず、家康へ対抗する意思を示した。且元は重ねて説得を試みるが、大坂方は承服しなかった。

3　大坂ノ陣へ

十月一日、片桐且元と貞隆の兄弟は、大坂の私邸を出て摂津茨木城に入った。中井家資料によると、早くも翌日付で京都所司代の板倉勝重から駿府にいる中井正清に宛てた書状（『大工頭』三。『大坂の陣』四七）が送られている。そこには、「片市正殿昨日迄ハ大坂ニ而おしあいゐ被申候へ共、秀頼ゟ使を被立たちのき候ハねハ、秀頼へ逆心ニ而候と使参候ニゟ、さやうに候へハ何様ニも御ため能様ニと存候処、逆心と被仰懸候者可罷退と被申、昨日法隆寺へ参候と被申候而、つの国いはらきへ主膳一所にのき被申候」とあって、且元は秀頼の使いから城内から立ち退かなければ謀反とみなすと伝えられ、弟の貞隆と一緒に摂津の茨木城へ退去したことを伝えている。この書状によると、その後の城内では織田有楽父子や大野治長一族が籠城したことなども伝えている。

次に、十月八日付で片桐且元から中井正清に宛てた書状（『大工頭』四。『大坂の陣』四八）がある。これは十月四日付の中井正清の書状を八日に受け取ったので、すぐに返書を認めて大坂城を退去した経過を述べたものである。その中に「大坂不慮之仕合ニ付、種々御理申上候へ共終御同心不参候付而、摂州茨木迄此朔日ニ立退申候、我等又候哉無調法仕候間、御所様（徳川家康）御機嫌如何と　御諚相待申迄候」とあり、大坂では色々と釈明したが同心を得られず、茨木城に退去したこと、自分の不調法に対する家康の仰せを待っていることなどを書いている。そして正清に対しては懇切な書状をもらったことを感謝し、中井利次にも別に書状を書いたことを付記している。

十一日には、上方の中井利次から正清に宛てた書状（『大工頭』九。『大坂の陣』五二）が到来している。

猶々、二条の御城之小やも弐百六七十間ほと北西ニ仕候、以上

ゆみ（弓）てつほう（鉄砲）のもの、まつ〳〵御用ニ御座候かと存弐拾人くたし申候、そのほうニも御おきなされ候よしニ御座候へとも、ちふん御用ニも候ハんと存くたし申候、こゝもと御ぢん道具何もゆたんなく仕候、将又大坂のやうすいよ〳〵惣まわりのかわはた（川端）へい（塀）仕、てんわうじくち（天王寺口）ニもほり（堀）をほり、せいらう（井楼）なとも仕、事のほかやういつかまつり候ていノよし申候、方々らう（浪）人衆もおゝくまいり、もはや御城之人数もしたい〳〵ニかさみ三万余も御座候よし申候、こゝもと御るすのぎかたく申つけ候、恐惶謹言

（慶長十九年）
十月十一日　　中信濃
利次（花押）

中井大和守様　人々御中

ここでは、大坂ノ陣に際し、中井家が武士として弓や鉄砲を用意したことがわかる。また利次は大坂方の様子を詳しく描写し、駿府の正清に伝えている。すなわち、惣構の川端に塀を設け、天王寺口には堀を掘り、敵陣を偵察する井楼櫓《せいろうやぐら》を立てたこと、城内には三万人もの浪人衆が籠っていることなどが報告されている。さすがに大工だけあ

って建物の観察は細かい。

当時の様子は、東京国立博物館が所蔵する「大坂冬の陣図屛風」（模本）に描かれている。すなわち、六曲一双の屛風の右隻の左半分から左隻にかけて豊臣大坂城が描かれ、惣構には堀の中にびっしりと杭が打ち込まれ、外堀には塀を廻らせ、要所に瓦葺で二階建ての櫓を築いている。櫓の外壁は土壁を塗って防御を固めているが、城内側は壁がなく、塀の内側に足場を組んで二階どうしが結ばれ、梯子をかけて上がる構造になっている。徳川方の陣屋がすべて板葺や草葺の粗末であったのに比べると本格的な建物であったことがわかる。これが「せいらう」、つまり井楼櫓のことで、中井利次が「事のほかやうい（用意）つかまつり候」と報告したことが理解できよう。

十月十一日に徳川家康は駿府を出立し、浜松、吉田、岡崎を経由して、十七日に名古屋に入城した。そして二十三日には早くも二条城に到着し、ここで藤堂高虎・片桐且元を召集して大坂城攻略を練った。同日、徳川秀忠は江戸を出発した。十一月一日、家康は二条城に諸将を集め、大坂城の攻口を命じ、秀忠本陣は岡山、家康本陣は茶臼山と決定した。この日、秀忠は岡崎に到着している。

十一月三日に中井正清から本多正信に宛てた書状（『大工頭』一〇。『大坂の陣』五五）によると、「然者拙者　御迎ニ可罷出候由申上候処、爰元御陣小屋鉄之楯被　仰付候間、御迎ニ罷出候事無用之由被　仰出候間、其許　御前可然様ニ右之通被仰上候て可被下候」とあり、正清は御陣小屋と鉄の楯の製作が仰せ付けられたので、将軍（秀忠）一行の出迎えを免除されている。

鉄の楯については、中井家資料に、十月二十八日付の「たて壱丁のもくろく（鍛治材木屋大工等十九名連署たて入目目録）」がある（『大工頭』一四。『大坂の陣』五四）。

たて壱丁のもくろく
一銀四百六拾五匁　くろかね代銀

かちさくれうはんまい
大かけかね七くさり
大ひやう百八拾
さいもく代銀
一銀百参拾五匁　大くはんまいさくれう
大が小引
たたら
二口合六百目　かち弥左衛門（花押）
同　久右衛門（花押）
同　久兵衛（花押）
たて五百丁の分　同　久左衛門（花押）
銀子合参百貫目　同　彦左衛門（花押）
同　清左衛門（花押）
慶長拾九年　同　又左衛門（花押）
十月廿八日　同　又兵衛（花押）
同　弥兵衛（花押）
材木屋　角倉（花押）
板倉伊賀守殿　同　金屋了円（花押）
同　大坂屋与兵衛（花押）

同　尼崎屋又左衛門（花押）
同　岸部屋二郎右衛門（花押）
大工　伊　豆（花押）
同　五郎右衛門（花押）
同　越　後（花押）
同　助右衛門（花押）
同　惣十郎（花押）（継目、紙背に「中井大和守」と署名あり）

これは大坂ノ陣に備えて楯五〇〇丁を製作した時の代銀を、鍛冶・材木屋・大工等一九名が連署して所司代の板倉勝重に宛てた目録である。楯一丁の代銀六〇〇目が、銀四六五匁と銀一二五匁の二口に分けられている。一口目は、鍛冶用の鉄《くろがね》や炭、作料・飯米そして材木の代銀である。二口目は大工・大鋸小引などの作料・飯米の代銀である。楯五〇〇丁分の合計は銀子三〇〇貫目になっている。鍛冶に名前を連ねた人物には、二年前の名古屋城作事の際に入札に参加した鍛冶大工の名前があり（慶長十七年八月の名古屋天守釘鎹金物の入札書（『城大工』六二〜八四）によると、弥左衛門、久右衛門、彦左衛門、又兵衛が入札に参加）、材木屋も角倉、尼崎屋など徳川家の御用商人である。大工は伊豆（西里）、五郎右衛門（西里）、越後（大仏）、助右衛門（東里）、惣十郎（東里）の五人である。正清の出身地である法隆寺西里と東里の大工はともかく、大仏大工の越後（喜多清次）の名前が注目される。彼はもともと「五条村大工之随一也」と記されたように奈良薬師寺近辺の五条村出身の大工で、中井正清に抜擢されて大仏作事を担当し、慶長度内裏、元和度日光東照宮など重要な作事で活躍している。大仏殿の作事大工がそのまま楯の製作に徴用されたのであろう。

楯は板の上に鉄板を貼り付けたもので、下地の板は「京都大仏殿御残木を以撥《タテ》之板ニ挽ヤ候様ニ被仰付、大仏ニ而一日ニ挽立、大坂表へ指下シ申候」と記されている（『中井家大工支配の研究』前掲）。豊臣家の威信をかけて造営された方広寺大仏殿の残材が、大坂城の攻撃に用いられたのである。

一方、『実紀』には、十一月四日に「片桐市正且元大坂地図を献ず」とあり、また同日に「大工中井大和守正清に大坂近郊の図を製せしめらる」とも記されている。中井家の系譜では、慶長十八年（一六一三）に「大和守隠密ニ而大坂城中江被遣絵図等相認申候」とあり、前年には大坂城中の絵図も作成している。このように、中井正清は大工棟梁でなければできない分野を担当していたことがわかる。

ところで、『実紀』によると、六日には「大坂より又人数を出し四天王寺を放火す、折ふし寒風烈しかりければ、堂塔伽藍一時に焦土となる。」とあって、四天王寺を焼討ちするなど大坂方の戦争準備が進んでいる。一方、徳川秀忠は、十日に伏見入城を果たし、十一日には二条城で家康と対面し、十五日に伏見城を発して枚方に陣を進めた。同日朝卯刻に、家康は二条城を出発した。供奉の者は小具足だけで甲冑は着用せず、未下刻に木津に到着したが、場所が狭小なので、本多正純や小姓衆などわずか五〇騎を率いて奈良に入り、奈良奉行の中坊左近秀政の屋敷に宿泊した。

翌十六日午刻に家康は中坊秀政の宿所を出発し、法隆寺に到着して阿弥陀院を宿所とした。『実紀』には、「この御旅館（阿弥陀院）は兼て中井大和守正清搆造する所なり。法隆寺は数百年兵燹《へいせん》を免れたる霊場なりと御称美ありて、三十か所の諸堂悉く御巡覧、霊像宝物までくはしく御捜索あり」とある。法隆寺では、阿弥陀院の住持であった実秀と中井正清が家康一行を出迎えたとされる（高田良信『世界文化遺産　法隆寺を語る』柳原出版、二〇〇七年）。その後、正清が修復した法隆寺の伽藍を巡覧したのである。

中井家資料の中に、慶長十九年十一月吉日付の「御陣ノ御用ニ住吉天王寺上申御飯米幷ほうりう寺ニて御音信米万払方帳」と「御陣へ米相渡申帳幷法隆寺ニても方々の御陣衆へ御くはり米何も御用共」と題した二冊の帳簿が伝来している（『大坂の陣』五九、六〇）。この中に収録された「ほうりうし（法隆寺）ニて御くはり（配）米」の項目を見ると、本多正純、板倉重昌、松平正綱、安藤直次、水野重仲、永井直勝、後藤光次（金座）、亀屋栄仁（呉服商）、片山宗哲（与法印・医師）、林道春（羅山・儒者）などの武将や家康の側近に白米を配って音信していることがわかる。また、慶長十九年十一月吉日の「万請取渡ノ覚帳」に収録された「方々御遣樽万請帳」によると、阿弥陀院に宿泊したのは「大御所様（徳川家康）」、「常陸様（徳川頼宣）」、「おなつ様（於奈津）」で、その他の武将は、例えば本多正純が法堂院、板倉重昌は西南院という具合に、子院などに分宿したことが判明する（『大坂の陣』六一）。

後日、十一月二十日、宿泊の御礼であろうか、中井家は御陣場で家康から音信を頂戴している。「御うえ様より御陣場万御音信ノ覚」によると、「旦那」、「長吉」、「信濃」、「藤十郎」、「五郎介」であった（『大坂の陣』六〇）。旦那は当主の中井正清、長吉は嫡男でのちに二代目を継ぐ正侶《まさとも》、信濃は正清の従弟の利次（のちに二代正侶の後見となる）、藤十郎は正清の弟の正成、五郎介も正清の末弟の正純（のちに中井家三代目の後見となる）である。中井家一族の陣立については、「中井家系譜」に記事がある。

　大坂両度共　御陣之節御供被　仰付玉薬弐拾壺御内々ニ而御金大分被下置依　御内命一族家来騎馬二拾騎余、其外支配之者共大勢引率仕、大旗五本、小旗数多、長柄五拾筋、弓五拾張、鉄炮弐百挺、其外武器数多為御供仕

正清は家康から火薬二〇壺と内々に大金を頂戴したとあり、これで武家としての陣容を整えた。騎馬三〇騎、長柄五〇筋、弓五〇張、鉄炮二〇〇挺という数字は、徳川秀忠が大坂の役にあたって定めた軍役規定の一〇〇〇石取の武将（鉄砲二丁、弓一張、鑓五本持鑓共、馬上一騎）をはるかに超え、大名に匹敵するものであった。

参考までに、「御陣ノ御用ニ住吉天王寺上申御飯米」は、総計一二一石三升六合に上っている。このうち「御陣場ニて下台所衆下用」が七九石四斗五升、「同御用ニて下台所衆へくろ米」が一一石九斗、合計九一石三斗五升が戦場における大工の飯米と推定できる。当時、大工の作事場での飯米は一日二升とされていたので、延四五六七人

分になる。また、「御陣ニて上台所ノ御用」は白米で一石四斗、中白米は一石四斗五升、合計二石八斗五升になり、こちらは中井家一統の飯米と推定でき、延一四二人分になる。

徳川家康は、法隆寺に宿泊した翌日、関屋越えで住吉の津守家に陣取った。徳川秀忠は前日に平野に入り、ここに陣取った。こうして大坂冬ノ陣の幕が切って落とされた。

三　大坂ノ陣と中井正清

1　大坂冬ノ陣

慶長十九年（一六一四）十一月十八日、徳川家康は住吉から茶臼山に出向き、将軍秀忠と合流して山上より大坂城を見渡した。十九日には木津川口の戦があり、秀忠は住吉の家康本陣で大坂の地図を開いて評議を行った。二十六日、鴫野《しぎの》・今福の戦、二十九日は博労淵《ばくろうぶち》の戦、野田・福島の戦とつづき、大坂方は天満・船場に放火をかけ、三十日には大坂城内に撤収した。

『実紀』によると、十二月一日の条に、「安藤帯刀直次に、この四日茶臼山に御陣替あるべしと命ぜられ、仙波（船場）焼余の市屋をこぼちて陣営を構造すべしと、大工中井大和守正清の令せらる」とある。翌二日条には、「大御所茶臼山にならせられ、明後日此処へ御動座あるべしと仰出され、御一騎にて敵城ちかく見めぐり給ふ」、さらに三日の条には、「大工中井大和守正清、明日茶臼山御陣営落成のむね聞えあぐる。然らば六日御動座あるべしと仰出さる。此御営の構造奉行は島田清左衛門直時、日向半兵衛政成なり」とあり、茶臼山の家康本陣は、四日に完成し、六日に家康の動座があること、本陣の造営奉行は島田直時と日向政成であったことがわかる。六日の条には、「大御所住吉御陣を出まし、辰刻茶臼山御営にうつらせ給ふ。供奉の輩甲冑を着せず」と記されている。

家康の本陣の建物は、「武徳編年集成」十一月二十一日条によると、主室は三間に五間（三〇畳）で床の間が設けられ、寝所は一二畳、他に四畳半の茶亭、納戸、浴室、厨房、近臣が詰める二〇畳の部屋などがあったとされる（「武徳編年集成」の記述を一部補訂）。先に紹介した「大坂冬の陣図屏風」の右隻第一扇の中央付近に、茶臼山の徳川家康本陣が描かれている（図3）。柿《こけら》葺き入母屋屋根で隅に櫓を挙げ、前面に縁側を設けた建物を中心に、周りに雑舎が配置され、全体は土塀で囲まれ、正面に冠木門が開けられている。また、同じ第一扇の下段には、建築中の陣小屋が描かれている。柱や梁の木工事は大工が行っているが、建物周辺の土木工事は雑兵が担当している。陣小屋の建設現場を描いた場面は絵画資料としてはたいへん貴重である。

図3　大坂冬の陣図屏風（部分）
（東京国立博物館蔵　Image：TNM Image Archives）

十一月二十八日付の板倉勝重黒印状（『大工頭』一二。『大坂の陣』五七）は、中井大和（正清）からの申し出があったので、御陣場へ釘《くぎ》・鎹《かすがい》を届けるために宿次として馬三疋を出すようにと命じている。京から始まって、伏見、長池、玉水、木津、法隆寺、住吉を経由し、「御陣場迄」と指示している。この釘・鎹は、陣小屋の建設のために京から運搬させたものであろう。

「中井家系譜」によると、「茶臼山御本陣之下、土井大炊助殿陣場之脇ニ而陣小屋被下置、其節忰長吉郎儀も御供仕御凱陣迠品々御用相勤申候」とあって、中井正清の陣小屋は茶臼山の下、土井利勝の陣場の脇に設けられている。中井家資料の「慶長十九年甲寅冬大坂絵図」（本書中井均論文八七頁図5参照。『指図集』三〇。『大坂の陣』六六）によると、土井利勝の陣屋は、茶臼山の東、四天王寺のさらに東側に位置しているので、「中井家系譜」の記事と一致しない。

『実紀』の十二月三日条には、「昨今寄手諸陣竹束を以て、惣搆堀際へ仕寄をつくる、城を去る事或は三町、或は二町半ばかりなれば、城中よりこれを妨んと、鉄炮烈しく打出すにより、寄手の士卒傷する者少からず、この時中井大和守正清奉りにて、諸手へ鉄楯十張づゝをさづく」とあり、さらに十三日の条では、「中井大和守正清へ城責に用ひんため、梯熊手若干を製せしめ、諸将一人毎に梯五十づゝ配分して授くべしと、本多上野介正純に仰付らる」とあって、中井正清配下の大工たちが城攻めに使う梯子や熊手を製作している。

大坂ノ陣では、戦闘に仏郎機《フランキ》、すなわち大砲が導入された。『実紀』の十二月七日条に、「茶臼山御営に寺沢志摩守広高参謁し、先日命ぜられし仏郎機、近日到着するよし聞え上る」とある。そして十二月十六日条に、中井正清に関する次の記述がある。

この日、中井大和守正清に命ぜられし仏郎機の架成功す、よて松平右衛門大夫正綱を監使とせられ、岡山に供奉せし御家人の中より、井上外記正継、稲富宮内重次、牧野清兵衛正成等の輩妙手を撰ばれ、天王寺口越前、藤堂、井伊の攻口、備前島菅沼織部正定芳が攻口より、大筒小筒一同に城にうちかけ、櫓塀以下打崩さしむ、城中こゝに於て騒動おびたゞし。

正清は、仏郎機を設置する砲台の築造に成功した。「中井家系譜」によると、正清は、砲術家の稲富祐直（一夢）が上覧に供した「鉄炮之書物」を家康から拝領し、砲術の稽古を仰せつけられたとある。実際、中井家には「稲富流炮術伝書」が伝来していて、奥付によると正清と長吉（正侶）に授けられている（『大坂の陣』六七）。こうした砲術の免許皆伝が、大坂ノ陣にも役立ったのであろう。

ところで、『実紀』には「世に伝ふる所」と断って、「稲富が放らし大筒あやまたず淀殿の居間の櫓を打崩したり、其響百千の雷の落るがごとく、側に侍りし女房七八人忽に打殺され、女童の啼叫ぶ事おびたゞし、日頃はたけかりし淀殿大に恐れよはりはて、是より和議の事を専ら秀頼にすゝめらる」と記している。この説によると、一夢の高弟の稲富重次が放った大筒が淀殿の居間の近くに命中し、女房衆が犠牲になったことから、強硬派であった淀殿が、籠城から和議に転じたと伝えている。

一二十日には淀殿の使者として城中より常高院、二位局などが茶臼山の御陣に参って和議が成り、二十二日には盟書を交換した。二十三日、徳川家康は、城溝を埋め、塀柵を毀《こぼ》つことを本多正純に命じ、自身は二十五日に茶臼山本陣を出て二条城に帰った。そして二十六日には大坂城惣構の埋没工事が成った。『実紀』によると「大坂にては寄手惣人数を以て、城溝へ大材を抛入土俵をまろばし入て、おめきさけんで埋めけるほどに、さしもの大溝本丸計りを残し、一日の中にことごとく平地となす」とあり、二十七日に家康は二条城で大坂城二ノ丸、三ノ丸、櫓塀の破却、惣堀埋没の報を受けている。

年が改まった正月二日、福島正則は中井正清に新年のあいさつを送り、「大坂被成御侘言、御無事ニ相調い申由承候、弥其分にて御座候哉、か様之目出度御事無御座候」と徳川・豊臣両家の和平を喜んでいる（『大工頭』一。『大坂の陣』六二）。

冬ノ陣の和解の条件は、大坂城の本丸を残して、二ノ丸、三ノ丸を破却することであった。しかし、徳川方は直ちに堀の埋め立てに着手し、わずか五日の間に櫓や塀を取り壊し、惣堀を埋めてしまった。難攻不落を誇った大坂城も裸城になってしまった。

2　大坂夏ノ陣

大坂方は駿府に使者を派遣して交渉を試みた。三月十五日、秀頼の使者として青木一重、淀殿の使者として常高院や大蔵卿が駿府の家康を訪問した。この時期、中井正清は駿府に滞在していたようで、大蔵卿の息子で大坂方を代表する大野治長は、駿府にいる正清に二十二日付の書状を送り、「駿府江常高院様・二位・大蔵卿為御使被罷下候付而、爰許之様子色々雑節在之由申来驚入存候、爰許之儀不被存寄儀共御取沙汰之由ニ候、如何之者之申成と上々之儀ハ不及申、下々迄迷惑仕事ニ御座候、去年御噯之刻御越紙之上、少も御相違ハ在之間敷と上々思召事ニ候、下々左様之儀をも不存取沙汰も在之かと存候」と述べている（『大工頭』一二。『大坂の陣』六四）。種々の噂があることについて、昨年の和睦の書状に少しも相違がないと上の者は考えていること、下々の者はわからないのでこのような状況になっていると釈明している。この書状と関係するのであろうか、二十四日には大野治長の使者である米村権右衛門が駿府に到着している。

四月に入ると、徳川、豊臣、双方で動きが活発になってくる。四日、徳川家康は、徳川義直の婚儀のためと称して駿府を出発し、五日には大野治長の使者である常高院から、秀頼母子の大坂城退去を拒絶する旨が家康に伝えられる。家康は十日には名古屋に到着し、同日、徳川秀忠も江戸を出発した。十二日に名古屋城において徳川義直の婚儀が執り行われ、家康はその足で上洛し、十八日には二条城に入った。続いて秀忠も二十一日に二条城に入り、両者は二条城で軍議を行った。

一方、大坂方は、二十三日に軍勢一万余を大和に遣わし、法隆寺村の中井正清の家に火をかけた。これは、冬ノ陣の際、正清が攻撃用の道具を製作し、大坂方を苦しめた報復というのである。『実紀』は「武徳大成記」を引用して「去年の城攻に、正清寄手のために種々攻具を工夫し、城中を困究せしめし怨を報ふとて、其家に火をかけて、少長男女を分ず皆屠らせしとぞ」と記している。大坂方は引き続き、二十六日に郡山城を落とし、二十八日には、徳川方の兵站地の堺を焼討ちした。

このような情勢の中で、中井利次は御陣御用として各地の大工を招集している。四月二十九日、京十人棟梁である池上五郎右衛門、弁慶仁右衛門、柳田市右衛門（豊後）の三人に、陣小屋建設のため、上下京より二〇人の大工を出立させるように命じ（池上宗成家文書。笹本正治「室町幕府御大工池上家の文書について」『信濃』第四三巻一一号、一九九一年）、翌二十九日には近江国高島郡の大工肝煎に、腕の良い大工　〇人を招集している（『大坂の陣』六五）。二通の書状は作事の際に大工を招集したものと同じ形式である（原文を書下しにした）。

以上

きっと申し候、よって御陣に召し遣わされ候間、給田取り候大工衆内拾人よき大工改め召し連れ、明朔日に早々京着仕らるべく候、もし油断においては曲事に申し付くべく候ものなり、

（慶長二十年）
卯月廿九日　　中信濃
利次（花押）

高嶋大田村大工肝煎
与兵衛との　まいる

五月五日、徳川家康は京を立って、大坂に向かった。戦場では、六日に道明寺・誉田《こんだ》合戦と八尾・若江合戦があり、七日には天王寺・岡山合戦の後に、大坂方は城内に退却した。深夜、大坂城から火の手が上がった。そして八

日、豊臣秀頼と淀殿は大坂城内で自刃した。豊臣家は滅亡し、大坂城は落城した。また、五月二十八日、片桐且元が病のために京都で没し、大徳寺に葬られた。

戦後の六月から閏六月にかけて、中井正清配下の大鋸が、戦争で焼失した橋の復興を行っている（『中井家大工支配の研究』前掲）。それらは、「京口片原町小橋　長拾七間、巾三間」「中ノ橋　長拾間、巾二間」「野江橋　長四間、巾弐間」「守口橋　長四間、巾弐間」で、奉行は岸和田藩主の小出吉秀、下奉行は吉田長右衛門と放出平八であった。

大坂落城後の閏六月十三日、一国一城令が出され、七月七日に武家諸法度の制定とつづき、七月十三日、年号が慶長から元和に改元された。「元和《げんな》偃武《えんぶ》」を迎えたのである。

3　大工の軍役

大坂冬ノ陣から九〇年近くたった元禄十四年（一七〇一）八月、三代目当主の中井正知が「中井正清肖像画」（『大坂の陣』一一五）に裏書を認めた。その中に「関ヶ原御陣之翌年、上方五畿内江州六箇国之大工杣、為御軍役之如古夫役御赦免被仰付、右之支配正清仁被仰付」との一節があり、徳川家康は上方の大工・杣を中井正清に支配させ、古例を踏襲して、軍役を課す反対給付として諸役免除が仰せ付けられたとある。

畿内・近江の大工は、関ヶ原合戦から大坂ノ陣までに、伏見城、二条城、駿府城、江戸城、名古屋城など重要な戦略拠点となる城郭の作事、そして慶長度内裏や知恩院の造営に御用作事として動員され、さらに元和期には江戸城、大坂城、二条城、日光東照宮（元和度）などの造営にも動員された。

当時の大工、とりわけ農村に居住する大工は半農半工で、御用作事に動員される反対給付として、百姓並みの高役が免除されていたが、その基準は領主によって不統一があった。ところが、公儀作事が一段落した元和から寛永にかけて高役赦免があいまいになっていた。近江国では、元和四年（一六一八）に国奉行の北見勝忠が各給人衆に宛てて大工の諸役を免除するように申し入れているが、その対応はまちまちであった（『中井家大工支配の研究』前掲）。

寛永年間になると大工の諸役免除はほとんどなくなった。そこで、中井家と相談した六ヶ国の大工が、江戸に赴いて諸役免除回復の訴訟を行った。その顛末を記した覚書である「寛永十二亥年五畿内江州大工杣御赦免被為成候時御訴訟申上候覚」（村谷清家文書「近江国高島郡の大工仲間史料（上）」『史朋』一八、一九八一年）が後世にまとめられ、大工組に伝わっている。それによると、寛永十二年（一六三五）正月に六ヶ国の大工・杣の代表が江戸表で訴訟を行っている。紆余曲折の末、四月二十六日に酒井忠勝邸の寄合で取り上げられた。席上、井伊直孝が、「大工大和方へ御使を以御やとい被成、それより御まゝに被成候間諸役御免被成御公儀大工ニハ被成問敷」と主張した。大工の雇用は中井家が権限をもつから幕府直属の公儀大工とはみなし難いという論理である。これは当時始められた入札をも意識しての発言と考えられる。これに対して近江大工の山本但馬は、「上方大工ハおゝごより御公儀大工ニて御座候」と述べ、徳川家康の命によって江戸、駿河の御用作事はもちろん、大坂ノ陣では井楼・櫓、切り通しなどの土木建築工事に活躍し、戦の勝利に貢献したことを訴え、公儀大工としての由緒を強調した。

こうした議論をうけて、幕府の上方支配の頂点にたつ京都所司代・板倉重宗が、「今程は御作事方も入札ニて御用も御ことかきハ無御座候か、御陣と御ふれ御座候ハヽ、誰か入札ハ成間敷」と発言した。つまり御用作事に関しては入札によって職人の供給には事欠かないから、公儀大工は必要でないかも知れないが、いざ戦争となると、工兵の役割をする職人は入札では集まらない。従って公儀大工として日常的に統制下におく必要があり、そのためには保護もやむを得ないという論理である。

寛永十二年という年は大坂ノ陣から二〇年の歳月が流れてはいるが、諸大名の改易も相次いでおり、島原の乱が勃発する二年前にあたるので、戦争への備えという大工側の主張は説得力をもっていたと考えられる。寛永十三年九月七日、「五畿内幷近江国中在々所々大工田畠高役之儀、如前々被成御赦免候、可被得其意候」との老中連署奉書（『大工頭』二一〇）が上方代官の小堀政一、五味豊直宛に出され、その後、大工頭の中井正純から六ヶ国の大工・杣の肝煎宛に出されている。

江戸時代、五畿内・近江六ヶ国に居住する大工・杣・大鋸・木挽は、藩の支配を越えて大工頭中井家の下で一元的に支配され、城郭や禁裏の作事に動員された。それに加えて、大坂ノ陣における陣小屋の建設、鉄楯など武器の製作、架橋などの戦後復旧に活躍し、工兵隊としての任務を果たした。幕府は城郭作事だけでなく、有事の際には工兵隊の役割を担う建築職人を独占的に確保する必要を十分に認識していたにちがいない。大坂ノ陣における中井正清と配下の大工衆の働きは、その後、長く畿内・近江六ヶ国の「大工田畠高役」免除の大きな根拠とされたのである。

ボーリングデータからみる大坂城本丸地区における地盤の推移

三田村　宗　樹

大坂城本丸地区には、これまでの学術調査から、現大阪城がすべて徳川期大坂城の遺構であって、豊臣期大坂城の遺構は地下に埋没して存在していることが認識されてきた。ここでは、これまでに実施されたボーリング調査の結果を整理し、自然地層の分布状況から、豊臣大坂城構築前の地形状況と豊臣期大坂城の地盤標高を二次元モデルとしてまとめ、その推移を検討した結果について述べる。

一　上町台地の地形

上町台地は大阪平野の中央部を堺市方面から北に延びる台地である。その標高は、南側でやや低く十数メートルであるのに対して、四天王寺の北側では標高二〇メートル以上となっている。単純に平野より高い平坦な台地をなすわけではなく、住吉大社南の遠里小野《おりおの》から長居や長池にかけて認められる低地帯（細江川の上流域）を境に、その南側の我孫子から堺・三国ヶ丘に至る台地（我孫子台地）と、北側の住吉大社〜四天王寺を経て難波宮跡に至る台地（狭義の上町台地）に二分される。図1は、国土地理院の五メートル間隔のデジタル標高データを用いて作図

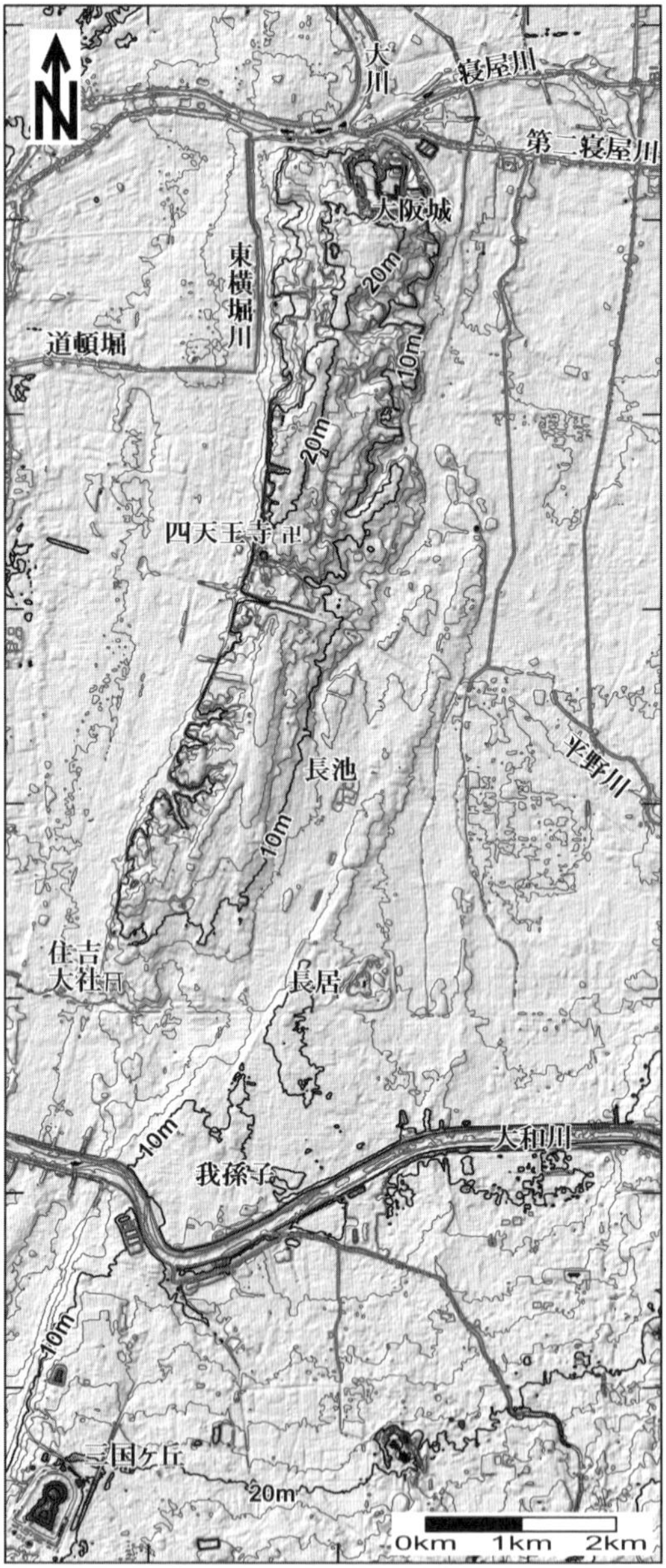

図１　上町台地の地形図
（国土地理院・基盤地図情報を用いて作成）

した現在の上町台地の地形図である。

大阪平野の中央部を南北に上町台地が細長く発達している原因は、地質年代の中でも最も新しい年代区分である約二六〇万年前から現在に至る第四紀に継続的に活動してきた活断層とされる上町断層が台地の西側に存在し、台地側を相対的に隆起させてきたからである。この上町断層は、単純に南北方向に延びるわけではなく、いくつかの付随する断層構造（北東・南西方向の伸びを示す桜川撓曲《とうきょく》や住之江撓曲など）を伴いながら全体として豊中市北部から岸和田市にまで至る延長四〇キロメートル以上に達する断層帯である（杉山ほか「近畿三角地帯における主要活断層

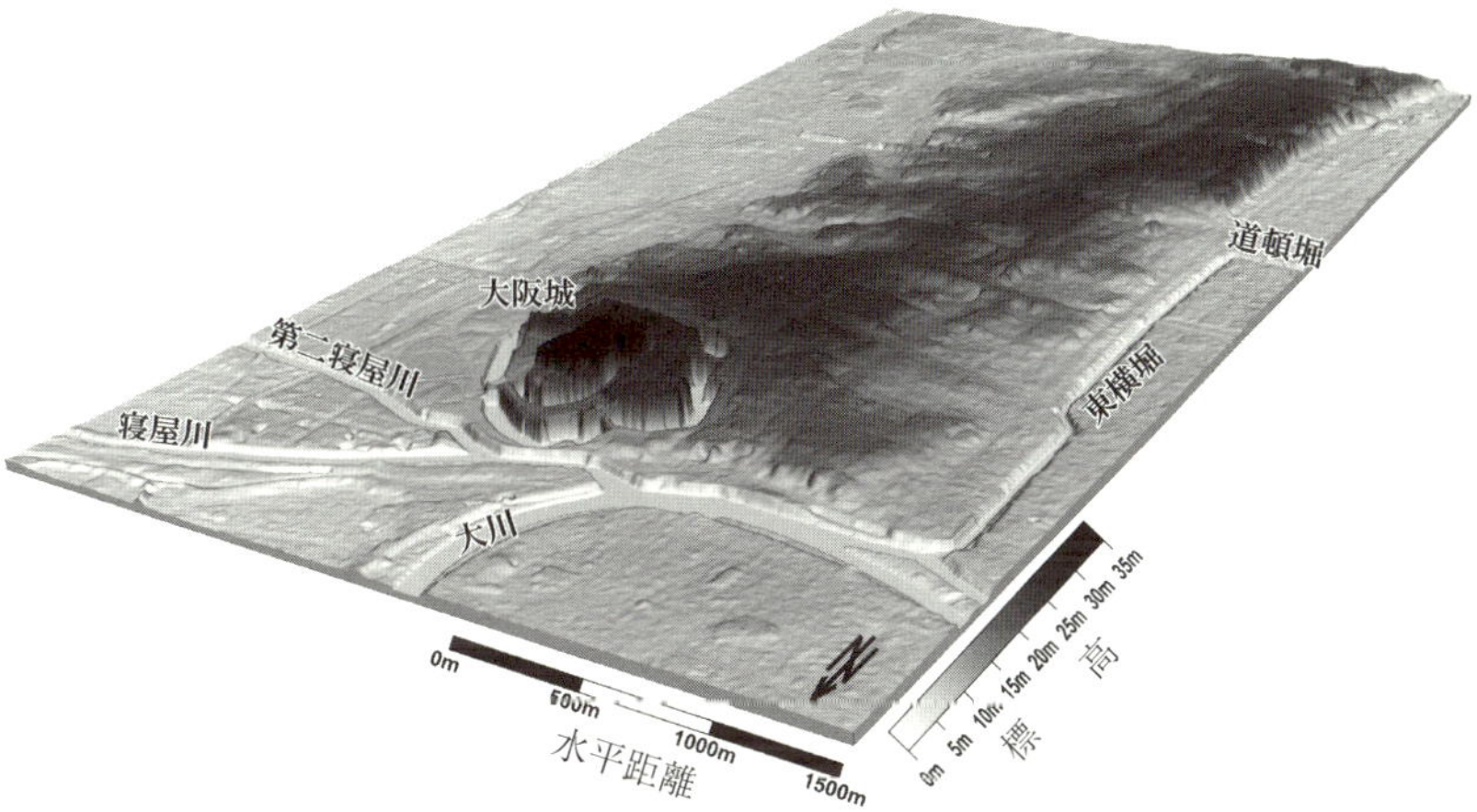

図２　上町台地北部の地形俯瞰図

図１の標高データを用いて鉛直方向を５倍に誇張し、北西側から俯瞰して表現した。

の調査結果と地震危険度」『平成一〇年度活断層・古地震研究調査概要報告書』一九九九年）。先に述べた狭義の上町台地と我孫子台地をわける長居の谷筋にも長居断層と呼ばれる断層（活断層研究会編『新編日本の活断層』東京大学出版会、一九九一年）が推定されていて、この谷がつくられる原因の一つとされている。

大坂城は狭義の上町台地の北端をなす位置に構築されている。狭義の上町台地は台地西縁部で明瞭な段差をなして標高が東側で高くなり、特に台地北部では標高二〇メートルを上回る地域が四天王寺から現在の大阪城にかけて認められ、その高まりは東南東方向に徐々に低くなる傾向を示し、台地南部では長池から長居にかけての谷に標高を下げる。台地西側に発達する急崖は、縄文海進の際の海蝕崖であり、この崖は住吉大社から生国《いく》魂《たま》神社まで連続している。台地北部では、この崖の延長は不明瞭になる。これは、このあたりが人為的な地形壊変に加えて、地すべりなどの斜面変動を被ってきたことによるものとされている（『大阪上町台地の総合的研究』（公財）大阪市博物館協会大阪文化財研究所・大阪歴史博物館、二〇一四年）。また、北東―南西方向に延びる清水谷・真法院谷など、台地を開析した谷地形が多く認められる。

上町台地の最北部には、谷町六丁目付近（空堀）より北側に上町台地では最も広い標高二〇メートル以上の平坦な領域が広がっている。この地域が、古代から難波宮が築かれた領域であり、大坂城三ノ丸が構築された場所でもある。この平坦な領域のさらに北側に位置する北端部分に大坂城の本丸が位置している。徳川の改築では豊臣の大坂城本丸を盛土で覆い、新たな本丸が構築されているため、現状の地形では、本丸地区は標高三〇メートル以上に達する高台となっている。前頁図2は、先ほど示した地形図から、上町台地北部を北西側から俯瞰するように眺めた立体図を示す。標高を水平距離の五倍に誇張して示して起伏の差が明瞭にわかるようにした。この図からも、難波宮から北側に張り出すように大坂城が台地北端にひときわ高く構築されている様子がわかる。

このように、台地の地形は、単純ではなく、後述する台地を構成する地層の地質構造や、その後の人為壊変も伴った地形となっている。

二　上町台地を構成する地層

大阪平野の地下は、厚い土砂の地層が広く分布している。これらの土砂の地層は約三〇〇万年前から堆積し始めた地層である。約二六〇万年前から現在までの地質年代を第四紀と呼んでいる。それ以前の安定した温暖な時代から、氷河期と間氷期（温暖期）が何度も繰り返される気候変動が顕著となった時代である。大阪平野の地下の地層は、ほぼこの第四紀に形成されたことから第四紀層と呼ばれている。

大阪平野の第四紀層はいくつかに区分されている（市原実編著『大阪層群』創元社、一九九三年）。平野周辺の山地との間には、千里丘陵や泉南・泉北丘陵が広がっていて、その丘陵を構成している地層は大阪層群と呼ばれている。地層の正式な名称を決める際には、その地層が模式的に分布し、観察できる地域の地名を付けるという決まりになっている。大阪層群は、大阪周辺地域に広く分布する地層であって、丘陵地を構成しているだけではなく、その分布は、大阪平野の地下や大阪湾の海底下に及んでいる。大阪層群の主要な分布地域は、地表に直接露出する丘陵地よりもむしろ大阪平野地下や大阪湾海底下である。

大阪層群の地層は、丘陵地に主に露出するため、丘陵地の地表地質調査を行うことで、その地層の分布や累重関係が明らかにされてきた。千里や泉北地域の丘陵地の調査から、丘陵地を構成する大阪層群は厚さ三〇〇～四〇〇メートルあり、下半部は河川や湖沼で堆積した砂礫やシルト（粘土と砂の中間的な約四～六〇ミクロンの粒径をもつ粒子）からなる地層で構成される。一方、上半部は、河川成の砂礫層と数メートルから一〇メートルの厚さを持つ海成粘土層とが交互に重なる地層である。海成粘土層は十層以上挟まれている（前掲市原一九九三）。これらの海成粘土層には比較的温暖な気候を示す植物化石が、砂礫層には寒冷な気候を示すものが含まれることから、第四紀の気候変動にともなって、温暖期に海水面上昇が生じて内陸にまで海域が広がる海進が生じ、そのころに広がった内湾に堆積した地層が海成粘土層として残されているのである。海成粘土層のいくつかは京都南部や奈良北部地域にまで分布しており、かつての内湾の広がりがわかる。これらの海成粘土層は下位から順にMa（Marine Clayの略）を頭につけてMa－1・Ma0・Ma1・Ma2…、Ma10層と呼ばれている。

大阪平野地下の大阪層群相当層は、戦後に実施された天然ガス調査のボーリング調査や、その後の地盤沈下対策調査で実施されたボーリング調査で明らかになった（市原実『大阪層群と中国黄土層』築地書館、一九九六年）。大阪市港区で実施されたＯＤ－１ボーリングは大阪平野で実施された地質試料採取ボーリングとしては最長のもので掘進長は九〇〇メートルに達する。しかし、このボーリングでも、周辺の山地を構成する岩盤には着岩しなかった。唯一、この当時のボーリングで着岩したものは大阪市都島区で行われたＯＤ－２ボーリングであって、深度六五六メートルで着岩している。ＯＤ－２地点は、上町台地の北側延長部にあたる地点で掘削されていて、上町台地と同様の隆起帯にあたる場所であり、平野の中では相対的に浅い深度で基盤岩に達する場所であった。その西方のＯＤ－1地点では、その後の地震探査などの物理探査や温泉ボーリング掘削などで岩盤上面の深度は約一五〇〇メートルに達することが判明している。つまり、大阪平野の西側地域と上町台地では岩盤の上面は八五〇メートルもの高低差が存在することになる。これは、上町台地の西側に延びる上町断層が継続的に活動し、その結果生じたものである。この高低差を埋めるように、岩盤の上を大阪層群をはじめとする第四紀層が覆っている。第四紀層の厚さもまた、この高低差と同様上町台地で相対的に薄く、大阪平野の西側で厚い状況にある。

　大阪平野の周辺には、さらに段丘が分布している。大阪平野周辺の段丘はその分布している相対的な高さの差異から高位・中位・低位段丘の三つに区分されている（前掲市原一九九三）。より高い位置に平坦面を持つ段丘ほど古い時期に形成されたもので、大阪平野周辺では継続的な隆起を生じていることをうかがわせている。丘陵地に分布する大阪層群とは不整合関係で、その上を覆う砂礫層を主とする地層として、段丘周囲の崖などで観察される。高位段丘を構成する地層は、約四〇～三〇万年前ごろに形成された地層で、主に丘陵地の頂部などに小規模な平坦面をなして分布している。特に広い平坦面をなしている段丘は、枚方《ひらかた》や伊丹《いたみ》、そして上町台地となっている中位段丘である。この段丘を構成する模式的な地層は、枚方の段丘で観察され、枚方層または中位段丘層などと呼ばれている。枚方層の中部には数メートルの厚さを持つ粘土層が挟まれている。この粘土層もまた海成粘土層であり、平野地下ではMa12層とも呼ばれている。枚方層は、現在の温暖期よりもひとつ前の温暖期である最終間氷期と呼ばれる一三万～一二万年前頃までの期間に広がった内湾で形成された地層である。この温暖期の終わりと共に海退が生じ、Ma12層の上を砂礫層が平坦面を形成して堆積し、その後の隆起によってこの段丘が形成されてきた。

　上町台地を構成する地層は上町層と呼ばれ、枚方層に対比される中位段丘層である（前掲市原一九九三）。上町層は、厚さ十数メートルで、その中部に厚さ数メートルの海成粘土層Ma12層を挟む。台地の南部では顕著な海成粘土層

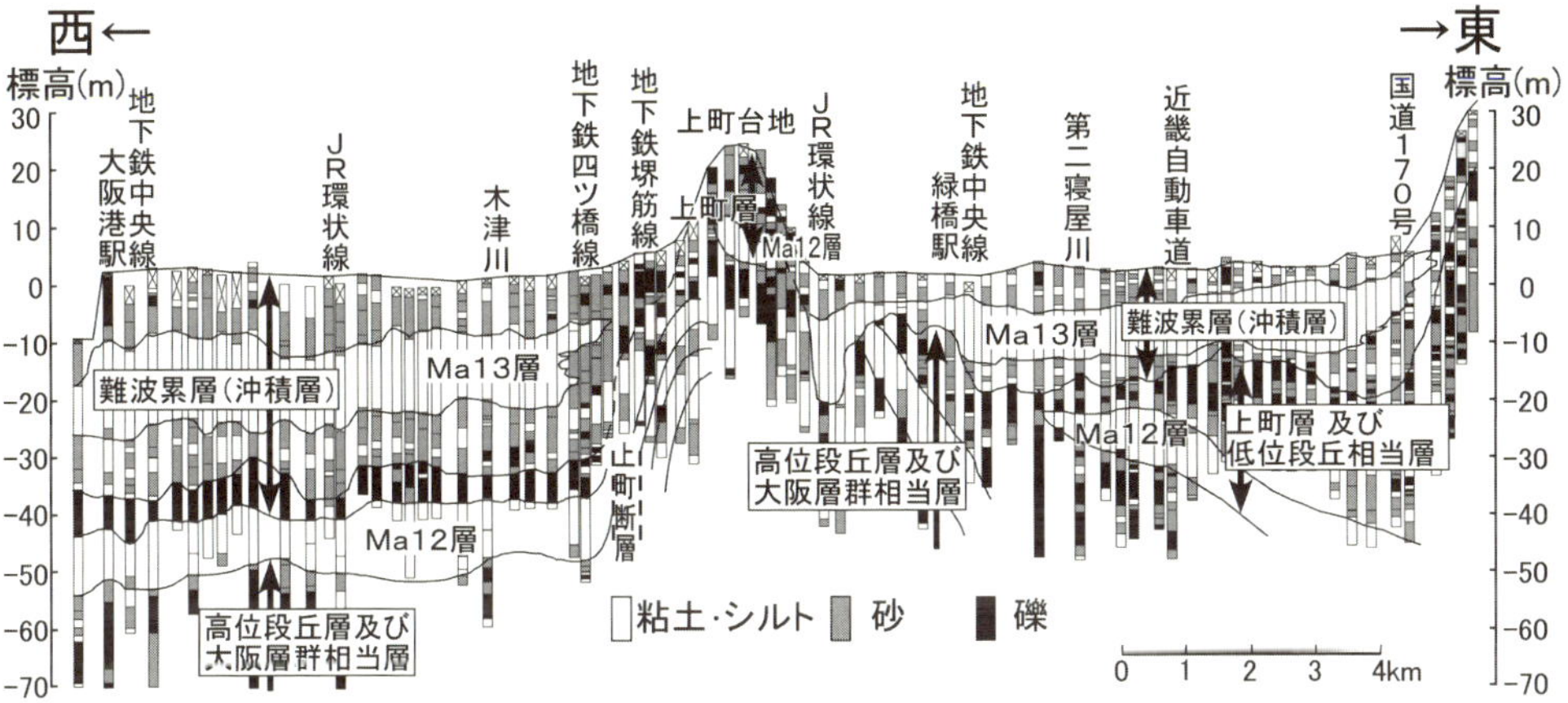

図３　大阪平野の東西地質断面図

（関西地盤情報活用協議会編『新関西地盤―大阪平野から大阪湾―』1988年をもとに作成）

ではなく、海成の砂礫層となっていて、天王寺公園の地下駐車場の掘削工事の際にそれらが観察された。

図３は、既存のボーリング資料をもとにして、大阪平野を地下鉄中央線沿いに東西に横断するように描いた地質断面図である。図の左端は大阪市港区、右端は東大阪市石切付近となっている。図の中央部に上町台地が位置し、断面は難波宮のあたりを通る断面となっている。上町台地の表層は主に砂礫質の地層からなるが、標高数メートルから一〇メートルにMa12層が挟まれる。上町台地のMa12層は東に緩く傾く傾向にあり、台地東方では、削剥されて分布は一旦途切れるが、東大阪平野（河内低地）の地下の深度二〇～三〇メートルにあるMa12層につながる。一方、台地西側の大阪平野の地下では、深度約四〇～五〇メートルにMa12層がほぼ水平に分布する。Ma12層やその下位の地層は、地下鉄堺筋線あたりで急傾斜する様子がうかがえる。これは、このあたりを上町断層が通過し、その活動によって地層が大きく変形した結果である。Ma12層は上町台地とその西側の平野部で分布標高の差が五〇メートルに達する。Ma12層は形成時、ほぼ水平に堆積したであろうから、堆積後に上町断層の活動によって、このような分布標高差を生じたのである。Ma12層の形成時期とその分布標高差から見積もられる上町断層の

垂直的な平均変位速度は、千年あたり四〇センチメートルと評価される。

上町台地の地下浅層部をつくる上町層の下位は大阪層群の上半部に相当する地層が分布している。大阪層群相当の地層は、上町台地の西部で上町断層によって大きく撓み、台地の東部では緩やかな東傾斜となっていて、全体的に東西非対称の背斜構造を呈している。

上町台地を挟んで東西両側の低地は大阪平野にあたる地域である。台地西側が大阪湾に面した大阪平野の西部にあたり、台地東側は、河内低地または東大阪平野などと呼ばれている。平野を形成している地層は、難波累層（沖積層）と呼ばれる地層で、最終氷期（いわゆるウルム氷期）の最寒冷期後の温暖化が生じた中で現在に至るまでに堆積した地層である（三田村宗樹、橋本真由子「ボーリングデータベースからみた大阪平野難波累層基底礫層の分布」『第四紀研究』四三、二〇〇四年）。難波累層は大阪平野西部では全体の厚さが三〇～四〇メートル程度、河内平野では二〇メートル程度である。いずれも軟弱な砂や粘土層から構成される。台地の東西両側の低地は、縄文時代に内湾が広がった地域であり、その内湾の海底に堆積した泥質堆積物が厚い粘土層となって挟まれている。この粘土層は梅田粘土層・沖積中部粘土層・Ma13層と呼ばれている。難波累層は、上町台地では台地を開析して発達する谷筋に沿って分布し、台地上の平坦面をなす地域には分布しない。

三　ボーリング資料からみた本丸地区の断面

上町台地とその周辺の地形や台地を構成する地層の概観については、前節で示したとおりである。それでは、大坂城の本丸地区においてはどのようになっているであろうか。これについては、これまで大坂城の石垣調査をはじめとする地下の調査が行われてきた。その発端は、昭和三十四年（一九五九）の大坂城総合学術調査で、現大阪城の石垣をはじめとする構築物には豊臣時代と確認できるものはなく、本丸地区の空井戸として残されている地点での掘削調査によって、地表下七・三メートルを天端とする高さ二メートル以上の石垣が確認されたことに始まる（村山朔郎「大阪城の地盤調査と地下石垣の発見」『大阪城天守閣紀要』一二、一九八四年）。この調査によって、豊臣期の大坂城石垣は現大阪城の地下に埋没して存在しているらしいことがわかり、その後、昭和四一年～平成九年（一九六五～一九九七）までの間に、ボーリング調査を主とする本丸地区での地下調査が行われてきた（大阪城天守閣「大阪城学術調査特集号」『大阪城天守閣紀要』一二、一九八四年）。これまでに本丸地区において実施されたボーリング地点は七〇地点あまりに達する。

本丸地区で実施されたボーリング調査の地質柱状図（地下の地層の積層を示した図）をパソコンを用いて断面作成が容易にできるように柱状図データベースとしてまとめた。次頁図４に示す地点がこれまでにボーリング調査によって得られた柱状図資料がある箇所で、これらの地点のデータを入力し、断面図作成を行った。柱状図データベースには、ボーリング調査で判明した盛土や自然地層などの岩相（地層の粒度区分や含有物）・地層境界と地層試料採取時に行われた標準貫入試験と呼ばれる原位置で地層の強度を計測した測定値（N値）を入力している。

標準貫入試験では、外径五一ミリメートルの中空のサンプラーを先端につけたボーリングロッドの上端に七五センチメートルの高さから六三・五キログラムの重錘を落下させ、その衝撃でサンプラーを地層中に貫入させる。サンプラーが三〇センチメートル貫入するのに必要な重錘の落下回数をN値として記録する。このN値は地層の各種の強度を見積もるため従来から工学的に活用される計測値である。大阪平野では、難波累層に挟まれるMa 3層はN値が〇～四程度、砂層は二〇前後以下、上町層に挟まれるMa12層は五～一〇前後、大阪層群相当層の粘土層は概ね一五以上、砂層・礫層は概ね三〇以上の傾向があり、古い地層ほどより締まった強度のある地層となっている。

図４に示す断面位置で、本丸地区の代表的な断面を東西方向に四断面、南北方向に二断面作成した。それらの断

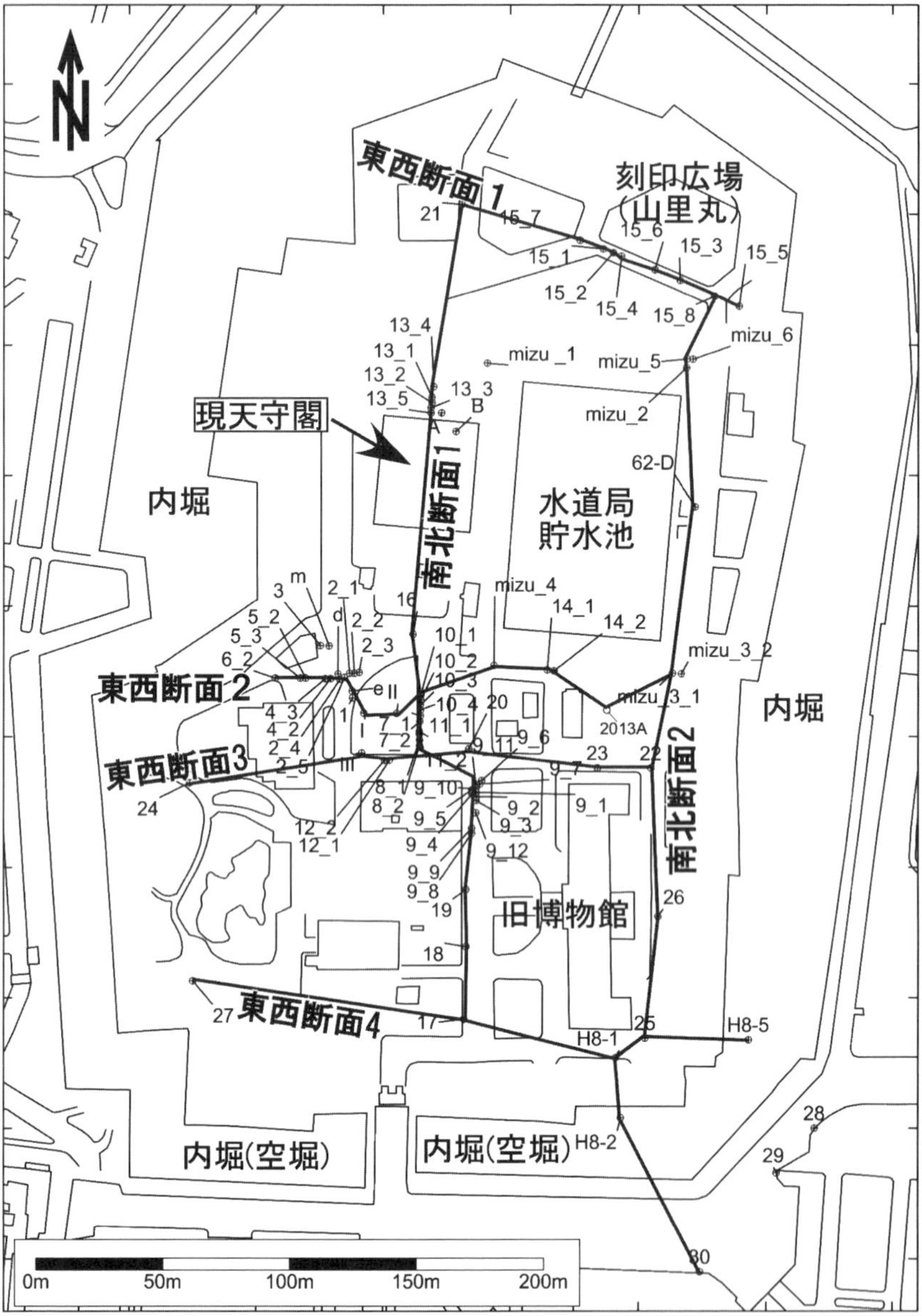

図4　大阪城本丸地区のボーリング地点図と断面図の位置(著者作成)

面を次頁以降の図5～7に示す。以下、各断面の自然地層や石垣・盛土の分布状況について説明する。なお、断面に示した柱状図の右側の数字はN値を示している。

四　自然地層の分布とその上面から見る従来の地形

まず、二つの南北断面から大阪城の基盤をなす自然地層の状況が確認できる。南北断面2は大阪城本丸地区の東側を切った断面で、南は豊国神社の北東から旧博物館・水道局貯水池の東をへて山里丸の東部に至る断面である。自然地層の上面標高は断面南で二四メートル、本丸地区中央で後述する標高一三メートルの谷地形があり、谷を介して本丸地区北端で二〇メートル、山里丸で標高を下げ、一〇メートル前後以下となっている。全般的に、厚さ数メートルのMa12層が標高一〇～一八メートルに分布している。Ma12層の下位には大阪層群相当層とみられるN値三〇以上を示す砂礫層を主とする地層が認められる。Ma12層の上位には、部分的にN値二〇前後以上の礫層やN値数～一〇前後の砂層が分布している。上町層に相当するMa12層以上の自然地層は貝殻片を含んでいる。自然地層上面の分布から、人為的な盛土は、豊国神社付近では一メートル前後と薄く、空堀を挟んで本丸地区の南側で七～八メートル、北に向かって厚くなる傾向があり、一〇メートル前後までとなる。豊臣期石垣とみられる石石が検出された地点は、南北断面2では、H8－1地点（上端標高二六メートル）・26地点（上端標高二二メートル）・mizu2地点（上端標高二七・五メートル）である。

南北断面1は、旧博物館西側の道路を北にたどり、やや西によって現天守台の中央を縦断し、山里丸の西に至る断面である。この断面での自然地層上面の分布は、断面南部で標高二〇～二二メートル、現天守台の南で谷状に一五メートルまで低くなり、現天守台あたりは一八メートル前後に高くなったのち、その北部で一〇メートル前後ま

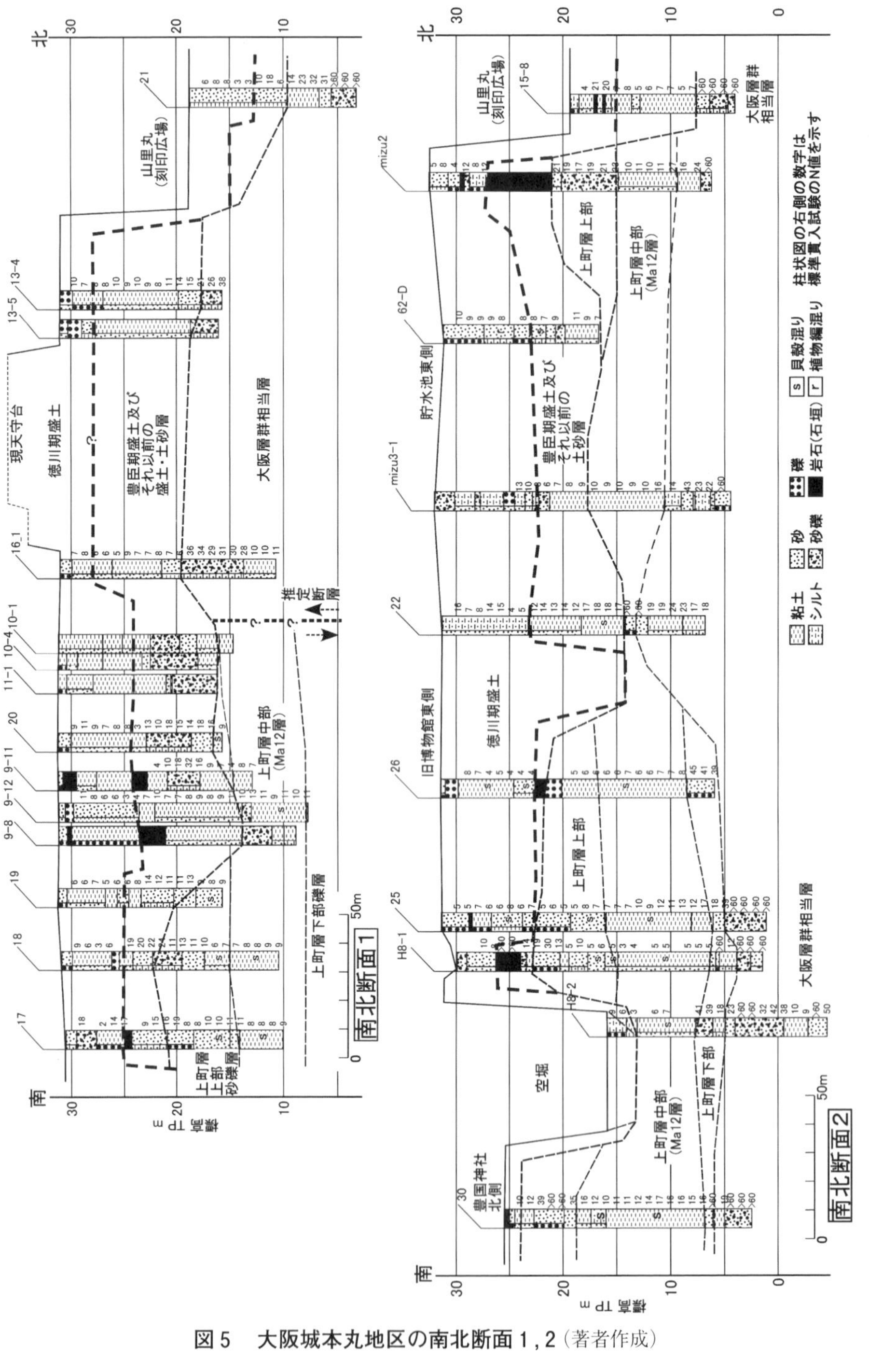

図5　大阪城本丸地区の南北断面1，2（著者作成）

で低くなる。自然地層の岩相は、現天守台の南あたりで、その南と北で大きな違いを見せ、南側には、上町層のMa12層が認められるが、北側にはN値の比較的高い砂礫層と粘土層が分布する。つまり断面北側には、大阪層群相当層が分布するとみられる。このような上町層の分布傾向は、東西断面1～3においても見られ、上町層の分布が急に途切れることから、上町層と大阪層群相当層との間は断層関係である可能性がある。想定される断層の伸びは、本丸広場の西部にある池の北あたりから現天守台の南を経て水道局貯水池に至る北東－南西方向とみられ、断層の北西側が相対的に隆起するような変位を示している。南北断面1の南部にみられる谷地形の北端は、この断層に規制され、断層北側の大阪層群相当層の分布する地域が自然地形として高まりをなしていたものと推察される。現天守台の箇所でのボーリング資料がないため、その下の自然地層の上面がどこにあるかは明確ではないが、少なくとも周辺の状況から標高一八メートル前後以下は大阪層群相当層から構成されるとみられる。山里丸付近は、従来から自然地形として上町台地の北端にあたるため、自然地層の上面は低い状況にあり、本丸地区との間に一〇メートル程度の標高差が認められる。

南北断面で説明した自然地層の分布を四つの東西断面（図6、7）からみると、本丸地区の最も南を切る東西断面4では上町層がほぼ水平に分布している様子がうかがえる。東西断面2・3では、西側に大阪層群相当層、東側に上町層が上位を占めその下位に大阪層群相当層が分布する様子がわかる。自然地層の上面は、南北断面で見るように、南側の東西断面4で標高二一～二四メートルで最も高い位置にある。東西断面3では、ボーリング地点23で、深度九・〇～一八・六五メートルの間地下遺構が見つかっていて、井戸枠ではないかとされる（前掲大阪城天守閣一九八四）。これを後述するように石垣とすると、その下面が自然地層上面となり、標高一三メートルあたりにその上面があると考えられる。後述する平成二十五年（二〇一三）に行われた金蔵東の2013A地点のボーリングでは上町層上面は、標高約一四メートルにあり、その上位に谷を埋めるように五メートル前後の泥質層を介して豊臣期の

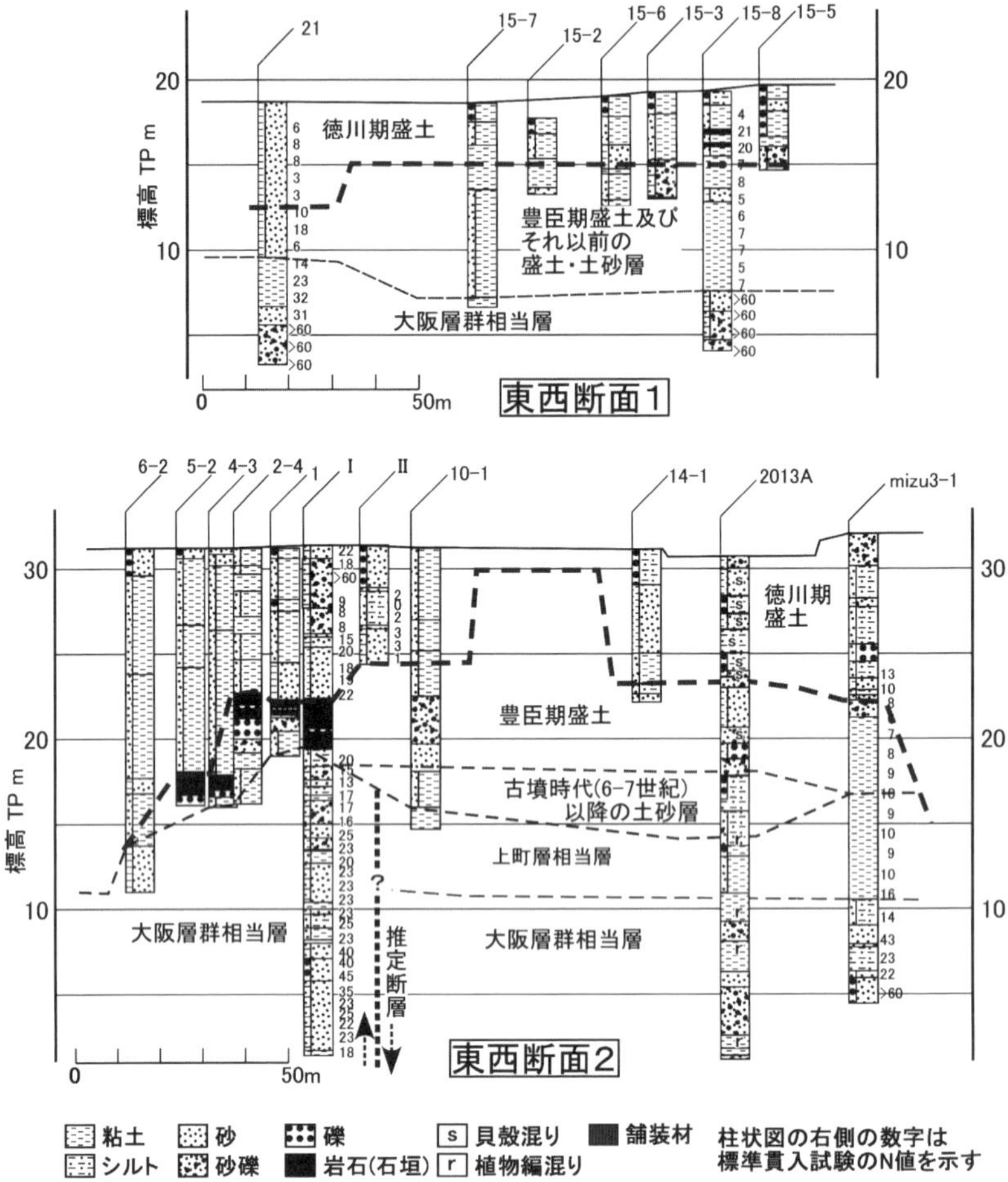

図6　大阪城本丸地区の東西断面1，2（著者作成）

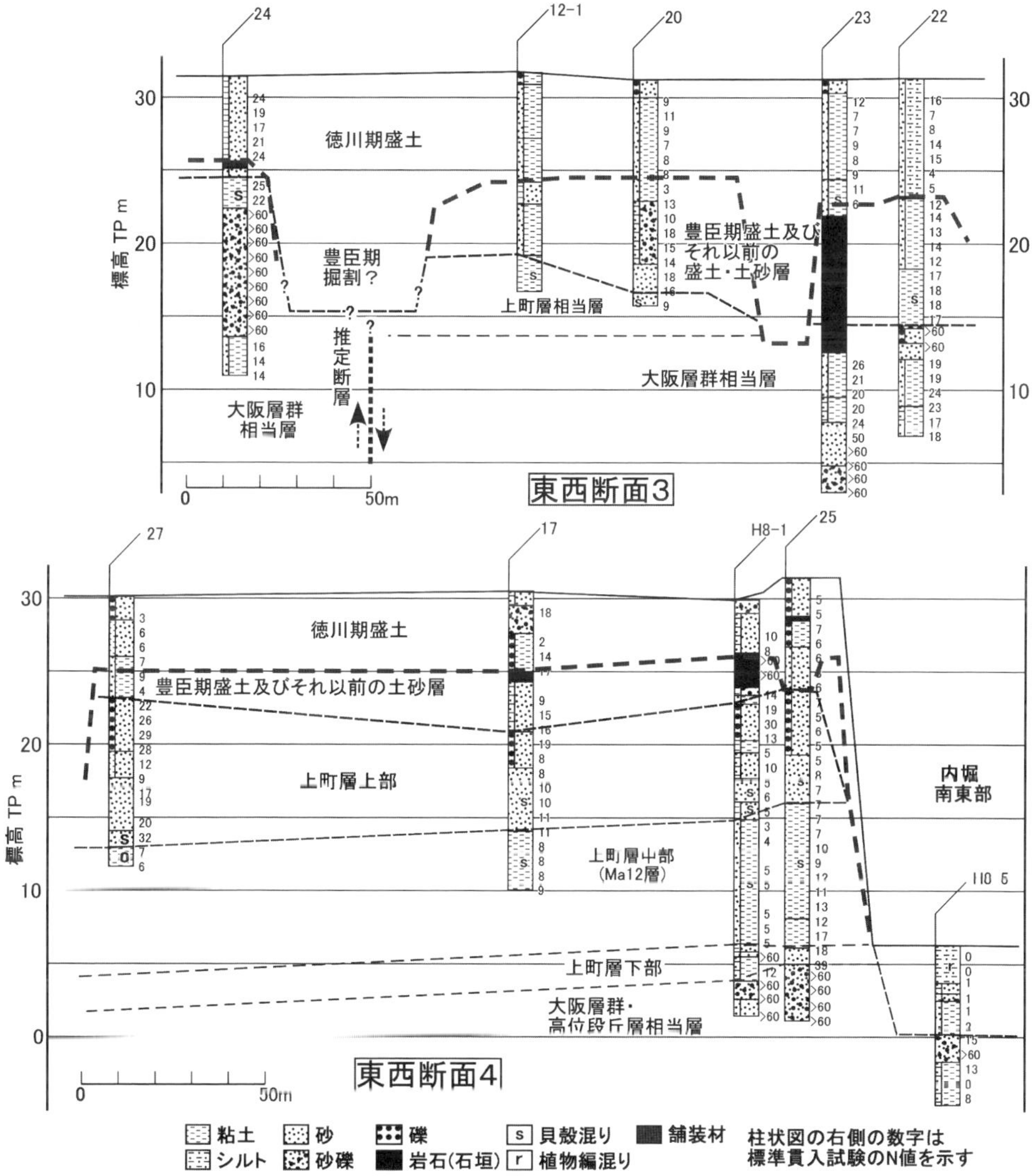

図７　大阪城本丸地区の東西断面３，４（著者作成）

盛土があるとみられる。つまり旧博物館の北あたりに東側から入り込む開析谷が存在するようである。東西断面2・3では、自然地層の上面は西側で高い位置になる。これは、先に示した上町層と大阪層群相当層との境界断層によって、西側によく締まった大阪層群相当層の砂礫層が分布するため、従来から地形的な高まりを形成していたものとみられる。このあたりは、盛土が薄く、大阪層群相当層の上に石垣が築かれ、自然の高まりや谷の起伏を活用して城郭を構築している可能性が高い。この西側は断層の影響を受け、この付近に北西側から入り込む谷が形成されていたとみられる。

山里丸は、東西断面1にみるように大阪層群相当層の上面は標高一〇メートルより低く、台地の北端の斜面地にあたる地区である。

五　大坂城本丸地区の石垣分布

豊臣期大坂城の石垣が現在の大阪城本丸地区の地下に埋没されて存在していることは、先にも述べたとおり、昭和三十四年（一九五九）の大阪市・大阪市教育委員会・大阪読売新聞社が実施した大坂城総合学術調査によって発見された空井戸地点の石垣遺構で始めて明らかになった。このピット掘削調査にさきがけてボーリング調査が行われている。東西断面2（図6）に示す地点Ⅰがそれであり、ここに空井戸石垣が位置している。空井戸掘削調査では地表下七・三メートルで石垣天端が確認され、ボーリング地点Ⅰでは九・三メートルで石垣に達している。このボーリングでは石垣を貫通してさらに掘削されており、地表下一一・〇メートルまでの一・七メートルの比高で石垣が確認される（前掲村山朔郎一九八四）。この発見を発端として、豊臣大坂城石垣の継続的な調査が始まっている（前掲大阪城天守閣一九八四）。さらに、翌年の昭和三十五年（一九六〇）に徳川幕府の京都大工頭を務めた中井家から豊臣時代大坂城本丸図面（以下、本丸図と記す）が発見された。この本丸図が発見される中、大阪城天守閣は、石垣の追跡調査として素掘りのボーリング調査を実施している。これらの調査結果をもとに、空井戸石垣を中ノ段の石垣の一角と仮定したうえで、原本の本丸図の縮尺を評価し、ゆがみを直した豊臣・徳川の本丸地区重ねあわせ図（宮上案）が提示された（宮上茂隆「豊臣秀吉築造大坂城の復元的研究」『建築史研究』三七、一九六七年）。しかし、その重ね合わせに関して、空井戸石垣を本丸図の中ノ段石垣の一角とした根拠が明確でないこと、ゆがみの修正に無理があるとの観点から、その後の調査として大阪市・大阪城天守閣が実施した昭和四十七～五十六年（一九七二～一九八一）の豊臣時代大坂城遺構確認調査で空井戸石垣から続く石垣確認や盛土状況確認などのためのサウンディング調査（試料採取を伴わない地下の土質強度調査）とボーリング調査が実施された。この一連の調査では当初、本丸図とほぼ同様の縮尺であって、カラス口で製図された元広島藩浅野家旧蔵の大坂城本丸図が用いられ、その基点をそれまでの石垣の連続方向などから、詰ノ丸の南西隅に空井戸石垣を置いて、ゆがみを考慮せずに重ね合わせの検討が行われた。しかし、後半の調査で検出された石垣位置と重ね合わせが一致せず、この試みは断念され、宮上氏の提示した本丸図重ね合わせ案にほぼ落ち着いている（前掲大阪城天守閣一九八四）。

ボーリングデータで石垣の検出上限の標高を次頁図８に示す。図中の豊臣期石垣線と空井戸位置は、宮上案本丸図を引用して示している。空井戸位置のボーリング地点Ⅰの石垣着岩標高は二二メートルで、これはボーリングが天端そのものをとらえていない。空井戸での発掘石垣の天端は標高二四メートルで、二メートルほど高い位置となる。この石垣の着岩をとらえたボーリングの位置と石垣石材とみられる上端の標高から、中ノ段を画する石垣の天端は標高二四～二五メートルの範囲に存在することがわかる。

空井戸石垣から北西側に延びる石垣は、西側に標高を下げ、下の段の標高は一八メートル前後にあたるとみられる。本丸図には北西側から中ノ段に入り込むように掘割が描かれていて、この北東側の石垣に相当する。この掘割

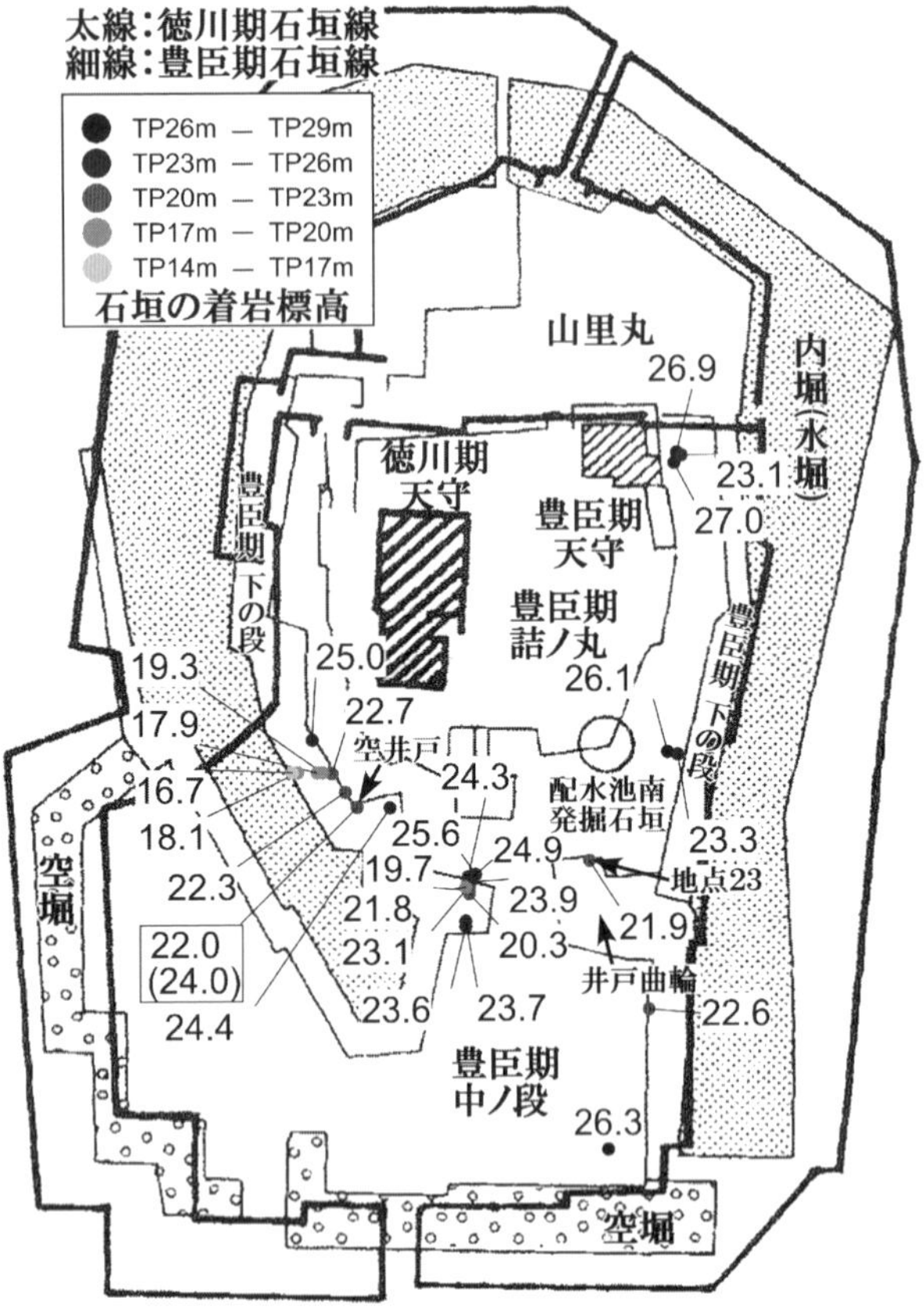

図8　ボーリング資料における石垣検出上限標高
（図中の石垣線は本丸図（宮上案）による。著者作成）

の底面の標高はボーリング資料などがなく、不明である。現在の空堀の底面標高を考慮すると、標高一四〜一五メートルとなる。東西断面2の西端に示す6－2地点のボーリングでは、深度一七・五メートルまで、標高一三〜一四メートルあたりに盛土境界があると想定され、掘割はこれよりやや低い位置の一〇メートル程度の位置になる可能性が高い。昭和四十四年に行われた本丸広場のタイムカプセルの掘削工事の際には、地下二五メートル前後で石垣遺構とみられるものが発見されたとされる（渡辺武ほか「豊臣時代大坂城遺構確認調査概報」『大阪城天守閣紀要』三、一九七五年）。この位置はちょうどこの掘割の最も奥まった箇所にあたる可能性がある。このことが正しければ、この掘割の底面標高は、五〜六メートル前後以下となり、これは内堀の底面標高にほぼ相当することになる。現状では、明確な資料がなく、今後の調査の進展に期待するところである。後に示す豊臣期の三次元地表モデルでは、この掘割の底面を標高一〇メートルに合わせて表現した。

さらに、中ノ段を東から入り込む井戸曲輪《くるわ》についてみてみることにする。ボーリング地点23で深度九・〇メートルから九メートル余りの区間幅で花崗岩が検出され、前述したように井戸枠ではないかとされる。この東側の内堀に面した区画は、徳川大坂城の改築時に新たな石垣普請を福岡藩黒田家が行い、栗石を多く必要としたように豊臣石垣が入組み奥まった箇所であったことがうかがえる（中村博司「徳川幕府による大坂城再築の一様相」『城郭史研究』三〇、二〇一〇年）。本丸図に合わせてみると井戸曲輪の北側の石垣位置に相当するところにボーリング地点23が位置するとみられる。本丸図では井戸曲輪は下の段よりも低い位置にあり、地点23での着岩標高一一・九メートルと高いこと、本丸図で井戸曲輪北側の石垣が大きな比高をもって井戸曲輪まで構築されていることを考慮するとこのボーリングの着岩区間は石垣及びその背後の裏込め石に相当するとみられ、この南側に地表面標高一二メートルとする井戸曲輪が存在するものとみられる。

一方、詰ノ丸に関しては、昭和五十九年（一九八四）に金蔵の東側で水道工事の際に現れ、発掘調査が行われた水道局貯水池の石垣が確認されている（（財）大阪市文化財協会編『大阪城内配水池改良工事に伴う発掘調査概報・特別史跡大坂城跡』一九八五年）。この石垣は、埋没した豊臣期石垣を今後公開展示するための予備調査として、平成二十六年（二〇一四）に再発掘されている。この石垣は地下一・一メートルを天端とし、高さ約七メートルの石垣である。つまり天端標高三〇メートル、下端標高二三〜二四メートルとなり、下端標高は中ノ段の石垣天端の標高に一致する。

山里丸については、山里丸東部の平成二十一年（二〇〇九）度発掘調査によって、豊臣期の地表面とみられる大坂夏ノ陣の焼土層が確認されていて、標高一五メートル前後とされている。本丸図では山里丸の中央部に石垣線が描かれている。この存在は、確認されていないが、北側の旧極楽橋に至る地盤標高に合わせるためには、このような石垣で地盤面を下げる必要があることから、本丸図に描かれるような石垣が存在する可能性が高い。

六　本丸地区の盛土の特徴

前節では石垣の存在状態と宮上案による本丸図重ね合わせにしたがって、豊臣期の本丸地区の石垣の高さについて整理した。これは下の段から詰ノ丸までの代表的な地表面の高さに相当するものとみなせる。ここでは、ボーリング資料に基づいて豊臣期の盛土や、その後の徳川期の豊臣期本丸を覆った盛土の特徴についてみてみることにする。

金蔵東の貯水池南の石垣再発掘に先だって、平成二十五年（二〇一三）に行われたボーリング調査東西断面２の2013A 地点の試料を得る機会があった。その試料の観察を行ったので、これについて示す。図９にその地質柱状図を示した。深度二・五メートルまでは細礫・瓦片を多数含むシルト質の細粒～中粒砂で、この下位にシルト質細粒～中粒砂を主とし、貝殻片を多数含む盛土層がある。深度七～八メートルには細礫を主とし、赤褐色の焼けた瓦片が含まれていて、この層の下位ではシルト質な細礫混じりの中粒～粗粒砂に変化することから、深度八メートル付近に盛土境界があるとみられる。この境界は、金蔵東の発掘石垣の下端にほぼ相当し、豊臣石垣を覆った徳川期盛土層の下限であるとみられる。徳川期の盛土は、砂を主としながら、全般的にシルト質で貝殻片を多数含むのが特徴である。標準貫入試験のＮ値は数～一〇を示していて、砂とシルトの盛土材を混合して、締め固められて構築さ

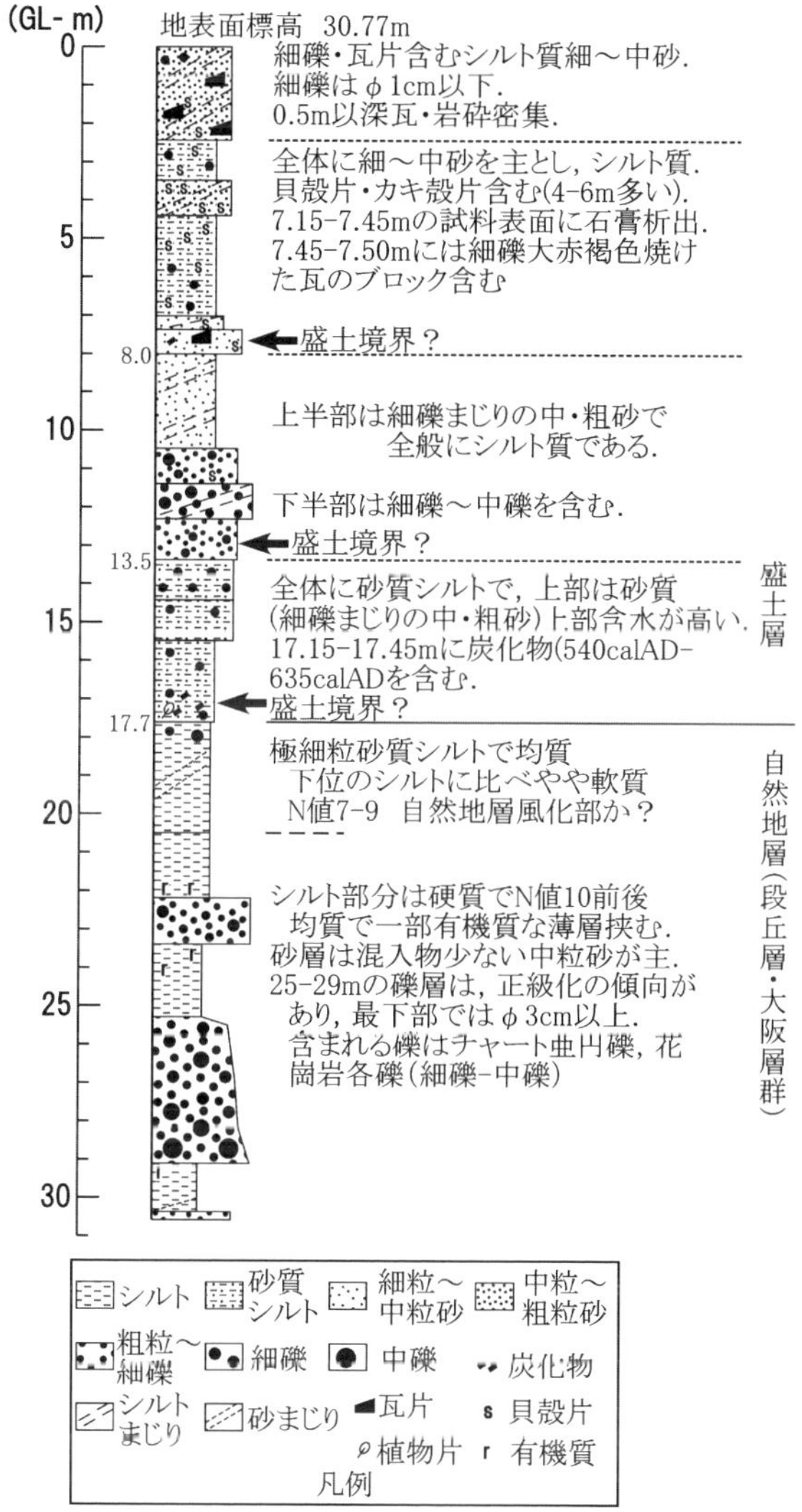

図9　金蔵東ボーリング2013A地点の地質柱状図
（著者作成）

れているようである。貝殻片を多数含むことは、内堀の拡幅などの際に、上町層のMa12層を削ったとみられ、その際に搬出された土砂を盛土材に活用したものとみられる。

2013Aボーリングの深度八～一三・五メートルは全般に砂礫質で下半部は細礫～中礫を含んでいる。その下位がシルト質となることから、盛土層の境界があるようにみえる。一三・五～一七・七メートルの間は全体にシルト質でその上部は含水が高い軟質な状態にある。一七・一五～一七・四五メートル区間で標準貫入試験にともなって採取された試料の中に炭化物が含まれる。この炭化物の放射性炭素年代測定で得られた年代値は、西暦五四〇～六三五（calAD）年を示した。この結果は、この層準の堆積物が難波宮に相当する年代を示す六世紀ごろに形成された堆積物であることがわかる。東西断面2に示すように、前述した自然地層の分布状況からも旧博物館の北あたりに東側から入り込む谷地形が存在し、その谷を数メートル埋めるように六世紀以降の堆積物が覆っている。このボーリングからは、深度八～一三・五メートルの全般に砂礫質の盛土部が少なくとも豊臣期の盛土であろうとみられる。

埋没した石垣の分布と2013Aボーリングの試料観察などから、豊臣期に本丸を構築した際の盛土の状況が大まかにわかるが、本丸地区南部の豊臣期盛土の上半部は砂礫を主とし、下半部はシルト質砂を主とする傾向がある。北部の状況はボーリング資料などが少ないが、山里丸も含めて全般的にシルト質砂の盛土で構成される。

七　本丸地区の地盤の推移

埋没石垣のこれまでに蓄積された資料の取りまとめなどをふまえて、自然地層の上面標高や豊臣期の本丸地盤の地表面標高の概略を三次元地表モデルとしてまとめた。図10（巻頭カラー）にそれを示す。自然地層の上面標高は、本丸の南側の空堀を隔てた豊国神社あたりでは標高二三～二四メートルであり、本丸北部の現天守台の北では標高一八メートル程度に低くなり、その北側の山里丸では標高数メートルまで急に低くなっていて、本丸北縁はほぼ自然地層がつくる台地の北斜面を利用している状況がうかがえる。本丸地区の南部には東西から二つの谷が入り込んでいるとみられる。その一つは、豊臣大坂城の石垣図に描かれる本丸に北西側から中ノ段に深く入り込む掘割にほぼ沿うもので、谷底の標高が一五メートル前後以下の谷であるとみられる。谷の奥まった部分には、大阪層群と上町層の断層が推定され、中ノ段に深く入り込む豊臣期の掘割は、断層を越えて、より南東側に上町層を掘り込んで構築されているとみられる。（公財）大阪市博物館協会大阪文化財研究所ほかの『大阪上町台地の総合的研究』では、「本丸谷」と呼んでいる。一方、旧博物館北側の金蔵東の地区から西に入り込む谷が、もう一つのものである。この谷の底部の標高は一三メートル程度で旧博物館西側あたりまで入り込む谷である。この谷は、大阪市博物館協会ほかでは、「井戸曲輪谷」とされるものである。この二つの谷によって、その北側の台地部分は孤立状の高まりを持つ台地となっていたとみられる。

豊臣大坂城の本丸図では、先に述べた中ノ段に北西側から深く入り込む掘割が本丸谷に沿って構築され、さらに、井戸曲輪谷を利用して井戸曲輪が西の掘割と共に東側から下の段相当の標高まで落ちた構造となっている。これら二つの構造は東西から中ノ段を狭めている。このように、豊臣本丸の中ノ段は、東西の自然地形の谷を利用しながら形作られたようである。

中ノ段の地表面標高は、石垣の天端の分布からみて標高二四～一五メートルとみられる。これは、本丸南側の自然地層のつくる台地標高が、標高二二～二四メートルであることから、ほぼその標高に合わせて、標高を下げる台地に徐々に盛土を行って、盛土上面のレベルを維持するように北側へと構築されたとみられる。本丸地区の西側の自然地層は大阪層群相当層とみられ、よく締まった地盤であり、盛土はほとんど行わずに中ノ段を造成している。下の段は、本丸谷や井戸曲輪谷の谷斜面に沿うように、内堀掘削の標高に接合するように、標高一八メートル前後を中心に構築されているとみられる。また、山里丸は、台地の北端の斜面部を切り盛りする形で北部の低地と天守閣がのる最も高い詰ノ丸との間に構築されている。

詰ノ丸は先に述べた二つの谷によって孤立状となっている台地北端の高まりを活用して構築されている。この領域に徳川大坂城の天守台も位置を変えておかれている。詰ノ丸の標高は石垣天端の分布から標高三〇メートルあたりに想定される。この孤立状の台地北端部では、自然地層の上面は標高一八メートル前後である。ボーリング資料など地下の明確な情報が希薄であるので詳細は不明であるが、自然地層の上面をこの標高とすると一〇メートル以上の盛土厚さとなる。

徳川大坂城の本丸地区は、豊臣大坂城を覆い隠すように構築され、中ノ段に北西側から深く入り込む掘割や井戸曲輪を埋立てて平坦化し、さらに本丸地区を高くして標高三一メートル前後の高さにまでかさ上げしている。中ノ段に北西側から深く入り込む掘割の北西端の処理は、水堀である内堀をここで終端とさせ、この掘割の方向に直交するように石垣を築いて南側の空堀につないでいる。本丸のかさ上げに伴って、山里丸では、豊臣期の詰ノ丸・山里丸の比高を維持するように四～五メートルの盛土を行っている。さらに、徳川大阪城の天守台はひときわ高くなっている。先に述べたこの地区の自然地盤の標高であると、一八メートルもの盛土となる。地盤の安定などを考慮すると、この地域の自然地盤の標高はより高い可能性もあり、盛土はもっと薄い状況であるかもしれない。そのほか、北西側から中ノ段に深く入り込む掘割についても、ボーリング資料など具体的な資料がない。これらについては、今後の調査の進展を待たねばならない。

三次元計測による石垣測量とその成果

岸本直文

はじめに

深い堀に高い石垣、幕末の火災そして戦災を免れ現存する櫓、大阪市民の拠金で復元された天守、大阪城は間違いなく大阪のシンボルである。昭和二十八年（一九五三）に史跡に指定され、昭和三十年度から櫓など建物の解体修理や石垣修理事業が行われた。戦前に旧陸軍が置かれることの多かった近世城郭は、戦後、史跡となり保存が図られ、城跡公園として開放される。大阪城も旧大阪砲兵工廠の敷地を含め公園整備が進められた。一方、その南の難波宮跡は、昭和二十九年の第一次調査以降、所在が判明し、いくつもの危機を乗り越えて保存され史跡となる。大阪市による調査研究そして保存、史跡指定や公有化および整備の重点は、六十年間にわたって難波宮跡にあった。大阪城についての調査研究は、読売新聞社がスポンサーとなっての昭和三十四年（一九五九）の総合調査、築城史研究会（民間団体）による継続的な石垣（刻印）調査、また天守閣によるボーリング調査などにとどまる。

昭和三十四年の総合調査で地下深くから石垣が見つかり、翌三十五年の豊臣期本丸絵図の発見で、現在の城跡が江戸時代のもので、豊臣大坂城は地下深く埋まっていることが判明する。昭和五十九年（一九八四）には埋設管工

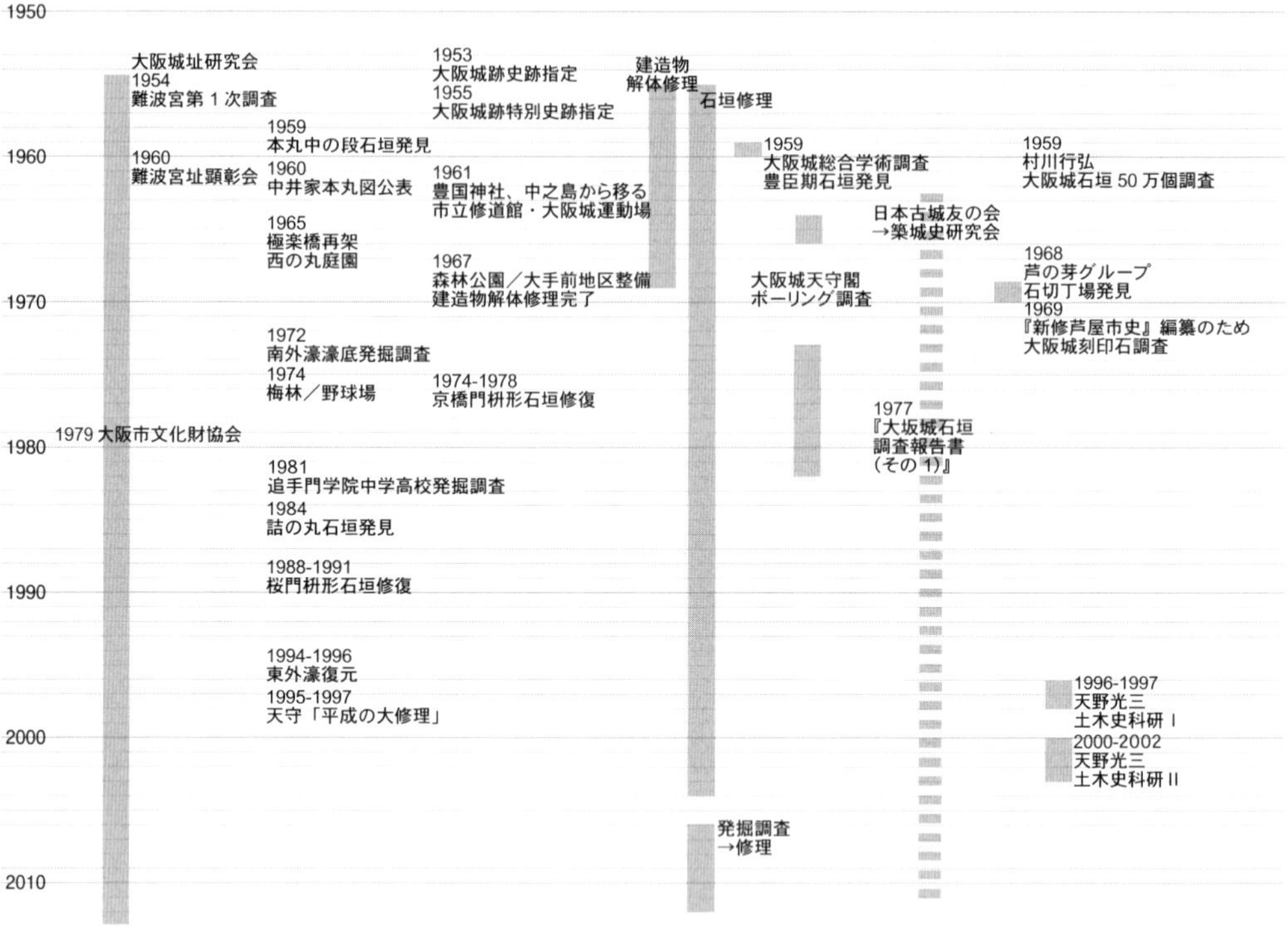

図１　大阪城にかかわる調査研究史（著者作成）

事にともない、天守閣東側の配水池の南で詰ノ丸石垣が発見され、基部まで調査された。史跡地内における本格的な発掘調査として、また豊臣期の石垣調査として画期的なものであった。現在では、平成八年（一九九六）からの石垣の修理事業において、事前の発掘調査も継続的に行われるようになっている（図1）。

大阪は、古代国家の中心となる畿内の玄関口で、難波堀江の掘削により国家的港である難波津が誕生し、難波宮が置かれ、中世の渡辺津、本願寺そして大阪城と、現代都市のなかでも歴史の厚さは群を抜いている。豊かな歴史遺産は大阪の魅力であり、培われた文化とともに大切にし、積極的に活かす政策を望む。それは上町台地先端部だけのことではなく、また歴史遺産の多くのジャンルを含めてのことである。

大阪城は、そのなかでもやはり、難波宮

図２　大勢の見学者でにぎわう大阪城（著者撮影）

図３　豊臣石垣公開施設イメージ（大阪市HP）

跡とともに大阪を代表する重要な遺産である。さいわい、外国人観光客を含め大勢の人々が大阪城を訪れる（図２）。大阪府下最大の観光スポットであり、これを利用しない手はない。大阪城について理解を深めてもらうばかりでなく、大阪の歴史を学ぶことができ、また、大阪そのものを発信する絶好の場所である。しかし、豊臣大坂城が地下に眠ることを、来訪客のどれくらいが知っているのだろう。徳川大坂城についても、本丸にむかう人々が、いま歩いているところがどんな場所だったのか、よく知らないだろう。本丸御殿を含め、焼けて現存しない建物等も、現地表下に基礎は遺存している。大阪城の利用者の目的は様々だろうが、必要な調査を行い、見所について遺構を表示したり説明看板を置くなど、その内容や価値を顕在化させることで、市民にとって、もっと歴史を体感できる場にできるはずである。

大阪市では平成二十三年（二〇一一）度に大阪城の歴史文化遺産を活かした観光魅力アップのためのマスタープランを、平成二十四年度には史跡の保存管理計画を策定し、将来の史跡整備に向けたビジョンを打ち出している。そのなかで、本丸地区は歴史を体感できるゾーンとすることが構想されており、現在、昭和五十九年（一九八四）に調査された豊臣期詰ノ丸石垣の地下公開施設にむけて検討が進んでいる（図３）。これまで公園として環境が整えられてきた大阪城について、学術的な調査研究を総合的・戦略的に実施し、大阪城の歴史性を活かした魅力アップを願うものである。石川県金沢城では、金沢大学が転出

図４　南外堀の石垣（著者撮影）

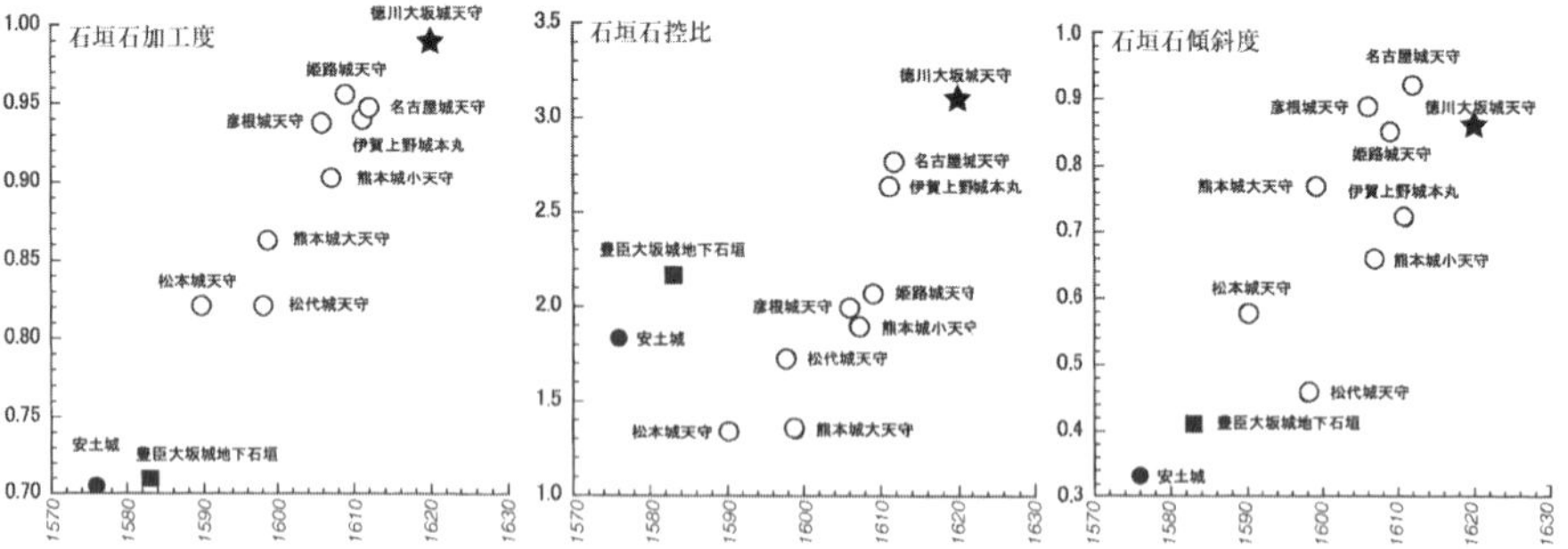

図５　近世城郭の最高峰である徳川大坂城（玉野富雄「豊臣期石垣と徳川期石垣の構造論」『豊臣石垣公開プロジェクト歴史講座 地下に眠る豊臣大坂城の石垣を探る』2014より転載）

したあと、県教委が調査研究所を作り、職員を多数配置し、調査研究や史跡整備を年次計画を立てて実施している。大阪市にも、大阪城天守閣・大阪歴史博物館・（公財）大阪文化財研究所・大阪市史編纂所など、大阪の歴史や文化にかかわる組織があり、携わる職員も少なくない。大阪の文化や文化財を大切にし、それらを活かすという同じ価値観や目標にむかって、オール大阪で取り組んでほしい。

一　日本の近世城郭の最高峰

本稿では大阪城の石垣を扱うが、秀吉の造った大坂城が、安土城をしのぐ城郭であったことはいうまでもないが、ここでは徳川大坂城こそ、造営技術の急速な発展をみた織豊期から江戸初期という近世城郭史において、完成された最高峰であることを強調しておきたい（図5）。

徳川大坂城は、夏ノ陣後の元和六年（一六二〇）に造営に着手し、Ⅰ〜Ⅲ期にわたって実施され、寛永五年（一六二八）に完成する。江戸城の造営は慶長八年（一六〇三）から慶長十九年（一六一四）、名古屋城は慶長十四年（一六〇九）から慶長十七年（一六一二）である。江戸幕府が諸大名を動員した天下普請で、威信をかけて実施した城郭造営において、江戸城や名古屋城などの経験をふまえ、発達を遂げてきた築造技術がすべて投入されている。

城郭造営には、堀の掘削と石垣構築という普請と、そこに建築物を建てる作事があり、その両面にわたって大坂城を評価する必要があるが、ここでは高石垣の構築技術について扱う。豊臣大坂城のいわゆる野面積みに対し、徳川大坂城では花崗岩の切石加工技術が向上し、規格的な加工石材を積むことで、日本一の高さの石垣を実現している。その高さは、一九間（約三四メートル）とする計画があったものの実現しなかったようであるが、石工の技術書には一七間（約三〇メートル）とあり、事実、南外堀の石垣に「十七間」と刻まれており、実際にその高さがある（図4）。また、もっとも高いことが判明しているのは、東外堀の三一〜三二メートルである（玉野富雄「豊臣期石垣と徳川期石垣の構造論」、図5）。徳川大坂城の石垣は、世界的に評価すべき技術水準をもつ。

二　文化財の三次元計測

文化財の世界にも三次元計測が二〇〇〇年代に導入される。レーザースキャナーが発達し、大きな対象から小さな遺物まで、無数の三次元データ群を得る精細計測が可能となり、精度・速度や操作の簡易さなど機器の進歩も著しい。膨大な点群データの処理が必要だが、コンピュータの演算能力も進化し、ソフトの開発も進む。こうした技術は、文化財の記録・資料化の手法に変化をもたらし、研究面でも新たな方法論が生まれるだろう。

大阪市立大学では、約二〇〇メートルの前方後円墳、二〇メートル弱の横穴式石室、八メートル四方程度の発掘区、二・五メートル程の石棺の計測を試みてきた。これにより、人の手による計測・図化よりはるかに精度が高く、写真にも似た立体感・質感をもつ陰影図を作成できる。陰影図はひとつのアウトプットの方法で、三次元データであるから3Dデータとして任意の方向から観察することもできるし、任意の間隔で等高線図を作成することもできる。大仙古墳から小さな遺物まで、図面や写真という特定の視点からの記録と異なり、資料の形状を丸ごとデータ化し立体把握できる。大きなものは手頃な大きさに、微細なものは目に見えるよう拡大し、ビジュアル化できる（画像・立体画像・動画）。印刷物および動画での公開・発信はもとより、複製模型の作成も容易である。絵画・文書などを除き、立体物である多くの文化財について、立体物として実体的に認知することができる。

三　豊臣石垣の計測

昭和五十九年（一九八四）に調査された詰ノ丸石垣について、公開施設の設置に向けて再発掘がなされたので、平成二十六年（二〇一四）二月に計測した（図7）。あわせて昭和三十四年（一九五九）の総合調査時に検出された中ノ段石垣についても実施した（図6）。この石垣は、現在、マンホールを設けて覗けるようになっているが、常時公開はしていない。調査では石垣の角部を検出しているが、マンホール下に見えるのはその一部である。

豊臣大坂城の石垣石は、さまざまな種類の石材を、転用材を含めてそのまま積み上げるものだが、硬質の花崗岩を特定の産地に求めることも始まっている。採取地としては生駒・六甲が主で、淡路島が加わると推定されている。小豆島の石もあるとみられているが、全体像はわかっていない。

築城は天正十一年（一五八三）九月に着手し、翌十二年八月に秀吉は大坂城に入っているので、ほぼ一年で本丸

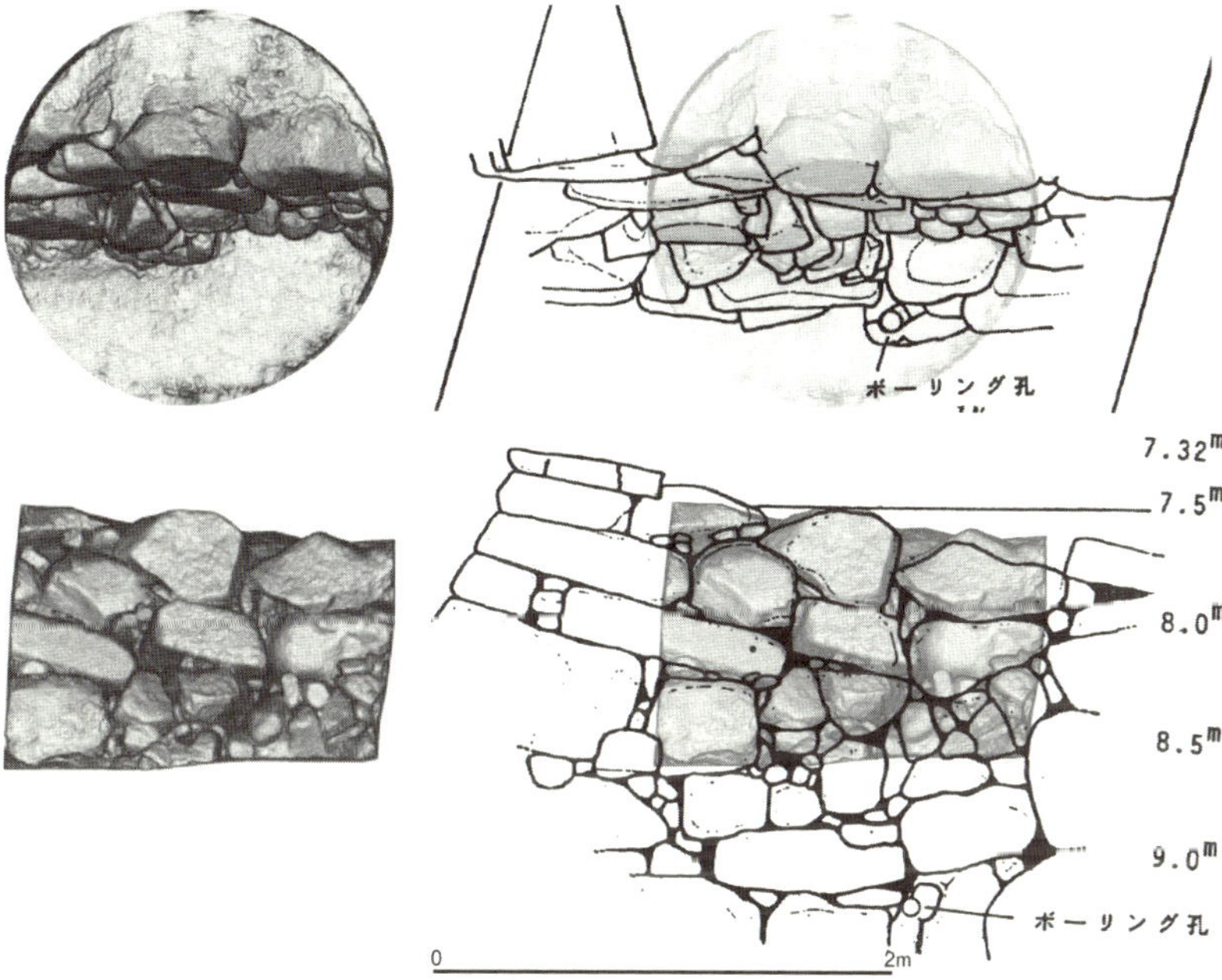

図 6　1959年豊臣本丸中ノ段石垣の陰影図　1/50（村山朔郎「大坂城の地盤調査と地下石垣の発見」『大阪城天守閣紀要』12、1984年 3 月より転載。左図 2 点は大阪市立大学提供）

を仕上げている（第1期）。石運びのための道造りを命令する八月十九日と二十八日の文書、石運びにかかわる八月末頃の掟書七通が残る。九月一日に普請を開始し、数千人規模で石を搬入しており、九月四日の石曳き記事が最後で、石の運び込みは短期間とみられる。本丸の石垣は三段構成で、水堀と下二段（「下ノ段」と「中ノ段」）は織田時代のものを利用し、天守と奥御殿のある詰ノ丸、南面の空堀の普請が中心で、石垣構築は十一月頃までとみられる（中村博司『天下統一の城 大坂城』〈シリーズ「遺跡を学ぶ」四三〉』新泉社、二〇〇八年）。

小野木・一柳に命じた文書では、八尾市高安の「千塚」の石がよいとし、若江までの道を整備するよう命じる。小谷利明は、千塚は現在の高安古墳群西方の千塚村のことでなく、古墳群の通称で、具体的には東大阪市との境に近い地域にあった今はない群集墳が対象となり、横穴式石室の石材を採取したものとみている（小谷

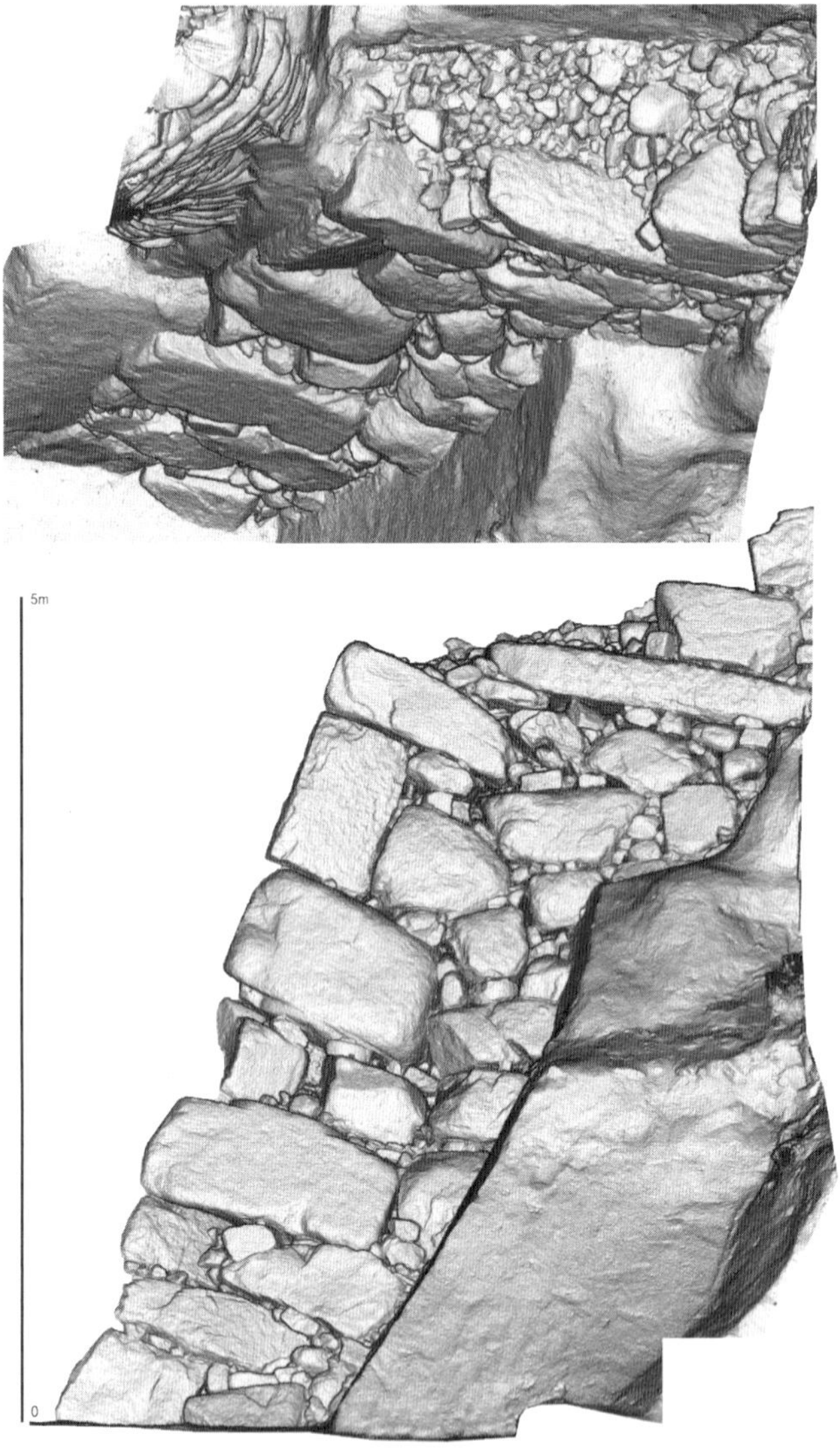

図7　1984年豊臣本丸詰ノ石垣の陰影図　1/50（大阪市立大学提供）

「八尾市高安地域の石材活用の一事例」『関西近世考古学研究』一三、二〇〇五年）。若江までの道路整備とは十三街道のことで、若江からは船で大坂まで運んだとみる。また、秀吉は足立又助昌成を石材調達の奉行に任じ、足立は東大阪市の日下《くさか》郷善根寺《ぜんこんじ》村で採石を指揮している（『枚岡市史』）。

四　徳川大坂城の築城過程

徳川大坂城の再築は、三期にわたって行われた（図8）。

第1期　元和五年（一六一九）九月に発表され、翌年三月からの石垣普請着工が決定される（以下の記述は　中村博司「大坂城再築の経過と普請参加大名の編成」『大坂城再築と東六甲の石切丁場〈別冊ヒストリア〉』二〇〇九年による）。大和川護岸工事とこれによる三ノ丸北外曲輪整備、東・北・西の外堀掘削による二ノ丸と三ノ丸の縄張りを中心とする。細川忠興は、摂津御影や飯盛山、淡路から採石する指示を十月に発している。割当面積は一万石について五四坪が基準であったという。細川家は三月に入って担当丁場の希望を幕府の普請衆に伝え、二十九日に西ノ丸西北角を担当することが決定したと書いている。三月一日に鍬入れ式が挙行されるが、それまでに丁場割が確定しており一斉に着手するというものではなかったらしい。元和六年秋には石垣が完成し、十一月に秀忠は感状を書いている。しかし一部の工事は元和七年・八年にも続いていたらしい。

第2期　本丸を造営する第2期は、寛永元年（一六二四）一月～七月頃で、内堀および天守台の石垣が完成する。

第3期　南半部が最後となり、南外堀の掘削による二ノ丸および二ノ丸の南部地区を完成させるのが第3期であり、寛永五年（一六二五）三月から九月のことである。

なお、徳川大坂城の第1期工事には、伏見城の石も用いられている。『義《ぎ》演准后《えんじゅごう》日記』元和六年四月十日条には「大

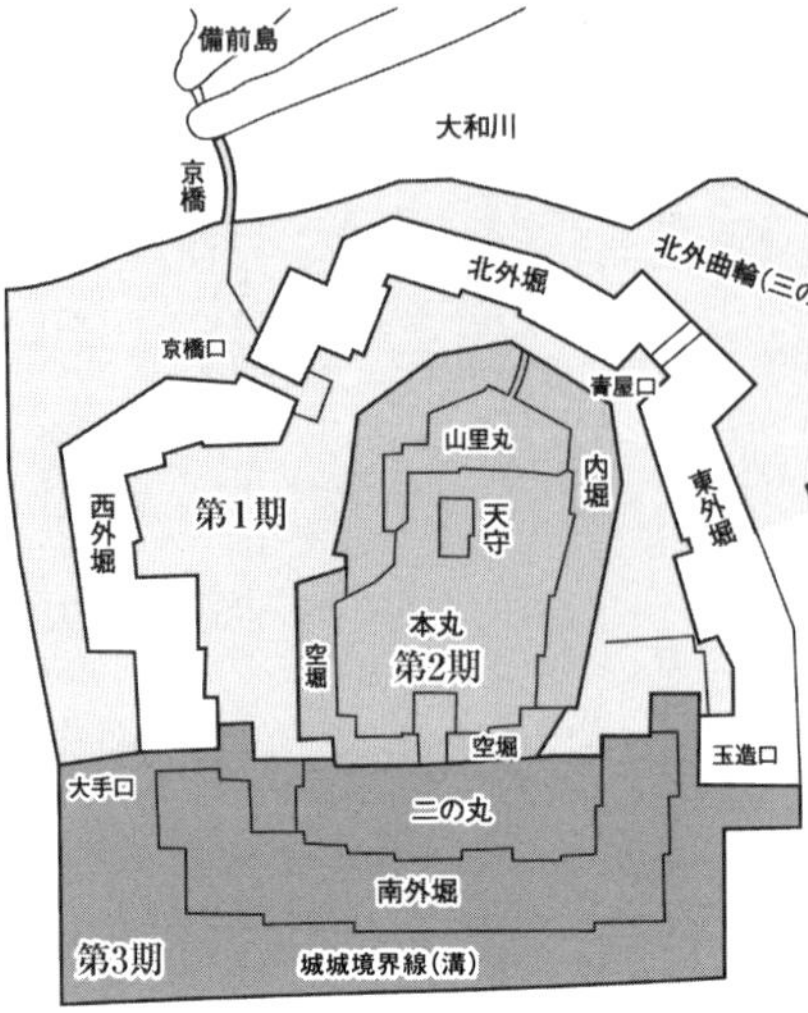

工　期	発令・褒章等の年月日、普請箇所と期間
第１期	・発令(幕府年寄→普請大名)＝元和５年９月16日 ・覚(普請奉行→惣下奉行)＝元和５年９月23日 ・普請条目(秀忠→普請奉行)＝元和６年１月23日 元和６年３月１日＝鍬始め 元和６年３月～９月ごろ＝東・北・西の外堀と北の外曲輪、大手・玉造の仮橋 ・褒章(秀忠→普請大名)＝11月21日付
同補修	・元和７年３月～５月ごろ＝東外堀(中川・伊東・越前丁場)の築き直し
第２期	・発令＝元和９年８月中旬 ・普請条目(秀忠→普請奉行カ)＝元和10年(＝寛永元年)１月５日 元和10年２月１日＝鍬始め 元和10年２月～７月ごろ＝天守台・南の空堀を含む東西の内堀 ・褒章(秀忠→普請大名)＝９月３日付 ・寛永２年４月11日～６月中＝東西内堀の掘り残し分
同補修	・寛永２年４月11日～６月中旬＝東外堀(越前丁場)の修築、玉造口東手に帯曲輪設置
第３期	・発令＝寛永３年８月中 ・普請条目(秀忠→普請奉行カ)＝寛永５年２月２日 ・寛永５年３月５日～８月ごろ＝南外堀、大手土橋・玉造土橋 ・褒章(秀忠→普請大名)＝９月11日付
同補修	・寛永六年＝場所は不明 ・寛永七年＝南外堀水敲き石垣 ・寛永八年、西外堀水敲き石垣(加藤嘉明丁場)修築 ・寛永九年、本丸水敲き石垣修築

図８　徳川大坂城再築のプロセス(中村博司「大坂城再築の経過と普請参加大名の編成」『大坂城再築と東六甲の石切丁場〈別冊ヒストリア〉』2009年より転載)

坂御城の普請見物す。大石どもこれを引く。西国・北国の諸大名、残らず伏見城の石どもこれを引く、ただし、二分一ばかりこれあるべきか」と記されている。山内家は大手土橋と東外堀巽櫓台付近の石垣を受け持つが、「伏見の御城を御毀つ。石垣は大坂へ引き取る。あわせて御影石の運送これあり」（『大日本史料第一二編』）とあり、山内家の石垣丁場で伏見城の石材を用いていたことがわかる。

五　徳川大坂城石垣の刻印研究

昭和三十四年（一九五九）の総合調査において、村川行弘が中心となって大阪城の刻印調査を実施した。全石垣を対象とする画期的なもので、実数五〇万個を数え上げている。水没分をあわせて約一〇〇万個という推定値を示す。石垣上端での総延長約一一キロメートルにおよび、石垣面は外濠で九九面（中仕切し八面）、内濠で五二面、天守閣周辺五四面となる。刻印のあるもの六万個、種類は主要なもの二〇〇種以内、総種類一二四七種に達する（村川『大坂城の謎』学生社、一九七〇年）。このののち、築城史研究会（日本古城友の会）が大阪城の刻印調査を継続している。一方、大坂城へ花崗岩を供給した主たる産地のひとつが東六甲であるが、一九六八年に芦の芽グループが芦屋山中で刻印石を発見する。刻印石の調査研究は、供給地である大坂城の築城にかかわるとともに、石材供給地である石切丁場という遺跡研究へと発展する。

刻印には、大名家の家紋、家臣の名前、数字、日付、地名（「あしや」など）、符牒などがある。石切丁場における印刻も少なくなく、これは丁場の明示、巨石の確保、工人の符牒などが考えられ、一方、大坂城現場での印刻については、持ち場境界部の明示（家紋）、検収時の数量、隅石の段数の数字などが確かめられる。

六　徳川大坂城の石垣の三次元計測

平成二十三年（二〇一一）度、大阪市立大学の都市問題研究［大阪城学術総合調査のための基盤的研究］（研究代表者：仁木宏）が採択され、文理協力して大阪城に関する新たな調査研究の試行を行った。そのなかで、徳川期の本丸御殿のレーダー探査（天理大学に依頼）とともに、石垣のレーザーによる三次元精細計測作業を実施した。世界一の高さと言われる外堀は、堀幅が広く石をとらえる精度が落ちるので、内堀南面の桜門東側の本丸側を選択した。本丸は三時期にわたる徳川大坂城築城の第2期、寛永元年（一六二四）に施工された。計測を行った南面東側は、普請図によると、長門・周防の毛利藩三七万石の毛利秀就（輝元の長男）、豊前小倉藩四〇万石の細川忠利（忠興の三男）、播磨・山崎藩三万八千石の池田輝澄（輝政の四男）の丁場である。

計測結果による陰影図を以下に示す（図9・10）。また側面から撮影した写真を添えておく（図12左）。おおよそ石材の高さの規格がそろえられ、それを重ねている。各段の目地は横に連続し、下部から順に高さをそろえながら積み上げている。しかし、長方形の整った切石ばかりでなく、とくに角部における巨大な算木積み部分からの移行部で顕著だが、三角形状や台形状のものなど不揃いな形状のものがある（図12右）。持ち込んだ石をできるだけ利用し、現場で形を調整しながら、巧みに組み合わせている。また各段で高さをそろえようとしているが、起伏があり、波打ち、凹みになった部分を埋めて高さをそろえる様子がうかがえる箇所もある。

しかしこの第2期石垣に対し、三年前の第1期の石垣はもっとランダムである（図11）。調整した石を横にならべていこうとする志向性は既にあり、実際に高さがそろっている箇所もある。しかし全体に、石材の調整度は第2期に比べて低く、野面積みではもちろんないが、かなり不規則なあり方を見ることができる。

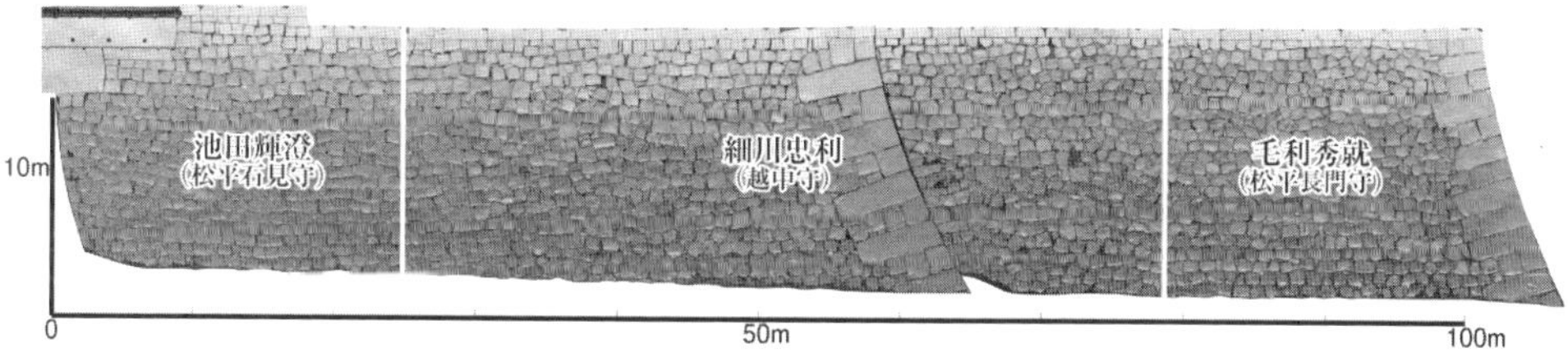

図 9　桜門東本丸側石垣の 3 次元計測陰影図　1 /1000（大阪市立大学提供）

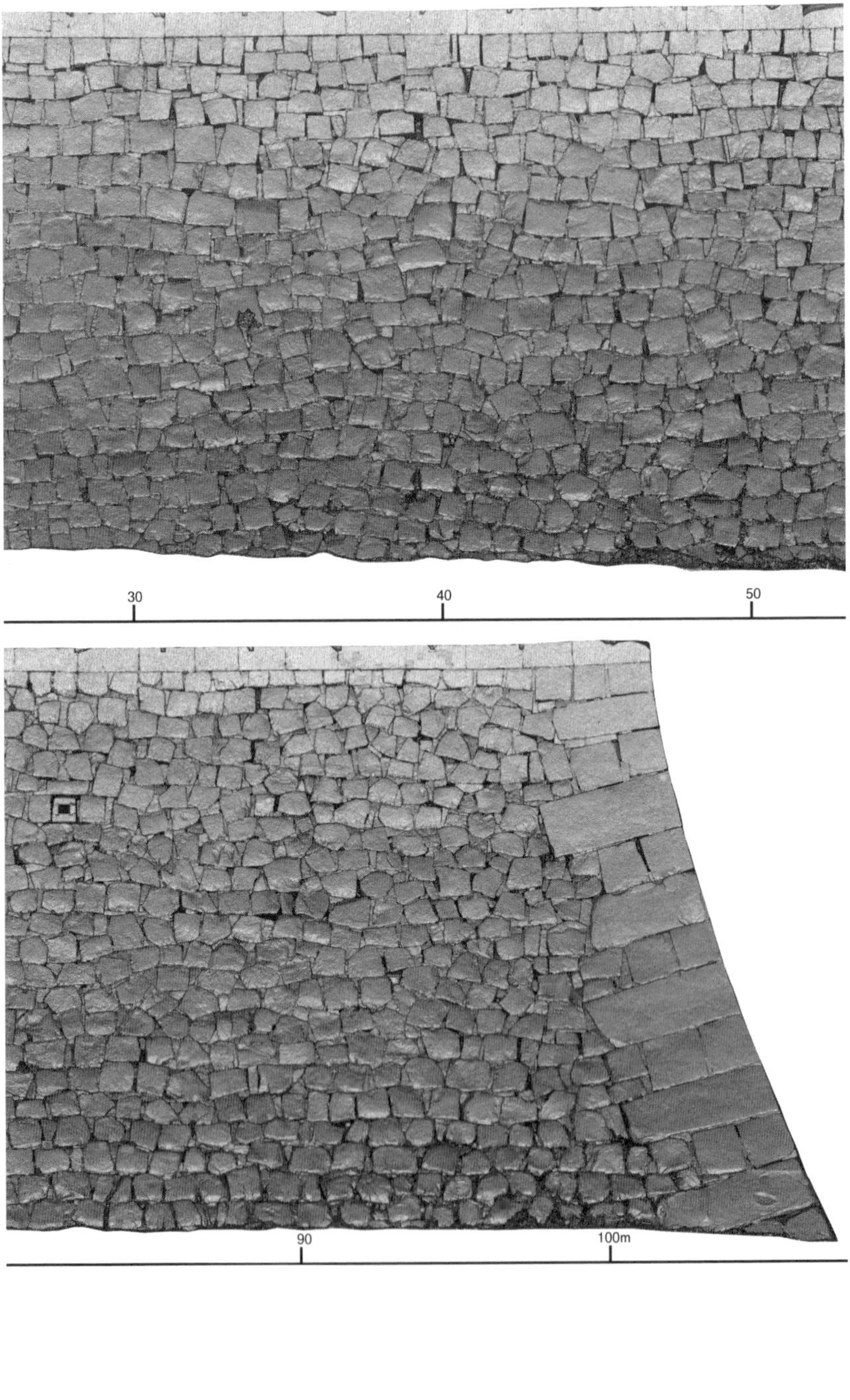
30
40
50
90
100m

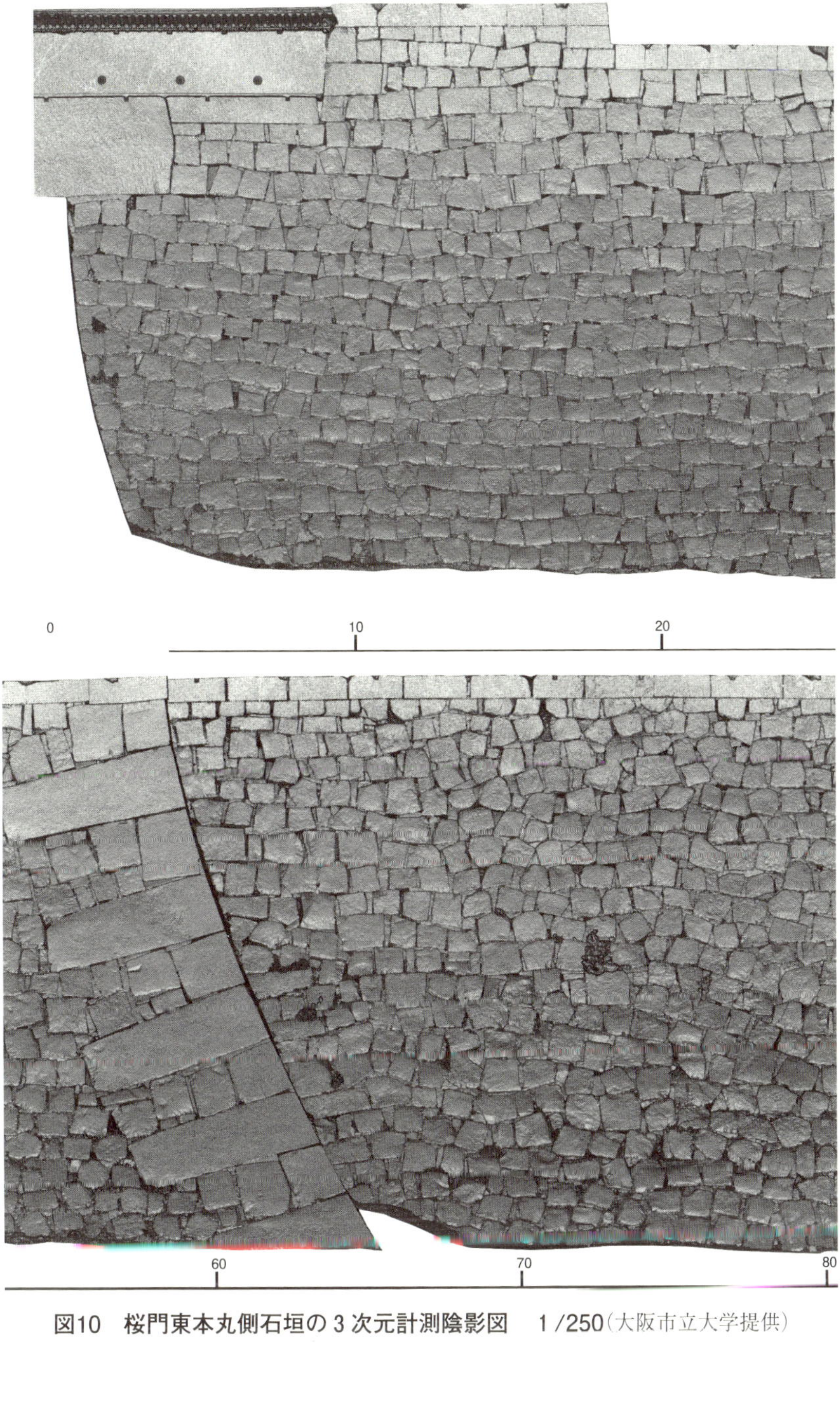

図10　桜門東本丸側石垣の３次元計測陰影図　１/250（大阪市立大学提供）

図11　第１期の石垣　西外堀乾櫓下（著者撮影）

図12　第２期の石垣　桜門東本丸側の石垣（著者撮影）

図13　第３期の石垣　南外堀南面（著者撮影）

図14　第３期の石垣　南外堀南面三の丸側（著者撮影）

次に、寛永二年（一六二五）の第3期の石垣を見ると（図13・14）、調整石による規則的な積み上げがほぼ完成している。角部の算木積みとの接続部の処理も上達しているように思われる。

以上のように、元和六年（一六二〇）の第1期から、元和九年の第2期までの間で、石垣構築技術の発展を見ることができる。寛永二年の第3期との距離感からすれば、第1期と第2期の間での飛躍が大きいように思われる。

こうした石垣のあり方を検討する上で、三次元計測による石垣の正確な図化は不可欠である。とはいえ、大阪城の石垣は長大であり、同じ水準の図をそろえるには膨大な労力と経費を要する。現在、デジタル技術もさらに進化し、レーザーによる精細計測によらずとも、写真の画像マッチング技術の発達により、写真画像からのデジタルデータ化が実用段階に入っている。大阪城の石垣を計測したのは平成二十三年（二〇一一）度末の平成二十四年春のことであるが、数年ですでにこの変化である。これは大阪城の石垣図化にとって朗報であり、この最新技術によるデジタル化を試み、有効性が確認できれば、全面的な図化作業への道が現実的に開かれるだろう。

七　刻印データとのリンク

大阪城の石垣については、村川行弘らによる調査のあと、築城史研究会が調査を継続的に実施しており、膨大なデータが蓄積されている。天下普請で行われた大坂城は、諸大名の丁場分担図が残され、実際の石垣において、持ち場の境界を示す刻印列が縦にならぶ。三次元計測を行った桜門東側の本丸側石垣についても、築城史研究会による刻印調査図が作成されている（図15左）。この図は、写真をトレースして石垣個々を描くとともに、確認できた刻印を示しており、大阪城の石垣についての重要な基礎的記録である。ただし、石垣そのものは写真から起こしたもので、個々の石の形状や石の重なり、また全体としても的確なものではあるが、正確に投影されたものでなく絶

（『大坂城 石垣調査報告書(2)』2006年、築城史研究会より転載）　（大阪市立大学提供）

図15　池田輝澄（左：西）と細川忠利（右：東）の丁場境　1 /200

図16　細川忠利（左：西）と毛利秀就（右：東）の丁場境　1 /80（大阪市立大学提供）

対値がともなわない。したがって、石垣の正確な図化とともに、築城史研究会による調査データをそこに盛り込むことが望ましい。そこまでの記録が作成できれば、近世城郭のなかでも希有の調査記録となり、分担大名のあり方をもふまえた石垣構築技術研究にとって最重要資料となるだろう。

八　石材の産地

徳川大坂城の石垣石の供給地は、生駒、東六甲（いわゆる御影石）のほか、瀬戸内一帯から北部九州におよぶ（図17）。東六甲では広域にわたって石切丁場が確認されており、生駒山系の花崗岩との比重は逆転しているのかもしれない。花崗岩といっても露頭から切り出すものではない。生駒山系や六甲山系などは花崗岩を基盤とするが、岩盤の風化が進むと立方体状に亀裂が入り、ブロック状となった岩塊が山地下方や裾部に転落し、露頭していたり埋没している。これらを掘り起こし、矢穴を開け、打ち割るのである。これが石切丁場の遺跡である。

こうした丁場跡を早くから埋蔵文化財包蔵地として保護対象とし、開発にともなう発掘調査を実施してきたのが芦屋市教育委員会である。露岩を掘り起こし打ち割った丁場跡を数多く調査し、割り残された石材などから、現場のあり方や加工方法が解明されてきた。現場事務所的な遺跡も確認され、建物跡や鍛冶炉なども確認されている。また、丁場から山麓そして海浜部までの石の下ろし方や、石の運び出し地点のあり方も追究されている。

石切丁場においても多くの刻印が残され、丁場の縄張りがあったようで、東六甲南面各所に、諸大名の石切丁場が設定され、それぞれ必要な石材の確保を図っている。標高のより高い地点の露岩にも刻印が残され、山麓部の転石から次第に高い地点におよび、さらに標高の高い場所でもまとまった露岩を見つけると刻印を打って確保しようとしたらしい。しかし築城が一段落すると、利用されずそのまま残されたのである。

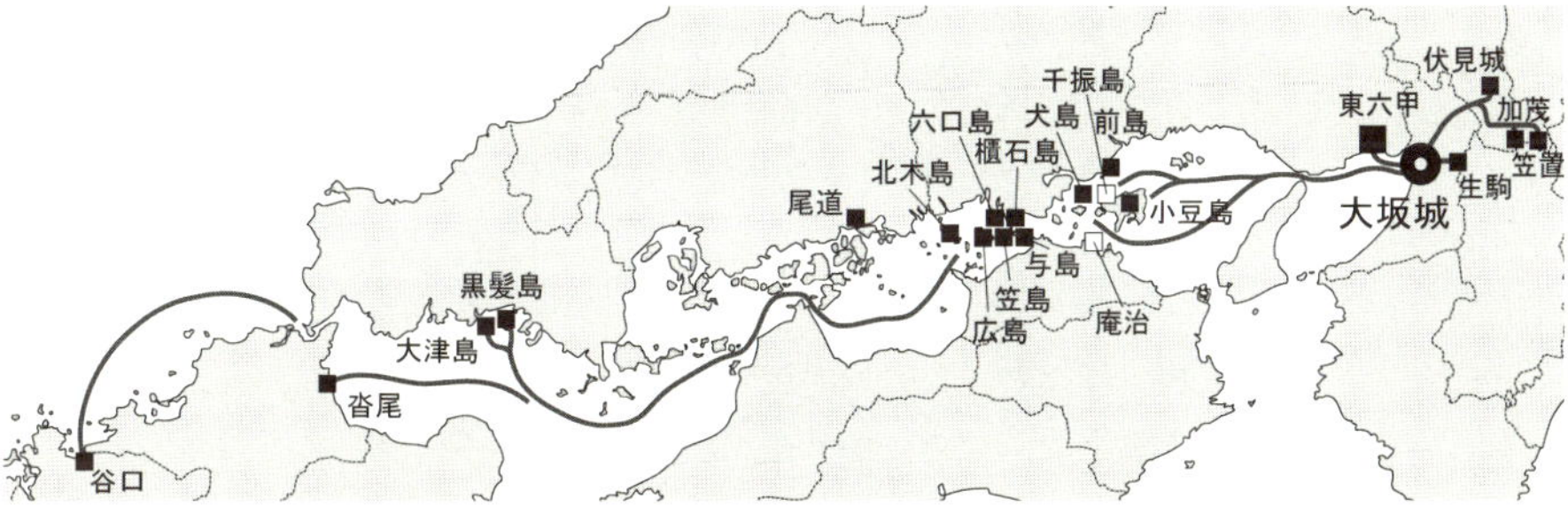

図17　徳川大坂城の石垣石の判明している産地
（『大坂城再築と東六甲の石切丁場〈別冊ヒストリア〉』2009年より転載）

生駒西麓における大坂城の石垣石の採石もほぼ同様なものと思われる。刻印などから徳川期と考えられる丁場ないし残石確認地また候補地は、北から、飯《いい》盛山《もりやま》北東部、中垣内《なかがいと》（史料）、善根寺《ぜんこんじ》（実物）、池端《いけはた》（史料）、日下《くさか》（実物）、豊浦《とようら》（実物）があり、神並や額田も候補となる。残念ながら、生駒西麓については、開発が早く十分な調査がなされる前に遺跡が消失していることが多く、組織的な調査も希薄であるため、全体像はよくわからない。

小豆島も石垣石の重要な産地で、各所に残石が残されており、国史跡である岩谷丁場跡のほか、文化財指定された丁場跡が多い。土庄町小海地区には、「とび越丁場跡及び小海残石群」が香川県指定史跡となっており、記念公園には大坂へ搬出されなかった四〇個の花崗岩切石（いわゆる残念石）が残されている。

こうした花崗岩の産地は、最近でも京都市伏見区の山中で新たに発見されるなど、刻印を確認する意識的な調査によらなければ、単なる露岩として見逃されてしまう。徳川大坂城にかかわる石切丁場の研究は、花崗岩地帯の広範な分布調査が必要であり、また既にわかっている地点でも、膨大な石材について刻印や矢穴の点検、その記録作業が求められ、資料化は十分ではない。

おわりに

かつて筆者は、大阪歴史学会の『大坂城再築と東六甲の石切丁場〈別冊ヒストリア〉』（二〇〇九年）で、徳川大坂城の再築にかかわる東六甲の石切丁場を紹介し、あわせて石垣構築技術の問題や、それまでにわかっていた各地の石切丁場跡の概略をまとめる作業にかかわった。そして、（公財）大阪市博物館協会と大阪市立大学との包括連携協定が平成二十三年（二〇一一）三月に締結され、また平成二十三年度から文学部と理学部教員からなる大阪城の調査研究に携わってきたが、筆者の意識としては包括連携協定にともなう共同研究のつもりである。大阪城の調査研究は、いずれ大阪市が本格的に取り組むべきものと考えており、大阪市立大学もこれにかかわる形が望ましいと考えている。現在まで限られた予算規模のなかで調査が継続され、成果報告会なども行われ、それがこうした書物にまとめられることは意義深い。ひとえに推進者である仁木宏さんの研究費取得を含めた粘り強い取り組みと、大阪市の関係機関のみなさんの協力があったからであり、大阪市立大学に身を置く者として、大阪市とともに大阪城の調査研究に関われることを喜んでいる。

今回紹介した石垣の測量は、三次元計測を古墳や古墳の石室などに試みてきたことをふまえ、対象として実にふさわしいものと考えて実施したものである。特別史跡である大坂城について、史跡整備を目的とする発掘調査もいずれ実施されることを望むが、現状においても、石垣について基礎的な調査は可能であり、なんとか刻印データを盛り込んだ正確な石垣の記録化ができないかと考えている。調査は、昭和三十四年（一九五九）に悉皆調査がなされ、また築城史研究会による調査も進められており、やはり課題は石垣の正確な図化と、それを調査報告書までまとめることである。石垣上面での総延長一一キロメートルにおよぶ大阪城の石垣は、対象としてあまりにも大きいが、今後も継続して取り組んでいきたい。

第三部　城下町の姿とくらし

豊臣時代の大坂城下町

豆谷浩之
南　秀雄

はじめに

天正十一年（一五八三）、大坂築城とともに城下町の建設が開始された。現在の都市大阪の基本的な形は、この城下町によって形成されたと考えてよい。また、武家地と町人地、寺社地を空間的に区分し、直線道路によって整然と区画された街区をもつ都市の構造は、戦国時代の城下町に登場したものが豊臣期の大坂で完成され、その後に建設された多くの城下町の基礎ともなっていった。さらに、土地の高いところを削って平らにし、低地を埋め立てて土地造成を行うなど、自然地形に大きく手を加えて広い土地を確保する都市建設の手法は、豊臣期大坂が始まりとされ、慶長期における徳川家康の江戸建設をへて全国の城下町建設に取り入れられていった。

こうした豊臣期の大坂城下町に関しては数多くの研究が積み重ねられてきたが、その代表とも言うべきものは文献史学の内田九州男氏（「城下町大坂」『日本名城集成　大坂城』一九八五年）と建築史学の伊藤毅氏（『近世大坂成立史論』一九八七年）で、基本的な枠組みはこれらの研究によって提示されたと言える。

ここでは、最近の発掘成果や、それに基づく古地形の復元（図1・2＝巻頭カラー）を手掛かりに、豊臣時代の大坂城下町の建設に関して再検討を加えてみたい。

なお、考古学的な視点による豊臣期大坂の時期区分として、大坂本願寺の退去（天正八年（一五八〇））から大坂城三ノ丸の築造（慶長三年（一五九八））までを「豊臣前期」、大坂夏ノ陣（慶長二十年（一六一五））までを「豊臣後期」と呼んでいる。以下の文中でも、特に遺跡に関する記述では、この呼称を用いることとする。

一　初期の城下町建設

大坂城の築城開始に合わせて開始された城下町の建設の様子を、京都吉田神社の神官・吉田兼見は、自身の日記『兼見《かねみ》卿記《きょうき》』に次のように記している。

（天正十一年）

八月廿九日、（中略）長岡越中宿所へ音信、屋敷普請場にこれあり、即面会、築地以下普請目を驚かす、宿所いまだ仮屋の体なり、諸侍各屋敷築地なり、広大なり、在家天王寺へ作続くなり（以下略）

九月一日、庚辰、巳刻発足和泉堺、平野に至り見物、当在所ことごとく天王寺へ引寄するなり、竹木堀以下これを埋めるなり、今日より大坂普請のよし申す、河内路を罷り通り、里々山々、石を取る人足・奉公人等数千人数をしらず（以下略）

ここには、城下町建設の重要な二つの要素が含まれている。すなわち、①「長岡越中」＝細川忠興をはじめとする大名屋敷の建設と、②「在家」すなわち町屋の建設である。

1　初期の大名屋敷地

まず、大名屋敷の建設について考えてみたい。

豊臣期の大名屋敷の配置については、多くの研究で論じられているところであるが、約三十年にわたる豊臣時代の中でさまざまな時期の情報が錯綜しており、典拠とする情報のレベルも多様である。そうした観点から、最近では豊臣前期の大名屋敷について、確実な文献史料から押さえ直そうとする試みがなされている（大澤研一「文献史料からみた豊臣前期大坂の大名屋敷・武家地」『大阪歴史博物館研究紀要』一三、二〇一五年）。

大坂城は、南北に延びる上町台地の北端部にあった大坂本願寺の跡地に建設された。発掘調査の成果によって、現在は比較的なだらかに見える上町台地北部の自然地形は、本来は谷がいくつも入り込んだ、起伏に富んだものであったことが明らかにされている。さらに、城下町建設においてこれらの谷が埋められたのは、もっぱら豊臣後期であったことも発掘成果によって判明している。

築城工事が行われている時期には、城郭本体の建設が最優先課題であったから、城下町建設のために多くの手を割くことは困難だったはずである。全国の大名を動員し、「天下普請」として名高い秀吉の手法も、この時期の権力基盤では、のちに見られるような大規模な動員は難しかったであろう。したがって初期の城下町建設は、自然地形に大きく手を加えることなく利用できる土地を最優先で活用したものであったと考えられる。こうした視点から豊臣期の城下町建設をあらためて検討してみると、これまでとは違った点が見えてくるのではないだろうか。

大坂城の南には、古代の難波宮の跡地が広がっている。この場所は、宮殿建設のために七世紀中頃に人為的に整地された平坦地である。八世紀末に難波宮が廃絶した後、大坂城が築城されるまでの期間は、もっぱら耕作地となっていたようであるが、地形が大きく変化することはなかった。大坂城に近接し、まとまった平坦地であるこの地は、大名屋敷建設の好適地と映ったことは間違いないであろう。

現在の難波宮史跡公園内では、屋敷の区画施設と考えられる豊臣期の大溝がいくつも見つかっており（松尾信裕「大坂城内の大溝」『大坂城と城下町』思文閣出版、二〇〇〇年）大名屋敷のものと推定される家紋瓦も出土している。豊臣後期に埋没したものを含むが、掘削された時期は不明なものが多い。また、難波宮北西部にあたる現在の大阪歴史博物館敷地内では、豊臣前期の大名屋敷跡が確認されており、出土した瓦から豊臣秀次屋敷跡と考えられている。その南に位置する独立行政法人国立病院機構大阪医療センターの敷地内では、豊臣前期の小石敷から木瓜文の飾瓦が出土した例がある。以上は、難波宮の宮域に含まれる、標高の高い土地であり、このあたりまでが初期の大名屋敷地であった可能性がある。

『兼見卿記』にみえる細川忠興《ただおき》の屋敷地は、難波宮跡東側の土地が一段低くなった場所に推定されており、屋敷の井戸とされる「越中井」が残る。細川屋敷を含む玉造地区は、豊臣期の大名屋敷地として最も知られた場所である。発掘成果は少ないものの、ここから東側の一帯は、比較的ゆるい傾斜地となっており、こうした場所までが大名屋敷地として最初に利用されたのであろう。細川屋敷伝承地のすぐ北では、最終的に豊臣後期に埋められた谷が見つかっている。

一方、現在は大阪府庁等が建ち並ぶ大坂城の西側（大手前地区）では、豊臣前期には自然の谷が埋め立てられることなく残っており、小規模な武家屋敷や職人の居住区域と考えられている。後述するように、この地区には慶長三年（一五九八）に立ち退きを命じられた町屋が多数存在したことが、文献史料からも知られる。

このように、築城初期の大名屋敷は、難波宮跡を中心とした台地上の平坦地を活用して建設されたと考えられる。また、城の周辺で確保しきれなかった屋敷地については、少し離れた場所に求めた可能性がある。この点については、「船場城下町」（二五七頁以下）に関わる部分で触れることにする。

2　初期の城下町の代表――「平野町城下町」――

町屋部分については、『兼見卿記』に見えるように、大坂城から天王寺に向かう道筋に沿って建設されたことが知られる。この地もまた、上町台地の稜線上にあり比較的平坦な場所であった。この地は、大坂の南東にあった商業都市・平野《ひらの》から住人が移されたため「平野町城下町」と呼んでいる。秀吉の事跡を記した『柴田退治記』には、「平安城へは十余里、南方は平陸にして、天王寺・住吉・堺津へ三里余り、皆、町・店屋・辻小路を立て続け、大坂の山下となるなり」と壮大な城下町構想が述べられている。このように「平野町城下町」は、大坂から天王寺を経て住吉・堺を結ぶ構想のもとに計画されたと評価されている。

中世の四天王寺には、寺院を核とした都市的空間（門前町）が形成されていた。秀吉は、これを大坂城下に取り込むことを目論んでいたと考えられている。このように、近世の城下町は、未開の地に全く新たに建設されたのではなく、すでに存在していた中世の都市・集落を取り込んで建設されたとするのが最近の研究動向である。

「平野町城下町」は、北でやや東に振る二筋の南北道路に沿った、奥行二〇間の敷地に復元できる。その街区は明治二十三年（一八九〇）の「大阪実測図」に明瞭に痕跡をとどめており、現在でもそれを確認することができる。ただし、四天王寺から南についての痕跡は認められず、実際に建設されたかどうかは不明である。

「平野町城下町」の建設とほぼ同時に、寺町の建設も開始されていた。大坂の寺町は、大坂ノ陣後の松平忠明城主の時期に建設されたと考えられてきたが、浄土宗寺院の開基年代をはじめとする検討によって、その端緒は豊臣期にあることが明らかになっている。

そのうち谷町八丁目寺町にある妙光寺（日蓮宗）は、天正十三年（一五八五）に播磨国・三木から大坂に移転してきたと伝えられる。同寺には、これを裏付けるように、播磨国加東郡にあった寺領を摂津国岩屋村（現・兵庫県伊丹市）と安場村《やすばむら》（現・宝塚市）に移したことを示す、天正十三年九月十日付の豊臣秀吉書状が伝えられている。これらの史料は、寺町の形成時期を知るために重要であるとともに、大坂の建設が秀吉の旧領であった播磨国と深く関係していることを示す史料としても興味深い。

ただし、現状で見られるような寺町が豊臣初期から形成されていたわけではない点には注意が必要である。上町の寺町に関しては、慶長期を経て大坂ノ陣後の寛永期ごろに完成したと考えられる。その間には、大坂の都市計画も時代とともに変化しており、それに対応する形で進められていったと考えるべきであろう。

次に、「平野町城下町」と大坂城築城工事との関係について見ておきたい。

豊臣の大坂城は、全面的に石垣を用いた城郭であった。石材は大坂で現地調達することができないため、主として生駒山系や六甲山系から運ばれた。大坂城の本丸は、およそ一年の工期で完成した。かなり急ピッチで工事が進められたことがうかがえる。そのためには、大量の石材を迅速かつ効率的に輸送することが不可欠であった。

河内からの石材の運搬路として「天王寺之古道」が整備されたことが古文書に見える（「稲木文書」）。この道が、大坂城と四天王寺を結ぶ道であったのか、天王寺から石の採掘場である河内方面に続く道であったのかは決めがたいが、少なくとも「河内→天王寺→大坂城」という経路で石が運搬されたことは確認できよう。つまり、「平野町城下町」は築城のための石材を運ぶルートであった。

石運びには多数の労働者が従事していた。天正十一年（一五八三）八月二十八日に秀吉から家臣の前野長康にあてて出された石運びの掟書には、運搬作業に従事する者は砕石場で野宿するか、大坂で宿を取るようにとの一項がある。この文書に見える「大坂」が具体的にどこを指しているかは検討の余地があるが、少なくとも「平野町城下町」の町屋が石運びのための宿舎として提供された可能性は高い。また、宿所だけではなく食料や生活物資などの供給も必要であった。この点はイエズス会宣教師フロイスの『日本史』に、「彼はその大坂の街を一カ年半の（短い）

期間内に造営せしめ、その間、（街は）一里半の長さにまで拡大していった。同所には食料品、商品、建築資材、その他住民の必需品が集合するように綿密な配慮がなされたために、街にはあらゆる物品が豊富に揃えられていた」と端的に記述されている。当時第一級の商業都市にして貿易港であった堺との交通路を整備したこと、商業都市「平野」の住人の移転を求めたことは、こうした物資の流通・確保を重視したからであったと考えられよう。このように「平野町城下町」の建設は、築城工事を念頭において計画され、建設されたと考えられる。

その後、天正十四年（一五八六）から十六年（一五八八）にかけては、二ノ丸の工事が実施される。現在の大阪城の外堀に当たる工事であり、堀の石垣を構築するために、やはり大量の石材の確保、運搬が必要であった。そして、文禄三年（一五九四）に惣構堀が開削されると、「平野町城下町」は城内から分断されて城外となる。これをもって直ちに城下町としての位置付けを失ったとまでは言えないが、徳川期になって「平野町城下町」が「大坂三郷」に含まれなかったという結果から考えれば、この時がその契機となっていた可能性が高い。以上の経過から、築城工事の収束とともに「平野町城下町」の存在意義が低下したと考えることもできるだろう。

3　もうひとつの初期の城下町――「島町城下町」――

「平野町城下町」とともに初期の城下町と考えられているのが、大坂城から高麗橋につながる東西の街区である（図3＝次頁）。これを「島町城下町」と呼んでおく。「平野町城下町」が中世の都市空間であった天王寺を志向していたのと同様に、「島町城下町」は中世の港湾都市「渡辺」を志向した街区であったと考えられている。

渡辺津は、中世において熊野参詣の上陸点として知られ、熊野街道が上町台地上を通ると考えられたことから、近世の八軒屋、現在の天満橋付近に比定されていた。しかし、周辺の発掘調査が進むにつれて、中世の遺跡はむしろ西寄りの天神橋周辺に集中しており、そこが渡辺津の所在地であったと考えられるようになっている。また、天

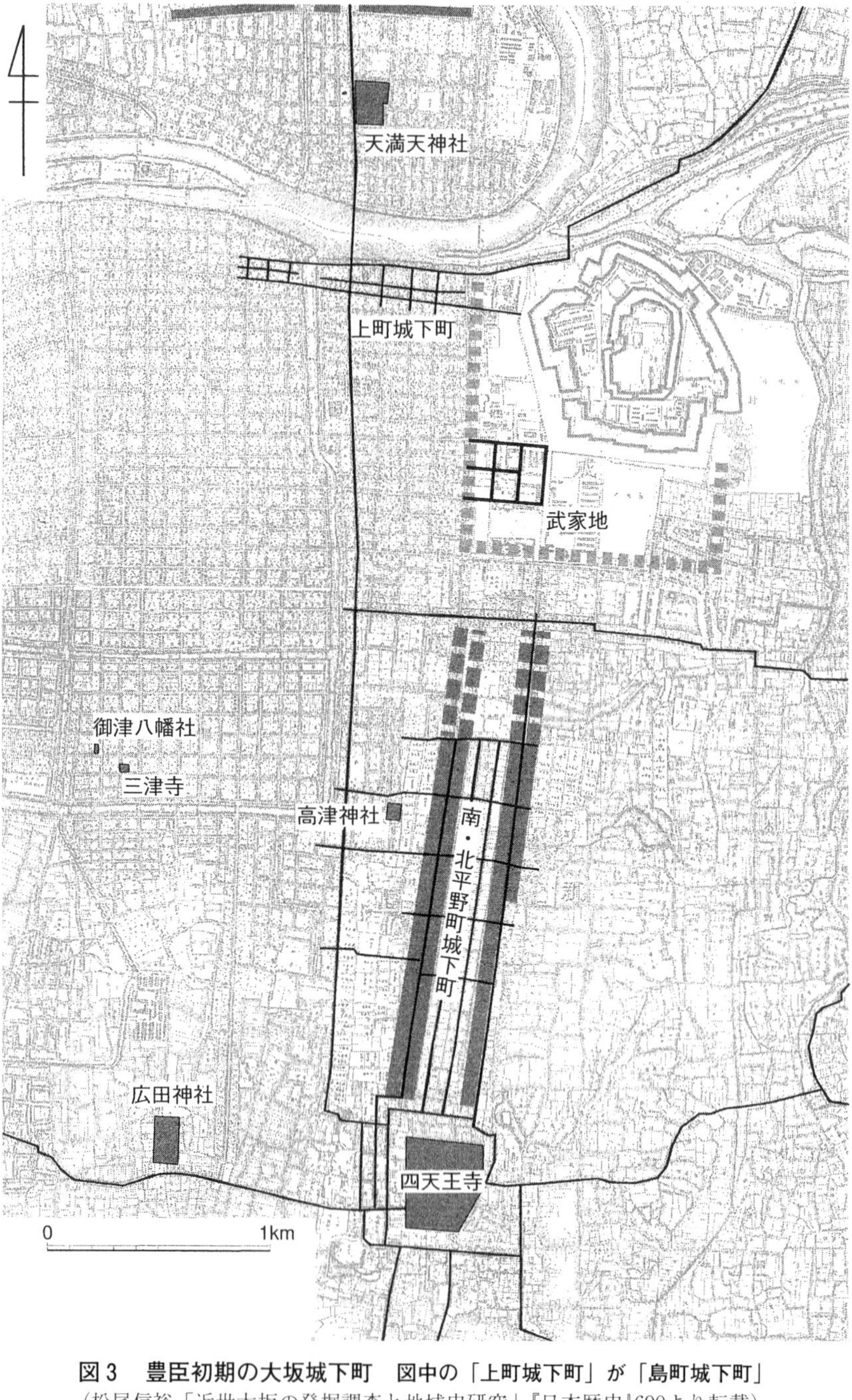

図３　豊臣初期の大坂城下町　図中の「上町城下町」が「島町城下町」
（松尾信裕「近世大坂の発掘調査と地域史研究」『日本歴史』690より転載）

神橋から南に延びる松屋町筋は、中世の文献に見える「浜道」と考えられ、台地上の道よりも重要な交通路であった可能性が高い。

「島町城下町」は、豊臣期大坂城の天守と高麗橋との位置関係から、都市計画の基準線として注目されていた（宮本雅明「京・大坂の景観演出」『図集日本都市史』東京大学出版会、一九九三年）が、街区構成の検討と発掘成果の分析から初期の城下町として提唱されるにいたった（松尾信裕「近世大坂の発掘調査と地域史研究」『日本歴史』六九〇）。この地区の発掘調査では、多くの地点で豊臣前期の遺構が確認されており、建物や溝などの方位も後年の町割りに沿ったものが多い。また、大坂本願寺の時代の遺構に、同様の方位のものが見られる場合もある。こうした点から、大坂本願寺と渡辺津を結ぶ道筋が先に成立しており、大坂城が築城された時には、それを活用して城下町が計画された可能性がある。

また「島町城下町」の道筋は、のちに開発される船場城下町の北部にまで伸びている。この場所は、大川南岸に沿って形成された自然堤防の上に位置しており、人工的に手を加えずとも開発が容易な土地となっていた。また、対岸は次節でみる天満城下町であり、城下町建設の早い時期から重要な場所であったことがうかがえる。

ところで、「平野町城下町」が吉田兼見やイエズス会宣教師の記録で触れられているのに対して、「島町城下町」のことを記した記録は知られていない。この点はどのように考えればよいであろうか。

先に見たように、「平野町城下町」は築城のための石運びの道筋であった。築城工事における石運び（石曳き）は、「京・大坂図屏風」（大阪歴史博物館）など絵画資料にも描かれたように一種のハイライトであった。とりわけ大坂築城は、豊臣（羽柴）秀吉にとって、織田信長の権力を継承したことを誇示するための重大事であったから、意図的に大きく喧伝された可能性があるだろう。「平野町城下町」だけが記録に残されているのは、そうした事情を反映している可能性がある。

先に引用した『柴田退治記』は、本能寺の変で織田信長が死去したのち、柴田勝家を破って織田政権を継承した豊臣（羽柴）秀吉の事跡を顕彰するために編まれた記録である。その中で「平野町城下町」を含む南への城下構想がことさらに強調されているのは、それが大坂築城に伴う最も象徴的な出来事であったからではないだろうか。『柴田退治記』は、秀吉の祐筆であった大村由己《ゆうこ》の手により天正十一年（一五八三）十一月に完成した。大坂築城と同時進行で著述されたということになる。であればこそ、その時点で秀吉が最も強調したい点が色濃く反映されていると考えることは、かならずしも不自然ではないだろう。吉田兼見やイエズス会の宣教師たちの記録は、『柴田退治記』成立よりも前であるが、そうした意図は、早くから秀吉周辺が振りまいていたことも考えられる。言いかえればその宣伝が効果を発揮した表れと言うことができるかもしれない。

もとより「平野町城下町」は、台地上の狭い範囲にあって、空間的に広がるためには不利な立地である。特に四天王寺に近づくほど西側斜面は急峻な崖となり、一体的な都市空間を構成するには不都合な点が多いように思われる。また、台地上の高燥な環境は、生活に不可欠な水を手に入れるには必ずしも条件のよい立地ではない。確かに、塩気が多くて飲用に適さないと言われた低地部の井戸に対して、台地の縁辺部ではよい水が出るところも多かったが、利用するためには深い井戸を掘るか低地から坂を運び上げる必要があった。このように考えると、「平野町城下町」は、最初から城下町として発展するには大きな制約をもっていたと言えそうである。その点は豊臣秀吉も十分に承知していたはずで、それを踏まえて、どれだけ現実的にこの城下町を発展させようと考えていたのか、あらためて検討して見る必要があるのではないだろうか。

二　天満城下町

1　寺内町の四囲と堤跡の発見

天正十三年（一五八五）四月、豊臣秀吉は、大坂を退去していた本願寺を天満に誘致する。これにより天満寺内町、つまり今日まで町割を残す城下町天満がつくられた。秀吉は、当初、京都から内裏（朝廷）を天満に移そうと考えたらしいが、それを断念し、代わりに和泉貝塚にあった本願寺に移転を命じた。その目的は、全国から集まる門徒衆を町の繁栄に活かすとともに、本願寺を大坂城の眼下におさめ、不穏な動きを抑えるためであった（フロイス『日本史』第三三章）。

天満地域では、平成五年（一九九三）以来、三八件の発掘調査が行われている（平成二十五年現在）。それによれば、城下町が開発される前の河成層や古土壌上面の標高がもっとも高いのは天満宮周辺で、高低差一メートルに収まる平坦地が広がっていた。起伏の激しい上町台地に比し、町の造成は容易な土地条件であった。移転を命じた翌月、秀吉は自ら現地で縄打ちを行った。『宇野主水日記《うのもんどにっき》』によれば、寺内町の四囲は次のように決められた。

西―中嶋天満宮の会所　東―東の河縁（まで七町）　南―大川　北―（大川から）北へ五町

西限は当時の天満宮境内の東端で、南限の大川は当時も今もかわらない。北限については、伊藤毅・内田九州男の研究により現在も残る寺町（東寺町）であることに異論がない（伊藤・内田前掲書）。一方、東限は現在の河岸ではない。

平成二十年（二〇〇八）と平成二十二年の二次の発掘調査によって、秀吉による天満寺内町建設時と推定される堤防跡が発見され、これと明暦元年（一六五五）の『大坂三郷町絵図』に描かれた堤や、明治二十三年（一八九〇）の地図から、町の東端であった堤防の場所がわかる。堤防跡は、桜宮橋の西詰からほぼ直線的に伸びて造幣局を貫通し、造幣局宿舎と市街の境に続いて南の大川岸へ至る（図4）。堤防跡は、現在の天満の町の地下にそのまま埋

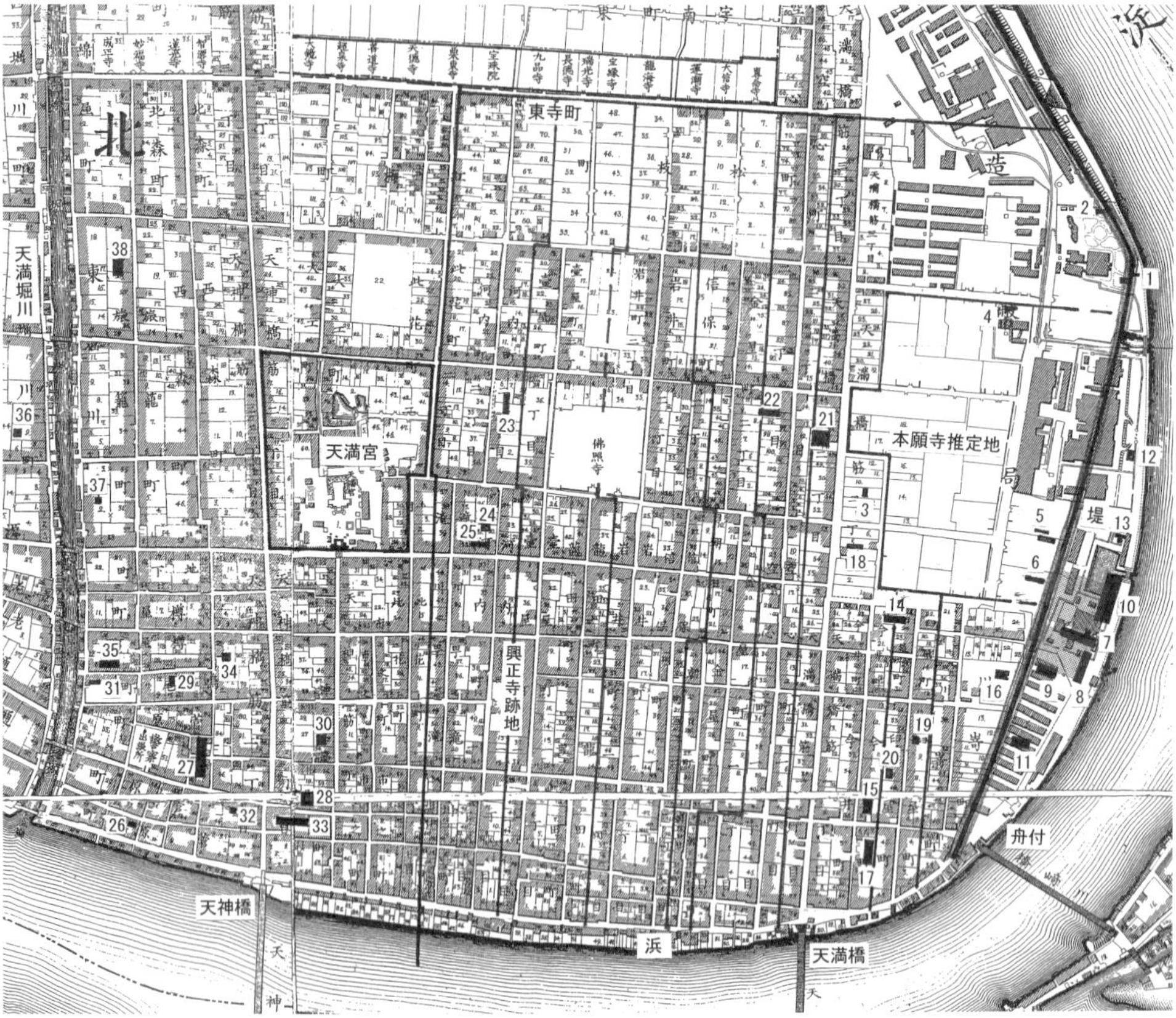

図４　天満城下町の構造（明治23年の地図に加筆し転載、番号は発掘調査地点、縮尺１万分の１）

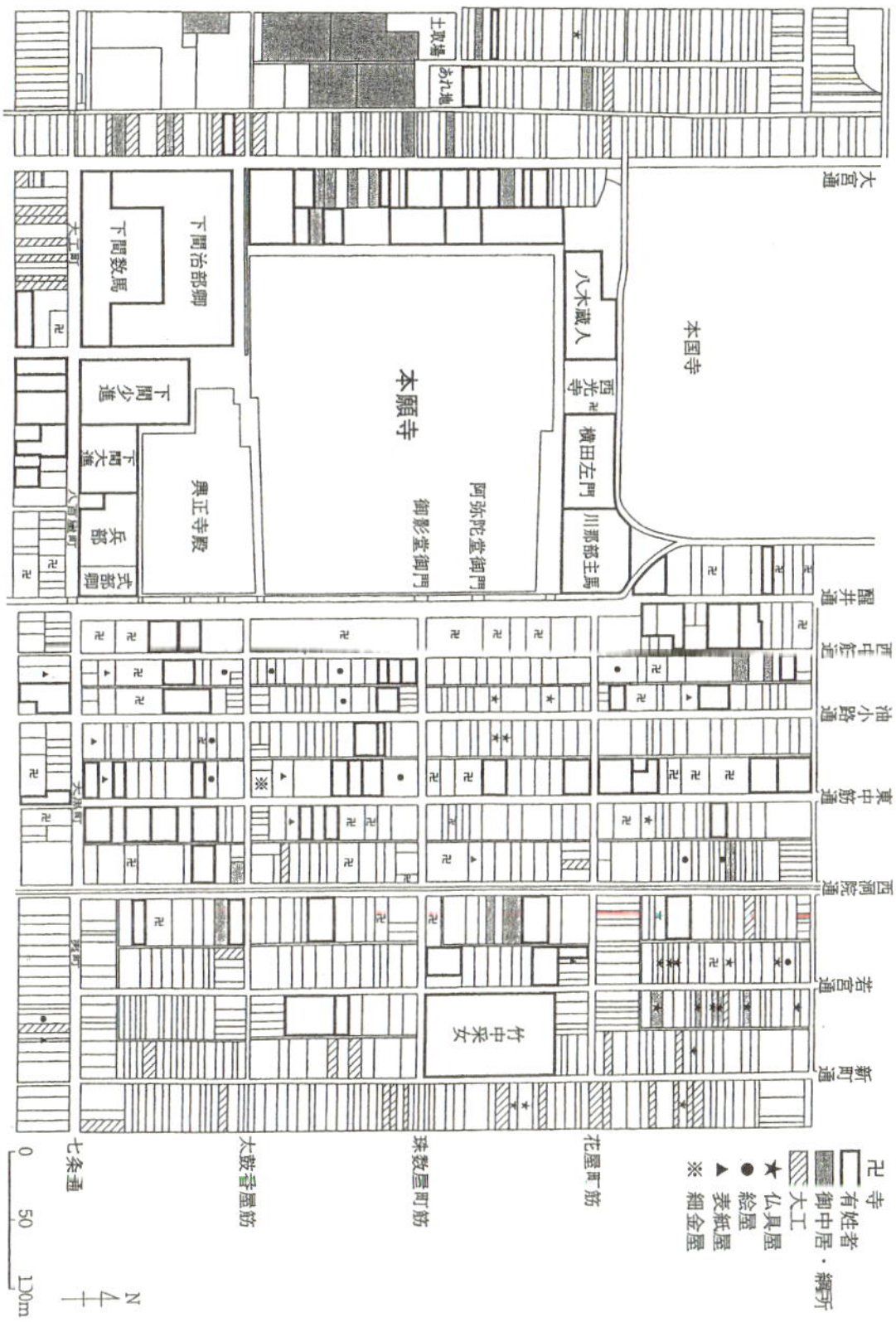

図５　「六条御境内絵図」
（北は左で縮尺約１万分の１、杉森玲子「寺内」吉田伸之・伊藤毅編『伝統都市３　インフラ』東京大学出版会、2010年より転載）

まっていると考えられ、その続きは帝国ホテルの東側などで今も目にすることができる。

屈曲した大川の攻撃面に当たり、土地が低い天満に町をつくるには、洪水対策は焦眉の課題であった。顕如らが貝塚から天満へ移住した翌年の天正十四年（一五八六）四月、秀吉は堤を築造する（「河縁の堤」『宇野主水日記』、「北の堤」『言経《ときつね》卿記』）。天正十五年四月には、小屋や材木を撤去し「南の舟付」に堤を延長した（『言経卿記』）。これによって安定した町の開発が可能となった。

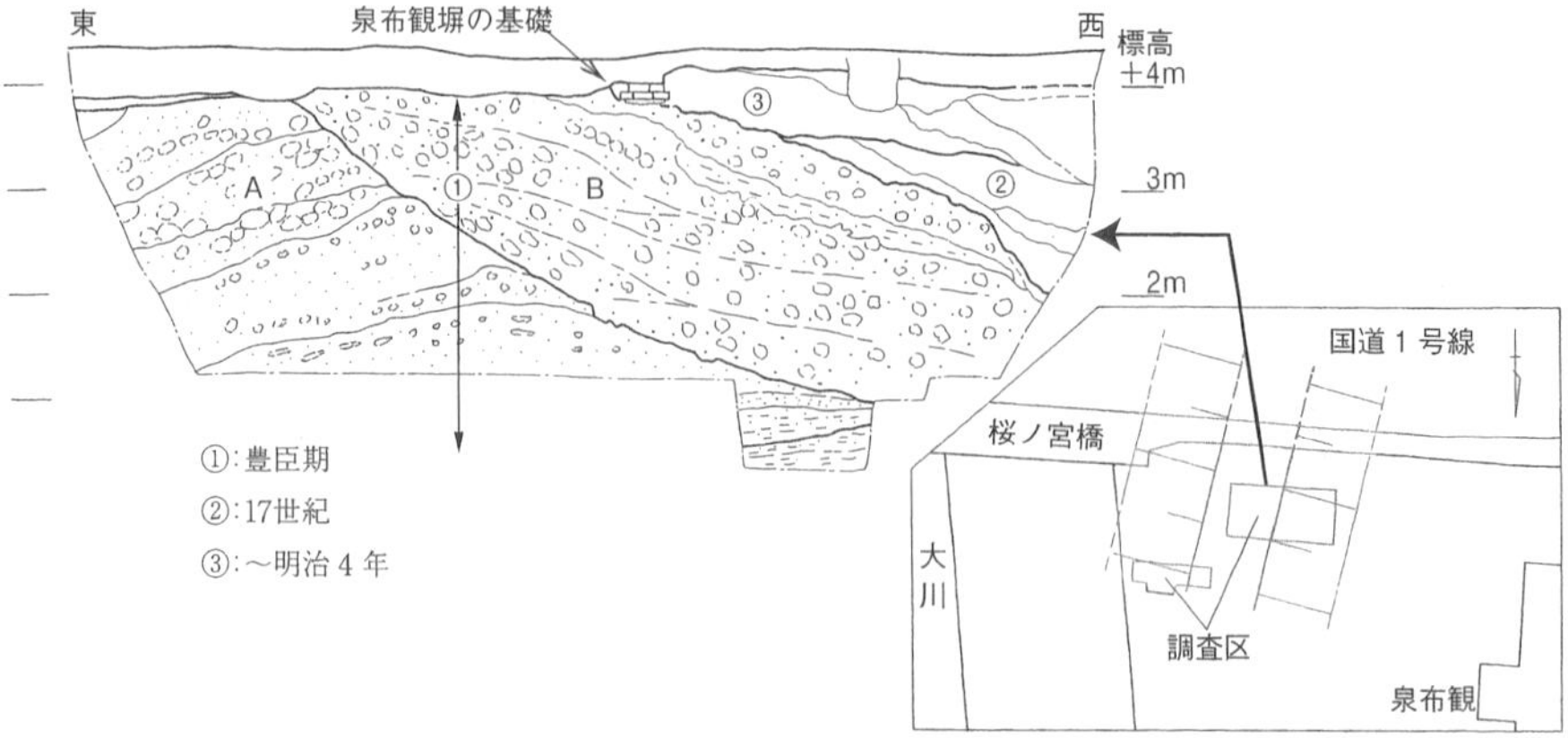

図6　調査地点1の豊臣期堤の断面と位置（断面図1:150、平面図1：1,500）
（南秀雄「天満の町に埋もれている秀吉の堤」（財）大阪市文化財協会『葦火』138、2009年）

発掘された堤防跡は、泉布《せんぷ》観《かん》の東（調査地点一）と移築桜宮公会堂の北（調査地点二）で、現地表下三〇～五〇センチメートルにあり、推定の基底幅二〇～二五メートル、上端の幅七メートル前後、高さ三メートル以上である（図6）。堤防のてんばは標高約四メートルで、点在する発掘地点の豊臣末期の地面が高いところで標高三・一～三・二メートルであるので、天満の町全域を守ることができた。堤防は、ふつうの町の造成とは異なる独特な工法で築かれていた。川側である東側を先に盛り、それに持たせかけるように西側を盛土していた。また、江戸時代を通じて内側に盛土を足して補強しており、現代のスーパー堤防と似たように、半ば町に取り込むように広げていったと推測される。強度を上げるための合理的な方法であろう。

当時の天満のようすを克明に伝える公家山科言経の日記『言経卿記』と、堤防跡の調査との対照から、寺内町の構造について推定できることがある。『言経卿記』では「堤」と「濱」を明確に区別している。堤は「北ノ堤」「堤」「東ノ堤」などと表現され、堤のない所は「水辺」「川辺」とも書く。堤が築かれたのは寺内町の北から東で、さらに北の長柄は「長柄川辺」とあり、言経在住時は築堤が及んでいなかったらしい。寺内町の南側は「南濱」「濱」で、「堤」と書かれることはなく、堤防は築かれなかった。天満の対岸は「大坂濱」、西は「西濱」で同様である。日記にはしばしば京都への上洛が登場し、陸路の場合、舟付から対岸の京橋方面へ渡り、京街道を上っている。日記によれば、このとき利用する舟付は堤のある場所にあり、対岸との位置関係から現在の川崎橋のたもと辺りと推定される（図4参照）。二期工事で継ぎ足した堤が、「南ノ舟付」の場所であったこととも話が合う。上洛時に利用した舟付は、「舟付」「東舟付」「南ノ舟付」「南舟付」「南東舟付」「川崎舟付」と多々あるが、同じものを指している可能性がある（豆谷「文献史料からみた天満本願寺」『天満本願寺跡発掘調査報告Ⅰ』（財）大阪市文化財協会、一九九五年）。

2　本願寺の場所と川縁の屋敷

次に、発掘調査の成果を加味して大満本願寺の場所を絞り込みたい。天満に本願寺があったのは、天正十九年（一五九一）に京都六条へ移転するまでの六年という短い期間である。当初は草堂で済ませていたが、天満移住の翌年、約三ヶ月をかけて御堂が建立される。『言経卿記』『宇野主水日記』所載の建築過程や参拝の記事によれば、本願寺は大川に近い場所にあったことがわかる。伊藤毅によれば、周囲の町割と異なって、江戸時代から明治時代と続いている現造幣局とその北側の大きな敷地がその有力候補地である（伊藤前掲書）。櫻井成廣・内田九州男は、旧興正寺跡地の現滝川公園を本願寺候補地としたが（内田「豊臣秀吉の大坂建設」佐久間貴士編『よみがえる中世2　本願寺から天下一へ　大坂』平凡社、一九八九年）、堤から遠く、敷地が狭いことなど不都合な点が多く、伊藤説の方が正しいと考える。

また、前述の堤の発見により、本願寺は堤の内（西）側であるのは確実である。これまでの発掘調査の中で、本願寺に該当するような遺構を検出した例はない。一方で、堤より西の造幣局の南（調査地点一四～一七・一九・二〇）や西（同三・一八・二一・二二）では、現在の町割と合う豊臣期～徳川期の遺構が検出されているので、本願寺はそこにはなかったと推測される。現状の発掘データは消去法的に、伊藤説のうち推定堤跡より東を除いた地域の可能性を示している。

ここで参考になるのが、移転後の京都の寺内町を詳細に描いた「六条御境内絵図」（寛政八年（一六三一）、二四九頁図5）である。先に四囲を推定した大坂の天満寺内町と京都の六条寺内町を同縮尺で比較すると、町の大きさがじつに良く似ていることがわかる。当然のことと言えばそれまでだが、町の大きさが同程度でなければ、御堂をはじめ各施設や門徒・住民の京都受け入れは円滑に為しがたかったであろう。『六条御境内絵図』によれば、本願寺の周囲には、脇門跡の興正寺と下間《しもつま》氏などの高官の武士たちの屋敷がある。天満では興正寺は本願寺から離れ、伝承の通りに滝川公園の場所にあった可能性が高い（『言経卿記』でも本願寺と離れた場所にあることが推測できる）。興正寺を除く本願寺と高官たちの屋敷を合わせた広さは、京都の『六条御境内絵図』のそれと、大坂天満で伊藤が推定した造幣局およびその北側敷地を比べると、よく似ている。

造幣局西隣の現滝川小学校の敷地は、元和二年（一六一六）から明治六年（一八七三）の間は徳川家康を祀った川崎東照宮であり、それ以前は織田有楽斎《おだうらくさい》の屋敷であったという伝承があり（北東に黒田如水邸）、大きな敷地が継承されている。当時の天満のもう一つの中心であった天満宮との関係、大坂や大坂城と繋ぐ天満橋から北へ伸びる南北道との関係から、本願寺を伊藤説からさらに絞れば、現在の造幣局の西側工場から造幣局宿舎・滝川小学校付近と推測される。造幣局西塀沿いの南北道より西（滝川小学校等の敷地）が一段、高くなっているのも何らかの関連がある可能性がある。その北側（現在の国道一号線付近から北）には、京都六条と同様に下間氏などの高官の屋敷があったのではなかろうか。この推定地内の調査地点四（図4参照）では、各時期で踏襲された豊臣期の三時期の溝があり、町屋ではない、より大きな屋敷の区画と推測される。これなどは、本願寺周囲の高官屋敷やそれらを引き継ぐ武家屋敷の可能性がある。また、造幣局内の調査地点六では十七世紀初〜中頃は畠があり、これは堤に近接する裏手に当たっていたためと推測される。

写真　大川縁の屋敷（南屋敷の石垣と出入り口　北東から）
（(財)大阪市文化財協会『天満本願寺跡発掘調査報告書Ⅱ』より転載）

ところで、推定した本願寺敷地の南東角に接するように、堤の外（東）の川縁で二つの大きな屋敷地が発掘されている（調査地点七～一〇）。屋敷は、豊臣前期（天正八年（一五八〇）～慶長三年（一五九八））に最大一・二～一・四メートルの厚さの盛土を行い、盛土の補強と河水への備えのため川側のみは石垣が造られていた（写真）。造成当初の屋敷は南屋敷（南側の屋敷を仮称）で南北三五メートル、北屋敷（北側の屋敷を仮称）で南北四一メートルあり、東西幅は両者とも堤との関係で四五～五〇メートルと推測される。豊臣後期（慶長三年（一五九八）～二十年（一六一五））になると南屋敷は南へ、北屋敷は北へ拡張され、これにより南屋敷は南北四〇メートル以上、北屋敷は南北五〇メートル以上になる。南屋敷の北辺には長さ三〇メートル以上の細長い東西棟があり、川側（東辺）にはスロープと門からなる出入り口がある。南屋敷と川との間は通路になっており、下駄の歯跡などの足跡が多数残っていた。二つの屋敷の間は当初は大きな溝であったが、豊臣後期には道に変えられている。北屋敷と川との間には、豊臣後期段階に、屋敷の石垣に使用されていた石に比べ格段に大きな花崗岩の切石が一三個、置かれていた。また、豊臣後期の南屋敷の一部には鍛冶の遺構があった。これらからは金箔押瓦、マリア像の印章、鉄砲の玉なども出土している。

この二つの大型の屋敷地が造られたのは豊臣前期であるが、それが本願寺の時代（天正十三年（一五八五）～十九年（一五九一））までさかのぼるのか否かは、出土遺物からは決めがたい。一方、大坂冬ノ陣で一旦、焼失した後もこの屋敷は継続して使用されている。徳川期には、当地は材木蔵や材木奉行屋敷が置かれるところである。本願寺敷地との間の堤の存在、豊臣期の間に本願寺の京都移転に関連するような断絶がないことから、二つの屋敷は本願寺との関係は薄いと考えられる。現在までの発掘調査によれば、堤外の川縁の豊臣期屋敷はこの二区画のみで、南や北には続かない。川の屈曲具合ですぐ上手には州が形成され、水流の影響の少ない場所ではある。また、豊臣期の門を伴う出入り口と同様に、徳川期には川側に石段が築かれるなど、絶えず川を意識した遺構配置になっている。あえて堤の外に造られたのは水運との関係で、後の材木蔵や蔵屋敷と同様の機能を有したのではないかと考えられる。

3　町割と発掘調査の対比

次に、推定されている町割と、それが発掘調査でどの程度検証されているのかを見てみたい。

明暦元年の『大坂三郷町絵図』の記載町名によれば、東より、「一丁目うすや町→二丁目裏町・二丁目→東三丁目・西三丁目→（四丁目）・西四丁目→東五丁目・西五丁目→東六丁目・西六丁目→東七丁目・西七丁目」となっており、西七丁目の境が天満宮境内の東端で、秀吉の縄打ちの東西七町とぴったり合う。南北はと言えば、同絵図の天満橋を渡った筋では、南より、「一丁目（東西方向の町割の記載）→同・同→同・同→北四丁目・同→北五丁目・同」となっており、北五丁目の北端が寺町の南端になることから、この区分が南北五町にあたる。南北は南端が浜で、一～三区画目が南北一〇〇～一三〇メートルであり、四区画目と五区画目は間延びしていく。

明治二十三年（一八九〇）地図の段階ではこの状態をよく留めており、天満の町割は南北に割っていくものである（二四八頁図4参照）。道と道の間は四〇～四五メートル（二〇間強）で、この二分の一の二〇メートル（一〇間）が敷地の奥行になる。屋敷地は基本的には南北の道に間口をひらいている。奥行二〇間の船場城下町に比べると、小ぶりの敷地である。『言経卿記』によれば、山科言経が家を購入した際の証文に「永代売渡申家屋敷之事合（一脱カ）所者、北町南ノ西角、口六間、奥十間也、……」とあり、間口六間、奥行十間の敷地で、地図からの復元と符合する。以上の町割復元は、浜のとらえ方などの細部の異同はあるが、伊藤毅の復元以降、研究者の一致するところである。

次に、上記の町割を発掘調査の結果と対比したい。調査地点のまとまりから、「東」（天満橋南北道より東）、「中央」（天満橋南北道と天満宮の間）、「西・天満宮門前」（西横堀より東で天満宮南門より南）、「北西」（天満宮西の西横堀周辺）に分けて特徴をみる。

東　豊臣期にはまんべんなく開発されている。復元された町割に合う、東西に割られた敷地に合致する豊臣期の建物跡や遺構がある。堤跡に近い調査地点一六では、堤外の屋敷と同方向の区画や巨石が出土し、堤の内側にも川縁の屋敷地と同じ性格の施設があった可能性がある。調査地点一四では、絵図・地図にない豊臣期の南北の道・大溝がある。古墳時代以降、古代・中世の遺構が点在する地域である。

中央　少なくとも十七世紀前半〜中頃か大坂冬ノ陣までさかのぼる、町割と合致する遺構が見つかっている。天満宮の周囲は地盤が高く、瓦・墨書土器などが出土し、古代の官衙や寺院などがあった可能性がある。

西・天満宮門前　当初は寺内町の外で、慶長三年（一五九八）に天満堀川が掘削される。豊臣期の前後期とも町割に合う遺構がある。天満宮周辺に次いで中世から豊臣期の地盤が高い地域である。調査地点三三は大きな屋敷の一部を発掘したと考えられ、絵図・地図にない豊臣期の南北道があった。中世の遺構が濃密に分布し、中世の一中心地である。

北西　天満堀川に近く、発掘調査によれば開発は徳川期以降まで遅れる地域である。

以上、発掘調査からも、南北に町を割り、さらに奥行一〇間に敷地を区分する町割は豊臣期には存在し、本願寺が天満に所在した城下町初期までさかのぼる可能性が高い。また、東西七町の範囲を越え、中世以来栄えていた天満宮門前にも豊臣期に同様の街区が続いていた公算がある。ただ、絵図や地図にない道も一部で見つかっており、まったく町の形が変化しなかった訳ではない。

天満地域の発掘調査は総面積約五千平米で、町のごく一部に過ぎず、豊臣期の変化を詳細に追える段階ではない。しかしながら、豊臣期のなかで遺構の空白や断絶があるようには見えず、本願寺移転が天満の発展に打撃を与えることはなく、秀吉の当初の狙い通りに、城下町として順調に成長していったと考えられる。

三　大坂城下の改造

1　惣構の築造と城下町

ひとまず完成した大坂城下が大きく姿を変えたのは、文禄・慶長年間のことである。

まず、文禄三年（一五九四）には大坂城を城下ごと大きく囲い込む「惣構《そうがまえ》」が構築された。西の外堀である東横堀や南の外堀は、この時に開削されたと考えられる。低地にある東横堀は水堀であったが、台地を横切る形の南外堀は水のない「空堀」であった。

基本的には城郭の改造であるが、城下町との関係でいえば、初期の城下町であった「平野町城下町」が城外に出ることになった。惣構堀によって分断された城外の部分はその後も痕跡をとどめていたが、城内に取り込まれた部分は姿を変えたとみられ、初期の様子が判然としない。南側の惣構堀のすぐ内側で行われた発掘調査で、「天正十三年」銘のある一石五輪塔が出土し、惣構構築以前は寺町がさらに北に延びていた可能性が指摘されている。寺町が北に延びていたということは、「平野町城下町」も建設当初は北に延びていたことになる。その北限を安堂寺町筋付近とする説があるが、先に見た地形との関係から考えても妥当な説と言えよう。

一方、西外郭の東横堀に隣接する地区では、堀川の開削に伴う土砂を盛り上げた土地造成が行われた。上町台地の西斜面下、松屋町筋より西の地区は、もともと低地であり城下建設のためには盛土による土地造成が必須であった。ただし、周辺の発掘成果によれば、この時点で本格的な都市建設が行われたわけではないようである。

大名屋敷に関連して言えば、翌文禄四年（一五九五）の「秀次事件」が一つの画期となった可能性がある。一時は秀吉の後継者ともみなされた豊臣秀次が追放・切腹を命じられ、これに連座した大名も少なくなかった。前述した大坂の秀次屋敷も、これに伴って廃されたと考えられる。これ以後、豊臣政権では徳川家康と毛利輝元を東西の筆頭とする体制が採られるようになる。毛利氏が大坂に屋敷を置くのは、これを契機としていたと考えられる。ただし、大名屋敷の配置換えが、大坂の城下町の構造にどのような影響を与えたのかは明らかではない。

2　「町中屋敷替」――船場城下町の建設――

慶長三年（一五九八）、豊臣秀吉は、大坂城三ノ丸の築城とこれに伴う城下町の改造を命じた。三ノ丸については、古くは大坂ノ陣配陣図などをもとに、城門を強化する馬出曲輪《うまだしくるわ》であるとされていたが、『僊台武鑑《せんだいぶかん》』収集図の発見によって、より広い範囲におよぶ曲輪であるとする説が優勢になった（渡辺武「豊臣時代大坂城の三の丸と惣構について」『大坂城の諸研究』名著出版、一九八二年）。しかし二〇〇二年に大阪府警本部の建て替えに伴う発掘調査で豊臣期の堀が見つかったことにより、再び馬出曲輪説が主流となり、現在でも論争が続いている。

城郭の問題はさておき、この時の都市改造の大きな目的は、大坂と伏見の城下にあった大名屋敷を再編成することであった。すなわち、大坂には東国大名を、伏見城下には西国大名を集め、すでにあった屋敷は移転させるという措置である。その目的は、自身の死後を案じた秀吉が、後継者である豊臣秀頼の守りを万全なものにすることであったと言われる。大坂に関して言えば、大名屋敷の用地は不足しており、新たな土地を確保する必要があった。

その中心となったのは、大坂城西側、現在の谷町筋より東の地区であった。大阪府庁別館の建て替え工事や谷町筋地下駐車場の建設に伴う発掘調査により、豊臣前期までは自然の起伏が残る場所であったが、これを契機に谷が一気に埋め立てられて広い平坦地となり、大名屋敷が建設されたことが明らかになっている。特に大阪府庁別館用地の調査では、出土した「扇に月丸」紋の瓦から、佐竹義宣の屋敷があったと推定されている。

常陸国を本拠とした佐竹氏は、北条氏に対抗するため早くから豊臣秀吉に近づき、豊臣政権下でも信頼を置かれた東国大名であったとされる。聚楽第や伏見城下でも屋敷の存在が認められており、豊臣氏との親密さがうかがえる。先に見た平成十四年（二〇〇二）の発掘調査成果を合わせて考えると、大手門に近い重要な場所を与えられていたということになるのだろう。

この時に行われた工事について、京都・相国寺の僧侶であり秀吉の政治・外交の相談役でもあった西笑承兌《せいしょうじょうたい》は、次のような書簡を残している（『西笑和尚文案』）。

（前略）

一□□□（徳善院カ）・増右御前にて被加御詞、其後一段入魂ニ候、是又珍重之儀候、大坂御普請之儀十七日候哉、［　］ニ付下向候、廿二日之夜船各被罷上、昨日廿三日御前へ被召候、大坂御普請之趣者、西者安芸中納言殿屋形之辺まて不残家をのけられ候、町屋もすてに御のけなされ、地ならし之儀被仰付候、大坂にて残り候屋形ハ備前中納言殿・増右・石治までに候由候、伏見普請衆過半大坂へ被遣候

（中略）

七ノ廿四日（慶長三年）

小河土佐守（祐忠）殿

この史料により、①工事範囲の西端付近に毛利輝元（安芸中納言）の屋敷があった、②その範囲の「家」・「町屋」は全て撤去されて土地造成が行われた、③大坂には宇喜多秀家（備前中納言）、増田長盛（増右）、石田三成（石治）の屋敷だけが残った、ことが判明する。この内容通りであれば、西国大名である毛利輝元屋敷も大坂から伏見へ移されたということであろう。

ただし、発掘事例を見ると、大川沿いの地区でさらに西でも、豊臣後期に新たに大名屋敷となった場所が確認されている。上記史料との整合性が気になるところではあるが、この点は検討を要する課題である。

また、これに伴って、大坂にあった光徳寺や浄照坊などの寺院も移転を余儀なくされた。光徳寺は大坂城南方の上堺町から船場の南久太郎町へ、浄照坊は上町の鍋屋町から船場の北鍋屋町（現在の淡路町）に移っている。鍋屋町は詳しい場所がわからないが、上堺町は上記の大坂城西側地区には含まれないので、より広い範囲が影響を受けたことが知られる。その由緒を伝えた史料では、「大坂町中屋敷替」「大坂の町替」という象徴的な表現が用いられ、大坂の町にとって大きな転換点であったことがうかがえる。

撤去された町屋の移転先として整備されたのが「船場城下町」であった。これについては、次のイエズス会宣教師の記録がよく知られている。

（大坂城に新しく）巡らされた城壁の長さは三里にも及んだ。その労力に対して支払われる賃金は数千金にも達したが、太閤様はこれについて少しも支払うことはなかった。その区域内には（それまでに）商人や工人の家屋［七万軒以上］があったが、すべて木造だったので、住民自らの手ですべて二、三日中に取り壊されてしまった。［その命令に従わぬ者は皆、財産を没収すると伝えられていた］。ただし、（立ち退きを命ぜられた）住民に対しては、長く真っ直ぐな道路で区分けした代替地が与えられた。そしてそれぞれの家屋は軒の高さが同じになるようにして、檜材―日本における最良の材木―を用いるようにと命令された。

（一五九八年度年報（パシオ書簡））この記録に見える「七万軒以上」は、別のイエズス会の記録（『日本西教史』）では「一万七千」とされており、後者が妥当とする見解があるが判然としない。

船場城下町は、正東西・南北の直線道路で区画された、四〇間四方の正方形の街区で構成される。各街区の南北中央（背割）で区分され、東西方向の道路に面した両側町を形成している。それぞれの屋敷地は東西道路に間口をもち、背割までの二〇間の奥行きの短冊形の地割りである。こうした構造は、基本的に現在に至るまで踏襲されているが、豊臣期には屋敷地の奥までは開発が進んでおらず、いわゆる「背割下水」の成立はさらに時代が下るものと考えられる。

この時に開発された城下町の範囲については、論者により多少の違いはあるものの、おおむね北は道修町《どしょうまち》付近、南は博労町《ばくろうまち》または順慶町《じゅんけいまち》（現在の町名は南船場）、東は東横堀川、西は心斎橋筋とされる。ただし、南北の中央よりやや南寄りの旧・唐物町《からものまち》（現在の中央大通り付近）では街区の奥行きが他と異なっており、この位置をはさんだ南北で開発時期に差が認められるようである。北端については、先に見た「島町城下町」の延長線上の街区（高麗橋通）が「船場城下町」の北側に延びている。両者の方位は明らかに異なっており、開発時期の違いを物語っている。このため間に挟まれた街区は、西にいくほど奥行きが広くなってゆく。この地区の「伏見町」の地名は、元和年間以後の伏見町人の移住地を思わせるが、豊臣後期にはすでに開発が進んでおり、堺筋付近に魚市場があったことが発掘調査によって判明している。

3　船場地域の地形と開発過程の再検討

これまで「船場城下町」の開発は、北東部の道修町一丁目付近が先行して、西と南にいくほど開発が遅れると考えられてきた。しかし、最近の地形復元研究により新たな問題が明らかになって来た。

船場地区の地形は、南北方向に延びる複数の砂州（微高地）が平行しており、「船場城下町」のすぐ西に位置する砂州には、中世後期の文献に見える津村や三津村などの集落の存在が想定されている（図1＝巻頭カラー）。城下町建設以前からすでに居住地となっていたこの地は、人為的な造成を伴うことなく利用可能な土地であったと考えられる。この砂州上には、豊臣期の城下町でも、町人地とは異なる寺社や大名屋敷の存在が認められるのである。

まず、大名屋敷について見ると、砂州上の淡路町四丁目に位置する御霊神社の社地は、文禄三年（一五九四）に亀井茲矩《これのり》の屋敷地の一部が寄進されたものと伝承される。同時代の文献史料では、大坂御坊を開いた本願寺の慶長三年（一五九八）十一月十四日の記録（『慶長三年大坂御坊移徙御法事記』）に、亀井武蔵守の屋敷が津村にあったことが見え、少なくともそれ以前に屋敷が存在していたことが知られる。

また、天正年間には、大和の筒井順慶の屋敷が置かれていた可能性がある。『多門院日記』天正十二年（一五八四）二月二十一日条に「筒井ニハ大坂へ宿ヲ被引」の記事がある。筒井家の屋敷は、後年の編纂物や地名伝承から船場南部の「順慶町」にあったとされる。上記引用部分の「大坂」の宿がこれに該当するかどうかは確実でないが、筒井屋敷の立地を近辺に求めるならば、「船場城下町」の南辺よりも、そこから西の砂州上と考えた方がより可能性が高いのではないだろうか。その場合、「順慶町」の地名は、筒井順慶の屋敷から東に延びる町筋に名付けられたと解釈することができる。大坂城から離れたこの場所に筒井家の屋敷地があったとした場合、その理由が問題であるが、大坂城の周辺で利用可能な土地を大名屋敷地として配分し尽くしたのち、次善の策として比較的広い用地が確保できる場所として選ばれたのではないかと推定するにとどめておく。

寺社としては、「船場城下町」開発に先だって建設された南北の本願寺御堂がある。北御堂（津村御坊・西本願寺）は、天満本願寺が京都へ移転したのちに、大坂の楼の岸に建立されたが、慶長二年（一五九七）に津村へ移された

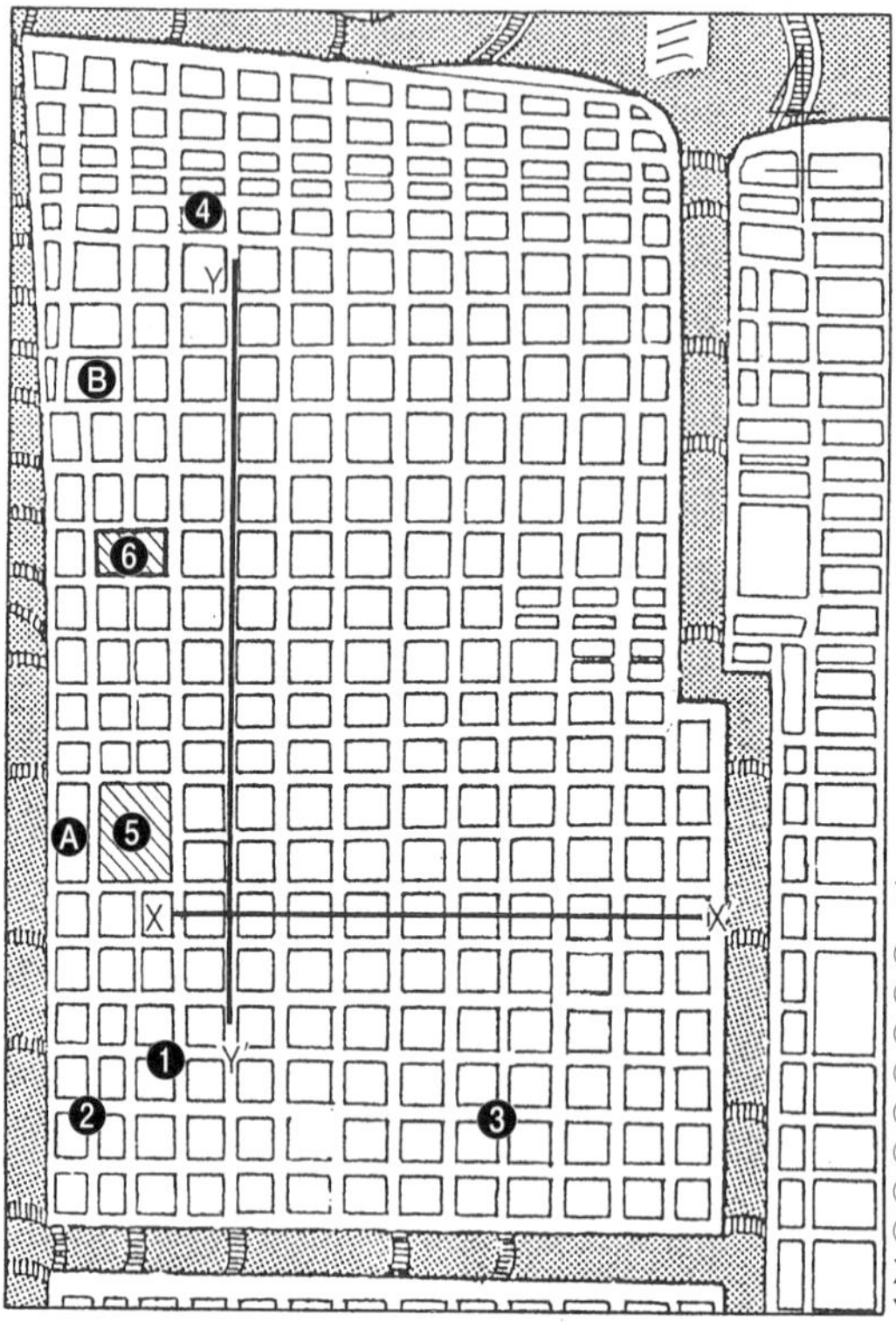

図7　慶長期における船場西部の寺社（内田九州男「城下町大坂」より転載。一部改編。）

と伝わる。一方、南御堂（難波御坊・東本願寺）は、本願寺が東西に分かれたのちの文禄四年（一五九五）に西成郡渡辺に再興され、慶長三年（一五九八）に移転したという。南北に並んで配置された二つの御堂は、「船場城下町」の西端を明示するために置かれたことが明らかであるが、同時にその位置は旧集落の立地する砂州と新たに造成された城下町との境界をも表していたのである。

さらに、慶長年間には、船場地区をはじめとして点在していた浄土宗寺院が、この砂州上の地区に集められたことが知られ、さながら寺町のような空間を形成したことが指摘されている（図7、内田一九八五、伊藤一九八七前掲書）。先に見た天満城下町の開発過程を参照すれば、新たに開発する地区の外周に先行して寺町を設置したことがうかがえる。これら浄土宗の寺院の大半は、元和年間に下寺町をはじめとする上町台地側の寺町に移転しており、現在では寺町の景観を呈してはいない。詳しい時期は不明ながら、同じ時期に西横堀が開削されたと考えられており、この地区までが空間的にも市街地に取り込まれることになる。これら寺院の移転は、これに連動したものであったのかもしれない。

平成十七年（二〇〇五）に「船場城下町」推定範囲より西の今橋四丁目における発掘調査で、大坂ノ陣で被災した豊臣後期の屋敷跡が確認された（松本啓子「新たに見つかった船場西側の大坂城下町」『葦火』一二一、（財）大阪市文化財協会、二〇〇六年）。また、平成十九年には道修町四丁目の発掘調査で、同じく大坂ノ陣で被災した大型礎石建物が発見されている（大庭重信「道修町四丁目で豊臣期の大型礎石建物発見」『葦火』一三六、（財）大阪市文化財協会、二〇〇八年）。特に後者は、建物の規模と構造から、一般的な町屋の施設ではなく、大名屋敷や寺社の関係ではないかと指摘されている。

上記のような発掘成果は、従来は「城下町が想定されているよりも西に広がっていた」と評価されることが多かった。しかし、これまで見てきたように、船場西部の砂州上は、「船場城下町」の地区よりも先行して開発される条件が整っていたといえる。むしろ、砂州上の地区が「船場城下町」の設定線として、大名屋敷や寺社を置くことによって先に開発され、しかるのちに居住区域としての「船場城下町」が開発されたと考えた方が、より事実に近いように思われる。

このように見てくると、新たに開発された「船場城下町」は、東横堀によって区画された城内と、先行する中世集落のあった砂州との間の土地であったことがわかる。この区域は、別の砂州による微高地とその間に形成された低湿地で構成されていた。これまでにわかっている限りでは、豊臣前期以前の耕作地や開発に伴うと見られる大溝が見つかっているものの、その段階では居住域として積極的に活用された立地ではなかったようである。

そのような土地を居住域とするためには、盛土による土地造成が不可欠であり、広い範囲に道路を設定して街区を整備しなければならなかった。それを実行するためには、多大な物資と労働力を集中的に投下できるだけの条件が必要である。豊臣政権が国内における権力を掌握し、多大な動員力を獲得することによってはじめて、そうした開発が実現可能になったと言えるだろう。

こうして慶長年間に豊臣期の大坂城下町は完成する。大阪歴史博物館蔵の「京・大坂図屏風」や、平成十八年にオーストリア・グラーツ市にあるエッゲンベルグ城で発見された「豊臣期大坂図屏風」に描かれているのは、この時の景観である。また、豊臣後期を中心に出土する桃山の茶陶は、当時の大坂の経済・文化の発展を具体的に伝えている。ただし、秀吉在世中に比べて、残されている文献史料は極めて少なく、詳しいことがわからない点も申し添えておかねばならない。

おわりに

豊臣期の大坂城下町は、慶長十九年（一六一四）、二十年（一六一五）の両度の大坂ノ陣により大部分が焼失した。大坂ノ陣後の復興を手掛けた松平忠明は、豊臣期の三ノ丸を市街地化したとも言われるが、実際には都市の空間構造が大きく変わることはなかったようである。その後の大坂は、島之内や西船場など、南と西に都市域を広げてゆくが、豊臣期の城下町部分は大きく変わることはなかった。自然地形の改変も含めた都市空間の形成と言う意味では、まさに豊臣期の大坂が現在の原点と言うことができる。

施釉陶磁器の流通からみた大坂

森　毅

はじめに

ここで豊臣時代と呼ぶのは、秀吉が大坂築城を開始する天正十一年（一五八三）から大坂夏ノ陣によって豊臣氏が滅亡する慶長二十年（一六一五）までの三二年間をさす。この間の大坂出土陶磁器を概観し、陶磁器の流通からみた大坂の位置を考えることが、本稿の目的である。

慶長二十年に廃棄された陶磁器を確定することは城下町全域に広範囲に分布する大坂冬あるいは夏ノ陣焼土層によって比較的容易である。一方、豊臣大坂城に先行する本願寺期の地層については、大川に近い大坂城北辺部の調査で大坂本願寺が焼亡した天正八年（一五八〇）と考えられる焼土層が確認されることや、台地上の谷地形に堆積した地層から、大坂城築城以前の地層が明らかになってきている。この大坂本願寺期から大坂ノ陣焼土層にはさまれた遺構面から出土する良好な一括資料を素材として、大坂における豊臣時代の陶磁器の様相を示したい。

ところで、豊臣時代に出土する陶磁器類の中には素焼の土師器《はじき》や瓦質土器《がしつどき》、焼締陶器《やきしめとうき》など、今回取り上げる施釉《せゆう》陶磁器《とうじき》以外の焼物も多数含まれる。大手前四丁目の調査データによると、陶磁器全体に占める施釉陶磁器以外の焼物の割合は豊臣時代前半（以下豊臣前期と記述）で四九・二％、豊臣時代後半（以下豊臣後期と記述）では五一・二％であった（森毅「大坂出土の十六・十七世紀の陶磁器―美濃陶器を中心に―」『東洋陶磁』二六、東洋陶磁学会、一九九七年）。調理具として必ず出土する焼締陶器の変化など、施釉陶磁器以外の焼物の検討を抜きにしては当時の陶磁器を語ることはできないのであるが、ここでは、変化が最も顕著に表れる施釉陶磁器を取り上げて豊臣時代の大坂の陶磁器を検討する。

一　豊臣時代の施釉陶磁器の様相

大坂城跡の調査の中で豊臣時代の陶磁器の様相が明らかになってきたのは、昭和五十八年（一九八三）に大阪市文化財協会が実施した追手《おうて》門学院《もんがくいん》小学校特別教室棟建設に伴う調査（『大坂城跡Ⅲ』（財）大阪市文化財協会、一九八八年）においてである。この調査では大坂本願寺期から徳川初期に至る地層が層位的に確認され、大坂における陶磁器の変化を考える上で基礎資料を提供した。特に、慶長三年（一五九八）に築造されたと考えられる三ノ丸石垣遺構を挟んで豊臣時代を大きく前半と後半に分けることが可能となった（鈴木秀典「大坂城跡の豊臣前期と後期」『関西近世考古学研究』Ⅰ、関西近世考古学研究会、一九九一年）。ここでは追手門学院の調査で示された陶磁器の変遷を基に、その後の調査でより明確に豊臣前期と豊臣後期の特徴を示すと理解される資料を提示し、豊臣時代の陶磁器の様相をみていきたい。

1　大手前四丁目、武家屋敷跡の土坑群出土遺物（豊臣前期）（図1）

調査地は上町台地の脊梁を南北に貫く上町筋と当時から主要な東西道路であった本町通りが交わる角に位置し、

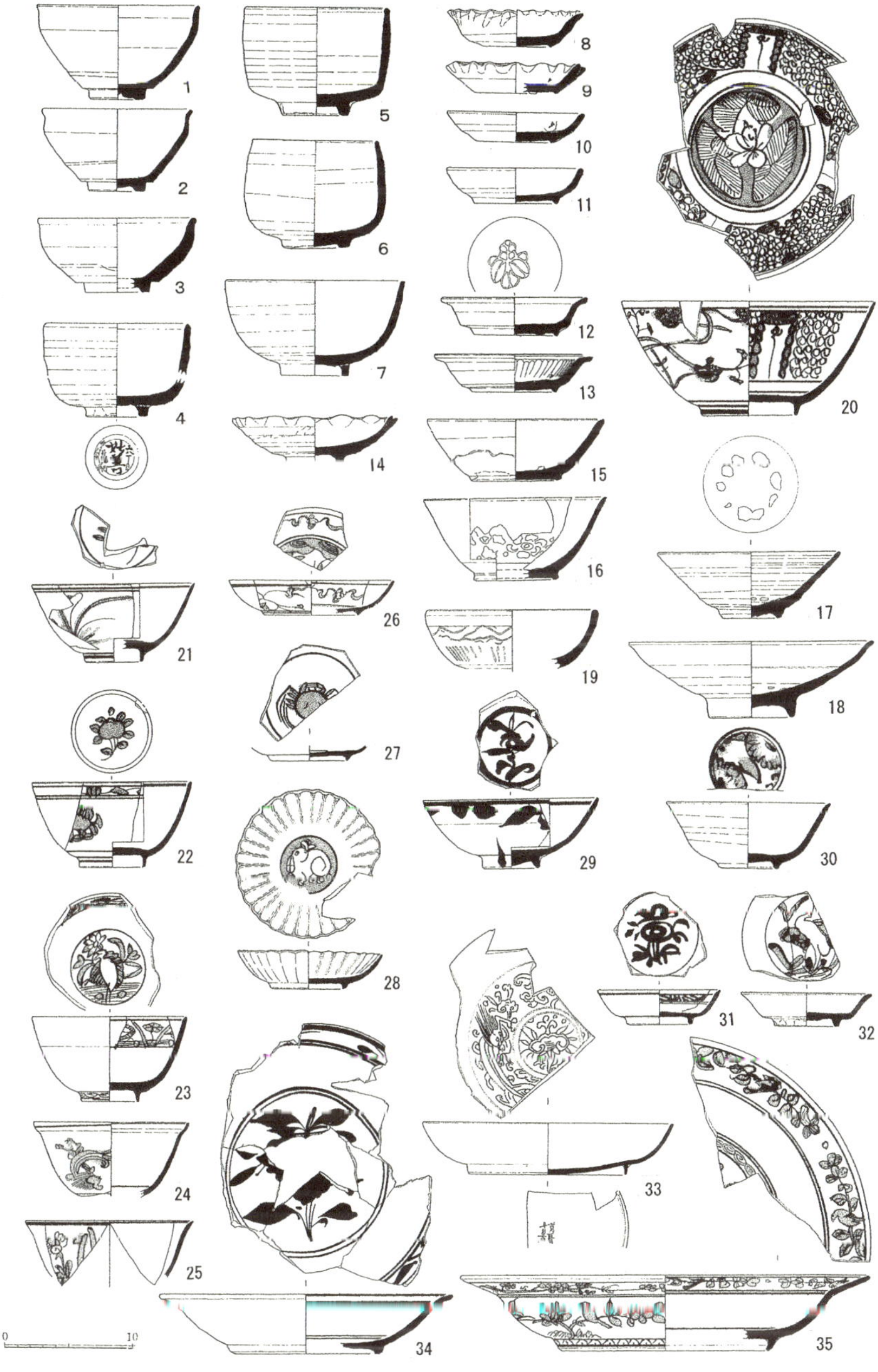

図１　大手前４丁目、武家屋敷跡の土坑群出土遺物
（１～13：瀬戸美濃、14：唐津、15･16：ベトナム、17･18：朝鮮、19～35：中国）

豊臣後期には大手口を防御する堀が確認されている大阪府警本部調査地点の南に位置する大名屋敷跡である。大坂城の中でも特に重要な地点であると言え、豊臣家に連なる大名が屋敷を構えた可能性が考えられる地点である（『難波宮址の研究　第九』（財）大阪市文化財協会、一九九六年）。取り上げた陶磁器は長径三～四メートル、深さ約二メートルを測る大規模な複数の土坑から出土した。埋土は下半部に炭の薄層が何層も堆積し、上半部は一気に埋め戻しが行われている。埋土の状況も共通し、出土遺物も共通することから、廃棄された時期は近いものと考えられる。また、出土遺物に金箔瓦を含み、この敷地に金箔瓦を使用した建物が存在し、それが取り壊された時に廃棄されたと考えられることから、大坂城の築城が開始される天正十一年から一定期間を経過した後の年代が想定される遺物群である。

国産陶磁器

施釉陶器は瀬戸美濃焼がほとんどであるが、少量軟質施釉陶器（楽系）を含み、唐津焼が一点出土している。瀬戸美濃焼では鉄釉の天目茶碗1～3、体部が直立する鉄釉の半筒碗4～6、灰釉丸碗7、灰釉と鉄釉の皿8～13がある。7は高台も含め全面施釉で、高台内に輪トチンの痕が残る。皿は、内面にソギを入れた折縁皿13と内底面に桐文のスタンプを押す12があり、折縁皿の占める比率が高い。また、底部が碁笥底《ごけぞこ》となる8～10と輪高台《わこうだい》となる11がある。瀬戸美濃焼の中で最も多いのは天目茶碗であるが、碗と皿の比率は、どの遺構もほぼ同数である。4の碗には「六丁目　妙善　卯ノ年祈」の墨書が認められる。想定される卯年は天正十九年（一五九一）あるいは慶長八年（一六〇三）のいずれかとなるが、慶長八年であれば後期の遺物組成となると考えられ、これらの遺物が天正十九年以降に廃棄されたものであると考えられる。また、唐津焼14は、口縁部を波形にした丸皿で、一点のみの出土である。

輸入陶磁器

最も多いのは中国産の染付（以下、青花《せいか》と記載）で、青磁、白磁を少量含む。中国製品に次いで多いのは朝鮮、次いでベトナム製品である。青花には景徳鎮《けいとくちん》産と考えられる精製品**20**～**28**・**33**・**35**と福建省漳州窯《しょうしゅうよう》産と考えられる粗製の**29**～**32**・**34**がある。青花に占める粗製品の割合は、二九・六％を占め、粗製品の多さが豊臣期の大坂出土青花の特徴といえる（森毅「一六・一七世紀の陶磁器の様相とその流通―大坂の資料を中心に―」『ヒストリア』一四九、大阪歴史学会、一九九五年）。

精製品の碗では底部が盛り上る饅頭心《まんとうしん》**21**・**22**と、底部が平坦になる**23**、口縁が端反となる**24**・**25**が多くを占める。皿では内底面に兎や蟹などを描いた丸皿や、外面に唐草文を描く**26**など、内弯直口《ないわんちょっこう》の皿が主体となるが、碁笥底の皿や、口縁が端反となる前段階の皿も出土する例がある。

粗製品の碗では高台が露胎で内底面に草花を太い線で描く**29**と、全面施釉で畳付の釉を剝いだ**30**がある。粗製品の皿には口縁部が外反し、内底面に鷺を描く**32**と、高台を無釉とし口縁内面に四方襷文を巡らせ内底面に草花を描く**31**の二種の皿があり、この二種の皿が多くを占めている。碗**29**と皿**31**はセット関係にあり、同様に**30**と**32**もセット関係にあると考えられる。皿の口径はいずれも一〇センチメートルほどで、内底面の草花の文様が人物になる場合や、文様が圏線だけであったりするが、この二種類の皿は豊臣前期の遺構から必ず出土すると言ってよい。また、大坂城に先行する姫路市御着城や同時期の八王寺城などからも出土例があり、織豊期に特徴的な青花といえよう。また、口径三〇センチメートルを超える皿は、精製品で口縁が外反した鍔皿**35**と粗製品で内弯する皿があり、量的には粗製品の方が多くを占めている。19は波状文と放射状の線刻を施す青磁である。焼成が不良な例が多い。

15・**16**はベトナム産の白磁碗である。型で成形しており、体部がやや深く内面に花文をもつ**16**と、無文で浅い**15**がある。底部は外底面を削り、わずかに上げ底になる。釉は底部側面まで掛かるものと、畳付までおよぶものがある。底部外面は露胎である。また、一点とも透明釉の下に白化粧が施され、白泥が体部外面に厚く溜るものもある。

底部内面には重ね焼きの目痕がある。口縁端部は釉剥ぎし、焼成前に釉を剥いでいると考えられる。**17**・**18**は朝鮮王朝の施釉陶磁器である。**17**は灰青釉の陶器碗、**18**は白磁皿である。朝鮮王朝の焼物は、豊臣前期では施釉陶磁器の約三%を占めている。量的には白磁皿が多く、次いで口径の大きな鉢があり、茶碗と考えられる碗は少ない。

2　大手前四丁目、井戸（SE五二〇）出土遺物（豊臣前期）（図2）

先に述べた大規模な土坑群と同一の敷地内にある一辺一・二メートルの方形の掘形をもつ井戸である。上部は江戸時代の土取り穴によって約三メートル分が破壊され、下部の三・八メートルが残存していた。出土遺物の中に「文禄三年」の紀年を有する木簡が含まれており、遺物廃棄の上限が明らかな資料である。この資料は、施釉陶磁器の出土はそれほど多くはないが、土師器鍋や擂鉢など、多数良好な資料が共存しており、時期を判定する基準となる資料である（『難波宮址の研究　第九』（財）大阪市文化財協会、一九九六年）。

国産陶磁器

施釉陶器には瀬戸美濃焼と軟質施釉陶器がある。瀬戸美濃焼には碁笥底で器高の低い灰釉丸皿**42**・**43**、灰釉折縁ソギ皿**44**～**47**、鉄釉天目茶碗**36**～**38**、胆礬《たんばん》を施す黄瀬戸《きせと》鉢**48**、鉄釉の上に灰釉を流し掛けする碗**40**が出土している。**49**はいわゆる黒楽茶碗に類する軟質施釉陶器である。体部は直立し、中位がわずかに窪んでいる。手捏ね成形で口縁部はわずかに波打ち、上端は内弯ぎみに仕上げられている。底径が大きく、口径の半分ほどある。口径が復元できるほど残存しているが、他と比較して口径が小さい。

輸入陶磁器

口径二七センチメートルを測る漳州窯系の皿**57**と精製品の饅頭心碗《まんとうしんわん》**50**・**51**、口縁部内面に鷺文《さぎもん》を巡らせる碗**52**、

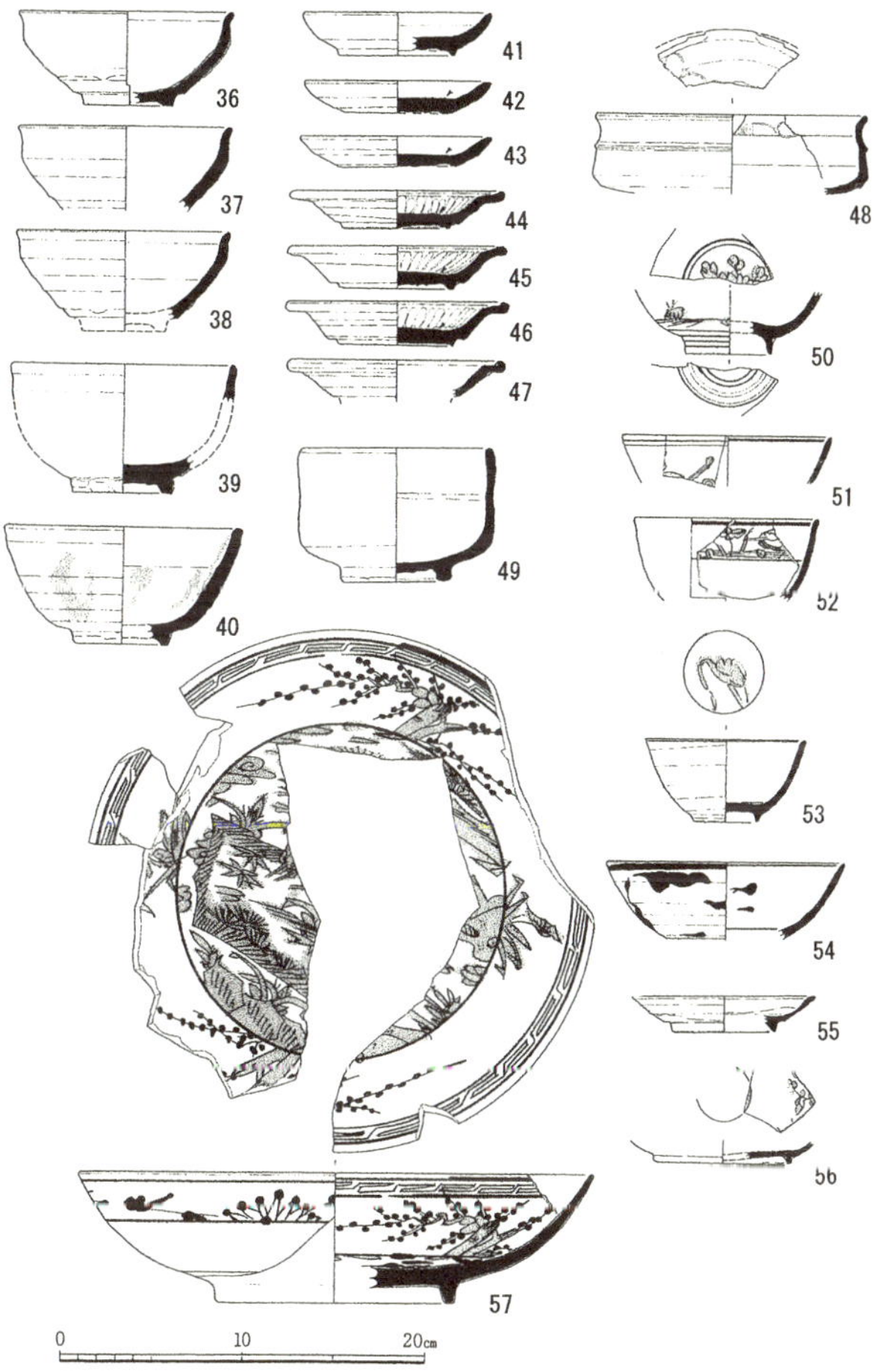

図２　大手前４丁目、井戸（SE520）出土遺物
（36～48：瀬戸美濃、49：軟質施釉陶器、50～57：中国）

底部が盛り上がる小碗53と漳州窯系の粗製青花54が出土する。57は陶胎で粗製の青花であるが、高台の砂を丁寧に除去し焼物としてよい仕上がりである。55は白磁皿で、底部内外面を露胎とする。この時期に少数出土している。

この遺構の陶磁器は、黄瀬戸の出土以外は先に述べた土坑群出土の陶磁器に近似した特徴を示す。

3　道修町一丁目、町屋のゴミ穴（ＳＫ六〇五）出土遺物（豊臣後期）（図３）

現在も船場に残る方形の町割りが実施された慶長三年（一五九八）以降に掘られた遺構であり、屋敷地奥に掘られたゴミ捨て穴から出土した遺物である。多数の鯛の魚骨やイワシの骨などが出土して注目された遺構である。この遺構から魚骨と共に、まとまって陶磁器が出土している。後述する大坂冬・夏ノ陣の資料とは区別できる資料である（『大坂城下町跡Ⅱ』（財）大阪市文化財協会、二〇〇四年）。

国産陶磁器

施釉陶器には軟質施釉陶器**91**～**93**と瀬戸美濃焼**58**～**72**、唐津焼**73**～**90**がある。陶片の中には高取焼も含まれている。総ての陶磁器に占める唐津焼の割合は三四・六％、瀬戸美濃焼の割合は一七・七％と、唐津焼が瀬戸美濃焼の倍近い出土量を示す。瀬戸美濃焼には鉄釉天目茶碗**58**～**60**、灰釉丸碗**61**、灰釉丸皿**62**、同折縁皿**63**・**64**・**66**、同折縁ソギ皿**65**、黄瀬戸鉢**69**、同碗**70**、瀬戸黒茶碗**71**、志野鉢**72**が出土している。折縁皿の器高は低く、豊臣前期の資料より新しい特徴を示している。軟質施釉陶器は、白化粧の上に緑色の釉を底部から口縁部にむかってかけた碗**91**・**92**と、丸ノミの彫りのある無頸壺**93**が出土している。

唐津焼には碗**73**～**75**と皿**76**～**84**、口縁部の四方をくぼませた向付**90**や沓茶碗が含まれている。碗の多くは直口口縁をもつ。皿はバラエティーに富んだ器形のものが多く、口縁部を波形にする**76**、短く外反する**77**、短く立ち上がる**82**、外反する口縁を有する**83**、直立した口縁をもつ**84**などがある。釉には藁灰釉**86**・**89**や長石釉**76**・**84**、灰釉がある。大坂ノ陣焼土層から出土する資料と比較すると、器形や釉に個体差が目立ち、唐津焼が流通し始めた初期の姿を示しているのではないかと理解している。

輸入陶磁器

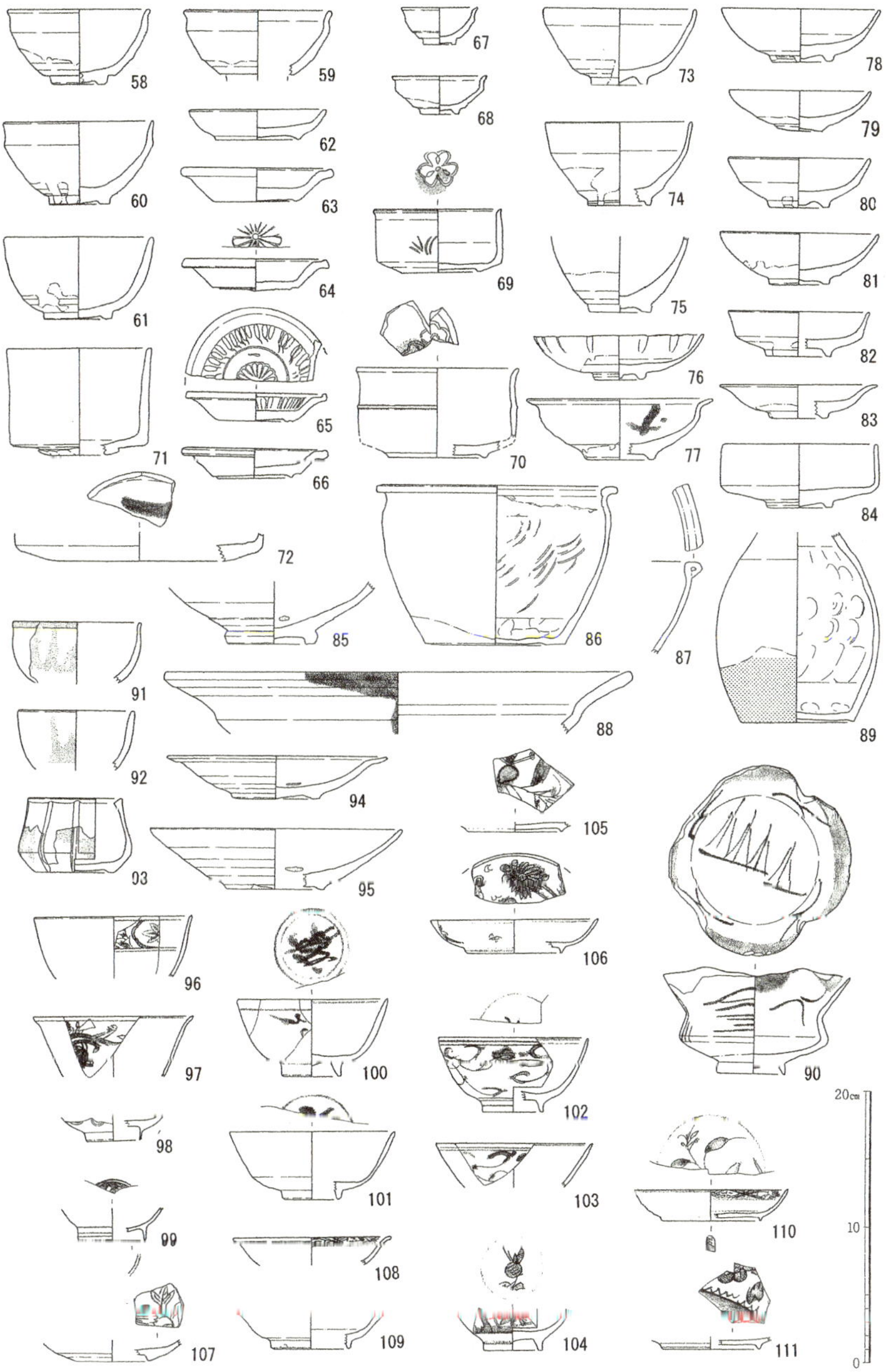

図3　道修町1丁目、町屋のゴミ穴(SK605)出土遺物
(58～72：瀬戸美濃、73～90：唐津、91～93：軟質施釉陶器、94・95：朝鮮、96～111：中国)

精製の青花《せいか》碗には口縁が端反となるもの97や、底部が平坦となり口縁内面を区画して花と青海波を交互に描くもの96、底部が窪んだもの99などがある。精製品の皿は口縁直口の丸皿105・106・110・111がほとんどで、碁笥底の白磁鉢107も出土している。

漳州窯製品では、高台が無釉で内底面と胴部外面に太い線で花文を描く碗100・101と高台が全面施釉され、高台に砂が付着する碗102～104が出土している。全面施釉で砂が付着する碗は、豊臣前期の資料には含まれておらず、豊臣後期から徳川期にかけて出土が増加する碗である。この三点と青花碗99・白磁鉢107は前期には見られないものである。

94・95は朝鮮王朝の白磁皿である。朝鮮王朝の焼物は豊臣前期、後期とも白磁皿や大振りの鉢が含まれることが多く、いわゆる茶碗の出土はあまり見られない。

写真　軟質施釉陶器向付

4　北浜東、武家屋敷跡出土遺物（豊臣後期）（図4・5）

屋敷地の広さが約七五〇〇平方メートルと考えられる大規模な大名屋敷から出土している遺物である。大坂夏ノ陣によって形成された焼土層から出土したものであり、陶磁器以外にも焼け死んだ馬、大きな門扉金具、分銅、アンチモンなど多様な遺物が出土している（『大坂城跡Ⅶ』（財）大阪市文化財協会、二〇〇三年）。

国産陶磁器

瀬戸美濃焼の中には志野、織部がある。112は総織部茶碗、117・118は志野《しの》筒向付《つつむこうづけ》、113～115は志野丸皿である。119は織部茶碗、120は織部向付である。121は瀬戸美濃としたが定かではない。図示していないが、軟質施釉陶器で織部向付と共通する特徴を

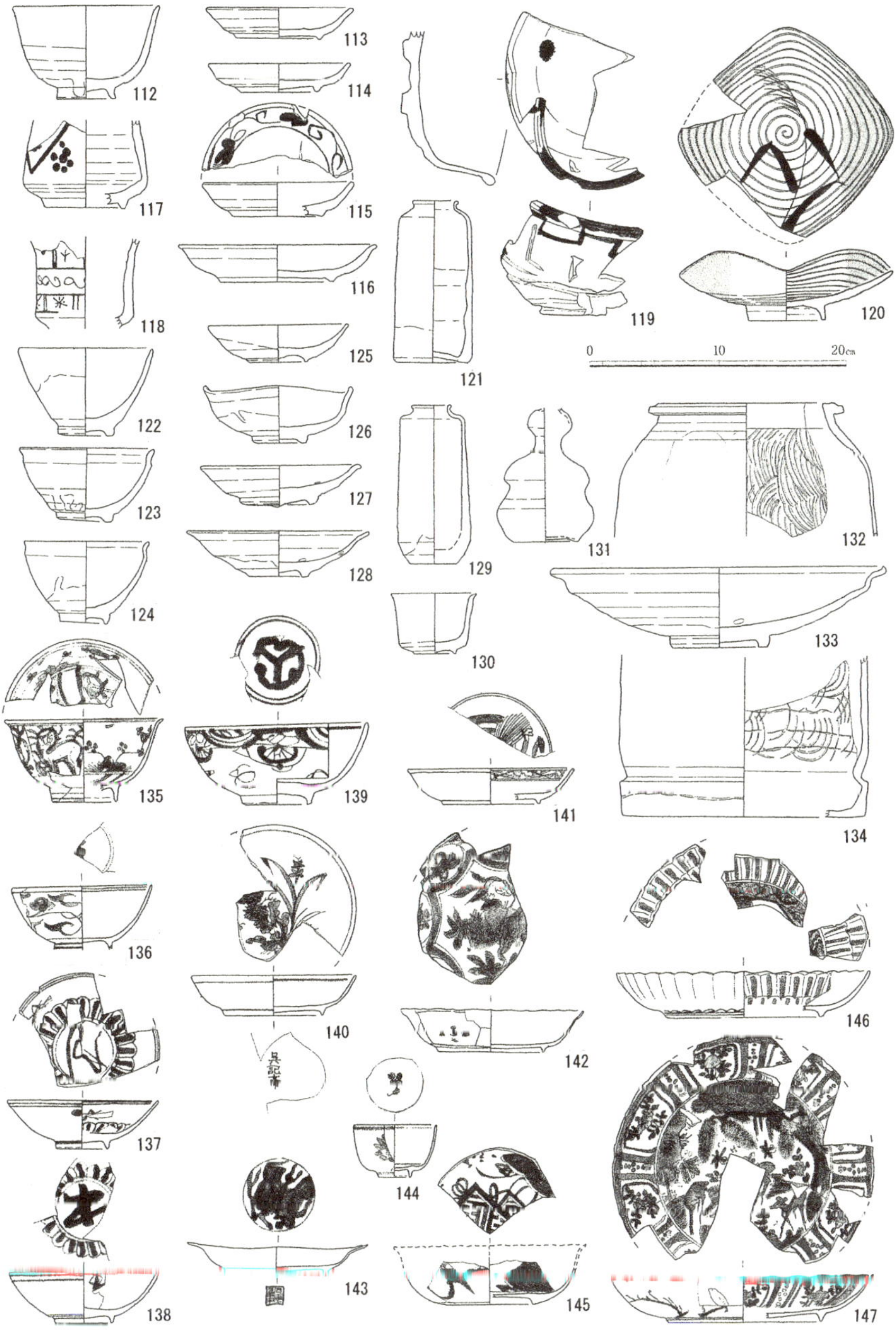

図４　北浜東、武家屋敷跡出土遺物１
(112～121：瀬戸美濃、122～134：唐津、135～147：中国)

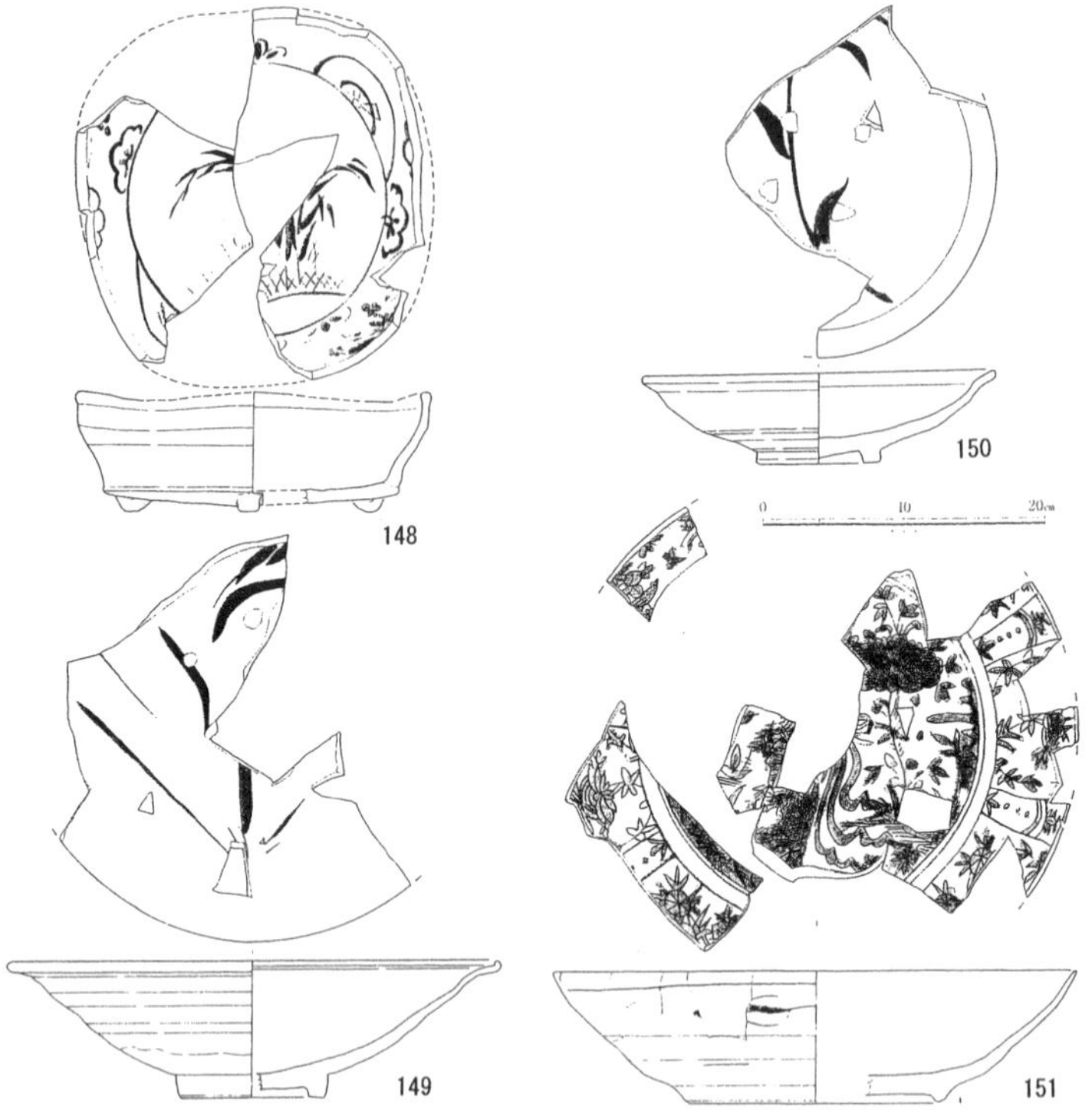

図5　北浜東、武家屋敷跡出土遺物2（148：瀬戸美濃、149・150：唐津、151：中国）

もつものがある（写真）。

唐津焼122～134には茶入129や水指134・沓《くつ》茶碗《ちゃわん》・瓢形の小壺131のほか擂鉢がある。唐津焼擂鉢は多くはないが、各地点の調査で出土例がある。碗の中にはやや小振りで口縁部を外反させる新しい特徴を有する124もある。皿は口縁を外反させるものが目立つ。口径二五センチメートルを測る皿133は口縁部を溝縁状に作る。口径約三五センチメートルの大皿149も口縁部の作りは類似している。

輸入陶磁器

ほとんどが青花《せいか》で少量白磁皿を含んでいる。青花碗は景徳鎮産の精製の碗135と、漳州窯産の136～139がある。135は口縁端反で高台が平坦かあるいは高台内に窪むものと考えられる。136は体部外面に唐草文、内底面に草花文を描く、豊臣後期の粗製品では最も一般的なものである。137・138

は小ぶりで器高が低く内面に花弁状の文様が廻る特徴的な碗である。139は豊臣前期段階の陶器質の粗製碗の系譜上にあるもので、豊臣後期から徳川期にかけて多数出土する碗である。

皿はほとんどが精製品で占められ、碁笥底で口縁が外反する鉢145、直口《ちょっこう》の口縁を持ち、体部が内弯《ないわん》する皿140、内面に四方襷文を巡らせ、内底面に団龍文を描く皿141、いわゆる「芙蓉手《ふようで》」の皿142・147、鍔皿で外底面に字款をもつ143、漳州窯産の大型皿151がみられる。この資料の場合、皿のサイズによって精製品と粗製品の区別があるようにみえる。多くの皿はセットで出土しており、皿の占める比率が高いことが特徴である。また、皿の場合、口径一三～二〇センチメートル前後の皿は精製品で、三〇センチメートルを超えるサイズの皿は漳州窯製品となっている。この傾向はこの地点だけではなく、一般的に見られる傾向であろう。

また、図示していないが朝鮮王朝陶磁器は白磁皿と碗が出土している。

5　谷町三丁目、武家屋敷跡出土遺物（豊臣後期）（図6・7）

現在は道路（谷町筋）となっている谷町三丁目の調査で出土した。多数の金箔瓦が出土し、規模の大きな武家屋敷が想定される地点である。大坂夏ノ陣焼土層に覆われる遺構と、その下層からも豊臣後期に属する遺構が確認されている。調査では下層の遺構を冬ノ陣で壊された屋敷と理解している。ここで取り上げた資料は報告書で夏ノ陣焼土層（三層）で覆われる遺構の資料である（『大坂城跡Ⅳ』（財）大阪市文化財協会、一九九九年）。

国産陶磁器

報告書に図示された資料は他地点の資料に比較して瀬戸美濃焼系の資料が豊富である。瀬戸美濃焼は天目茶碗や灰釉製品の占める割合が小さくなり、志野製品が多くを占めている。先に述べた豊臣後期の上・下層とも織部を含んでいる。

図６　谷町３丁目、武家屋敷跡出土遺物１（152～180：瀬戸美濃）

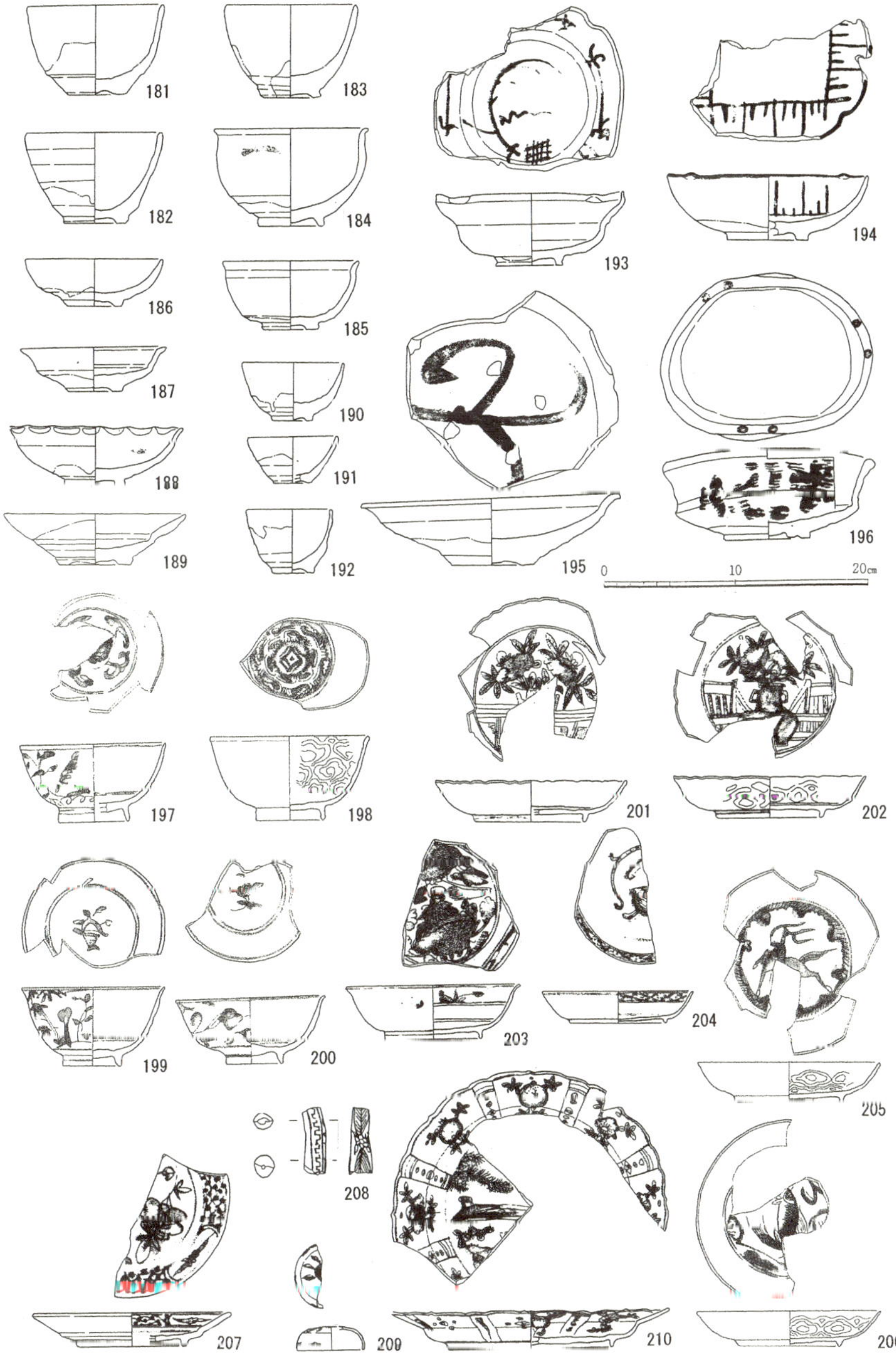

図７　谷町３丁目、武家屋敷跡出土遺物２（181～196：唐津、197～210：中国）

る。154は鉄釉折縁皿で内底面の釉を拭き取っている。152・153は碁笥底の灰釉丸皿、155は志野丸皿、156は志野菊皿である。157は二重圏線内に紅葉唐草文を配する絵志野、165・167は隅丸方形の絵志野である。轆轤《ろくろ》成形後に型打ちする。166・169・170は平面形が四方《よほう》の志野向付である。半環状の脚がつくもの166・169と輪高台167がある。171は口縁部を四角く変形させた後、四隅を大きく切り落とした形状となる。口縁部には鉄泥が塗られる。160は鼠志野で、半環状の脚がつく。159は鉄釉茶入、173は鉄釉水滴、168は織部茶入で、円筒状に成形した後、体部下半をくぼませ、面取り風に加工している。158は灰志野向付で碁笥底である。177〜180は志野鉢で大型品である。174〜176は織部で175は型打ちによって平面が菊花状に加工される。底部は碁笥底で、体部外面に文字のような文様が入る。

唐津焼181〜196は丸碗と丸皿が多く、丸碗では直口のもの181〜183と口縁が外反するもの184・185がほぼ拮抗する。丸碗では文様を施すものは少ない。丸皿は直口のもの186と外反するもの187があり、体部中位で大きく段をもって外反するもの189が少量ある。190〜192は直口の小杯である。193〜195は向付で193は体部が二段に立ち上がる深い四方向付であり、194は内弯して立ち上がる四隅を窪ませている。196は沓茶碗で高台が二段に削り込まれている。

輸入陶磁器

青花碗は197・198が精製碗、199・200が漳州窯製品と考えられる粗製品である。197は底部が丸く窪むもので、198は型打ちによって透明釉の下に文様が見られる。型によって文様を浮かび上がらせる製品は豊臣前期にもあるが、芙蓉手の製品などと共に後期になって目立ってくる。201・202・205・206はいずれも型による文様が見られる。203は輪高台で口縁が外反する皿で豊臣前期には見られないものである。204の内底面に団龍文を描き、口縁内面に四方襷文を巡らせる皿は夏ノ陣の地層からよく出土する青花である。208は把手付水注の把手である。これまでの大坂の調査では、住友銅吹所で享保九年（一七二四）に焼けた「妙知焼」の資料の中に「伝世品」として含まれていた例がある（『住友銅吹所跡発掘調査報告』（財）大阪市文化財協会、一九九八年）。また、慶長十八年（一六一三）にセントヘレナ島沖で沈没したオランダ東インド会社のヴィテ・レウ号からは同種の水注や、夏ノ陣焼土層から出土する芙蓉手の皿や鉢が出土しており（森村健一「Witte Leeuw号の陶磁器」『貿易陶磁研究』七、日本貿易陶磁研究会、一九八七年）、ヨーロッパ向けの焼物の印象が強かったが、国内にも流通していたことを示す事例である。また、207の皿は「呉須手《ごすで》」と呼ばれる漳州窯の製品であるが、この資料は伝世され十八世紀の遺構からまとまって出土する事例が複数知られている。徳川期あるいは現在まで伝世される資料が、豊臣後期から江戸時代初期に入手され、それらが長く伝世されたことを示す資料である。

この一括資料でも青花碗は粗製品が多く、皿は精製の製品が主体となっている。特に、豊臣前期にあった口径一〇センチメートルほどの粗製の小皿はほとんど姿を消している。

三　豊臣前期と豊臣後期の陶磁器

大坂において年代の基準となる資料を提示した。豊臣前期とした資料は同じ調査地点の二つの遺構を取り上げた。SE五二〇の資料（図2）が黄瀬戸を含むことや瀬戸美濃焼の型式変化から、土坑群の遺物（図1）より新しいと理解している。豊臣後期の資料は、船場道修町で見つかった大坂ノ陣以前の遺構面に掘られたゴミ穴SK六〇五の資料（図3）と、惣構内の大坂夏ノ陣で焼け落ちた二つの武家屋敷（大名屋敷か）と考えられる遺物（図4〜7）を取り上げた。

豊臣後期のごみ穴SK六〇五の資料（図3）は織部焼を含んでいないことから一六〇〇年代中頃までの資料と考えてよいのではないかと考えた（加藤真司「美濃窯における近世初頭の陶器生産と年代観」『近世考古学研究』一八、関西近世考古学研究会、二〇一〇年）。また、豊臣前期と考えている文禄三年（一五九四）の木簡が出土したSE五二〇

（図2）の年代は、最も古い場合でも木簡の年代が示す文禄三年に捨てられたものであるから、両者の時間差は十年程度の年代が想定できるのではないかと考えられる。両者の遺構から出土する青花や瀬戸美濃焼に、類似する資料があることも二つの遺構の年代が近いのではないかと考える理由である。ところが、この二つの遺構の間には陶磁器組成において大きな違いがある。ＳＥ五二〇では唐津と志野は出土していないが、ＳＫ六〇五では、唐津も志野も出現しており、出土量において唐津焼が瀬戸美濃焼を凌駕している。唐津焼の多量出土は、追手門学院小学校の調査や惣構西部域の厚い盛土層が認められる地点の調査で、慶長三年（一五九八）と考える地層や遺構を境に現れる現象であることから、大坂で唐津焼が多量に流通するようになるのが慶長三年より新しい豊臣後期であったと考えられるのである。

ところが、これまでの調査で唐津焼は豊臣前期の遺構から少量出土しており、唐津焼の出現が豊臣前期までさかのぼることは動かない。したがって、唐津焼は豊臣前期段階に焼き始められごく少量流通したが、豊臣後期になって大量に流通するようになったと考えられるのである。では、瀬戸美濃焼においては豊臣前期と後期でどのような差が見られるのだろうか。瀬戸美濃焼において新たに出現する焼物は黄瀬戸や瀬戸黒《せとぐろ》、志野、織部といった焼物である。このうち、黄瀬戸・瀬戸黒については豊臣前期の新しいと考える資料の中に少量含まれている。また、志野についても一点ではあるが、豊臣前期と判断される遺構から出土例がある。したがって、黄瀬戸・瀬戸黒については唐津焼と同様、豊臣前期に出現するが、大坂で多数出土するようになるのが豊臣後期と理解できる。また、志野については、これまでの多数の調査例で一例しか確認されておらず、今後の調査で類例の増加を待つと共に、年代が明らかな他遺跡の資料を検討する必要があると考える。今後共、検討を重ねていく必要はあるが、豊臣前期と後期の間に大きな差があることは、間違いない。

四　輸入陶磁器における豊臣前期と後期

中国製品は豊臣前期には国産、輸入を問わずすべての碗・皿類の中で最も多数を占めている。この時期の輸入陶磁器はほとんど青花であり、青花が豊臣時代の供膳具の主要な位置を占めていたわけである。これまで、大坂や堺環濠都市遺跡における青花の状況から、一乗谷朝倉氏遺跡や根来寺坊院跡などから出土する青花に比較して、陶器質の粗製品が多く、都市遺跡の特徴であることが指摘されていた（上田秀夫「16世紀末から17世紀前半における中国製染付碗・皿の分類と編年への予察」『関西近世考古学研究』I、関西近世考古学研究会、一九九一年）。数量をカウントした大手前四丁目の調査では粗製品の占める割合は豊臣前期で約三四％、豊臣後期で三六％である。確かに粗製品の割合は他の遺跡と比較して多いが、細かく見ると前期に特徴的なものと、後期に特徴的にみられるものがある。ここでは、青花の変化について少し詳しくみておきたい。

粗製青花については陶磁器研究において「呉須手」や「スワトウ」などと呼ばれ、呉須の発色が悪く、器壁が厚く高台に砂が大量に付着する大皿などがよく知られていた。長く「呉須手」の生産地は不明であったが日中合同調査によって、福建省漳州窯の製品であることが明らかにされた。これらの窯では小型の碗・皿類も焼成しており、これらが大坂で流通している粗製品と同じ製品であることが明らかにされている（森村健一「福建省漳州窯系青花・五彩・瑠璃地の編年―いわゆる「福建・広東産青花」「スワトウ」「呉須手・赤絵」の窯跡陶片と日本の遺跡出土品の比較―」『大阪府埋蔵文化財協会研究紀要』三、（財）大阪府埋蔵文化財協会、一九九五年）。ただ、大坂城で出土する粗製品の全てが漳州窯で焼かれたとは確定できないので、ここでは粗製青花として記述する。

大坂で出土する粗製の青花の系譜がどこまで遡るのかについては、大坂本願寺期の資料に豊臣前期と共通する粗製青花が出土しており、天正元年（一五七三）に焼亡する一乗谷などでも量は少ないが粗製品が出土している。豊臣前期の粗製品で特徴的なのは、直径一〇センチメートル程度の皿が二種類あり、一つは草花文を内面に描く丸皿（図1－31）、もう一種が端反で内面に鷺を描き高台は畳付の釉を掻き取るもの（図1－32）である。豊臣前期の資料にはこのいずれかの皿が必ず含まれている。この口径一〇センチメートルほどの皿は、豊臣後期になるとほとんど出土せず、この口径の皿自体が中国製品では見られなくなる。

一方、豊臣前期の碗は先の二種類の皿と対応関係にある高台無釉の碗（図1－29）、高台畳付の釉を掻き取る碗（図1－30）があるが、後期になると高台を全面施釉し、畳付に砂が付着する磁器質の粗製品（図3－102・104）が新たに出現する。口縁の形態や文様などによって複数の種類があり、出土量も多く豊臣後期の青花を特徴づけるもっとも大きな要素である。豊臣後期の青花を特徴づけるもう一つの要素が精製品における型打ち製品の多さである。特に皿が多く、変形させた体部と文様を組み合わせる例（図4－146・147）や文様を浮き上がらせる例（図7－202・205・206）が目立っている。これらの製品は平戸和蘭商館跡出土の製品（『平戸和蘭商館跡の発掘Ⅲ鄭成功居宅跡の発掘』平戸市文化協会、一九九二年）やヴィテ・レウ号の積み荷の青花と共通しており、ヨーロッパ向けに輸出されていた青花と同じものが大坂でも流通していることがわかる。

前期と後期の青花を概観すると、精製、粗製の区別が器種やサイズによって選択されている可能性があることが想定される。先に述べた口径一〇センチメートル前後の皿の多くは粗製品であり、口径一三～二〇センチメートルの皿は豊臣前期・後期とも精製品の例が多い。ただ、このサイズのものには粗製品もあるものの、内弯直口の粗製の皿は少ない。一方、口径三〇センチメートルを超える製品は豊臣前期、後期共に粗製品が多い。ただし、今回取り上げた武家屋敷の資料では前期・後期共に出土品の中に精製品の大皿が含まれている。このことは、町屋と武家屋敷の差である可能性がある。大型品に粗製品が多いことは、ほとんど粗製品を含まないとされる根来寺坊院跡でもみられる。このように、全体として大坂の資料に粗製品が多いとは言えるが、受容する側が器形や器種によって選択した結果を反映しているのであろう。また、豊臣前期にあった一〇センチメートルの小皿は、豊臣後期になると中国製品ではあまり見られなくなるが、唐津焼でほぼ同じ大きさの皿がまとまって出土する。あるいは、異なる焼物で代用された可能性もあるのではないだろうか。

五　豊臣時代の茶陶について（図8）

豊臣期の陶磁器は我が国の陶磁史において重要な位置を占めている。現在まで伝世されている茶道具の名品の多くがこの時代に焼かれたものであり、今も茶道において最も好まれているといえるからである。大坂の調査でも伝世品に類似した焼物が出土し、考古資料から陶磁史の再検討が可能である。それぞれの焼物が豊臣期の中でどのような出土傾向にあるのかは既に述べた。ここでは、豊臣前期と後期の遺構から出土する茶碗と考えられる焼物についてまとめておきたい。

豊臣前期の段階で茶碗として使用された器種は瀬戸美濃焼の主要な器種である天目茶碗と、体部が直立気味に立ち上がる半筒碗がある、半筒碗には口縁部が内弯する碗**3**、体部が直立する**4**などと共に、瀬戸黒茶碗に類似する器形である**5**も出土している。**5**は引き出しが行われておらず、瀬戸黒ではないが、豊臣前期の資料の中に引き出しが行われた陶片が出土している。豊臣後期になると瀬戸黒茶碗**12**・**13**が出土する。軟質施釉陶器はいわゆる黒楽茶碗**1**・**2**が豊臣前期に出土例がある。豊臣後期にも**11**のような引き出しが行われた黒楽茶碗が出土するものの、黒楽茶碗に類する軟質施釉陶器が多いのは豊臣前期段階である。豊臣後期になると、体部を白化粧した後に緑彩を施すものや、轆轤成形される碗が増加する。また、口縁部を帯状に赤くしあげ、緋襷《ひだすき》もみられる備前焼碗**6**や、口

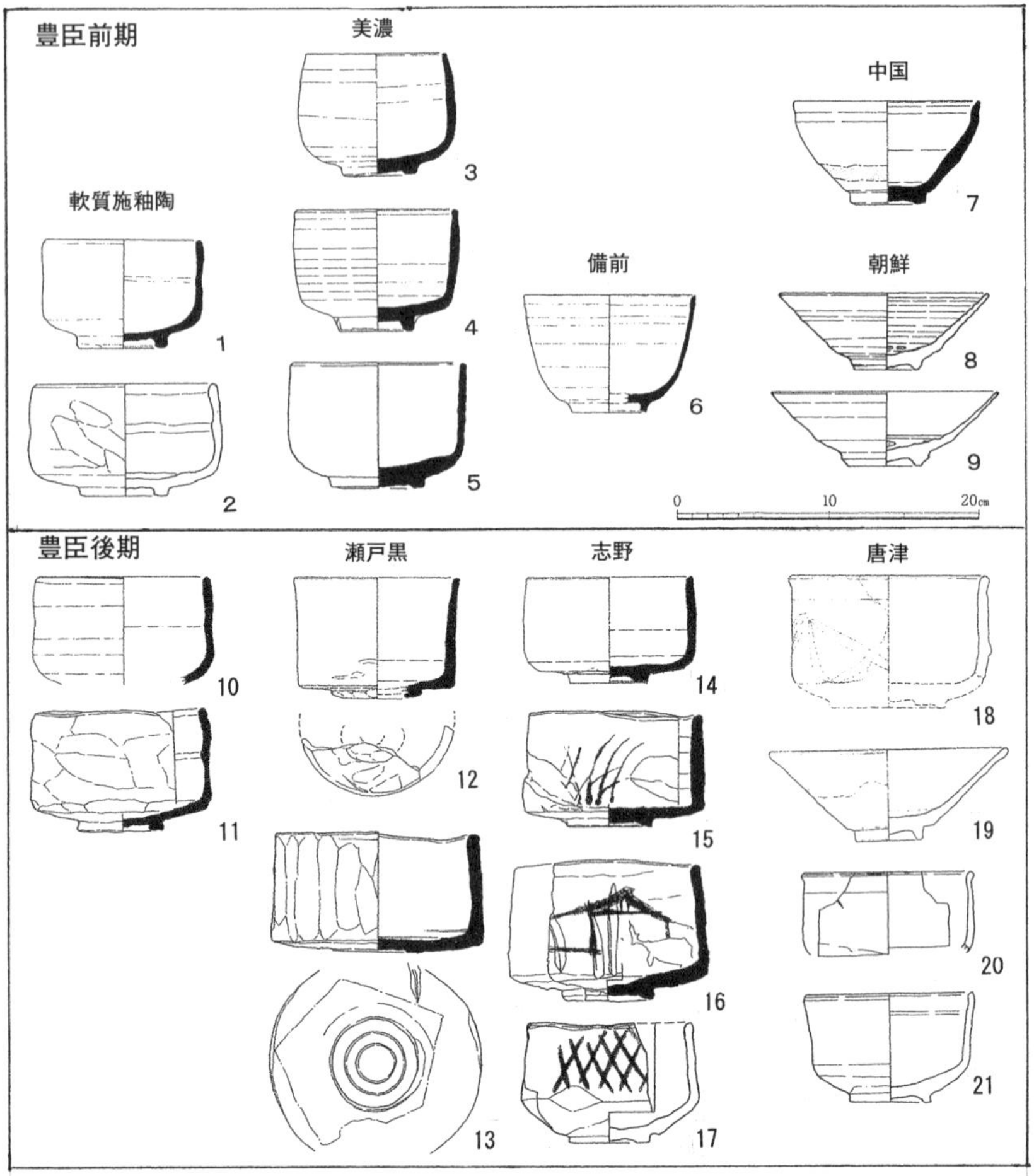
豊臣前期
美濃
中国
軟質施釉陶
備前
朝鮮
1
2
3
4
5
6
7
8
9
0
10
20cm
豊臣後期
瀬戸黒
志野
唐津
10
11
12
13
14
15
16
17
18
19
20
21

図８　大坂出土の茶碗

縁部に覆輪の痕跡を認める中国製天目茶碗7、朝鮮王朝の灰青釉碗などの茶碗8・9がある。豊臣前期段階で出土する茶碗は軟質施釉陶が手捏ねであるため、若干歪みをもつものの、ほとんどが素直な形をした碗であることがわかる。

一方、豊臣後期の段階になると、これらの茶碗は瀬戸美濃焼では瀬戸黒・志野14〜17、織部など歪みを加えた個性のある茶碗に変化する。豊臣後期から瀬戸美濃焼に代わって国産施釉陶器の主流となる唐津焼も、その当初から沓茶碗や彫唐津茶碗18、朝鮮王朝陶器に影響を受けたと考えられる19など、茶碗として製作されたと考えられる焼物が出土する。豊臣前期の瀬戸美濃焼に見られた半筒碗に近似した器形の碗20・21も一定量含まれている。出土する大量の資料から茶碗を抽出することは容易ではないが、唐津焼の半筒状の碗の存在は、瀬戸美濃焼の半筒碗と無関係ではないのかもしれない。

おわりに

大坂城跡の調査では遺跡の年代を判断する物差として出土陶磁器を研究してきた。その意味においては大坂における豊臣期の陶磁器の様相は、ほぼ明らかにできる状況となっていると考えられる。豊臣期以前の大坂本願寺期の陶磁器と豊臣前期の陶磁器を区分することは可能であるし、同様に徳川期の陶磁器と夏ノ陣の陶磁器を区別することも可能である。ただ、大坂で推定する年代観と、それぞれの地域において示されている一括資料の年代観は必ずしも同じとはいえない。たとえば、名古屋城で慶長十五年（一六一〇）直後の年代が与えられる資料が、大坂では慶長二十年（元和元年・一六一五）の大坂夏ノ陣の資料以降にしか現れないものを含んでいるということがある（佐藤公保「名古屋城下出土の陶磁器と瀬戸・美濃」『季刊考古学』一一〇、雄山閣、二〇一〇年）。当然のことながら、大坂の資料と違うからといって、間違っているとはいえない。それぞれの地域の変遷の中で推定された年代観であり、説得力を持つからである。大坂という地域の中で見られる事象が、他の地域でもみられるとは限らない。したがって、それぞれの地域において変遷を明らかにし、その後、地域間の違いを検討することが必要とされていると考える。

また、豊臣時代の施釉陶磁器を概観すると、唐津焼の出現と大量流通が大坂において大きな画期であったことは間違いない。唐津焼の出現はその後の陶磁器組成を変化させ、瀬戸美濃焼にも影響を与えたようにみえる。現状ではこれ以上この問題に踏み込むことはできていないが、現在の研究状況を一段階押し上げるためには、唐津焼や瀬戸美濃焼と一括りで捉えている焼物を、窯や生産地毎に細かく分類して捉える作業と、出土状況の検討が必要とされるといえよう。

補論 「豊臣期大坂城下町図」について

大澤研一

はじめに

「豊臣期の大坂の町の地図はないのか」という質問をときどき受けることがある。その場合、いつも「豊臣期のものといわれる地図はありますが、同時代のもので信頼できる図は今のところ確認されていません」と答えている。豊臣期に大坂の地図（絵図）が作成されたのは文献史料から明らかだがその実物は確認されておらず、一方現存するものは後世の要素が入り込むなどした「豊臣期のものといわれる地図」（以下、伝豊臣期図）であるため、このような返事となってしまうのである。

では実際、どのような地図がある（あった）のだろうか。本稿ではまずそれらを紹介し、その描写の特徴と留意すべき点を指摘したうえで、描かれた道を切り口に初期大坂城下町について若干の考察をおこなってみたい。

一　文献史料にみえる大坂城下町図

文献史料に登場する大坂城下町図としては、慶長十九年（一六一四）の大坂冬ノ陣の際、大坂方から徳川方に転じた片桐且元が徳川家康に提出した「大坂辺絵図」（『駿府記』慶長十九年十一月四日条）と、その同日に家康が大工頭中井正次に作成を命じた「大坂近辺絵図」がある（同前）。これらの地図は、その呼称および徳川方が大坂城攻略の作戦を練るという使途から類推するに、少なくとも大坂城本丸から惣構《そうがまえ》までの範囲はまちがいなく収められており、加えて惣構内の街区や道、橋、町名等も描写されていた可能性は高い。しかし、残念ながら両者とも伝本は確認されていない。

中井家には元和七年（一六二一）段階で「大さかのゑず」、「大さか町ちうのゑす」という地図が保管されていたことも判明している（同年「江戸へ下り申さしつの覚」：大工頭中井家文書）。しかしこれらについても伝本は未確認であり、そもそも元和の史料に登場する図なので、復興後の城下町を対象とした地図の可能性もあるが、今後発見されることがあれば豊臣期の大坂城下町を考える一助にはなると思われる。

二　現存する伝豊臣期図とその分類

現存する伝豊臣期図は主題別と図様別という分類が可能である。まず主題別でみると、それはさらにふたつのグループに分類される。ひとつは渡辺武がかつて「豊臣時代大坂城図」と呼んだ大坂ノ陣配陣図の一群である。大坂城三ノ丸を描いているとして著名な『僊台武鑑《せんだいぶかん》』所収の「大坂冬の陣配陣図」（本書中井均論文八九頁図6参照）もこれに属する（渡辺武「豊臣時代大坂城の三の丸と惣構について」『難波宮址の研究　第七』（財）大阪市文化財協会、一九八一年、以下「僊台武鑑図」）。もうひとつは慶長頃の大坂城下町を描いたとされる図のグループで、森幸安が宝暦二年（一七五二）・同七年に模写した次の三点が知られている（いずれも国立公文書館蔵）。①「大坂内町図」（内容年代：慶長年中）、②「摂州大坂旧地図」（内容年代：慶長十七年、東京大学史料編纂所に下書あり）、③大坂分町地図（内容年代：慶長十七年、ただし天正十三年分町とある）（辻垣晃一・森洋久『森幸安の描いた地図』国際日本文化研究センター、二〇〇三年）。

次に図様によって分類してみると、渡辺が「豊臣時代大坂城図」で第一種（森幸安模写図①も同じ）としたグループおよび第二種と呼んだグループ、そして森幸安模写図の②・③のグループ（以下、便宜上第三種と称す）の三種類に分けられる。

図1：第一種（「大坂冬の陣図」個人蔵）

図2：第二種（「慶長十九年甲寅冬大坂絵図」中井正知氏・正純氏所蔵、本書中井均論文八七頁図5参照）

図3：第三種（上記③「大坂分町地図」国立公文書館蔵）

第一種は対象範囲を惣構までとし、異形の縄張りをもつ大坂城本丸・二ノ丸の南と西側に城下町街区を描き、町名を載せる。森幸安模写図①ではこれに大名屋敷名を詳細に書き込む。第二種は対象範囲を惣構を中心としながらも南側は四天王寺方面へひろげており、さらに西側は東横堀川以西まで描くものもある。城下町の街区はまったく描かず、その一方で大坂城の縄張りに関しては三ヶ所の馬出曲輪《うまだしくるわ》と惣構の南側ラインを比較的正確に描いている。第三種はさらに対象範囲が広く、のちの西船場・海岸部までを加えた範囲に及んでいる。上町・船場については街区表現があるが、西船場は北辺以外が未開発地となっている。

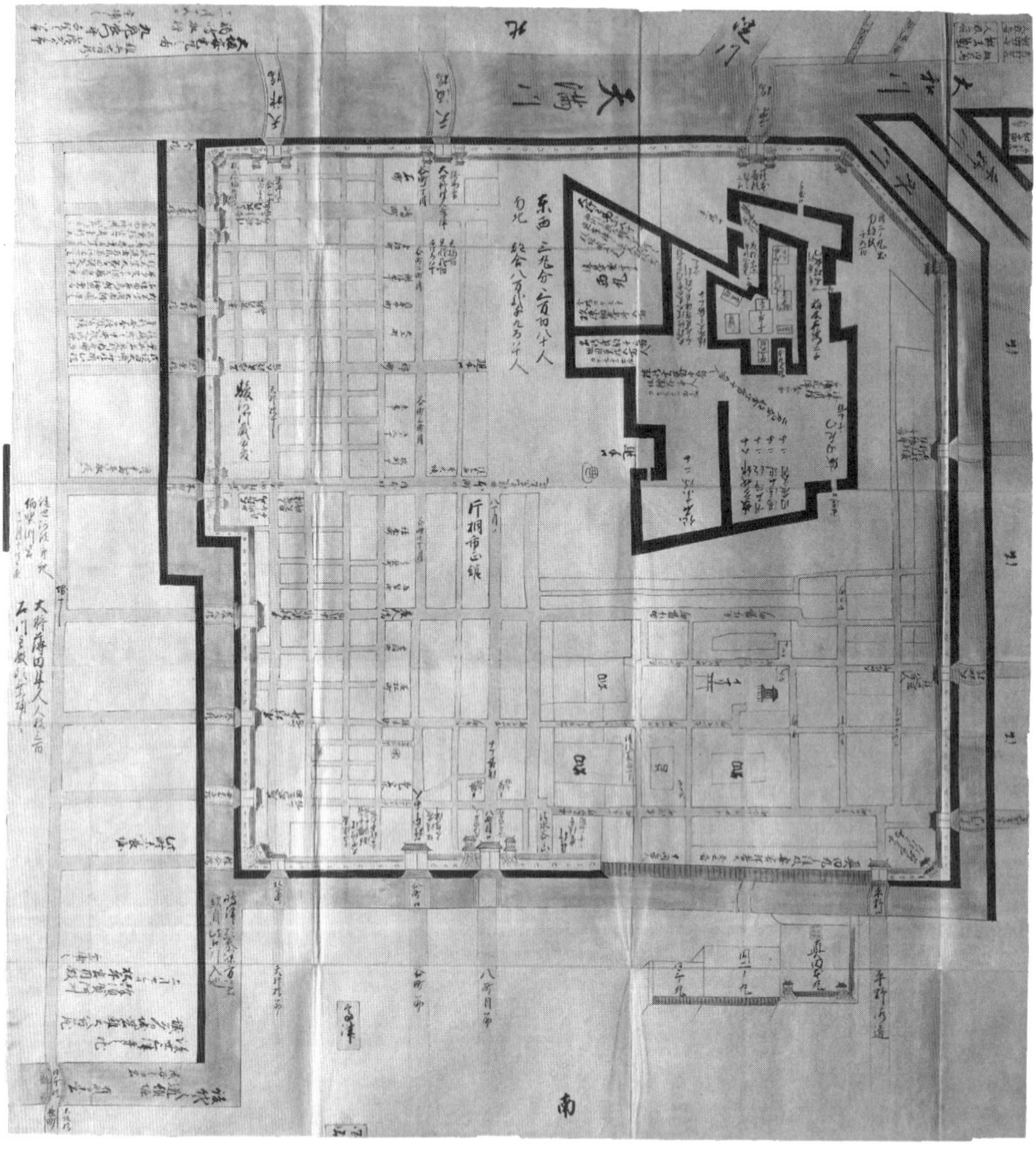

図1　第一種（「大坂冬の陣図」個人蔵）

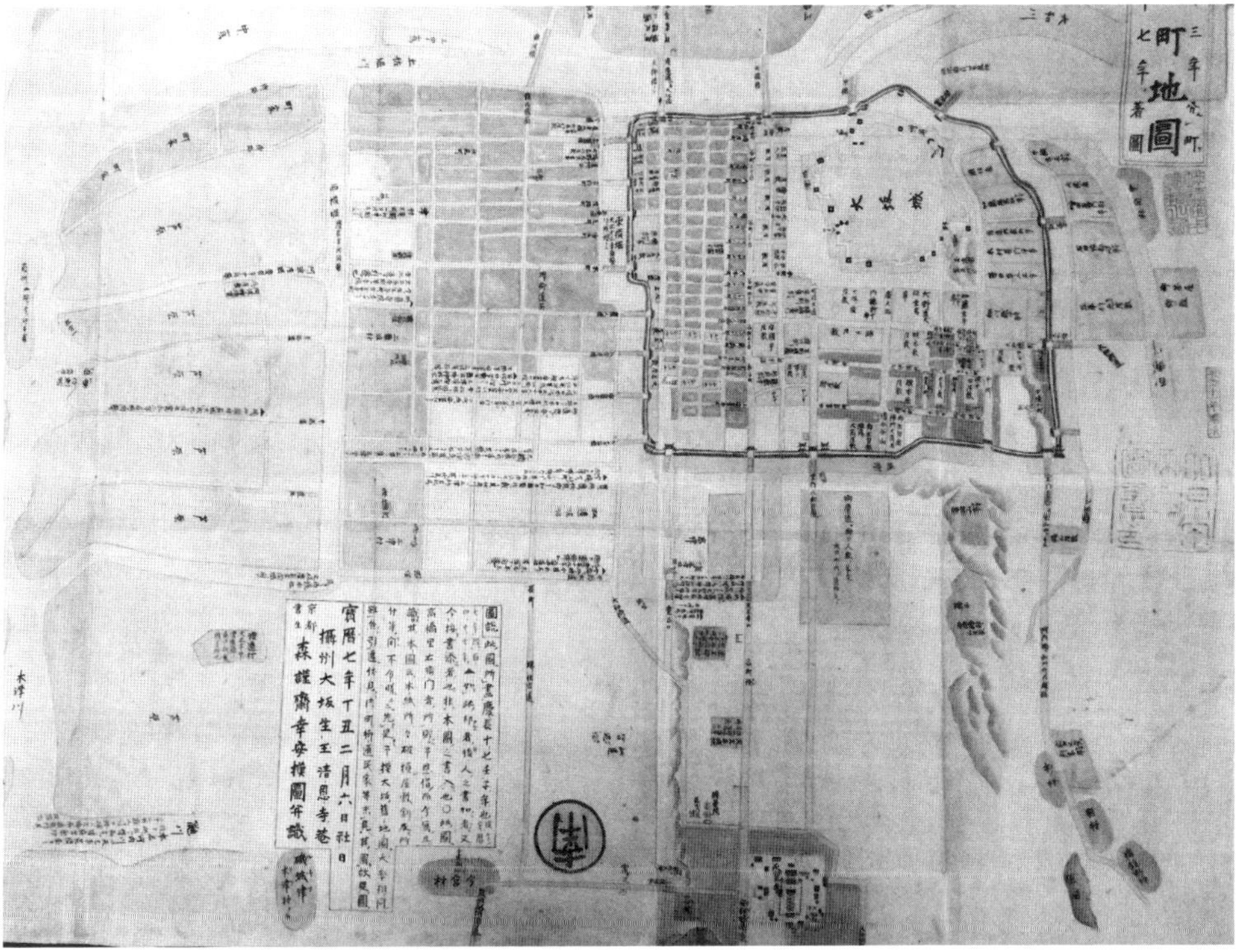

図 3　第三種（「大坂分町地図」部分　国立公文書館蔵）

三　図様別第一種・第三種図の城下町描写

図様別第一種図と第三種図③では、惣構内にほぼ共通する詳細な街区割りを描き、町名も記している。伝豊臣期図で城下町の街区や町名を詳しく表現しているものは少ないので、ここではその内容を検討しておきたい。

まず、谷町筋の西方全域に展開している整然とした街区割りであるが、発掘調査成果によれば、豊臣期において大手通（錦町）以南では街区が成立していなかったようである。加えて本町通は直線ではなく蛇行していたこと、さらには谷町筋もまだ成立していなかった可能性が指摘されている（松尾信裕「豊臣氏大坂城惣構内の町割」『大坂城跡Ⅶ』（財）大阪市文化財協会、二〇〇八年）。したがって、少なくともこれらの点においては本図の描写が当時の状況と合致していない可能性がある。

次に町名をみてみたい。本図には多くの町名が書き込まれており（ここでは第三種③の「大坂分町地図」を例示する。表1参照）、その多くが後世の明暦三年（一六五七）刊「新板大坂之図」に載せる町名と一致する（表1参照）。同図所載の町名は大坂夏の陣直後の元和二年（一六一六）に町割りがほどこされた際の町名と推定されているが（矢内昭「大坂三郷の形成過程」『大阪の歴史』九、一九八三年）、それが豊臣期までさかのぼるかどうかは慎重な検討が必要である。

たとえば本図で錦町とされている町は古称が呉服町（正確には上呉服町）であったが、その呉服町についても元和六年（一六二〇）春頃の伏見町人の大坂移住がきっかけとなって成立した町（他に両替町・常盤町・聚楽町・藤森町・鑓屋町も同様）であって豊臣時代にさかのぼる町名ではない。しかも常盤町という町名にいたっては、伏見町人の移住当初伏見立売町だったものが延宝八年（一六八〇）に改称したものであった（「初発言上候帳面写」『大阪市史五』）。

表1　惣構内の上町の町名（谷町に接する町名）

大坂分町地図	明暦三年新板大坂之図	豊臣期の町名
上安曇寺町	あんたうし橋筋	あんとう嶋と《ママ》中町※1
聚楽町	アクタコノ丁	
追手町	久ほうしはし筋	
藤森町	ふちのたは丁	
セツタ町	せきたや丁	
農人橋筋	のうにんはしすち	農人橋筋※2
両替町	ふしミ両かへ丁	
常盤町	ふしミたちうり丁	
鑓屋町	やりや丁	
内本町	うち本町	
スキタ町	すきただ町	
ヲコ人町	おこ丁	御小人町※2
	こんや丁	
糸屋町	南かちや丁	
錦町	こふく丁	
大工町	大工町	
内平野町	内ひらの丁	大坂平野町?・※3
カシヤ町	かちや丁	
（なし）	あふミ丁	
嶋屋町	しまや丁	
石町	こく丁	

＊出典：※1　「山内忠豊書状」（慶長19）2・8　『山内家史料』
※2　「大坂濫妨人幷落人改帳」　慶長20　蜂須賀家文書
※3　『言経卿記』天正16・閏5・3

つまり、本図の町名には十七世紀後半段階の知見が含まれていることになるのである。

ただその一方で、本図には豊臣時代の町名が反映されている可能性もある。明暦元年の町名改正で登場した南新町の旧称は「おこ丁」（明暦三年「新板大坂之図」）であった。この町は本図では「ヲコ人町」と記載されており、これらは同一の町とみてよい。しかもこの町は慶長二十年（一六一五）の「大坂濫妨人《おおさからんぼうにん》幷《あわせて》落人《おちゅうど》改帳《あらためちょう》」（蜂須賀家文書）に「御小人町」として登場するので、豊臣時代から存在した町名といえるのである。したがって、豊臣時代の町名が反映されている可能性も否定できないであろう。このように本図には明らかに後世に下る町名も含まれていれば、豊臣時代に存在した町名も含まれているのである。

最後は豊富に書き込まれている大名屋敷である。どの大名屋敷地にしてもその場所の特定は史料上困難であるが、本図では木村長門守邸を玉造口東方に置いている点で明らかな誤りを犯している。同邸については、夏の陣の際に大坂城内に侵攻した中川長勝の口上書に

「千貫矢蔵北のかた西之へいをのり、木村長門屋敷之内を通、桜之馬場へ罷出」（元和二年十一月十三日付、前田育徳会尊経閣文庫蔵）と記されていることから二ノ丸南西部にあったとみてよい。したがって、大名屋敷の描写についても本図の描写は鵜呑みにすることができないのである。

以上、いくつかの角度から本図の城下町部分の描写を検討してみた。史料不足からすべての記載内容を検討することは困難だが、描写内容のすべてを豊臣時代のものとして信頼するわけにいかないことは理解できるであろう。後世の情報が含まれているのが明らかであることから本図は一種の考証図といえ、その意味で「伝豊臣期図」以上の評価を与えるのは困難といえよう。慎重な取り扱いが求められるゆえんである。

四　図様別第二種図と上町台地の道

地図制作の直接の関心事項ではないと推測されるが、第二種図である「僊台武鑑図」と中井正知氏・正純氏が蔵される「慶長十九年甲寅冬大坂絵図」（以下「慶長図」）には上町台地の南北道が描かれている。惣構外にあって「ヒラノ町八丁」（「僊台武鑑図」）・「天王寺道」（「慶長図」）と記される道【以下、A】、「道」（「慶長図」）と記される道【以下、B】、および「道證口」（「慶長図」）に取りつくことが想定される道【以下、C】の三つである。これらについては、Aを上町筋、Bを谷町筋、Cを松屋町筋にあてるのが通説的理解となっている（渡辺武前掲論文、『歴史群像名城シリーズ①　大坂城』六一頁図、学研、一九九四年）。しかし、これまでその比定作業が十分におこなわれてきたとはいいがたいので、ここで具体的に検討をおこなってみたい。

これらの道の位置を確定させるにあたって大きな手がかりとなるのが、惣構南面堀に置かれこれらの道が取りついた「惣構口」（以下、「口」）の位置であり、さらにはその前提となる惣構南面堀塁線の現在地比定である。

この比定作業については積山洋がすでにおこなっている（積山洋「豊臣氏大坂城惣構南面堀の復原」『大坂城と城下町』思文閣出版、二〇〇〇年）。積山は試掘・発掘の成果と現地踏査から得られた情報および「僊台武鑑図」を対比させながら総合的に検討し、南面堀の塁線を現在地比定して図示した（図4）。それによれば、「僊台武鑑図」の南面堀の塁線の描写はおおむね実際の形状を示していると考えられるようである（「慶長図」の塁線描写もほぼ同じ）。

その成果にしたがって各「口」の位置をみていくと、まずAが取りつく「口」については現在の上町中学校敷地にあたる。ここは積山によれば、自然地形を利用した南面堀東側部分と人工的に開削をおこなった同西側部分が接続する地点にあたる。次にBが取りつく「口」については、おおよそ現在の空堀商店街の南側で、かつ谷町筋と松屋町筋のちょうど中間点にある南税務署の北側付近にあたるようである。ただし、この付近の塁線復元については詳細検討の余地が残されているようであり、位置が若干ずれる可能性はありそうだが、この付近であることは動かないだろう。Cが取りつく「口」は東横堀川のすぐ東の際で、現在地でいえば東横堀川に架かる九ノ助橋の道を東に延長し、松屋町筋と交差する地点付近となる。

続けて「口」の呼称を文献史料からみていこう。惣構の「口」については『当代記』（慶長五年七月十五日付「大坂惣構口々番手事」）に書き上げがみられる。そのなかで呼称から当該地区に存在したと推測されるのは、「天王寺口」・「甲（高）津口」・「南方ホリツメノ口」の三つである。このうち「南方ホリツメノ口」についてはその呼称から南面堀の堀詰（端）に位置したと考えるのが妥当なので、上述のCが取りつく「口」がそれに対応しよう（「慶長図」では「道證口」、「僊台武鑑図」は呼称無）。残る二つの口の対応関係については、「天王寺口」については「慶長図」の「天王寺道」の呼称に対応すると考えるのが素直ではなかろうか。そうなるとこちらがAの「口」となり、残るBの「口」が「甲（高）津口」ということになろう。このBの「口」は高津地区の北方にあたるので、矛盾はない。

では、以上を前提にA・B・Cの道筋を具体的に復元してみよう。まずAの道筋であるが、この道について「慶

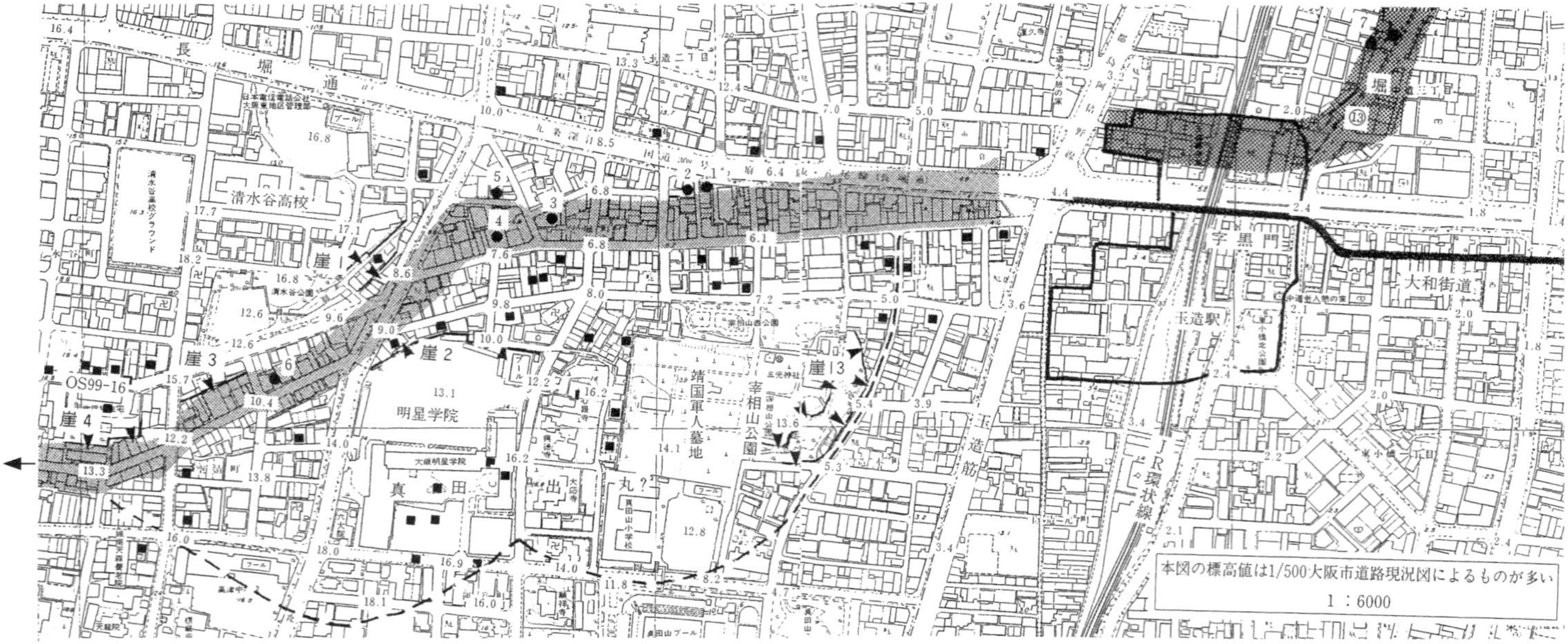

図４　惣構南面堀(1)（積山洋「豊臣氏大坂城惣構南面堀の復元」『大坂城と城下町』思文閣出版、2000年より転載）

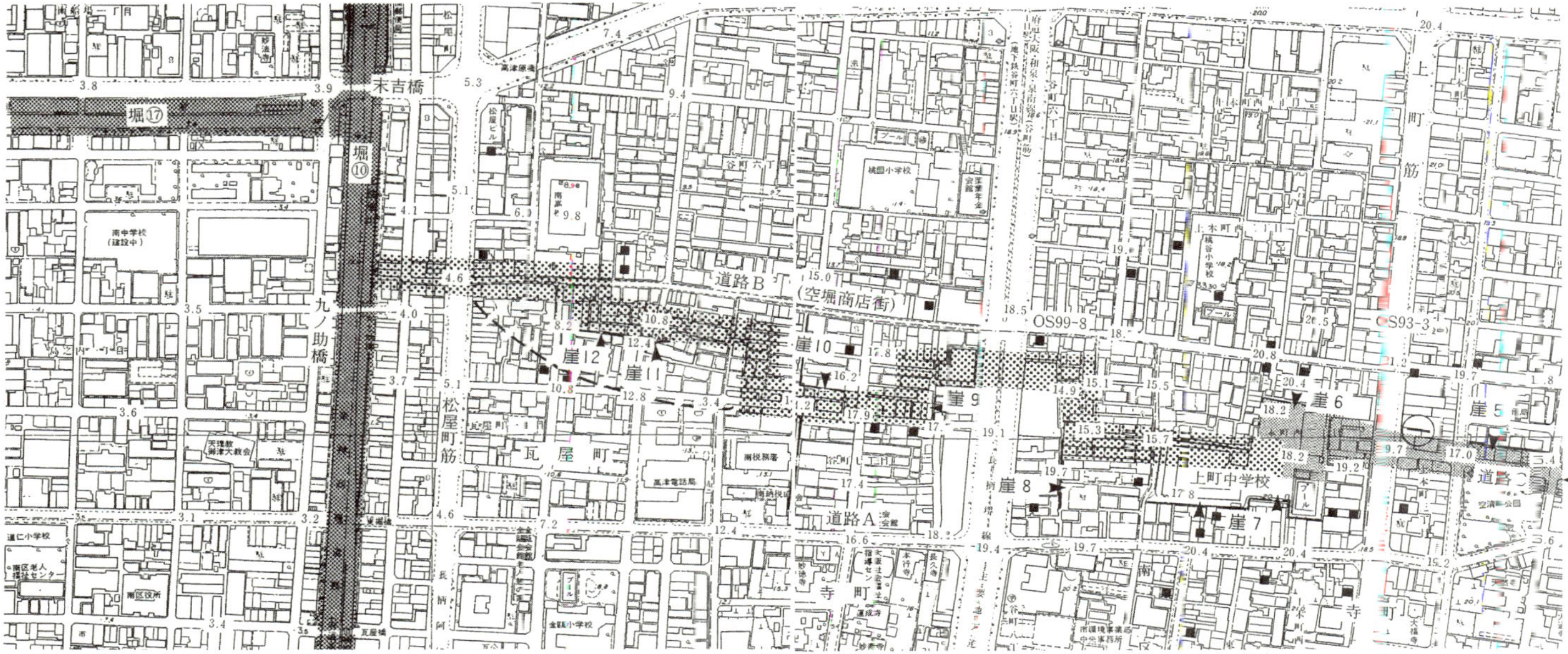

堀⑰
堀⑩
末吉橋
九ノ助橋
松屋町筋
瓦屋町
道路B
(空堀商店街)
道路A
OS99-8
OS93-3
崖12
崖11
崖10
崖9
崖8
崖7
崖6
崖5
道路C
上町中学校
上町筋
寺町
南中学校
(建設中)
桃園小学校
高津電話局
南税務署

図4　惣構南面堀(2)

長図」では「天王寺口」の東側に接するように描かれている。そうなると、現在上町中学校の東側を南北に通る上町筋がその有力候補となろう。「僊台武鑑図」ではこの道筋は南面堀をはさんで、わずかではあるが東西にずれている（詳細は不明）。この南面堀の北側に位置する道については、「慶長図」では道筋そのものが描かれず、「僊台武鑑図」でも呼称は記されていない。しかし「天王寺口本町」（『越登賀三州志』所収「浪華再役発金城竝功士挙名」）、「上本町二丁目」（慶長二十年「大坂濫妨人幷落人改帳」蜂須賀家文書）という豊臣末期の状況を示す史料から「（上）本町」の存在が確認でき、さらにこれらは近世～現代の上町筋の町として継承されていくので、Aの「口」をはさんだ南北道は現在の上町筋に相当する道筋と考えることは問題なかろう（Aの「ヒラノ町八丁」との関係は次章参照）。

次にBの道筋である。こちらは「慶長図」にのみ描かれる。この「道」は南方では茶臼山の東側を通るように描かれており、北方ではさきに検討した「口」の位置を前提とすると、谷町七丁目と瓦屋町一丁目の境界線にあたる南北道が道筋の第一候補となる。しかし、この道を候補とした場合、長所・短所が考えられる。まず短所であるが、「慶長図」では直線の一本道のように描かれているが、現存する最古級の近世大坂図である承応年間の篠山本大坂絵図（拙稿「伏見組に関する一考察」『大阪歴史博物館研究紀要』一一、二〇一三年）や、明暦元年（一六五五）大坂三郷町絵図（拙稿「解説」『大阪歴史博物館所蔵明暦元年大坂三郷町絵図』大阪市立大学大学院文学研究科都市文化研究センター・大阪歴史博物館編、二〇〇八年）以来、現代に至るまで、Bの「口」の地点から茶臼山までを貫通する道筋が確認できないことである。道筋は時代により変化がありうるものであり、またBの道筋が実際は直線でなかった可能性もあるが、この点は弱点となろう。逆に長所となりうるのは、道筋が想定される茶臼山東までの場所は上町台地の高所の西縁辺部（現在の高津神社および生国魂神社付近）にあたるという地勢的な意味と、その途中で近世の高津地区の中心部を通るということがあげられよう。

ところで、前述のように、このBの道筋はこれまで現在の谷町筋に当たるという理解がされてきた。しかし谷町筋については、「口」の位置を基準とした場合ズレが顕著であるし、さきに紹介したように松尾信裕により谷町筋自体豊臣期にさかのぼらない可能性も指摘されている。こうした点も考え合わせると、Bの道筋については上町台地高所の西縁辺部に想定するほうが妥当ではないかと思われる。

最後はCの道筋である。惣構南面堀が東横堀川と接続する地点のすぐ東側に位置する「南方ホリツメノ口」の位置関係から考えると、この道筋は東横堀川に並行する「浜路」（現在の松屋町筋）とみなすのが素直だろう。この「浜路」は遅くとも十一世紀には文献に登場し、熊野参詣にも使用された要路である（拙稿「中世大坂の道と津」『大阪市立博物館研究紀要』三三、二〇〇一年）。なお「慶長図」でこの「口」を「道證口」と記すが、これは同種の他図を参考とすると〝道修口〟のことであると思われる。なお、この呼称にも関連する町名である「道修町《どしょうまち》」の存在は天正十六年（一五八八）段階で確認できる（『天正記』）。

五　豊臣城下町建設と道

以上、A・B・Cの道筋を比定してみた。最後に、Aの道筋と豊臣城下町建設のかかわりについて述べておきたい。Aの道筋を上町筋に当てると、それは秀吉の最初期の城下町として天正十一年（一五八三）より整備された平野町を貫通する道とは別物となるが、その意味合いについてはこれまで誰も説明をしてこなかった。

そこで改めて平野町について整理しておくと、内田九州男は『兼見《かねみ》卿記《きょうき》』天正十一年九月一日条にみえる、平野出身者によって天王寺で造られた町を上町台地稜線部分の平野町とみなした。また、筆者も内田説に従いながら、平野町の二本の南北道筋のうち西側の道が中世より存在した、台地のまさに稜線上の道であり、それに並行する形で秀吉段階において東側の道が建設されて平野町が整備されたと考えた（拙稿「道からみた豊臣初期大坂城下町」『大

阪歴史博物館研究紀要』一〇、二〇一二年)。

では、この平野町とは道筋の違う上町筋とはどのような道なのであろうか。そこで上町筋のルートを観察してみると、北端については豊臣大坂城外堀の南西隅付近につきあたる蓋然性が高い。発掘によって明らかになった大手口馬出曲輪の堀の位置(『大坂城址Ⅲ』(財)大阪府文化財センター、二〇〇六年)がその可能性を高めている。さらに、現大阪歴史博物館敷地内にあった豊臣秀次邸の東側をこの道が画していた可能性もある。これらを考えあわせると、上町筋は大坂城建設と密接な関係にあったとの推測が可能になるのではなかろうか。もしそうであれば、上町筋は遅くとも豊臣前期には存在した主要道のひとつとみなせよう。

その点にかかわって注目したいのが、大坂城普請に合わせて建設された道に関する史料の存在である。天正十一年と推定される秀吉の文書に大坂城建設に用いる石を運ぶ道の普請が命ぜられていたことを示すものがある(年欠八月二十八日付『稲木文書』)。これによれば、秀吉は道の建設を命じたが、その道に水がついたため、「天王寺之古道」を修補して使用することを認めたのであった。ここからは「天王寺之古道」の代わりとなる〝新道〟が建設されたことが知られるわけだが、この部分に続いて「千塚之石」を運ぶ道の建設を同時におこなうことが指示されていることから(小谷利明「八尾市高安地域の石材活用の一事例」『関西近世考古学研究XIII』二〇〇五年)、〝新道〟自体は河内方面の道ではなく、「千塚之石」を運ぶ道に続いて天王寺と大坂城を結ぶ、まさに「天王寺之古道」の代替道だった可能性が強い。

ではその道筋はどこに求められるのであろうか。ヒントはこの道が水に浸かりうる環境にあった点(「天王寺之古道」はその逆)と、河内方面からの輸送に連動するので上町台地の東側に位置したと推定される点の二つである。これらの点を満たす候補として、この上町筋を想定することはできないだろうか。

上町筋が通る上町台地の東側斜面の地形をみてみると、東西方向に谷地形が大きく入り込む地点が数ヶ所あり、上町筋自体、場所によって最大六メートルほどの標高差があって（『大阪上町台地の総合的研究』（公財）大阪市博物館協会大阪文化財研究所・大阪歴史博物館、二〇一四年）、さらには天王寺に近い谷部には毘沙門池もあるという地理条件下にあった。これらを考えると、台地の稜線部分（こちらが「天王寺之古道」か）と比較した場合、上町筋は必ずしも立地環境に恵まれていたとはいえず、時には文字どおり浸水という状況に見舞われることもあったのではなかろうか。

以上、Ａの道筋は大坂城普請と連動して整備された、現在の上町筋に相当する可能性のあることを述べてきた。ただ、そう考えることに問題点がないわけではない。それは「僊台武鑑図」において、この道筋に「ヒラノ町八丁」という添え書きがあることである。半野町は前述のように上町台地の稜線部にあって、上町筋の両側町ではないからである。しかし、この表記についても平野町と八丁（町）を一連の表記で扱っている点は不審である。なぜなら、後世の地図となるが、八丁を上町筋の町名である上本町の八丁目として、Ａの道筋の惣構南面堀付近に置いている図があるためである（元禄四年（一六九一）「新撰増補大坂大絵図」）。さらに、大坂の陣関係の文献史料で、加賀前田家の家臣井上勘左衛門の軍功を書き上げた史料も注目される。それは大坂方の兵の首を取った場所を本人の上申書では「八町めの口」（「大阪表働之様子面々書付抄」金沢市立玉川図書館近世資料館蔵）と記されているところが、前田家が家臣の軍功書の内容を箇条書きにまとめた史料では、井上が首を取った場所をＡの道筋がとりつく「天王寺口」と言い換えているのである（「本藩微妙公御軍制等條々」金沢市立玉川図書館近世資料館蔵）。つまり、八丁と天王寺口は同一の場所とみなされているわけで、これにしたがうと、八丁は平野町と一連の町とみなすことはできず、「僊台武鑑図」側に表記の混乱がある可能性が高くなろう。この点については現状、以上のように考えておきたい。

おわりに

以上、「伝豊臣期図」について述べてきた。その結果、惣構内部の町名や大名の屋敷位置については、そのまま豊臣時代のものとみなして利用することはできないことがわかった。この結論は目新しいものではないと認識しているが、記載内容を具体的に検討した結果、「伝豊臣期図」には後世の情報や誤りが混じっていることを明らかにすることができたと思う。ただその一方で惣構南面堀の形状描写は精度が高く、上町台地上を南へ伸びる道筋についても、大坂城普請にともなって整備されたと推測される上町筋や浜路をとりあげており、豊臣期の地理環境を考える素材として有用な図ではないかと感じられた。本図は、活用可能な部分を慎重に見極めながら利用されなければならないのである。

解　題

大澤研一
仁木　宏
松尾信裕

本書は、日本史、考古学、城郭史、建築史、地質学を専門とする研究者が、文献史料、絵図・地図、発掘成果、地中ボーリングデータ、レーザー計測結果などを駆使し、豊臣秀吉の時代を中心とする大坂城と城下町の姿を解明しようとしたものである。

いずれも本書のための書き下ろし論文であり、最新の研究成果を集約することができた。ここでは、それぞれの論文の内容と注目すべきポイントを簡単に紹介してゆきたい。

第一部「大坂と大坂城――権力・城・都市――」

大坂城下町が十六世紀末期の日本の中でどのような位置にあったのか。また大坂城の構造は具体的にどのように復元できるかを明らかにし、都市大坂と大坂城を権力のあり方や社会関係などから大局的に位置づけることを目指した。

仁木　宏「十六世紀大阪論」は、十六世紀において摂津・河内・和泉地方が首都京都を凌駕する中心性を獲得してゆき、その政治的・権力的「解答」として豊臣（羽柴）秀吉による大坂城築城、大坂の「首都」化がなされたとする。宗教勢力が京都よりも重視したのが大坂の諸都市であった。大坂湾岸の港町の発達、寺内町・城下町の簇生は、列島随一の都市の稠密性をもたらした。また大阪を基盤とする三好氏は、人材登用、流通や共同体を活用した支配など、最新の支配方策を発揮した。列島規模での社会構造の変容と大阪の地位向上が十六世紀末における大坂発展の基盤であったとする。

曽根勇二「秀吉の首都圏形成について―港湾都市・大坂の成立を中心に―」は、朝鮮出兵や豊臣政権の大名統制などを通して、大坂が列島支配の拠点となってゆくことを述べている。朝鮮出兵にともなって大坂を拠点とする流通支配が進められたが、その中心にいたのが「大坂代官」であった。秀吉は大名や家臣の妻子を人質として伏見や大坂に集めようとした。秀吉死後の権力抗争も伏見・大坂を舞台に展開され、こうした複合的な要因によって大坂が発展したと論じている。

大澤研一「文献史料からみた豊臣大坂城の空間構造」は、従来の研究成果と課題を確認した上で、文字史料を基本に、絵画史料、発掘成果も付き合わせて空間構造のより正確な復元を目指したものである。大坂城全体の最外周に位置した惣構は、堀を基本として、内外を区画するラインであること、第四期工事（慶長三年）は二ノ丸虎口の前に馬出曲輪を置くものであったことなどを前提に、豊臣大坂城の縄張りの全体認識は、本丸―内堀―二ノ丸―外堀―三ノ丸―惣構堀となっていたと結論づけた。

中井　均「大坂城の縄張り」は、絵画資料を中心に豊臣期大坂城の構造を分析し、織田・豊臣系城郭における位置づけを行ったものである。本丸については段築・高石垣、天守の位置などが他の豊臣期城郭と共通する。虎口は外桝形と平虎口があったが、平虎口の一部では冬ノ陣直前にその外側に丸馬出（真田丸）が築かれたことなどを述べている。そして大坂城は、戦国期以来の技術を集大成したものである一方、近世の平地城郭の始祖として位置づけられるとしている。

第二部「よみがえる大坂城――最新の調査成果――」

大坂城を築造した大工組織、本丸構造、豊臣期・徳川期の石垣の構造と城郭の変遷、大坂城地の地形復元など、これまでになかった手法や角度から大坂城を解明した。本書の中核部分である。

市川　創「豊臣期大坂城本丸の石垣と縄張り」は、本丸内で行われた発掘調査の成果を時期を追って紹介し、豊臣期大坂城の石垣構築技術や本丸の構造を明らかにした。また発掘調査と、城内各所で行われている地中ボーリング調査の成果をもとに、中井正知氏・正純氏所蔵「大坂城本丸図」に描かれた石垣の位置を従来よりも正確に比定した。宮上茂隆氏の復元案を訂正し、新たな着眼点から豊臣期大坂城を復元する試みである。

松尾信裕「秀吉の石垣」は、秀吉が築いてきた城郭を信長の家臣時代から順に紹介し、構築技術や石材の変化などの視角から石垣の変遷過程を解明した。秀吉築城初期段階には自然石や転用石が多用され、石垣面の傾斜が直線勾配であったこと、裏込め石の大小や層の厚さの違いから石垣の高さを想定できることを述べている。後年になると自然石・転用石の使用が少なくなり、割石が多くなって算木積みも完成していくとする。

谷　直樹「大工棟梁・中井大和守と大坂ノ陣―方広寺再建から大坂落城へ―」は、徳川幕府大工棟梁であり徳川家康側近でもあった中井大和守正清と、彼が率いた畿内近国の大工たちが、方広寺大仏殿再建工事から大坂の陣まで活動した様子を「大工頭中井家関係資料」などをもとに詳細に述べる。彼らは、軍役として城郭普請に従事したのであり、その功績によって十七世紀において田畠高役免除を勝ち取ったことを明らかにした。

三田村宗樹「ボーリングデータからみる大坂城本丸地区における地盤の推移」は、大阪城本丸地区で行われた七〇ヶ所におよぶボーリング調査から得られた地質データをもとに、本丸地下の地層堆積状況を分析し、大坂城が建設される前の旧地形の復元に挑んだ論文である。三田村は三次元的な鳥瞰図を描き、本丸地区の自然地形や豊臣期大坂城の縄張りの特徴を視覚的に理解しやすいかたちで提示した。その結果、豊臣期大坂城本丸が旧来の自然地形を巧みに利用したものであることも判明した。

岸本直文「三次元計測による石垣測量とその成果」は、レーザースキャナーによる石垣の三次元計測の可能性について論じている。人手による測量技術で得られる理解を超えて、よりビジュアルに石垣を把握できるようになり、その結果、豊臣期から徳川期にいたる間の構築技術の革新をうかがうことが可能となった。こうした成果と、石垣の刻印データを照合することによって、より正確な石垣分析を追究すべきことを論じている。

第三部「城下町の姿とくらし」

天正十一年（一五八三）に建設に着手された大坂城下町の空間がどのような形成過程を経て、どのような構造をつくりだしたのかを、考古・文献・絵図から問い直すとともに、出土遺物の様相から都市大坂における人びとの暮らしぶりと陶磁器流通における大坂の位置づけを明らかにした。

豆谷浩之・南　秀雄「豊臣時代の大坂城下町」は、最近の発掘調査や古地理復元の成果を踏まえ、豊臣時代の大坂城下町について再考した。城下町初期については、大名屋敷が難波宮跡付近にあったことを論じ、平野町・島町の城下町の意義を問い直している。また天満本願寺の位置は、周辺の発掘調査データの蓄積から造幣局の敷地一帯と結論づけた。豊臣後期の造成とされてきた船場地区については砂州地形部分で開発が先行していたとの見解を示している。

森　毅「施釉陶磁器の流通からみた大坂」は、発掘調査によって出土した施釉陶磁器のなかから年代の基準となる資料をピックアップして整理し、大坂の特徴的な動向として、唐津焼は豊臣前期に少量の流通はみられたものの大量の流通がはじまるのは豊臣後期であったこと、黄瀬戸・瀬戸黒についても同様の推移がみられたことを指摘している。また、中国からの輸入青花は受容者によって器形・器種が選択された可能性を述べ、他都市との比較研究の必要性を訴えている。

大澤研一「補論「豊臣期大坂城下町図」について」は、豊臣期の大坂のまちを描いたとされる絵図の伝本を三種に分類し、特に街区や町名が詳細なグループの図についてその描写内容の検討をおこない、豊臣期にさかのぼりうる情報と徳川期に下る情報が混在していることを明らかにした。それらの絵図に描かれた南北道についても位置比定を試み、これまで論じられることがなかった上町筋と豊臣期の城下町建設の関係に言及している。

以上に見てきたように、本書掲載の論文は、すぐれた実証研究、新しい知見の紹介、これからの研究のための問題提起など、さまざまな性格をもっている。その意味でも本書は、現在における豊臣期大坂城・城下町研究の水準を示すものであり、今後、このテーマの研究をする上で必ず参照される文献になるものと確信している。

これまで公益財団法人大阪市博物館協会に属する大阪歴史博物館、大阪文化財研究所や大阪城天守閣における組織としての調査や学芸員の研究、公立大学法人大阪市立大学の教員が行ってきた研究などの積み重ねが本書の基盤となっていることは言うまでもない。そうした個々の研究を結びつけて共同研究をおこない、市民向けのシンポジウムや本書のような学術書によってその成果を公開できたのは「博学連携」ならではといえるだろう。

現在も、本書で紹介した研究をよりいっそう発展させた研究を遂行中であり、近い将来に新たな成果を公開できるよう努力をつづけてゆく所存である。

谷　直樹（たに なおき）
1948年・兵庫県生。大阪市立大学名誉教授。大阪市立住まいのミュージアム（大阪くらしの今昔館）館長。
『いきている長屋』（大阪公立大学共同出版会、2013年）、『町に住まう知恵』（平凡社、2005年）、『大工頭中井家建築指図集』（思文閣出版、2003年）、『まち　祇園祭　すまい』（思文閣出版、1994年）、『中井家大工支配の研究』（思文閣出版、1992年）。

三田村宗樹（みたむら むねき）
1958年・大阪府生。大阪市立大学大学院理学研究科教授。
『いのちを守る都市づくり』（共著、大阪公立大学共同出版会、2013年）、『日本地方地質誌　近畿地方』（共著、朝倉書店、2009年）、『人類紀自然学』（共著、共立出版、2007年）、『狭山池（論考編）』（共著、狭山池地質研究会、大阪狭山市、1999年）。

岸本直文（きしもと なおふみ）
1964年・兵庫県生。大阪市立大学大学院文学研究科准教授。
「７世紀後半の条里施工と郷域」（「条里制・古代都市研究」第30号、2015年）、『史跡で読む日本の歴史２　古墳の時代』（編著、吉川弘文館、2010年）、「前方後円墳の２系列と王権構造」（「ヒストリア」第208号、2008年）。

第三部　城下町の姿とくらし

豆谷浩之（まめたに ひろゆき）
1963年・兵庫県生。大阪歴史博物館学芸課長代理兼学芸第２係長・学芸員。
「大坂蔵屋敷の所有と移転に関するノート」（「大阪歴史博物館研究紀要」第13号、2015年）、「慶長三年における大坂城下の改造をめぐって―『西笑和尚文案』所収史料を中心に―」（「大阪歴史博物館研究紀要」第10号、2012年）。

南　秀雄（みなみ ひでお）
1959年・熊本県生。大阪文化財研究所所長。
「難波屯倉と上町台地北端の都市形成」（『大阪上町台地の総合的研究』大阪文化財研究所他、2014年）、「難波宮下層遺跡をめぐる諸問題」（『難波宮と都城制』吉川弘文館、2014年）、「倉・屯倉」（『古墳時代の考古学６』同成社、2013年）。

森　　毅（もり つよし）
1955年・愛媛県生。大阪市経済戦略局観光部観光課研究主幹。
「発掘調査からみた豊臣時代の大坂城と城下町」（『日本の美術』402号、至文堂、1999年）、「城下町大坂における唐津焼出現期の様相」（『陶説』532号、日本陶磁協会、1997年）、「大坂出土の美濃陶器の変遷」（『続桃山の華』土岐市美濃陶磁歴史館、1994年）。

執筆者紹介（執筆者順　＊は監修者）

第一部　大坂と大坂城―権力・城・都市―

仁木　宏（にき ひろし）＊
1962年・大阪府生。大阪市立大学大学院文学研究科教授。
「戦国時代大阪の城と町」（福島克彦と共編著『近畿の名城を歩く』吉川弘文館、2015年）、『京都の都市共同体と権力』（思文閣出版、2010年）、『難波宮から大坂へ』（栄原永遠男と共編著、和泉書院、2006年）。

曽根勇二（そね ゆうじ）
1954年・静岡県生。横浜都市発展記念館職員。
『大坂の陣と豊臣秀頼』（敗者の日本史、吉川弘文館、2013年）、『秀吉・家康政権の政治経済構造』（校倉書房、2008年）、『近世国家の形成と戦争体制』（校倉書房、2004年）、『片桐且元』（人物叢書、吉川弘文館、2001年）。

大澤研一（おおさわ けんいち）＊（第三部も執筆）
1962年・岩手県生。大阪歴史博物館企画広報課長・学芸員。
「大阪と石山」（大阪歴史博物館・大阪文化財研究所編『大坂　豊臣と徳川の時代―近世都市の考古学―』高志書院、2015年）、『岸和田古城から城下町へ』（共編著、和泉書院、2008年）、『寺内町の研究』全３巻（共編著、法蔵館、1998年）。

中井　均（なかい ひとし）
1955年・大阪府生。滋賀県立大学人間文化学部教授。
『図解　近畿の城郭』Ⅰ・Ⅱ（監修、戎光祥出版、2014・2015年）、『中世城郭の考古学』（編著、高志書院、2014年）、『カラー徹底図解　日本の城』（新星出版、2009年）、『近江の城―城が語る湖国の戦国史―』（サンライズ出版、1997年）。

第二部　よみがえる大坂城―最新の調査成果―

市川　創（いちかわ つくる）
1978年・愛知県生。大阪文化財研究所学芸員。
「徳川期大坂城の瓦」（『大阪文化財研究所研究紀要』第16号、2015年）、「発掘情報の共有化と、さらなる活用に向けた試み」（『東アジア古文化論攷』１、中国書店、2014年）、「徳川期大坂城の地下施設」（『大阪文化財研究所研究紀要』第15号、2013年）。

松尾信裕（まつお のぶひろ）＊
1953年・佐賀県生。大阪歴史博物館研究主幹・学芸員。
「徳川期大坂の城と城下町」（『史跡で読む日本の歴史３　江戸の都市と文化』吉川弘文館、2010年）、「中世大阪―都から城下町大坂へ」（『中世はどう変ったか』高志書院、2010年）、「大坂城下町」（『信長の城下町』高志書院、2008年）。

秀吉と大坂　城と城下町

上方文庫別巻シリーズ6

2015年9月10日　初版第1刷発行

編　者	大阪市立大学豊臣期大坂研究会
監修者	大澤研一・仁木宏・松尾信裕
発行者	廣橋研二
発行所	和泉書院 〒543-0037　大阪市天王寺区上之宮町7-6 電話06-6771-1467　振替00970-8-15043
印刷・製本	株式会社 遊文舎　装訂　森本良成

ISBN978-4-7576-0763-7 C1321　定価はカバーに表示

©Kenichi Osawa, Hiroshi Niki, Nobuhiro Matsuo
2015 Printed in Japan
本書の無断複製・転載・複写を禁じます

和泉書院の本

上方文庫 岸和田古城から城下町へ 中世・近世の岸和田	大澤研一・仁木宏 編	34	三七〇〇円
大阪叢書 難波宮から大坂へ	栄原永遠男・仁木宏 編	2	六〇〇〇円
懐徳堂ライブラリー 大坂・近畿の城と町	懐徳堂記念会 編	7	二五〇〇円
和泉事典シリーズ 戦国軍記事典 群雄割拠篇	古典遺産の会 編	8	重版予定 一八〇〇〇円
和泉事典シリーズ 戦国軍記事典 天下統一篇	古典遺産の会 編	27	一三〇〇〇円
大阪市立大学選書 源氏物語の人々の思想・倫理	増田繁夫 著	1	一八〇〇円
大阪市立大学選書 万葉歌木簡を追う	栄原永遠男 著	2	一八〇〇円
大阪市立大学選書 私もできる西洋史研究 仮想（バーチャル）大学に学ぶ	井上浩一 著	3	一八〇〇円
大阪市立大学選書 アートの力	中川眞 著	4	一八〇〇円
大阪市立大学選書 モダンドラマの冒険	小田中章浩 著	5	一八〇〇円

（価格は税別）